"十二五"普通高等教育本科国家级规划教材

高等院校师范类专业系列教材

浙江省精品课程建设项目

U0729022

（第二版）

数学课程与教学论

叶立军 斯海霞 编著 曹一鸣 主审

Mathematics Curriculum And Teaching

浙江大学出版社
ZHEJIANG UNIVERSITY PRESS

图书在版编目（CIP）数据

数学课程与教学论 / 叶立军，斯海霞编著. —2版.
—杭州：浙江大学出版社，2016.4(2021.1重印)
ISBN 978-7-308-15445-1

Ⅰ.①数… Ⅱ.①叶… ②斯… Ⅲ.①中学数学课—
教学研究 Ⅳ.①G633.602

中国版本图书馆 CIP 数据核字（2015）第 301977 号

数学课程与教学论（第二版）

叶立军　斯海霞　编著

曹一鸣　主审

责任编辑　黄兆宁

责任校对　金佩雯　陈　宇

封面设计　联合视务

出版发行　浙江大学出版社
　　　　　（杭州市天目山路 148 号　邮政编码 310007）
　　　　　（网址：http://www.zjupress.com）

排　　版　杭州中大图文设计有限公司

印　　刷　嘉兴华源印刷厂

开　　本　710mm×1000mm　1/16

印　　张　20.25

字　　数　368 千

版 印 次　2016 年 4 月第 2 版　2021 年 1 月第 3 次印刷

书　　号　ISBN 978-7-308-15445-1

定　　价　42.50 元

版权所有　翻印必究　印装差错　负责调换

浙江大学出版社市场运营中心联系方式:0571-88925591;http://zjdxcbs.tmall.com

再版前言

"数学学科教学论"是高等师范院校数学与应用数学本科专业的一门必修课,是培养学生从师素质,使其走向数学教师专业化的重要课程。它在教师培养和教育中起到了十分重要的作用。本课程的目标是:使学生深入了解国内外数学教育的发展历史和改革趋势,树立现代教育理论与教育思想;明确中学数学的教育目的、教学原则,了解国内外的主要教学理论、学习理论、课程理论,掌握数学学习理论数学观、数学教育观;掌握数学教育教学方法和教学模式,理解中学数学思维方法、数学思维品质、思维过程、思维的一般方法,以培养数学创新思维。

为了实现这些目标,本书在编写过程中努力做到:第一,采用现代数学教育理念、新的教学观点阐述数学教学理论,构建了新的数学教育体系,并与正在进行基础教育改革实验的国家数学课程标准相适应。第二,从现代数学教育的特征入手,根据新课程标准的理念,阐述了数学的教学目的、内容,阐述了数学观、数学教育观,介绍了国内外的主要教学理论、学习理论、课程理论。第三,对中国数学课堂教学实践进行了分析和讨论,介绍了数学教育教学方法和教学模式,并探讨了中学数学思维方法,对数学思维品质、思维过程、思维的一般方法以及如何培养良好的数学思维品质进行了详尽的叙述。第四,本书详细地介绍了数学教师教学技能、数学教学评价,同时还介绍了数学教育研究方法和论文写作,以提高师范生的教学技能。

本课程是杭州师范大学的主要建设课程之一,于 2007 年被列为杭州师范大学精品课程建设项目,2009 年被列为浙江省精品课程建设项目,开展了系列研究、建设,并开展了多个教学改革项目研究,取得了丰硕的成果。多年来,课题组紧紧围绕高等院校师范类本科人才培养目标和规格,密切结合基础数学教学改革的实际,深入研究高等院校师范类数学本科"数学学科教学论"课程的内容体系、教学方法等。在此基础上编写了《数学课程与教学论》一书。

本教材用一章的篇幅探讨了中学数学教学的主要工作，如备课、说课、评课、研课、评课、微课制作等教学基本技能，主要是让学生通过学习了解数学教师的基本工作，并在学习中不断地提高自身的素养。本教材还增加了教学案例，可以使学生在撰写教案、说课以及评课的技能培养中得到启发。

本教材体现了时代性、国际性、学术性，努力探求中学数学教育的特色，以逐步形成一定的数学教育理论体系。教材于 2014 年被列为"十二五"普通高等教育本科国家级规划教材。

本教材由叶立军、斯海霞编撰，其中，斯海霞博士编写了第二章、第三章，并认真阅读、修改了其他章节，程翠婷、王娇娇参与了部分章节的撰写和修改，其他章节由叶立军编撰。

本教材在编撰过程中得到了杭州师范大学教务处、理学院领导的支持和帮助，在此表示衷心的感谢。

本教材在编撰的过程中，吸收了许多专家学者的著作和研究成果，在此深表感谢。

由于作者学识有限，时间仓促，书中难免有不当之处，恳请各位专家、广大师生批评指正。

叶立军
于杭州西子湖畔
2015 年 8 月

目　　录

第一章 绪 论

《数学课程与教学论》与多数关于数学学科教育的论著一样,关注数学教育、关心数学教育和研究数学教育,为有志从事数学教育行业、关心数学教育事业发展的人们,介绍数学教育的一般研究问题、领域前沿思考和变化发展方向。本章主要探讨数学课程与教学论的历史渊源、研究对象、基本特征和研究方法,力求客观地介绍本课程的发展脉络、特点和展望,以使我们能够快速地阅览数学教育领域的概貌,了解数学教育的研究对象,切入数学教育的核心内容。

第一节 数学课程与教学论的历史渊源

数学既是一门技术,也是一种文化。为了延续、推广和传承数学,数学教育应运而生。一门学科的发展历史必然伴随着这门学科的教育历史,数学也不例外。现代意义上的教育,主要体现在课程设置和教学研究上,但一门学科的教育历史更为悠久和复杂,同时也显得有些细碎和凌乱。为了能够在纷杂的材料中理出一条较为清晰的脉络,下面将分古代数学教育的概况、近代数学教育的发展、现代数学教育的变化和趋势以及中国数学教育的特点等几个方面逐一介绍,希望从各个阶段、不同角度了解和审视数学教育。

一、古代数学教育的概况

古埃及曾开办各种类型的学校,如宫廷学校、职官学校、寺庙学校和文士学校等,而这些学校的数学课程都是不可缺少的。古埃及历史的主要考证文物是纸草书,其中以莫斯科纸草书(公元前 1850 年)和兰德纸草书(公元前 1800 年)最为著名。例如,莫斯科纸草书就记载这样的一个数学问题:"如果告诉你,一个截顶金字塔垂直高度为 6,底边为 2,另一底边为 4。4 的平方为 16,4 的两倍为 8，2 的平方是 4；把 16、8 和 4 加起来，得 28；取 6 的三分之一得 2；取 28 的二倍为 56。看，它是 56。你算对了。"这就是现在的四棱台体积公式。又如兰德纸草书中所述的"一个量与其 $\frac{1}{4}$ 相加之和是 15，求这个量"，不正是一个一元一次方程的求解问题吗！

　　古巴比伦也创办了各类学校培养人才，而数学是学校的主要教育内容。两河流域文明的记载主要从泥板书中获取，泥板书是古巴比伦人祖传的一种记录和保存文字的载体。其中，普林顿 322 号泥板书（公元前 1900 年—前 1600 年）被称为数学泥板书。在这块泥板书上发现了符合毕达哥拉斯定理的数组。它比毕达哥拉斯时期早一千多年，比我国《周髀算经》（公元前 1000 年）中描述的勾股定理也要早几百年的时间。另一种泥板书——汉穆拉比时代泥板书（公元前 1700 年）则记有如下的问题：一块长方形土地面积加上长与宽之差为 183，而长与宽之和为 27，这块地的长、宽、面积各是多少？这样的数学问题在那个年代已经是非常"高深"的了。古代印度的教育与宗教密切相关。公元 5 世纪前的各类学校就已经涉及数学内容。到了 5 世纪后期，围绕寺院这个中心的各种学术风气越来越浓，也促成了代数的发展。印度·阿拉伯记数法、一元二次方程的求根公式等数学知识对周边国家的影响深远。

　　中国古代数学以《周髀》（西汉初期的一部天文和数学著作，唐朝时改名《周髀算经》）和《九章算术》最为著名。后分别经魏晋时期的赵爽和刘徽的注释，从而影响深远，广为流传。如果说原著作是以记载式为特色、以收集数学知识内容为目的的数学书籍，那么对其进行相应的注释而形成的文字则可以说是古老的数学教科书了，起到了推广数学、传播数学的作用，它们的数学教育意义很有分量。其中的勾股定理、十进制后来都成了家喻户晓、妇孺皆知的数学常识。而"鸡兔同笼"，"今有物不知其数，三三数之剩二，五五数之剩三，七七数之剩二，问物几何？"等数学问题则以"游戏"的形式出现，寓教于乐。

　　古希腊的许多著名哲学流派如爱奥尼亚学派、毕达哥拉斯学派、柏拉图学派、巧辩学派等，与数学渊源深厚。这些团体的学术活动以数学研究为主要内容，他们的许多成果就是数学，如几何、古典数论等。而数论、几何、音乐和天文在当时被称为"四艺"，备受推崇。稍后的欧几里得《几何原本》（公元前 300 年）既是一项集古希腊众多思想家智慧于一身的学术成果，也是一本完整的学生课本。可以说，《几何原本》是历史上使用时间最长的数学教科书，被誉为"西方数学的代表作"。另外，如果说《几何原本》是集思辨于数学的典范，那么作为天文学家、力学家和数学家的阿基米德则是古希腊少有的"应用数学"的楷模，他在杠杆原理和重心理论等力学问题上作出了突出的贡献，他的著作《杠杆论》、《支柱论》和《板的平衡》就是数学应用的典型例子。

二、近代数学教育的发展

在此,我们略过西罗马帝国灭亡(公元 476 年)至文艺复兴这长达一千年的漫长的"黑暗中世纪"。因为,其间数学研究和数学教育也几乎处于"停止"的状态。但是,伴随着文艺复兴这场反封建、反神权的伟大运动的到来,束缚了人们一千多年的思想似乎一夜之间获得了解放,数学也不容例外地重新进入人们的视野之中,获得了前所未有的重视。"复古"与"新生"交相辉映,数学既回复到古希腊数学的优良传统,又在新的时代之中插上"思想自由"的翅膀,带来了"数学想象"的巨大活力。在各个国家的大学课程中陡然增加了数学课程的授课时数和数学知识内容的比重,代数学、三角学则成为数学学习的全新内容。这一切,为近代数学的大发展奠定了坚实的基础。

特别是,随着 17 世纪的英国资产阶级革命爆发、18 世纪的美国独立战争取得胜利以及法国资产阶级革命的成功等,资本主义获得快速发展。思想的解放,文化的繁荣,生产的发展,资本的扩张,经济的腾越,必然带来对人才的迫切需求,教育的革新也被提到日程上了。同时,夸美纽斯、洛克、卢梭的新思想极大地影响了数学教育,促进了数学的发展。

其间,数学课程与教材方面取得了突破性的发展。除了欧几里得《几何原本》继续被广泛地使用之外,《几何原理及测量》、《数学原理》、《数学教程》以及《当代代数全书》等成为当时较有影响的数学教科书。19 世纪,为了适应经济发展的需要,"计算数学"有了较大的发展,甚至还出现了"计算学校"。

19 世纪,对教育具有划时代意义的是,义务制教育被各国强制推行,数学教育也因此而受惠。

正因为如此,数学本身的研究也在这几百年的时间里得到迅猛发展。例如,费尔马先后对数论、解析几何、概率论、微积分等作出了开创性的研究,"数学之花"遍地盛开;笛卡尔的《几何学》作为《方法论》的附录被发表,开创了解析几何之先河;牛顿于 1687 年出版《自然哲学的数学原理》,微积分理论的"古老方法"获得新生;高斯于 1801 年著《算术研究》,现代数论研究从此拉开序幕。像傅立叶级数、柯西定理、阿贝尔函数、罗巴切夫斯基非欧几何、伽罗瓦群论、维尔斯特拉斯语言、狄利克雷级数、布尔代数、黎曼几何、戴德金分割、康托尔集合论、庞加莱拓扑、希尔伯特公理体系、波莱尔测度等等,都是这个时代的耀眼明珠。

三、现代数学教育的变化和趋势

19 世纪末 20 世纪初,社会生产力和科学技术迅猛发展的直观反映是教育的变化更为复杂和曲折。数学教育的改革既取得了不少成功的经验,也走过了不少弯路。具有代表性的事件有数学教育改革的"三大运动"。

(一)培利—克莱因运动

1901 年,英国皇家理科大学教授,被誉为近代数学教育改革的先驱的数学家培利(John Perry,1850—1920),在英国科学促进会于格拉斯哥召开甲组(数学与物理)与乙组(教育)联盟会议上发表了题为《论数学教育》(*Teaching of Mathematics*)的演讲。在演讲中,他主张数学的实践并不是教会学生一些技巧,并不是将抽象的理论运用于自然现象和社会现象,恰恰相反,而是在自然现象、社会现象和实践中发现数学的法则,明确提出数学教育要强调应用。1902 年,培利发表著作《关于数学教育的讨论》(*Discussion on the Teaching of Mathematics*),进一步提出了一系列的改革方案,其中心思想是:

①强调数学的实用价值问题。一是数学要从欧几里得《几何原本》的束缚下解放出来;二是注意数值计算、对数的使用、代数公式的应用,及坐标纸的应用,重视实验实测等技术教育。

②要实行适应学生个性发展的个性教育。

③反对为了通过考试的数学教育。

培利的这些数学教育改革措施以及所包含的数学教育思想逐渐被人们所接受,存续两千多年的欧洲数学经典教科书《几何原本》第一次遭遇到空前的挑战,数学教育中欧氏几何一统天下的格局由此而被打破,此后出版了许多不同类型的教科书,影响广泛,学生学习数学的兴趣也因此得到极大的提高,20 世纪的数学教育进入了一个崭新的阶段。

与此同时,慕尼黑工业大学教授,在椭圆函数论、微分方程论、几何学方面都有光辉的业绩的德国数学家 F. 克莱因(Flix Klein,1849—1925)则积极主张数学、物理、工学内容一体化(统一起来)。这位数学家在大学任教期间就一直关心数学教育,并给志愿当教师的学生开特别教育讲座。1904 年,在德国自然科学会议上,F. 克莱因发表了《关于中学数学与中学物理的若干问题》,也提出了类似于培利的数学教育改革措施:

①顺应学生心理自然的发展,安排教材,选取教材;

②融合数学诸分科,并且使数学和其他各门科学紧密相连;

③不能过分重视数学的形式陶冶,应该把重点放在应用方面,培养学生用数学的方法观察自然现象和社会现象的能力;

④为培养这种能力,必须以"函数观念"和"直观的几何"作为数学教材的核心。

这些措施的要点是强调数学的应用性、教育心理研究成果的指导性,以及函数的核心性。这些全新的观念无疑给当时沉寂而落后的数学教育注入了新鲜的血液,推动了整个数学教育观的变更。同时,这些观念被及时付诸实际行动。例如,1908 年,德国出版了一套全新的教科书,这套教科书在内容上把平面几何、立体几何、代数、三角、解析几何、微积分等内容融合为一个整体,增加授课时数(每周 4～6 小时),教学效果非常好。而且 F. 克莱因本人还发表著作《从高观点看数学》,在理论上对其观点作出积极的宣扬,促进了数学教育的现代化进程,推动数学教育观的更新。

培利、F. 克莱因在 20 世纪初极力提倡数学教育要进行改革并提出了自己的主张,成为 50 年后世界范围内数学教育现代化的先声。随后,法国的波利尔(1871—1956)、美国的慕尔(1862—1931)也纷纷响应他们的号召,提出数学教育改革(现代化)的主张。由于这次数学教育的改革影响广泛,波及包括美国、日本在内的几乎所有的资本主义国家,在数学教育历史上是一次重要的数学教育观的转变,因此人们把它称作培利—克莱因运动。

尽管在此后的二三十年间,数学教育现代化并无多大进展,但他们的主张却埋下了后来 20 世纪 60 年代数学教育现代化的种子,给后来世界范围内的数学教育现代化带来了深远的影响。

(二)"新数"运动

第二次世界大战结束后,一些工业先进国家转入了经济恢复时期。由于生产发展、科学技术发展和数学科学自身发展的需要,中学数学教育再也不能保持着所谓传统的教学内容和方法了。特别是在 1957 年 10 月 4 日,苏联发射了第一颗人造地球卫星,使得自诩"世界霸主"的美国朝野震惊,深感教育的落后、科学人才的缺乏。美国认为,出现这种"导弹差距"的根本原因在于数学教育的落后。于是他们便从数学教育的改革入手,提出新数学运动——数学教育现代化。

1958 年春,美国成立了规模宏大的"学校数学研究小组"(School Mathematics Study Group,SMSG),进行数学教育改革的研究工作,并动员了全国的人力和舆论,致力于数学教育现代化工作。

对数学教育现代化运动的兴起有决定性意义的是 1959 年 9 月美国"全国科学院"在伍兹霍尔召开的一次会议。会上全面研究了中学数理学科的改革问题,提出了课程改革的四个新思想:

①学习任何学科,主要是使学生掌握该学科的基本概念、基本原理和基本方法,这就是所谓结构思想;

②任何学科的基础知识都可以用某种方法教给任何年龄的学生,即所谓早期教育思想;

③以往教学只培养逻辑思维能力,而今后则应重视发现的能力,或称之为

直觉思维的能力；

④学生学习的最好动机不是为了应付考试，而是对数学的真正兴趣，因而提出了教材的趣味性和教学方法上的一系列问题。

这次会议还提出了数学教育的实用性要求。

1959年11月，在法国莱雅蒙召开了关于数学教育改革的国际会议。会议一致肯定了数学教育改革的重要性，并组织了一批学者编写理科学生用的"中学数学教育现代化大纲"。会上集中讨论了三个问题：

①新的数学思想；

②新的数学教育手段；

③教学手段的改革。

会后，西方各国纷纷组织了研究机构，开始形成国际性的数学教育现代化运动。

1962年在瑞典召开了国际数学教育会议，有21个国家报告了教学改革（1959—1962年）情况，引起了国际数学教育界的重视。同年，联合国教科文组织在匈牙利布达佩斯召开了国际数学教育会议，有17个国家和地区参加，到会者互通情报，交流经验，对数学教育改革起到了推动作用。

数学教育现代化在20世纪60年代形成高潮。其中影响较大的是美国的"学校数学研究小组"（SMSG），他们集中了人力，在几年之内编出的从幼儿园到大学预科的"新数"教科书、数学教师手册、各种课外阅读读物达百种之多。其中由"中学数学课程改革研究组"（SSMCIS）编写了《统一的现代数学》一套6册。英国的"学校数学设计组"（School Mathematics Project，SMP）编写了构思新颖、与旧教材风格迥异的SMP课本。美英两国的教材反映了当时现代化的思想。20世纪50年代末至60年代，这场以学校数学课程现代化为主要内容的数学教育改革运动几乎波及了全球，世界各地相继出现了新的学校数学教学大纲、新的数学教材，"新数学"的洪流在冲击着数学。人们称此运动为"新数"运动。

1969年8月，国际数学教育会议（ICMI）在法国召开第一次会议，有37个国家参加。自此，数学教育改革问题提上了重要议程。该组织历次会议的中心问题都是数学教育改革问题，它促进了数学教育现代化的进展。

20世纪60年代，世界范围内的数学教育现代化运动曾盛极一时，教师、学生、家长和社会各界人士都希望它取得"神奇的效果"。但是由于各种因素的相互制约，整个运动在某些地区受到挫折。一些地方上的中、小学数学教学质量下降。到了60年代末70年代初，"新数运动"遭到猛烈批评，许多人提出了"回到基础"（back to the basics）的口号，批评主要有以下几点：①学校数学应面向全体学生而不是培养数学家;②抽象概念过早引入学生接受不了;③新数学忽视应用;④数学不能割断历史,传统数学是基本的,不能大量删除;⑤二进制之类的东西也不必人人都搞。总之,"新数学"的高潮已经过去,但仍有人坚持试验,相信总有一天会取得成效。他们相信:"现代化的潮流是阻挡不住的。"

1980 年 8 月 10 日至 16 日在美国伯克利举行第四届国际数学教育会议(ICME-4),会议对 20 年来数学现代化的成败得失进行了分析和评价。会议总结报告认为,这次现代化运动的主要特征是在中学引进了现代数学的概念,使整个数学课程结构化。其特点是:

①追求现代化。为追求现代化,在中学数学教材中放入了大量现代数学内容,如集合、逻辑、群、环、域、矩阵、向量、概率、统计、计算机科学等。还使用了大量的现代符号,如$\in$、$\cup$、$\cap$、$\subset$、$\Rightarrow$、$\forall$、$\exists$等。甚至在小学教材里也加进了数的理论、简单的概率、统计、代数、函数等。

②强调结构,追求统一化。不分算术、代数、几何等科,以集合、关系、映射、运算、群、环、域等现代数学观点,把中学数学教材统一为浑然一体的逻辑内容。

③采用演绎法,追求公理化方法。首先,它强调了集合论,从小学就渗透集合的概念,同时强调数理逻辑的初步知识,把几何中的公理法搬入新教材,至于代数结构更是公理化了的。这种做法,对培养学生的抽象思维能力和逻辑思维能力是有益的。

④打破欧几里得体系,简化欧氏几何内容。现代化的主要目标之一是打破欧几里得体系。各国力图用其他方法解决几何问题,如有的想用代数法、向量法、变换群的方法,有的想用测度理论。总之,企图改造欧几里得几何学,并删去其繁杂内容。

⑤削减传统计算。会议总结报告认为,大量的传统计算无助于加深学生对方法的理解。各国对计算的有关知识均有削减。

总结报告还认为,这次改革运动的主要缺点是:

①增加现代数学内容分量过重,内容十分抽象、庞杂,致使教学时间不足,学生负担过重。

②强调理解,忽视基本技能训练;强调抽象理论,忽视实际应用。

③只面向优等生,忽视了不同程度学生的需要,特别是学习困难的学生。

④对教师的培训工作没有跟上,使得不少教师不能胜任新课程的教学。

总结报告还认为,这次数学现代化运动取得了一些有益的成果:

①出现了一些对数学和数学教育有远见、有洞察力、有影响的数学教育工作者,在一些国家建立了合作机构来研究课程的发展。

②大多数国家的中学数学课程形成了一个统一的整体,强调结构和原理。

③在国际上,数学教育工作者活动的联络网已形成。四年一届的国际数学教育会议使数学家、数学教育家、数学工作者之间的活动日趋活跃。

④数学教育的大改革使得教师更加集中注意教育的成果,使教师经常研究教什么、如何教、如何学三者之间的关系和一些问题。

上述评价基本上总结了前一阶段现代化运动的经验和教训。不管后人如何褒贬,这次改革必将因其在社会上的深远影响而被载入数学史册。

"新数"运动又一次表现了数学教育观的变化和更新,反映了数学教育内在的矛盾和冲突,其背后的深层次原因是社会进步、科技发展对数学教育提出的新的要求,只是这种冲突是在较短时间内以集中爆发的形式出现的,这使人们在改革上的举措表现出动作过猛、步子过大的倾向,然而这次运动所带来的数学教育观的改变却不时地、反复地被人们所提及,人们对它的探讨和思考从来就没有间断过。

(三)"数学大众化"运动

20 世纪 80 年代以来,在吸取了"新数学"运动的深刻教训后,通过多年"回到基础"的"抚平创伤",数学教育面向大众便成了明智的选择。1983 年在华沙国际数学大会的数学教育委员会上,德国数学家达米洛夫首先提出这一口号,产生了世界范围的反响,联合国教科文组织由此提出了"为大众的科学"(science for all)的口号。1986 年,国际数学教育委员会(ICMI)在科威特召开了"90 年代的学校数学"专题讨论会,把"为大众的数学"(mathematics for all)列在首位,并出版了由豪森(Howson)等人编辑的总结报告——《90 年代的学校数学》。

"为大众的数学"这一口号已深入人心,其影响已延续到 21 世纪。世界各国都在这一潮流的推动下积极行动。美国全美数学教师协会(NCYM)于 1989年 3 月出版了一本 258 页的文件《中小学数学课程与评价标准》,旨在促进改革、提高质量,使就学的中小学生适应 21 世纪的生存需要。德国统一以后,巴伐利亚州出版了一套教材,由德国文化教育部长会议制定数学教学目标与建议总原则,供一些州使用,在全德影响甚大。1982 年,英国政府文书部正式出版了《科克罗夫特报告》,这是英国政府组织的"学校数学教育调查委员会"经过 3 年的广泛调查,研究了当代英国中小学数学教育问题之后,以该委员会主席科克罗夫特(Cockcroft)博士的名字命名,向英国政府提供的一份报告。它不仅是英国公认的这个年代数学改革的纲领性文件,在国际上也具有很大的影响。20 世纪 90 年代初,苏联国家教委教育部属下的全苏中小学教育科研委员会数学组就中小学教育改革提出了一份《关于发展中小学数学教育的若干观点》的报告后,因为苏联解体而未及实行。我国则在大力提倡普及九年制义务教育的同时,提出从"应试教育"向"素质教育"转变的观点,"教育面向世界,面向未来,面向现代化"已成为数学教育的改革方向。

"为大众的数学"这一口号就数学教育而言,蕴含两层意思:其一是数学教育必须顾及所有人的需求,使每个人都在数学教育中得益;其二是指不同的人可以达到不同的水平,但数学教育存在一个人人都能达到的水平。随着"为大众的数学"思想的兴起,下列问题是亟待解决的:

①数学是否应在为大众的课程中保持其核心地位?

②什么样的数学课程才符合大多数学生的需要?

③如何根据不同的需要有效地区分学生和课程?何种程度的区分是需要的、可能的?

④如何理解数学教育的"机会均等"与"各取所需"的矛盾?

"为大众的数学"作为国际性的思潮,不仅对数学课程的设计提出了新的要求,而且将对整个数学教育产生深远的影响。"数学大众化"运动反映了数学精英教育向数学大众教育的转变,标志着数学教育观的又一次重大转变,它使我们的数学教育变得更加成熟和更具理性,也更符合现代社会的发展趋向。"为大众的数学"任重而道远,会遇到种种阻力,产生新的问题,面临新的挑战,但是数学教育观念的不断更新将是一种永恒不变的规律,也许在将来还有数学教育领域的改革运动出现,那应该也是一次数学教育观的转变,是数学教育的又一次历史性进步。

四、中国数学教育的特点

从我国的情况看,数学教育经历了一个由"数学教学法"到"中学数学教材教法"再逐步过渡到"数学教育学"的发展过程。

19世纪中叶,随着国门的"被打开",近代教育理论和教育制度于清同治年间跟随西方文化意识涌入中国,后来逐渐建立各学科的教学法,也包括数学教学法。

新中国成立以后,我国高师院校数学教育专业开设了"数学教学法"课程,其研究基本上是照搬苏联的做法,其表现特点是典型的"教学原理加数学例子"。

到了20世纪60年代,随着经济的发展,社会对人才的培养技能规格有了新的要求,数学教育不再是以传授知识和培养技能为主要目的,而应是通过传授知识去开发学生的智力、培养能力,使学生得到全面的发展。由于数学教学目标的转变,数学教学法的研究对象和任务也相应地得到了扩展,除了研究中学数学的讲授方法外,还要研究对教材的分析,研究对学生数学能力的培养等问题，于是，进入 80 年代后，"数学教学法"课程就发展为"中学数学教材教法"。

而后，数学教育目标进一步扩展，提倡在数学教学活动中，突出发展学生的思维能力，而且在"大众数学"的意义下，全面提高学生的数学素质，即数学教育不再以少数学生的升学为主要目标，而是以提高全民的数学素质为宗旨，这又给数学教育的理论研究提出了新的课题。要使数学教育面向大众，同时又要充分地发挥数学教育的功能，就必须研究学生的数学学习心理，研究数学的课程理论。

由此，到了 80 年代末期和 90 年代，"数学教育学"便应运而生。其间，各式各样的以数学教育研究为主题的讨论班、学习班、研讨会在全国各地频繁展开，而相应的专著和教材也是层出不穷，可谓遍地开花。

说到中国数学教育的特点，离不开中国教育的三个关键词：减负、素质教育、新课程标准。

早在 1964 年，北京铁路二中校长魏莲一给上级写信，建议为中小学生"减负"。这是新中国第一次关于"减负"的呼声。2009 年，《中国教育报》在庆祝新中国成立 60 周年特刊上刊登此事。

在 20 世纪与 21 世纪之交，中国教育改革风起云涌。1999 年 6 月，中共中央国务院率先作出《关于深化教育改革全面推进素质教育的决定》，紧接着的 2000 年 1 月，国家教育部发出《关于在小学减轻学生过重负担的紧急通知》，"减负"的呼声再一次响起。与此同时，国家教育委员会于 2001 年 5 月发布《积极推进中小学实施素质教育的若干意见》，"素质教育"受到全社会的极大关注和期待。

正是在这样的教育改革浪潮的推动下，新课程改革很快就拉开了序幕。2001 年 5 月，国务院发布《关于基础教育改革与发展的决定》，教育部发行关于印发《基础教育课程改革纲要（试行）》的通知，各地从此进入了如火如荼的新课程改革的全国大试验。时至今日，也有近 15 个年头了。数学教育也在我国教育改革大背景下，进行着自己的试验、研究和探索。

第二节　数学课程与教学论的研究对象

"数学课程与教学论"的研究对象指向数学教育领域中的所有内容。主要包括研究整个教育系统中的数学教育现象，揭示数学教育规律这两大对象。具体地说，本课程的目标是中学数学教学中的教学过程、学生的学习过程及教材研究，除此之外，还要涉及其他直接相关的内容。当然，我们还可以把"数学课程与教学论"的研究对象进一步分解成下列几个方面去研究：

①教学目的（为什么教）；

②教学对象（教谁）；

③教学内容（教什么）；

④学习方法（如何学）；

⑤教学方法（如何教）；

⑥教学评价（效果如何）。

从中学教育的总目的出发，结合数学学科特点及其在现代科学、技术和生产中的地位和作用，根据中学生个性发展和年龄心理特点的发展，首先必须确定中学数学教学的目的和任务。其次，依据目的和任务，便可确定教材内容，并且可依据教材内容和学生思维活动水平制定出适宜的教法。学生学习效果的优劣，直接影响下一步教师的教学和学生的学习，因此对学生学习质量的测试与评估亦不可忽视。

以第一节可以看出，20世纪以来，随着科学技术的迅猛发展，社会对数学教育提出了新的、更高的要求，因而世界各国对数学教育，特别是中小学数学教育的改革都进行了不同程度的探讨，而且这种不仅在理论上同时也付诸实践的数学教育改革还在不断地深化和发展着。

从理论上看，数学教育的研究对象已形成了以数学教学论、数学课程论、数学学习论、数学方法论、数学思维论、数学教育测量与评价为中心的学科群。数学教育，已成为学科教育研究中最活跃的学科之一。相应地，数学教育类的课程正在不断地改革、充实和完善。

关于数学教育的研究对象，目前尚无统一的定论，比较趋于一致的观点是：数学教育的研究与实践应包括数学课程论、数学学习论和数学教学论三个部分。这种观点是由德国学者鲍斯费尔德（H. Bauersfeld）在第三届国际数学教育会上提出来的，后来美国的汤姆·凯伦（Tom Kieren）在一篇题为"数学教育研究——三角形"的文章中将其发展，把课程、教学、学习比作三角形的三个顶点，构成一个紧密相连、彼此渗透和交织的三角形。

具体地说，数学教育的主要研究内容可概括如下。

一、数学课程论的内容

数学课程论的内容包括：

①数学教学内容。教什么内容、为什么要教这些内容等问题，涉及数学教学内容的选择和编排。显然，必须研究数学课程与社会的关系、与数学教育价值的关系以及与学生认知水平的发展关系等，研究如何处理好数学课程与社

会、知识、学习者之间的协调性,使这几方面得到和谐统一的发展。

②数学课程的发展。了解数学课程发展历史,揭示课程演变的某些客观规律,对目前的数学课程进行修正,对未来的数学课程编制作出正确决策。

③数学课程的评价。进行新课程教学实验,研究课程目标,建立评价体系,检验课程实施结果等,给课程改进和新课程的编制提供依据,同时还可促进教学方法的改革和发展。

二、数学学习论的内容

数学学习论的内容包括:

①数学学习的心理规律。数学学习的心理规律包括数学概念、命题、问题解决的学习心理过程,技能的获得与应用,数学认知结构与迁移,数学学习中的非智力因素等。

②数学能力与数学思维。研究数学能力的结构与成分,数学能力与一般能力的关系,数学能力的培养途径,数学思维的分类、过程及方式,数学思维能力的培养等。

三、数学教学论的内容

数学教学论的内容包括:

①数学教学的目的和任务。

②数学教学原则。

③数学教学过程、教学组织形式以及教学手段等。

④数学教学方法。

⑤教学效果的检测与评价。

从上述的学习内容可以看出,数学教育与数学、哲学、教育学、心理学、逻辑学以及其他现代边缘学科如信息论、控制论、社会行为学等学科密切相关,具有明显的综合性,但这种综合性并不是将这些学科的一些内容随意地、简单地加以拼凑与组合,而是从数学与数学教育的特点出发,运用各个相关学科的原理、结论、思想、观点和方法来研究、解决数学教育本身的问题。因此,从这个意义上看,数学教育研究已经自成一体,相对独立,有着自己特定的研究对象和特殊的研究方法。

总之,本课程将以数学课程论、数学教学论为主线,加入部分数学学习理论以及数学思维、数学能力的研究,组成一个框架。围绕这一主线,在框架内的讨论力求宽泛而深入。

第三节　数学课程与教学论的基本特征

数学教育虽然只是整个教育领域中的一个分支,但由于数学教育涉及范围广,参与人员众多,社会影响力大,它的一些改革举措往往备受关注,因此可以说,数学教育已经成为一种社会文化现象,所以对数学教育本身特点的分析和把握显得非常有必要。综合多数研究者的看法,一般认为,数学教育具有综合性、实践性、科学性、教育性和学科性等基本特点。下面对这些基本特点作一个简单的介绍。

一、数学教育具有明显的综合性

从学科结构上看,数学教育学与众多学科相关,是多门学科的交叉学科,因而这些学科的部分理论、思想和方法可以引入数学教育学中来,作为其基本的理论基础。

同时,数学是数学教育的具体内容,数学学习是一个特殊的认识过程,这是由数学本身的特点决定的,因而,数学教育学要研究中学数学课程的结构、教学原则、教学方法、学生学习以至教学全过程,必须立足于数学专业知识和教育理论。因此,数学教育学是一门理论性、综合性的学科。

当然,这种综合性也有一定的层次结构。第一层次包括信息论、控制论、社会行为学、文学语言、艺术修养、社会伦理等,称之为人文通识修养层面,是最为广泛的基础支撑。第二层次包括以教育学、心理学为中心内容的现代教育理论以及相关内容,称之为教育通识修养层面,所涉面相对窄一些,专业性强一些。第三层次包括以数学、哲学、逻辑学为主要内容的学科专业理论,称之为学科通识修养层面,所涉面相对更窄一些,也更为专业化一些。这样的综合层次结构可用如图 1-1 的三角形图示表示。

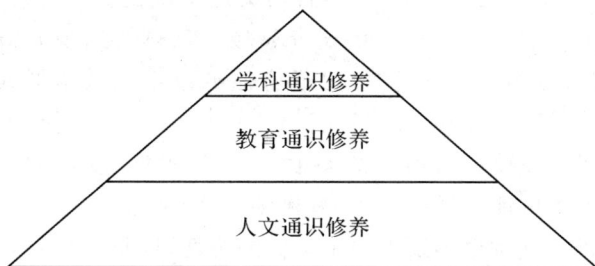

图 1-1　数学教育综合性特点的层次

二、数学教育具有强烈的实践性

教学是一种实践,这就决定了数学教育学是一门实践性很强的理论学科。

首先,数学教育理论是以广泛的教学实践经验为背景,在实践的基础上产生和发展起来的。数学教学实践是数学教育学的根基,离开了教学实践,数学教育学就成了无源之水。因此,数学教育学要制定教学目标、评价体系等,都必须经过实践,在实践的过程中积累经验,再总结和概括出理论体系,所形成的理论又必须经受实践的检验。此外,数学教育学还需要以试验为基础。课程教材的改革、新教学方法的使用,都必须进行试验,经过验证、修订后,再加以推广。"新数运动"受潮流的推动,未经实验就推广,缺乏实验依据,结果必遭受挫折。这一历史的教训再次表明了数学教育研究必须立足于实践。

其次,数学教育学又要反过来去指导实践,服务于实践。由于数学教育学是由若干数学教学经验的积累,再经过实践的检验,去伪存真而逐步形成和发展的,因此,这些理论就可以在一定意义上去指导新的数学教学实践。

三、数学教育具有严肃的科学性

科学性是任何一门学科最基本的特点。数学教育理论的内容、方法是随着社会的发展,时代对教育提出的新的要求以及科学技术、教育科学研究的发展而不断充实和改进的。

数学教育的一般规律是客观存在的,然而揭示这些规律的方式又不唯一。就教学论而言,根据教学原理对教学提出的教学原则就有几十种之多。由于人们认识的角度和深度不同,对同一个问题就有可能有多种不同的看法,但目标却是相同的,都是为了以明确的方式去揭示数学教学规律,使教学过程最优化,使数学教育的功能得到充分的发挥。事实上,这也就决定了数学教育必须随着人们认识客观事物的逐步深入而不断发展。

数学教育理论和实践的发展性,还体现在它们受到科技发展水平的制约这一方面。例如,人工智能理论的崛起,直接促进了现代认知心理学的理论研究,从而也就扩展了数学学习心理学的研究领域。计算机出现并被广泛地用于辅助教学,这就要求数学内容的选择、教学方法的改革和教学形式的更新诸方面都必须作相应的重新认识和深入研究。

数学教育研究还要体现科学的态度。严谨、求实、实证的科学理念将是研究数学教育的重要保证。浮夸风气、盲目跟风、空洞说教等陋习被人们所摈弃,在数学教育的研究领域也逐渐失去了它们的市场,这是一个令人欣喜的现象。

四、数学教育具有广泛的教育性

人是教育的对象,这就从根本上决定了数学教育学的教育性。首先是人才观的不断更新所带来的数学教育学课程在人才培养观念上的变化。例如,原来的计算型人才向应用型人才转变。传统的知识型人才向能力型人才转变。伴随着社会的发展,单纯的研究型人才也需要向创新型人才转变。其次是现代教育的形态变得愈加多样,教育的性态表现得更加开放,这使得数学教育学课程本身应该接纳来自各类专家和各个不同领域的学者的建议和观点,博采众长,同时也要积极开展地区之间、省与省之间和国家之间的广泛合作与交流,从而不断地适应社会对数学教育提出的新的要求。所以我们对课程安排、教材编写、教学设计、学习指导等各个教学环节都要作认真的研究,以达到教书育人的最佳效果。

五、数学教育具有突出的学科性

学科性是指这门学科本身的独特性而带来的(产生的)对这门学科的教育的特殊要求。数学教育的学科性主要由如下两方面的变化体现出来:一是数学观与数学教育观逐渐形成,并且越来越受到大家的关注,人们对它们的认识也更为深入;二是人们对数学本身以及对它的特征的把握也比以往更加准确和完整。下面对这两点作一分析。

(一)数学观与数学教育观

对数学教育的研究,让我们不得不关注的两个问题是,数学观和数学教育观。两者分别是对数学和数学教育在高维度上和宽视野中的审视,是对数学和数学教育在宏观形态上的把握,是一种意识、一种态度的表达,它们的影响力对数学教育的辐射作用日趋明显。与此同时,数学观和数学教育观两者本身是密切联系的。首先,数学教育必须反映数学内在的规律。其次,数学教育毕竟是为数学的发展和数学的应用服务的。完整的数学观对数学教育的引导作用是显而易见的。反过来,先进的数学教育观也为数学的发展和应用指明了正确的(即符合社会进步和发展主流的)方向。

数学教育的发展史表明,数学教育改革的焦点一直是在数学课程的改革上。但这只是一个表面现象,在其背后存在着数学教育观的转变这条主线,历史上每一次重大的数学教育的改革运动无不缘于数学教育观念的变革。上面我们所介绍的数学教育历史上多次风起云涌的数学教育改革运动,就展示了人们数学教育观的不断转变和更新。而且,这些改革运动的成果为数学、数学教育、科技发展乃至社会进步都带来了深远的影响。由此可见,数学教育观左右着数学教育的数学学科属性。

另外,人们对数学的看法其实是各不相同的,可谓是仁者见仁、智者见智,但从数学整个发展历史过程来看,各个国家、不同地区在各个社会历史发展时期表现出来的对数学的看法,亦有几种较为典型的代表,我们把这些观点加以汇总,称之为数学观(the view of mathematics)。完整的数学观将引导着数学教育的正确走向,同时也能够突出数学教育的数学学科特点,但是,对数学观的研究还不够深入,下面只对几个有代表性的类型作一解释。

1. 数学的哲学观

把数学看作一门哲学,古而有之。数学要回答自然的本源问题,这一点与哲学的研究目的完全相同。其中比较有代表性的国家,一是古希腊,二是德国。

古希腊哲学鼻祖泰勒斯(公元前 624 年—前 547 年)所创立的爱奥尼亚学派,致力于数学问题的研究,如测量金字塔高度,给出全等三角形公理等。毕达哥拉斯(公元前 580 年—前 600 年)更是把他的哲学基础建立在"万物皆数"之上,试图用数(整数)解释整个世界,他心目中的哲学其实就是数学。后来的古希腊哲学家柏拉图(公元前 430 年—前 349 年)、亚里士多德(公元前 384 年—前 322 年)等,也无一不和数学结下了不解之缘。可见,在古希腊,数学和哲学是融于一体、不分彼此的。

德国在文艺复兴之后,重新拾起古希腊先辈们所恪守的追求理性、严整的哲学精神,涌现出一大批哲学家,如尼采、黑格尔、恩格斯等。在数学上,也同样继承了这样的风格,出现了众多数学巨匠,同时创立了许多新的数学理论和分支。如高斯的《算术研究》、雅可比的椭圆积分、维尔斯特拉斯的解析函数论、狄利克雷级数、格拉斯曼的 n 维空间、库默尔的理想数、里斯丁的拓扑学、黎曼几何、戴德金分割、康托尔的集合论、希尔伯特公理体系等等,这些例子不胜枚举。因此,从这个层面上讲,与其说德国数学家在研究数学问题,还不如说他们在思考哲学,至少他们是在哲学的高度上勾勒数学的线条,用哲学的观点来刻画数学的思想。

2. 数学的科学观

数学之所以出现和发展是因为使用数学能够解决实际中碰到的问题,科学是也一样的。后来由于数学研究的特殊性,数学便从自然科学中分离出来,成为一门独立的学科。但是科学的一些主要特征被数学学科保存了下来,如实用性、创造性等。因为许多国家一直以来都把数学归为与其他自然学科一样类型的学科,甚至直接认为数学也是一门自然科学,数学的科学观因此而形成。其中在古代中国、近代英国和现代美国体现得较为明显。

中国古代的数学代表著作,像《周髀算经》、《九章算术》以及《孙子算经》等,无一不以实际问题为研究对象,遍及日常生活、农业生产、天文历法等所有实际问题,当时数学的研究状况就代表了科学的发展水平。也许是科学的其他分支还没能自成一体吧,数学包纳了一切,统领了整个科学领域。与古希腊数学有明显区别的是,中国古代的数学轻理论归纳而重应用创造,像墨子、祖冲之这些人物更准确的定位是科学实践家。

近代英国爆发工业革命,生产力大发展,资本急剧扩展,数学的应用功能是强有力的支撑,同时也促进了数学各重要分支理论的蓬勃发展。

现代美国,特别是第二次世界大战之后,出于东西方的军事竞备、太空较量的需要,在全世界范围内收罗数学的高科技人才,把数学的应用性发挥在各个领域,特别是高科技领域,并以此来提升和巩固其世界霸主地位。一时间,数学的解决就等于高科技的观点深入人心。

3. 数学的艺术观

艺术具有两大基本要素,一是丰富的想象力,二是独特的表达方式。数学也是如此。数学活动就是创作活动,靠的是(思维上的)想象,没有这种想象,也就没有数学。其次,数学是在以字母符号为主体的特有语言上进行想象、思考和创造的,无论是数学过程还是数学结果,其表达方式独具特色、自成体系。因而,人们把数学看作一门艺术,因此而提出数学的艺术观。

无论是古希腊毕达哥拉斯学派的"毕达哥拉斯音阶"、达·芬奇的加减(＋、－)符号和几何研究、闵可夫斯基的"时空"观念,还是近代英国牛津大学数学讲师刘易斯·卡罗尔(Lewis Carroll)对儿童文学的突出成就,都说明在许多时候,人们会不由自主地在艺术的层面上"摆弄"数学,或者在数学的海洋中捕捉艺术的灵感。

但是,我们发现法国在数学艺术观方面具有一定的代表性。

不知道是这个充满浪漫主义气息的艺术王国开拓了法国数学家们的想象空间,还是法国数学家们的数学创造灵感和数学艺术成就为艺术领域提供了广阔的土壤和崭新的工具。也不知道是艺术家的数学特质还是数学家的艺术特质造就了法国数学的"艺术特色"。对此,我们很难定论,但是众多法国数学家的特别成就,给我们留下了深刻的印象。光从16世纪以来法国数学家们的伟大创造就能看出这一现象。如笛卡尔的解析几何、笛沙格的射影几何、费尔马的数论、帕斯卡的概率、达朗贝尔的判别法、拉格朗日的幂级数、蒙日的画法几何、拉普拉斯变换、傅立叶级数、柯西极限以及庞加莱猜想等等,他们的成就无一不是"开创式"的,这与法国数学巨匠们善于"艺术地"思考数学是不是有着某种必然的联系呢?

4. 数学的文化观

在数学的早期研究时,人们往往只把数学看作一种简单的工具,一个临时解决某个个别问题的手段。随着数学的发展,数学的结果(特别是它的思想方法)逐渐渗透于人们的日常生活和社会行为之中,其影响力不断扩大,数学也逐渐融合于各国的文化体系之中。如古希腊数学融入了它的哲学思辨、逻辑理性的文化之中,中国古代的数学也带有明显的"治理"、"统治"的封建政治文化色彩,而在法国这样的国度,数学早已被打上了浪漫主义、自由开放的文化烙印。但美国真正把数学当作一种文化来对待,把数学活动当作一种文化传播的行为。上述提及的"数学大众化"运动在美国率先发起,就是一个例证。

当然,信息社会的浪潮席卷全球,地球村的"顷刻"闪现,互联网迅速波及世界每个角落,已经使得当今社会再也离不开数学了。数学也不再是少数人的"奢侈品",而是人人必需的"日用品"了。总之,在现代人的眼里,数学不是"小圈子",而是"大文化",人们已经慢慢地适应于在数学文化的氛围中生活、学习和工作了。

以上,我们"轻而易举"地从多个维度(哲学、科学、艺术、文化)来观察数学、谈论数学和看待数学,说明数学的姿态是"开放"的,数学的内容是广博的,数学的思想是精深的,所以,反过来,数学教育的学科性也恰恰体现在数学观的这种广博性之上。

(二)数学和数学的特征

数学是什么? 数学具有什么样的特征? 这些看似简单的问题,在数学界至今却没有一个统一的回答,说法各异,仍存在着很大的争议。这是一个颇具意味的现象。产生这一现象的原因多种多样,既可能是认识方式上的,也可能是认识角度上的。但值得关注的是,无论以静态的观点还是以动态、发展的观点看待数学及其特征,两者区别明显,由此得出的结论也迥然不同。事实上,对这两个基本问题作出一个统一的、完满的和最后的回答已经没有任何意义了,而通过分析使大家对数学及其特征有一个更为深刻的认识才是一件于数学研究和数学教育研究都有益的事。为此,我们在这里就这两个问题作一个一般性的分析。

1.数学是什么

从历史来看,以古希腊为代表的西方数学的研究对象可以说是"数"(数的性质)和"量"(几何量)这两大基本对象。这两大对象因古希腊数学家欧道克斯将数与量人为地分离而产生,曾被人们比喻成数学的两条腿,也可以说,数学正是迈着这两条坚实有力的"腿"由古到今一路走来的。而以古代中国为代表的东方数学,其研究对象则是"数学问题",这些问题不但可以是数学本身的,而且更多的是现实中的实际问题。对这些问题的研究和解决,使人们更为深入地理解数学,促进数学的发展。因此可以说,数学的研究对象,从内部来说是数与量,从外部来说则是问题。

恩格斯在《反杜林论》中曾经给出一个经典的数学定义:数学是一种研究思想事物(虽然它们是现实的摹写)的抽象的科学。纯数学的研究对象是现实世界的空间形式和数量关系。

随着数学的发展,数学的研究对象——空间形式和数量关系已经远远超越了"现实世界"的范围,表现得更加抽象化和非现实化。例如 n 维空间、向量、矩阵、群、环等研究对象很难再回到现实世界中加以复原描绘,因此人们普遍认为恩格斯这一经典的数学定义仅仅描述了 19 世纪以前的数学发展状况,而不能涵盖 20 世纪以来数学研究的新变化。

为此,人们提出了多种对数学的描述,如有人在恩格斯所作定义的基础上,根据数学的发展变化认为数学的研究对象是"现实世界包括非现实的、想象的空间形式和数量关系"。也有人由布尔巴基学派的结构思想提出"数学是研究结构的科学"。随着对数学模型的广泛研究,有人也提出"数学是模式的科学"等。同时,有学者指出,"凡是要研究量、量的关系、量的变化、量的关系的变化、量变化的关系的时候,就少不了数学。……所以数学还研究变化的变化,关系的关系,共性的共性,循环往复,逐步提高,以至无穷。因此,从现代数学来讲,数学是研究量和量变的科学。其中纯数学是研究纯粹的量的科学,它是数学的基础部分"。

无论怎样刻画数学,数学自在我们心中。我们多谈论一点数学,数学就离我们更近一点,也许我们不能到达数学的彼岸,但我们可以"无限接近"数学。数学离我们并不遥远,它就在我们的周围,就在我们身边。

2.数学的特征

因为人们对数学的研究对象看法不一,所以在对数学特征的把握上也得出了各不相同的结果。数学到底具有什么样的特征,也是众说纷纭,莫衷一是。但是在数学教育领域中,对这一个问题的探讨显得非常有必要,因为只有正确而完整地把握数学的特征,才能更好地发现数学教学的特点,才能掌握数学教学的内在规律,提高教学效果。因此,有必要在这里首先对数学的特征作一个分析。

通过上述对数学观的剖析,我们可以说数学既具有哲学和(自然)科学的一些基本精神,也具备艺术和文化的一般特征,这些都是数学和其他学科都具有的共同特征,属于共性。这类性质是属于第一层次的,我们把这类性质称作数学的普遍性质。

同时,在数学教育界,我们曾经给出数学的三大性质,那就是抽象性、严谨性和应用的广泛性。其中,抽象性是指数学理论具有抽象化的特点;严谨性是指数学理论的表达缜密,逻辑性强,严谨而无任何纰漏;而数学应用的广泛性是有目共睹的。但是许多专家、学者对这个传统的数学三大性质提出了一些质疑,如提到抽象性,认为"抽象性并非数学所特有,各门学科都有抽象性,哲学则比数学更抽象"。提到严谨性时,认为严谨性不应该作为数学的特性,它实质上应该是各门学科都必须具备的共同性质。试想,一门学科如若连理论的严谨都做不到,那是绝对不能被认同的。对于数学的应用广泛性,我们认为,应用性应该是任何一门学科的生命线,也是所有学科的共性,只是数学的应用和其他学科相比更为广泛。

因此,很显然,这三个性质并不是数学所独有而其他学科所没有的特性,把它们当作数学的特征似乎不是很适宜,但这三大性质毕竟反映了数学的内在本质,所以我们把这三个性质归属于数学性质系统中的第二层次,把它们称作数学的一般性质。

然而,数学应该具有明显区别于其他学科的特征。

首先,形式化就是数学的一个重要特征。从数学的发展历史过程看,数学虽然来源于实际,但数学研究的对象却是剥离了附着于具体实物或实际问题上的一些非本质的或者不是数学研究所关注的特征后所留下的材料,那就是形式化的材料。例如,数学所研究的不是一只羊、一头牛或一匹马,而是它们共同具有的形式特性"一",这是一种抽离了具体内容后所形成的抽象化的形态。正如恩格斯所说的:若要能够研究这些形式及其关系的纯粹情形,那么就应该完全把它们与其内容相分离,暂置内容不管,把它们当作无所可否的东西。[①]

数学从哲学中脱离出来,形式化是一个重要的标志。形式化、模型化是促进数学发展的根本基点,没有形式化就没有数学,没有模式化,数学也将失去活力。数学教育家辛钦曾提到:一切数学学科的决定性特点总是某种形式化的方法。著名的"七桥问题"就是由数学大师欧拉对其形式化后,抽象为"一笔画"的数学模型而得以解决的。M. 克莱因在《古今数学思想》中对牛顿的成就作了如此的描述:只有依靠数学的描写(即使完全缺乏物理的了解时也依靠它)才使得牛顿惊人的贡献成为可能,更不用说后来的发展了。因此,数学形式化特征所产生的力量是惊人的。

其次,策略性是数学的另一个重要特征。数学研究的中心是问题解决,数学的一切理论都是为这个中心服务的。这些问题可以是数学内部的,但更多的是数学外部的,是应用的。但是问题解决的关键是策略的运用,是方法的创造,

---

① 恩格斯.反杜林论[M].人民出版社,1983:38.

是想象的发挥。数学的发展历程实质上就是不断创造方法的过程。阿基米德在解决抛物弓形的面积时采用了"穷竭法",刘徽在解决圆的面积时采用了"割圆术",戴德金在定义实数时使用了著名的"戴德金分割法",等等,不一而足。所有这些都是策略的巧妙运用,方法的灵感创造。可见,数学是一门讲究策略、善于使用方法、不断创造、不断发现的学科。

正如哈尔莫斯所说的:"数学是创造性的艺术,因为数学创造了美好的新概念,数学家们像艺术家们一样地生活,一样地工作,一样地思索。"可以说,在数学之中创造无处不在,创造力是数学的生命,想象力是数学的灵魂,没有了创造和想象,数学将成为一堆枯燥的、毫无意义的符号。总之,数学的活力在于非凡的创造、艺术的思考。

因此,数学的这种策略性、无穷无尽的创意是数学的一个与生俱来、无法剥离的特征。

最后,符号化是数学的又一个重要特征。数学语言是符号语言,是一种形式简洁、表达精确、广泛通用的语言。正是数学的高度符号化才使数学展现出其独特的魅力,在思维上提供给人们充分自由的想象天地,这好比给数学思维插上了翅膀,任其翱翔。难怪有人叹道:数学要是不走上符号化的道路,任何的发展都是不可能的。伽利略说,宇宙大自然的奥秘写在一本巨大的书上,而这部书是用数学语言写成的。阿尔芬则说,科学需要一种能够简练地、合乎逻辑地表达的语言,这种语言便是数学。

当然,其他学科语言中也有符号化现象,例如,化学中使用化学符号和方程式,逻辑学中使用逻辑符号语言(实际上也是数学语言),经济学中使用图表符号语言。但与数学符号语言相比,其符号化程度要低得多。

纵观历史,数学的每一次进步都与数学符号语言的发展有关。符号常常比发明它们的数学家更能推理(F.克莱因语)。公元 3 世纪,丢番图发明的一套缩写符号使得初期代数的研究得以延续;16 世纪,韦达等人创造的字母符号语言促使代数数学得到长足发展;17 世纪,费尔马、笛卡儿和莱布尼兹等创立的坐标符号语言为近代数学取得辉煌成就奠定了语言的基础;而后,莱布尼兹的微积分符号语言、魏尔斯特拉斯的 $\varepsilon\delta$ 语言以及康托儿的集合符号语言都为数学的发展作出了重大的贡献。

符号是数学的标志,是数学思想的唯一载体。

我们把上述这三个明显区别于其他学科的特征放在数学性质系统中的第三层次,把它们称作数学的固有性质。

综合前面的分析,我们把数学的性质分成三个层次,组成一个性质系统,由数学的普遍性质、数学的一般性质和数学的固有性质构成,如图 1-2 所示。

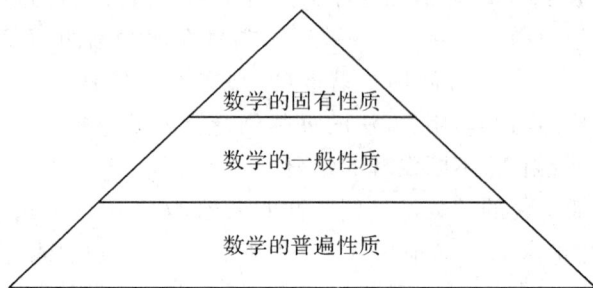

图 1-2　数学的性质

　　对数学性质作这样的结构分析是有意义的,因为,只有思考了数学,思考了数学性质,才能进一步思考数学教育。

第四节　数学课程与教学论的研究方法

　　关于数学课程与教学论的研究方法,主要是指围绕数学教育这个主题,我们将如何了解它的特点,把握它的核心,发现它的规律。这涉及方法、策略和手段等问题,还涉及学习者(研究者)个人的兴趣、能力以及经验等方面的情况,因此无法给定一个研究方法的具体模式。但我们认为,学习或研究数学教育应注意以下几个方面。

一、数学学科素养的培育

　　通过上述对数学教育的数学学科性的分析,我们注意到,学习研究者应具备坚实的数学基础知识,这一点至关重要,也是毋庸置疑的。问题是数学学科素养如何培育,培育什么。在我们看来,需要重点关注以下三点。

　　首先是数学学科知识的掌握,包括古典初等数学大部分内容、近代高等数学的重要内容以及现代数学的少量内容。对于初等数学,要求理解基本理论,熟悉初等数学的基本理论体系,掌握解题的方法和规律;对于高等数学,则应理解各种数学理论中的思想和方法,把握高等数学和初等数学的联系,能用较高的观点去处理初等数学问题;对于现代数学,主要把握现代数学的发展动态,了解现代数学思想的渗透和启示作用,提高数学的认识水平,拓宽数学视野。

　　其次是数学学科教材的研读。其中包括各年段数学教材内容、体系结构,特别是教材选取与编排的依据、用意和观点。对于后一点,一般学习者最容易忽略或者还不具备审视的能力,这涉及课程论的问题,也是数学学科知识根基扎实与否、体验深浅的直接反映。因此分析教材、钻研教材十分重要。

最后,数学泛文化元素的积累在现代数学教育研究领域中越来越受到重视。如由数学文化、数学历史、数学哲学等组成的"大数学"将是未来数学教育工作者不断积累数学精神元素、提升自身数学素养的方向和目标。要想将丰富多彩的数学展现在学生面前,教师自身数学素养的先前培育必不可少。

二、教育心理理论的学习

要比较系统地学习教育学、心理学理论,需要了解教育史的各种流派、各种教学理论产生的背景、各种学习心理理论的观点。现代教育心理理论对学科教育的指导和借鉴作用是显而易见的,而且许多教育、心理的研究本身就是建立在学科教育研究的基础上的,来自于学科教育的实践前沿。因此,一般的教育、心理理论再一次运用到某一具体学科时,要注意它们的契合性,有一个重新磨合、反复适应的过程。这就需要学习者吃透现代教育心理理论,真正领会其精神实质,而不是生搬硬套。

另外,还必须熟悉教育学、心理学的科学研究方法。数学教育理论的研究不同于数学的研究方法,数学研究是以演绎为主,通过严格的推理去获得正确的结论,而数学教育理论的研究方法则偏重于实践,以调查、观察、比较、实验、经验总结等形式为主,与教育学、心理学的研究方法有更多的共同之处。因此,熟悉教育、心理科学的研究方法对数学教育理论与实践的研究是极其重要的。

三、教学实践经验的积累

数学教育的研究看似理论性很强,实则更为偏重教育前沿的实践。积极开展教学实践活动,是学习本课程的一项重要内容,也是学好这门课程的关键。

对于初任教师或者将要从事这项工作的人员,我们将采取专题讨论、教学观摩、微格教学等手段,加强实践性活动,并在活动中自觉地、有计划地运用所学的基本理论、基本观点、基本方法去解决实际问题。在"模拟教学"的活动中,加强教学技能的训练,如教学语言、教学形态、板书等,为顺利进行教育实习奠定坚实的基础。

另外需要指出的一点是,不要认为只有本人直接对学生进行授课才算是教学实践。事实上,数学教育实践活动的形式是多种多样的,无论是试讲、听观摩课、与一线教师交流,还是本人进行的对数学学习者的个别辅导,都是数学教育实践活动。总之,教学实践的范围是非常广泛的。

四、阅读书籍方法的掌握

本课程兼有文、理科教材的综合特征,读起来不像人文学科教程那样流畅,但也不像阅读纯数学理论课程那样晦涩、难懂。因此,掌握阅读本课程的正确方法是十分必要的。

首先,精读与泛读相结合。对书中的重要理论、方法要精读,同时泛读一些与数学教育理论相关的学科论著、文献,并做必要的读书笔记,使知识系统化。

其次,勤于思考,勇于提出问题。数学教育理论具有发展性,而且对数学教育规律的认识也有多种途径,没有止境。因此,阅读相关书籍时,一方面,要领会已有的诸多教育学、心理学理论,尊重经过无数次实践经验、逐步积累起来的数学教育理论观点;另一方面,又不要受已有结论的束缚,而要善于从各个侧面、不同方位去思考和探讨同一个问题,勇于提出新的观点、方法。

最后,勤于动笔,培养科学研究意识。学习数学教育科学知识固然重要,但学习的目标不能仅限于此,还必须认识到数学教育科学研究的重要性,提倡研究数学教育科学。因此,在学习中要勤于动笔,写感想和读书体会,养成广泛收集资料、整理资料的习惯,逐步形成对数学教育的科学研究意识,提高论文写作能力。

五、数学教育资源的收集

数学教育资源的积累是研究数学教育的重要基础,主要有两种基本手段。一是围绕某个数学教育主题在特定范围内对特定对象进行调查、取样和分析,这是科学统计的一般做法。这种方式针对性强、说服力强,目的明确,但缺点是需要投入大量的时间、精力和财力。二是教育实践的日常积累,这主要是靠平时的点滴累积,这种方式虽然对收集者的耐心和毅力来说是一个考验,但如若养成良好的习惯,效果将非同一般,既经济又省力。同时,要注意资源收集的广泛性和有效性,如课堂内教育发生资源的收集,学生作业情况的整理,各种测验、测试、考试结果的统计等等。

复习思考题

1.举一个本人经历的事例,谈谈对数学教育的认识。

2.结合本章的叙述,谈谈你的数学观。

3.在现代生活中,数学文化观的影响慢慢扩散,举出你身边发生的有关数学文化的例子,说明你对数学文化的感受和体验。

4.结合本章对数学教育改革的描述,谈谈你对我国数学教育改革的发展和走向的看法。

5.对数学的准确把握是数学教育的基础,结合本章内容谈谈你对数学性质的认识。

第二章　数学课程与标准解读

　　课程是现代教育学中的一个基本概念,是一种我们沟通课程理论与教学实践必不可少的工具。标准作为一种陈述,是课程的一种重要呈现方式。国家课程标准作为教材编写、教学、评估依据,体现了国家对不同阶段的学生学习的基本要求,同时也规定了本门课程的性质、目标、内容等。

　　本章从课程、数学课程概念入手,解读我国中、小学数学课程标准,同时通过分析国外高中数学课程标准特征,以便读者日后能更好地理解我国即将发布的高中数学课程标准修订稿。

第一节　数学课程概念

　　关于课程的概念,学术界有不同的观点。每一种课程的定义和用法取决于主体的主观建构,都隐含着主体某种特定的意识形态以及对教育的某种信念;同时,个人或群体所持的课程概念,往往又很大程度地影响着课程理论的构建以及课程政策和实践的形态。因此,下文从课程概念开始对课程的基本问题进行一定梳理。

一、课程概念

(一)课程的词源分析

　　课程是教育学的一个基本概念。由于中国教育学是 20 世纪初从国外引进的学科,课程也一直被认为是一个从国外引进的概念,甚至课程这个词,也被认为是一个外来词。但事实上,近代中国课程概念是中国传统课程概念自身演变的产物,课程这个词并不是外来词。①

──────────

　　① 章小谦,杜成宪.中国课程概念从传统到近代的演变[J].华东师范大学学报(教育科学版),2005(12):65-74.

一般认为,"课程"一词最早出现于唐朝。《诗经·小雅·巧言》云:奕奕寝庙,君子作之。秩秩大猷,圣人莫之。他人有心,予忖度之。跃跃毚兔,遇犬获之。唐代孔颖达为上句作疏"奕奕寝庙,君子作之。秩秩大猷,圣人莫之",一句云:以教护课程,必君子监之,乃依法制。大道,治国礼法,圣人谋之,若周公之制礼乐也。但他说的这个词语的意思与我们现在所说的课程之意相去甚远。

宋代朱熹在《朱子全书·论学》中多次提及"课程",这也是首次使用与当前课程含义相近的"课程"一词,如"宽著期限,紧著课程","小立课程,大作工夫"等。虽然他没有对课程进行明确界定,但意指功课或者课业的进程,这与我们现在许多人对课程的理解基本相似。

西方英文"curriculum"一词最早出现在英国教育家斯宾塞(H. Spencer)《什么知识最有价值?》一文中。它是由拉丁语"currere"一词派生而来的,意为"跑道"(race-course)。根据这个词源,最常见的课程定义是"学习的进程"(course of study),又称学程。[1] 用汉语"课程"一词来翻译英文的"curriculum"和"course",中国比日本要早,至少也不会晚。中国至少在19世纪60年代同文馆开办之后,已经在近代意义上使用课程一词了。

(二)课程概念的现代解析

到目前为止,"课程"仍没有统一的定义,其不同的定义都是在一定的历史时期、特定的社会经济背景下提出的,都有各自的认识论基础和侧重点。将诸多的课程概念归纳起来,主要有五种:①课程即教学科目;②课程即有计划的教学活动;③课程即预期的学习结果;④课程即学习经验;⑤课程即文化再生产。这些"课程"含义大体上可分为两类[2]:其一是"公共框架",即根据课程标准规定的教育目的、学科门类、教学内容、年级分配、教学目标、上课时数等,不牵涉每一个儿童的经验和兴趣、教师的意图和设想;其二是"教育计划",即教师编制、实施的课程。在我国的教育现实中,课程作为"公共框架"的含义较强,以教师为主体的"教育计划"含义较弱。

事实上,一般所谓的"课程",通常是指"教育内容的计划"。而儿童实际的学习是超越了教师的意图与计划而展开的。不管计划如何,归根结底是每一个儿童的经验才能算作"课程"。所以在当今教育界,"课程"这一术语被最广泛使用的含义是"学习者在学校环境中获得的学习经验总体"和"儿童学习的履历"。现实中儿童的学习经验远超出教师的预测,儿童在课堂里有意无意地积累着多样的经验,因此,作为"学习经验总体"的课程观,要求对"儿童学习经验的价值"

---

① 施良方.课程定义辨析[J].教育评论,1994(3):44—47.
② 钟启泉."课程"概念的演进[J].基础教育课程,2015(5):72.

有重新的把握。这种课程观无疑对教师提出了更高的要求——在儿童经验的设计上体现其专业素养的创造力和构想力。

此外,课程具有层次性,如美国学者古德莱德(J. I. Goodlad)[①]从课程定义的层次上将课程分为五种不同层次的课程:理想的课程(ideological curriculum)、正式的课程(formal curriculum)、领悟的课程(perceived curriculum)、实行的课程(operational curriculum)和经验的课程(experienced curriculum)。从课程测量角度出发,当前我们一般分为三层"课程"含义,即:

①意图的课程,即基于国家标准编制的教育内容计划;

②实施的课程,即基于"意图的课程",由学校和教师实施的内容;

③掌握的课程,即儿童掌握的学习内容。

教材作为反映教育系统所设定的教学目的和目标的重要材料之一,在教师与学生的实际教学中起着传递、建构信息等重要作用。同时,教材的这种作用还取决于教材本身的质量和教师如何使用这两个方面。鉴于教材在整个课程体系当中特殊的作用,TIMSS(Trend in International Mathematics and Social Study,国际数学和科学评测)将教材从目标课程层面抽出来,作为一个独立的层面——潜在的实施的课程,列于目标课程和实施的课程两个层面之间。在上述三层课程的基础上,即将课程分为目标课程、潜在的实施课程、实施课程、习得课程这四类。

当然,研究者们从不同角度出发,对课程进行了不同的分类。如根据课程内容的不同,课程可以分为学科课程和经验课程。根据课程影响学生的方式或者是否有明确的计划和目的为依据,可将课程分为显性课程和隐性课程。根据课程的表现形态,可将课程分为分科课程和综合课程。根据课程对某一专业的适应性和相关性形式,可将课程分为必修课程和选修课程。根据课程在整个课程体系中的不同地位,可将课程划分为核心课程和边缘课程。

影响上述课程的定义及分类主要有以下几个方面:

①社会背景,即课程的定义与当时的社会背景存在着紧密的联系。澳大利亚学者史密斯(D. D. Smith)与洛瓦特(T. J. Lovat)分析100多年来有影响的课程改革后发现:每当经济强劲、求职机会多时,很少有人关注学校课程;而当经济不景气时,会有人指责学校课程,认为学生毕业后找不到工作的原因是学生不具备相关的知识技能。因此,每一种课程定义方式认为可能反映出其历史的、社会的、经济的或政治的背景。

②认识论基础,即课程与人类的知识和发现知识的方式具有十分紧密的联

---

① 丁相平.对当代课程研究几个理论问题的综述[J].山西大学师范学院学报(哲学社会科学版),1998(1):67—69.

系。人对知识的不同理解就会产生不同的课程定义。例如,知识是否是客观的不变的东西或是主观构建的产物。采纳前一种观点的人倾向于把课程定义为必须按照规定的方式向学生传递的知识体系。课程的控制权应该在学科专家手里,因为专家比其他人更了解学科的知识体系,他们给出的课程定义会更注重具体的目标、内容体系及标准测验。

③对课程过程与结果的认识差异,即在具体定义方式上,有注重于课程过程与注重于课程结果的差异。例如,把课程定义为教学科目或讲授提纲和课程文献,往往不包括在教这些学科时课堂中发生的事情,这就是注重于课程结果,而未考虑到不同的课程过程之间的差异性。因此,在定义时,应该考虑课程过程与课程结果的差异性以及两者之间的有机联系,尽量将两者联系起来。

二、课程编制

(一)课程编制分层

结合课程定义的层次性,课程编制也存在如下层级[①]。

①国家课程,就是国家编制的课程,即课程标准。教科书根据课程标准编写,它是课程标准的具体化之一。

②地方课程,即以地方教育行政机构为主题编制的课程。

③学校课程(实施课程),即各个学校分学年和学科编制的计划课程,并根据这种课程进行教学。但教师实施的课程未必就是儿童经验学到的课程,所以,必须依据儿童的经验课程来评价教学的成果。学校课程的开发主要依赖于教师的专业素质,特别是取决于教师对课程单元组织的把握,而课程的单元组织大体可以分为两种:

第一,以"目标"为中心的组织样式,即"阶梯型"课程。其课程组织的特征是系统性和效率性,追求效率和生产的模式,学习的终点即目标已规定好,学习的构成被划分成小小的阶梯固定下来。其弱点是:经验狭窄封闭,一旦某一级踏空,就会导致"掉队"。

第二,以"主题"为中心的组织样式,即"登山型"课程,其课程组织的特征是以特定的主题为中心来组织教材与学习活动。这种课程,无论选择哪一种路线,攀登顶峰是目标。即便未登上顶峰,也可以体验到学习经验的喜悦。在"登山型"课程中,教师不是"知识的分配者",而是作为"导游",发挥着引导儿童的学习经验成为有意义经验的作用。

④儿童的学习经验(经验课程),即儿童现实的学习经验。

---

① 钟启泉."课程"概念的演进[J].基础教育课程,2015(5):72.

（二）课程编制模式

在编制课程时,不同的课程由于编制的理论基础不同,编制的程序与方法也不一样。目前比较有代表性的课程编制方法有目标发展模式、过程发展模式和环境发展模式等①②。

1. 目标发展模式

这是最具代表性的课程编制模式,它受行为主义的影响,强调先确定目的和目标,再以精确表述的目标为依据进行评价,其基本过程如下:

①先确定课程目标,在此基础上,进一步确定特殊目标和行为目标;

②课程内容选择主要依据心理学、社会学、哲学和知识结构等;

③教学内容组织上,以认识概念之间的关系为基础,并在此基础上,融合各种概念,以解决实际问题;

④在教学过程控制中运用了一定的反馈,主要通过练习;

⑤教学评价主要依据教学目标,对教学过程中可能出现的问题不予考虑。

2. 过程发展模式

过程发展模式又称其为历程模式,它是指在设计中详细地说明所要学习的内容、所要采用的方法及该活动中固有的标准。其基本过程如下:

①不预先确定特殊的目标或行为,而是详细说明内容和过程中的各种原理及其教学目标;

②实施有创造性的教学;

③记述教学活动所引起的各种结果;

④记述与目标无关的一些情况;

⑤在评价中,采用不受目标限制的评价方法,重视个案和多侧面评价方法。

3. 环境发展模式

该模式是一种更为综合性的结构模式,包含上述两种模式成分。其倡导者是英国学者斯基尔贝克(M. Skilbeck)。其基本过程如下:

①分析环境,目的在于对学校的环境以及其中相互作用的各种内部因素进行考察和分析;

②表达目标,这些目标产生于对环境作出分析,它们体现着想要某些方面改变那个环境的各种决策;

③制订方案,包括选择学习材料、安排教学活动、调配教职员,以及挑选合

---

① 汪霞.国外几种课程编制的方法、程序及模式[J].外国教育研究,1994(1):10—14.

② 丁相平.对当代课程研究几个理论问题的综述[J].山西大学师范学院学报(哲学社会科学版),1998(1):67—69.

适的补充材料和教学手段；

④阐明和实施，新方案在实施之前就把可能出现的实际问题暴露出来，并在实施中逐个解决。

三、数学课程

数学课程的概念既产生于课程概念的背景之下，同时又体现了数学的学科特点。从上文分析可以看出，"课程"概念有多种界定，"数学课程"概念也并不统一。主要分为两类：一类强调课程的计划性、静态性、结果性，如"数学课程是数学学习的内容、范围和进程，是经过组织的具有学科目的的教育内容"；另一类强调客观性、目的性、经验性、教育性和系统性。如章建跃对"数学课程"的界定①：数学课程是一种用于指导学校数学教育的方案（育人计划），它的内容经精心挑选，体现系统性，同时课程结构需精心设计，包含课程目标、课程内容和学习活动方式三种基本成分。这三者密切联系、相互制约，按照育人的实际需要而协调组合成为一个数学课程结构，用以发挥整体作用。

上述介绍的课程的分类、影响课程界定的因素、课程编制及模式在数学课程发展中也相似，这里不再作介绍。事实上，随着社会科学技术、数学学科本身的发展，特别是与计算机的结合，数学的应用范围得到空前发展，数学开始渗透到生活的各个方面，成为公民必需的基本文化素养，这些都是当前国际数学课程改革的基础，它们促使原有数学课程的概念、内容、结构、实施等也在不断作出调整。且各国数学课程改革呈现出了一些共同的趋势：注重数学应用、注重目标差别化、注重内容选择性、注重问题解决、注重数学交流、注重情感目标、注重数学与其他学科的整合、注重现代信息技术与数学课程的整合等。②

特别的，数学课程标准作为一种陈述，它是数学课程一种重要的呈现方式，也可以被用于判断数学课程或评价方法的质量。③下面将从我国义务教育阶段和普通高中的课程目标入手，从课程理念、目标、内容、实施评价等方面解读我国中小学数学课程，并在此基础上，分析比较其他国家数学课程发展现状，以期对我国数学课程发展有所启示。

---

① 章建跃.中学数学课程论[M].北京：北京师范大学出版社,2011：7－8.

② 徐斌艳.数学课程与教学论[M].杭州：浙江教育出版社,2003：9.

③ 刘水凤.从美国数学课程标准的变革看现代数学课程的发展[D].桂林：广西师范大学.

第二节 我国中小学数学课程标准解读

一、义务教育数学课程标准解读

《全日制义务教育数学课程标准(实验稿)》(以下简称《标准(实验稿)》)于 2001 年开始在试验区实施,2005 年在全国推广。经过几年的实施,取得了明显成效,同时也发现一些问题。教育部于 2005 年 5 月成立"全日制义务教育数学课程标准修订组",开始标准的修订工作,于 2010 年完成修订稿,2011 年通过审查正式公布。

(一)课标框架

教育部于 2011 年 12 月公布的《义务教育数学课程标准(2011 年版)》(以下简称《标准(2011)》)完善了原有课程标准的体例与结构、数学教育的基本理念与目标,并对各学段课程内容作了适当调整,如图 2-1 所示。下面分别从数学课程理念、目标、内容及结构几方面出发,解读义务教育数学课程。

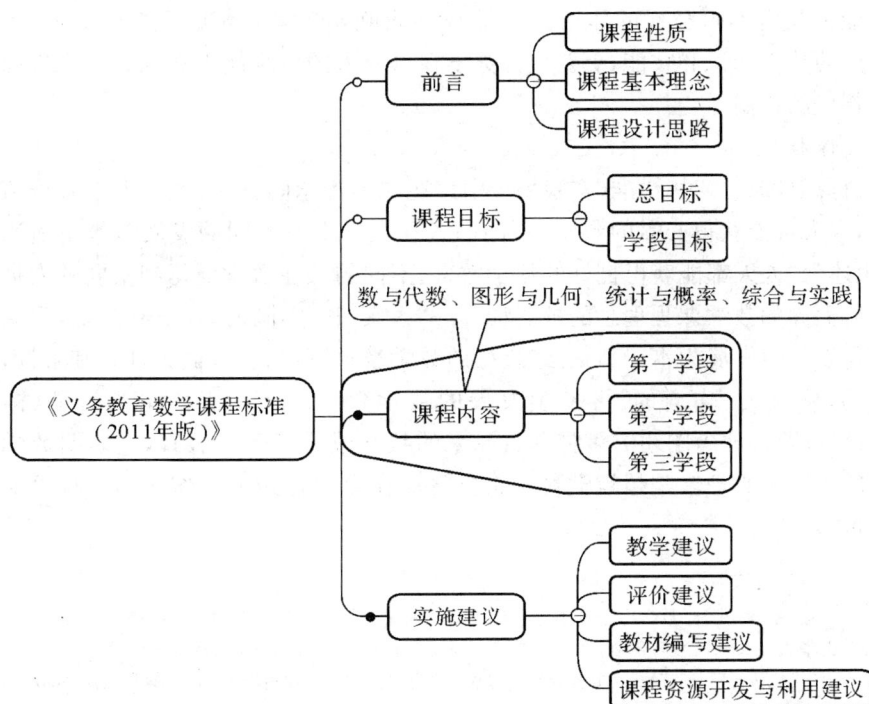

图 2-1 《义务教育数学课程标准(2011 年版)》框架

(二)数学课程理念

课标在前言部分强调了义务教育阶段的数学课程是培养公民素质的基础课程,具有基础性、普及性和发展性,为学生未来生活、工作和学习奠定重要基础。相应的,《标准(2011)》中数学课程基本理念有了进一步的丰富和发展。[①]

数学课程基本理念反映出数学教育工作在数学、数学课程、数学课程内容、数学教学以及评价等方面应具有的基本认识和观念、态度,它是制定和实施数学课程的指导思想。教师作为数学课程的实施者,应自觉地以数学课程基本理念为指导,树立起正确的数学教育观念,并将其体现在自己的教学实践活动中。

1.数学观

《标准(2011)》重新阐述了数学的意义和性质,进一步明确了数学教育的作用和义务教育阶段数学课程的特征。

数学是研究数量关系和空间形式的科学。数学与人类发展和社会进步息息相关,随着现代信息技术的飞速发展,数学更加广泛应用于社会生产和日常生活的各个方面,特别是20世纪中叶以来数学和计算机技术的结合,使数学在许多方面直接为社会创造价值。数学作为科学的语言、工具,是人类文化的重要组成部分,数学素养是公民应具备的基本素养,数学对于培养人的思维能力、创新能力具有不可替代的作用。[②③] 数学教育既要使学生掌握现代生活和学习中所需要的数学知识和技能,更要发挥数学在培养人的思维能力和创新能力方面的不可替代的作用。

2.课程观

《标准(2011)》对《标准(实验稿)》中表述课程理念的三句话"人人学有价值的数学,人人都能获得必需的数学,不同的人在数学上有不同的发展",作了适当修改,表述为"人人都能获得良好的数学教育,不同的人在数学上得到不同的发展"。标准所倡导的数学课程理念的核心词——"人人"和"不同的人"没有改变,强调的仍然是以学生发展为本。新提法"良好的数学教育"可从多方面去理解和解读,如公平的、优质的、均衡的、可持续发展的数学教育。这里值得注意的是《标准(2011)》对课程理念阐述的落脚点由原来的数学改为了数学教育,它表明数学课程观的上述核心理念是超越学科逻辑自身而在数学育人上所作出的一种价值判断和价值追求。[④]

---

① 黄翔,童莉,沈林.数学课程基本理念的丰富与发展[J].中国教育学刊,2012(8):47—50.

② 中华人民共和国教育部制定.义务教育数学课程标准[M].北京:北京教育出版社,2011.

③ 史宁中,马云鹏,刘晓玫.义务教育数学课程标准修订过程与主要内容[J].课程教材教法,2012(3):50—56.

④ 黄翔,童莉,沈林.数学课程基本理念的丰富与发展[J].中国教育学刊,2012(8):47—50.

3.课程教学观

从数学课堂教学的实践来看,"教"与"学"往往是不能分离的,处理好两者之间的关系往往成为上好数学课的重要条件。《新课标》将"教"与"学"作为一个整体进行了阐述,数学教学活动是师生积极参与、交往互动、共同发展的过程。简言之,师生的参与度、交往性、发展性应该是体现数学活动本质的特征。数学教学应该是教和学的行为主体具有一定参与度的活动。这里的"参与"不仅指态度、行为,更指数学思维,不仅指参与的形式,更指所收到的实际学习效果。

关于教学的有效性,《标准(2011)》从数学教学实际出发,指出:"有效的教学活动是学生学与教师教的统一。"作为"教"与"学"主体的教师与学生,要实现教学统一的关键是处理好教师和学生的关系,学生作为主体,教师是学习的组织者、引导者和合作者。在特定的数学教学目标下去追求教师和学生相互的有效交往,兴趣激发、问题驱动、思维碰撞、质疑反思、探究辨析等所支撑的是教与学双方的积极参与、沟通对话、交流互动活动,而数学的逻辑序、学生的认知发展序与数学教学流程也在这样的活动中得到适时的调整并最终趋于协调,教学的有效性就得到了保障。

此外,《标准(2011)》对原有课程设计中提出的 6 个核心概念"数感、符号感、空间观念、统计观念、应用意识和推理能力"作了调整,提出数学课程与教学中应注重发展的 10 个核心概念:数感、符号意识、空间观念、几何直观、数据分析观念、运算能力、推理能力和模型思想,以及应用意识和创新意识。这些概念明显不属于同一层次,这是世界范围内以"课程标准"为主要特征的新一轮数学课程改革的一个共同特征,即普遍地采用了平行地列举出数学课程应当努力实现的各项"标准"这样一种表述方式(可称为"条目并列式")。①

核心概念的设计与课程目标的实现、课程内容实质的理解以及教学的重点难点的把握有密切关系。核心概念提出的目标之一,就是在具体的课程内容与课程的总体目标之间建立起联系。通过把握这些核心概念,实现数学课程目标。数学内容的 4 个方面(数与代数、图形与几何、统计与概率、综合与实践)都以 10 个核心概念中的一个或几个为统领,学生对这些核心概念的体验与把握,是对这些内容的真正理解和掌握的标志②。

(三)数学课程目标

《标准(2011)》的课程目标中明确提出了发展学生基础知识、基本技能、基

---

① 郑毓信.《数学课程标准(2011)》的"另类解读"[J].数学教育学报,2013(2):1—7.

② 马云鹏.数学:"四基"明确数学素养——《义务教育数学课程标准(2011 年版)》热点问题访谈[J].人民教育,2012(6):40—44.

本思想、基本活动经验("四基"),增强培养学生"发现和提出问题的能力、分析和解决问题的能力",并从知识技能、数学思考、问题解决和情感态度这四个方面对课程总目标、分年段目标进行描述。这四者相互联系,是在课程设计和教学活动组织中应同时兼顾的四个方面。

1. 聚焦"四基"

《标准(2011)》明确提出,通过义务教育阶段的数学学习,学生能获得适应社会生活和进一步发展所必需的数学的基本知识、基本技能、基本思想和基本活动经验,即从原来"双基"变为"四基"。张奠宙先生曾提出一个"数学四基"的示意图,如图 2-2 所示。第一维度是基本知识的积累过程,第二维度是基本技能的演练过程,第三维度是基本思想方法的形成过程。四基中的前三基形成了一个三维的数学基础模块。第四维度是基本活动经验,其本身并不构成一个模块,而是充填在三维模块中间的黏合剂。①

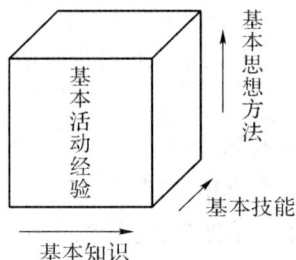

图 2-2 "数学四基"示意

基础知识和基本技能是我国数学教育的传统优势,是学生当前学习和发展所需要的,更是学生未来学习和终身发展所必需的。双基教学重视基础知识、基本技能的传授,讲究精讲多练,主张"练中学",相信"熟能生巧",追求基础知识的记忆和掌握、基本技能的操演和熟练,以使学生获得扎实的基础知识、熟练的基本技能和较高的学科能力为其主要的教学目标。基本活动经验则主要是指在数学基本活动中形成和积累的过程知识。对"数学基本活动经验"的期待是"希望能够继续保持促进学生理解数学的基本知识,训练学生掌握数学的基本技能之外,要启发学生领会数学的基本思想,积累数学活动的基本经验"。其中,基本活动经验是指学生亲自或间接经历了活动过程而获得的经验。

苏联著名数学教育家 A. A. 斯托利亚尔②提出"数学教学是数学活动的教

---

① 张奠宙.《普通高中数学课程标准》的回顾与展望——张奠宙教授访谈录[J]. 中学数学月刊,2013(3):1-3.

② [苏]斯托利亚尔·A. A. 数学教育学[M]. 丁尔陞,等译. 北京:人民教育出版社,1985.

学",数学教学旨在让学生在发现那些在科学上早已被发现的东西的时候,像第一次发现者那样去推理。他将数学活动分为三个阶段:第一阶段称为经验材料的数学组织,第二阶段称为数学材料的逻辑组织,第三阶段称为数学理论的应用。这三个阶段也反映了科学认识的形成和发展的途径。从教育角度看,就是说,我们要教给学生的不是死记现成的材料,而是发现数学真理(自己独立地发现科学上已经发现了的东西),再是逻辑地组织用经验方法得到的数学材料(尽管在科学上是早已组织好的),最后是在各种具体问题上应用理论。

在数学学习过程中,"双基"与基本活动经验是相互依存、相互促进的,也是可以相互转化的,在二者的不断融合以及多次的实际应用中,通过反思提炼而形成的一种具有奠基作用和普遍指导意义的知识经验便是数学基本思想。[①]

《标准(2011)》没有展开阐述"数学的基本思想"有哪些内涵和外延,这就给研究者留下了讨论的空间,而且由于它过去并没有被充分讨论过,所以仁者见仁,智者见智,不同的学者可能会有不完全一样的说法。

史宁中认为,基本思想主要是指演绎和归纳,这是整个数学教学的主线,是最上位的思想。演绎和归纳在其教学中并不矛盾,通过归纳预测结果,然后通过演绎验证结果。在具体的问题中,虽然会涉及数学抽象、数学模型、等量替换、数形结合等数学思想,但最上位的思想还是演绎和归纳。

我国数学教育,特别是 20 世纪 50 年代的数学教育强调数学的双基。双基主要是基础知识和基本技能。基础知识本质上是概念的记忆和命题的理解,要求基础知识扎实;还要求基本技能,主要是证明的技能和运算的技能。这是我们当时整个教育的状况,我国的数学教育主要关注的是演绎能力的培养。杨振宁先生在《我的生平》中说:"我很有幸能够在两个具有不同文化背景的环境里学习和工作,我在中国学到了演绎能力,在美国学到了归纳能力。"事实上,我国古代传统数学的特点是归纳推理。但是现在归纳少了,演绎反而多了。演绎在中国从康熙时代翻译《几何原本》开始到现在也不过几百年历史,但是现在却占了主导。这种情况的产生,大概是由于演绎和中国上千年的科举考试关系密切。因为科举要求的是基本功扎实、知识记忆的牢靠和八股文的写作,演绎方法与此有相似之处。

此外,郑毓信认为,数学基本思想主要是对"数学抽象的思想"、"数学推理的思想"、"数学模型的思想"这三个基本思想的突出强调。[②] 数学抽象的思想派生出来的有分类的思想、集合的思想、"变中有不变"的思想、符号表示的思想、对应的思想、有限与无限的思想,等等。数学推理的思想派生出来的有归纳的思想、演绎

---

① 王新民,王富英,王亚雄.数学"四基"中"基本活动经验"的认识与思考[J].数学教育学报,2008(6):17—20.

② 郑毓信.《数学课程标准(2011)》的"另类解读"[J].数学教育学报,2013(2):1—7.

的思想、公理化思想、数形结合的思想、转换化归的思想、联想类比的思想、普遍联系的思想、逐步逼近的思想、代换的思想、特殊与一般的思想,等等。

2.明确"发现问题、提出问题"能力的培养

解决问题始终是数学教育及研究关注的焦点。《标准(2011)》将原来目标中四个方面中的"解决问题"改为"问题解决",更加重视学生的问题意识以及解决问题的综合能力的培养,强调学生要在具体的情景中发现问题、提出问题,提高分析问题和解决问题的能力。分析和解决问题固然重要,而发现和提出问题更有利于培养学生的创新意识,对于整体上提高学生数学素养,特别是社会适应能力更为重要。①

数学问题的提出作为数学问题解决的首要环节,是培养学生创造力的重要途径之一,同时也是我国学生数学学习的薄弱环节。虽然我国早在《标准(实验稿)》中就已相继提出培养学生问题意识和提出问题能力的课程目标,《标准(2011)》的课程目标更是在原有"两能"基础上特别增加了"发现问题、提出问题"的能力目标,但在长期的"学答"教育模式下,我们的学生逐渐收起自己的疑问,愈加专注于"学答",这与培养学生的创造力背道而驰。但课程标准中没有对这些能力进行清晰的界定,这也在一定程度上给教学实践中学生的问题提出能力的培养带来了困难。

随着 20 世纪 80 年代以问题解决为核心的数学教育改革运动的兴起,数学问题提出作为问题解决的重要手段之一,逐渐成为国内外数学教育界关注的研究问题。已有的大量有关问题提出能力研究的结果也表明,在课堂教学中为学生提供发表自己疑问的机会、引导学生提出问题,将有助于培养学生多样化、灵活的思维能力,有助于学生减少对教师、教材的依赖,有利于学生更好地投入数学学习活动中。从教师角度看,课堂中学生问题提出活动揭示了学生对已有问题情境的理解程度,对知识、技能的掌握情况,它们是教师可采用的有效教学评价工具之一。

(四)数学课程内容

1.行为动词

义务教育阶段数学课程内容分为"数与代数"、"图形与几何"、"统计与概率"和"综合与实践"四个方面。课程内容每一条都尽量使用规定的结果性行为动词或过程性行为动词,作为这一内容的具体要求。《标准(2011)》中有两类行为动词:一类是描述结果目标的行为动词,包括"了解"、"理解"、"掌握"、"应用"等;另一类是描述过程目标的行为动词,包括"经历"、"体验"、"探索"等。为帮助教师

---

① 史宁中,马云鹏,刘晓玫. 义务教育数学课程标准修订过程与主要内容[J]. 课程教材教法,2012(3):50—56.

更好地理解各行为动词,课标中给出了每个行为动词的同类词,如表 2-1 所示。

表 2-1　行为动词分类

	行为动词	同类词
结果目标	了解	知道、初步认识
	理解	认识、会
	掌握	能
	应用	证明
结果目标	过程目标	经历
	感受、尝试	体验
	体会	探索

2.教学内容

考虑到第一学段(1～3 年级)、第二学段(4～6 年级)与第三学段(7～9 年级)内容上差异较大,下面将第一、二学段与第三学段分开统计。

表 2-2　小学阶段(第一、二学段)数学课程内容分析①

内容领域	知识块	知识单元	第一学段	第二学段
数与代数	数的认识	整数意义	√	√
		负数、整数及特点		√
		分数	√	√
		小数	√	√
		量与大小的估计	√	√
		分数与小数的关系		√
		百分数		√
		数论		√
	数的运算	整数运算	√	√
		估算	√	√
		整数运算律		√
		分数与小数运算律		√
	常见的量(度量及转换)		√	
	探索规律(规律、关系与函数)		√	√
	式与方程			√
	比例应用			√

---

① 王烨晖,辛涛,边玉芳,等.TIMSS 视角下我国小学数学目标课程的比较研究[J].课程·教材·教法,2012(4):92－97.

续表

内容领域	知识块	知识单元	第一学段	第二学段
图形与几何	图形的认识	平面解析几何		√
		平面几何基础	√	√
		平面几何	√	√
		立体几何	√	√
	测量	度量单位	√	√
		周长、面积和体积	√	√
		测量估计与误差	√	√
		图形的运动	√	√
		图形与位置	√	√
统计与概率	统计基础		√	√
	不确定与概率		√	√
综合与实践	实践活动 ·		√	
	综合应用			√

表 2-3　初中阶段(第三学段)数学课程内容分析

内容领域	知识块	知识单元
数与代数	数与式	有理数(绝对值、数轴)、实数、代数式、整式与分式
	方程与不等式	方程与方程组、不等式与不等式组
	函数	函数、一次函数、反比例函数、二次函数
图形与几何	图形的性质	点、线、面、角,相交线与平行线,三角形,四边形,圆,尺规作图,定义、命题、定理
	图形的变化	图形的轴对称、图形的旋转、图形的平移、图形的相似、图形的投影
	图形与坐标	坐标与图形位置、坐标与图形运动
统计与概率	抽样与数据分析	
	事件的概率	
综合与实践	课题学习	

　　表 2-2 和表 2-3 呈现了义务教育阶段数与代数、图形与几何、统计与概率、综合与实践这四个领域的核心内容。

　　(1)数与代数

　　数与代数的主线是:从数及数的运算到代数式及其运算,再到方程和解方程、函数……在数的认识中,要理解从数量抽象出数,以及数的扩充;在数的运算中,从整数、小数、分数的四则运算到有理数的运算,乘方和开方的运算等。这里体现了两个抽象:表示方法的抽象和运算的逐步抽象。虽然课标总体上是这条主线,但在学生的学习过程中,它并不是线性排列的,如小学以数的运算为主,但在第二学段也有正反比例的初步学习。此外,数与代数从本质上可以从两个角度理解:第一,从数的扩充角度,从常量到变量;第二,从关系的角度,从数量关系的等量关系到不等关系、变化关系。

特别的,在数与代数的教学中,需要处理好以下几个问题:

第一,把握好下述核心概念。在数的认识、估算等内容中体现数感,用字母代替数字进行运算和推理——从算术到代数、运算及数域的扩充——从自然数到实数、方程(模型思想、推理证明)、变量与函数(模型思想)。

第二,整体把握以下内容之间的联系:数与数系,数与式,式与方程,方程与不等式,方程、不等式与函数。

(2)图形与几何

图形与几何的课程内容,以发展学生的空间观念、几何直观、推理能力为核心展开,主要包括:空间和平面基本图形的认识,图形的性质、分类和度量,图形的平移、选择、轴对称、相似和投影,平面图形基本性质的证明,物体和图形的位置及运动的描述,运动坐标描述图形的位置和运动。

在图形与几何的教学中,应注意以下几个问题。

第一,注重把握空间观念、几何直观、推理能力、应用意识等核心概念

空间观念主要指根据物体特征抽象出几何图形,由几个图形想象出所描述的实际物体,想象出物体的方位和相互之间的位置关系,描述图形的运动和变化,依据语言的描述画出图形等。

几何直观是指利用图形描述和分析问题。它可以把复杂的数学问题变得简明、形象,有助于探索解决问题的思路,预测结果。

推理能力贯穿于整个数学学习过程中,推理能力的形成不同于知识和技能的掌握,需要一个长期、缓慢的过程。在教学活动中教师提供学生探索交流的空间,组织、引导学生经历观察、实验、猜想、证明的过程,把发展学生的推理能力融合在"过程"之中。

应用意识一方面利用数学的概念、原理、方法解释显示世界中的现象,解决现实世界中的问题;另一方面,认识到现实生活中蕴含着大量与数量和图形有关的问题,这些问题可以抽象成数学问题。

第二,运用多种方法探索图形的性质。

通过操作、观察、实验等活动,对现象进行归纳或类比,运用合情的推理,发

现图形的性质;通过图形的运动,观察图形运动过程中变与不变的关系,从而发现图形的性质;通过演绎推理,发现图形的性质。

第三,注重探索和证明的有机结合。

探索活动是进行合情推理的过程,不仅有助于理清思路、发现结论,而且有助于发展学生的创新意识和创新精神。探索发现的结论必须通过演绎推理才能证明其正确性,证明的过程有助于发展学生的逻辑思维能力。数学教学中,注重"探索发现"和"演绎证明"的有机结合,有利于实现"增强学生发现和提出问题的能力、分析和解决问题的能力"的总目标。

第四,把握好证明的依据和要求。证明需要做到两点:出发点正确和推理过程正确。

(3)统计与概率

《标准(2011)》中的核心概念是理解数学课程的基本线索,数据分析观念作为核心概念,也是"统计与概率"的核心,《标准(2011)》中"统计与概率"的内容主线有以下几个方面:数据分析过程、数据分析方法、数据随机性、随机现象及简单随机时间发生的概率。

在统计与概率的教学中,应注意以下几个问题:

第一,把握核心概念进行教学,如发展学生的数据分析观念,发展学生的应用意识。

第二,切忌将统计的学习处理成单纯数字计算和绘图技能。

(4)综合与实践

综合与实践是以问题为载体的实践课程,是以学生自主参与为主的学习活动。教师通过组织学生开展实践活动,针对某些问题情境,借助已经学过的知识和方法,独立思考或与他人合作,解决活动中的问题。

综合与实践要贯穿整个数学学习的过程。它不是独立于"数与代数"、"空间与图形"、"统计与概率"单独存在的学习模块。教师在教学过程中要把它融合到前三者里。综合与实践可以为学习旧知识作补充,也可以在其他课程学习的过程中结合新知识展开,学生能达到学完就会用、学完就能理解的学习效果和状态。它是有弹性的、生动的、灵活的课程,而不是生硬的、刻板的学习板块。[①]

为使数学课程更顺利实施,《标准(2011)》将针对每个学段分别从教学、评价、教材编写、课程资源开发与利用这四个方面提出建议,回答如何基于给定的课程内容事先预定课程目标,以及如何判定是否实现了这些目标。具体可参见

① 教育部基础教育课程教材专家工作委员会.义务教育数学课程标准解读:2011年版[M].北京:北京师范大学出版社,2012:2.

《标准(2011)》。

二、高中数学课程改革

高中是与九年制义务教育相衔接的高一级基础教育阶段。2003 年,《普通高中数学课程标准(实验稿)》(下文称《标准》)公布,此后各省市先后进行了实践。

2003 年的《标准》根据下述基本理念对课程目标、内容、结构等进行了较大的改动[①]:

①高中数学课程应当具有基础性、多样性与选择性,应有利于学生形成积极主动的学习方式;

②应正确处理打好基础与力求创新的关系;

③提高学生的数学思维能力;

④返璞归真并注意适度的形式化;

⑤发展学生的数学应用意识;

⑥体现数学的人文价值;

⑦注重信息技术与数学课程内容的整合;

⑧建立合理科学的评价机制。

在课程内容的设置上,分为数学必修课和选修课。

根据上述理念,《标准》的课程内容特别增加了"数学建模"、"探究性课题"、"数学文化"三个板块,并对原有课程内容进行了调整,也在一定程度上体现了信息时代对数学教育的推动。课程将算法、矩阵正式引入高中课程;以向量法为主处理立体几何教学;集合只作为语言使用;数列被看作函数的特例;重新认识不等式;函数成为高中数学的核心内容;微积分教学的关键是定位准确;数据处理应强调统计思想的内核,避免把数据处理变成"算术"计算;中学的概率统计教学应使学生真正感受到确定性和随机性数学思维方法的本质区别;高中阶段学习方程会遇到简单的无理方程、三角方程、指数方程,但不展开。《标准》设置了必修课,并在此基础上设置了选修课程(模块)。设置体现不同要求、内容各有侧重的选修课程(模块),目的是为学生提供多种选择,以使不同的学生可以选读不同的数学课程。

《标准》引进了概率统计、微积分、立体几何的向量方法等内容,一次性解决

---

① 《国家高中数学课程标准》制订组.《高中数学课程标准》的框架设想(2002.3.18 征求意见稿)[J].数学教育学报,2002(5):36—42.

了当时积累多年的问题,改革了当时高中课程"繁难偏旧"的情况[①],但在教学实践中,也出现了一些问题。如新增的算法,虽然教师对所教内容有深入理解,但是囿于数学专业,隔断了学科间的联系,缺乏广阔视野。实践中,数学老师往往自己都不太懂"算法",导致教学遇到困难。当前算法教学还不太成熟,似乎止于画框图。又如课程中的必修、选修课顺序在实际教学中往往被打乱,数学课程的"模块"教学常流于形式,2003年《标准》虽然很强调选择性,设置了许多选修课,但效果并不理想。

2003版《课标》实施至今已有10多年。为了更好地适应社会发展对人才培育的需要,2011—2013年,教育部组织了对高中数学课标实验稿实施情况的调查研究,2014年11月,教育部党组织批复《普通高中课程方案(修订稿)》,2014年12月8—9日,教育部召开"普通高中课程标准"修订工作启动会暨第一次工作会,标志着高中课程标准修订工作正式拉开了帷幕。[②]

高中数学课程是基础教育阶段的核心课程,具有基础性、选择性和发展性。基础性包括两方面的含义:第一,高中数学课程包含了数学中最基本的内容,为学生进行高中其他学科学习提供必备的知识条件;第二,为学生适应未来的社会生活、高等教育和职业发展提供必需的数学基础。选择性是指高中数学课程在保证每个学生达到共同基础的前提下,充分考虑学生不同的成长需求,结合数学学科的特点,为学生提供多样性的课程形式和内容,以充分满足学生的自主选择,引导学生形成个性化的学习方案。发展性是指高中数学课程承上启下,不仅在义务教育之后进一步促进每个学生在数学核心素养上获得阶段性的提升,而且为学生的自主、可持续发展以及适应未来终身学习做好准备。

(一)高中数学课程结构

此次普通高中课程方案(修订稿)将提出按学科体系来界定"模块"的要求,实行文理不分科,高中学生毕业学分要求为144分:必修课程88学分,选修1的课程不少于42学分,选修2的课程不少于14学分。其中,高中数学课程体系要反映高中数学课程的基础性、选择性和发展性等特点,其课程内容要强调选择性、发展性、时代性与关联性,相应内容的学分要求如下。

1.必修课程8学分

必修课程包括"准备知识"、"函数与数列"、"向量与几何"、"统计与概率",数学探究、数学应用、数学文化单独提出要求。"准备知识"包含集合、常用逻辑

---

① 张奠宙.《普通高中数学课程标准》的回顾与展望——张奠宙教授访谈录[J].中学数学月刊,2013(3):1—3.

② 洪燕君,周九诗,王尚志,等.《普通高中数学课程标准(修订稿)》的意见征询——访谈张奠宙先生[J].数学教育学报,2015(6):35—39.

用语、等量与不等关系等内容；"函数与数列"包含函数概念及性质、基本初等函数、数列、函数应用等内容；"向量与几何"包含立体几何初步、二维向量、向量的应用（解三角形）等知识；"统计与概率"包含随机抽样、误差模型、估计、古典概型、几何概型等内容。必修课程主要强调基础性与时代性。

2.选修 1 的课程占 0～6 学分

选修课程包括"函数与导数"、"向量与几何"、"统计与概率"三个部分。"函数与导数"包含导数及其应用、优化、不等式等内容，"向量与几何"包含空间向量与立体几何、平面解析几何初步、圆锥曲线等知识，"统计与概率"包含计数原理、条件概率、离散型随机变量、伯努利模型、一元线性回归分析等内容。选修课程主要强调基础性。

3.选修 2 的课程占 0～6 学分

选修 2 的课程分为 A、B、C、D、E 五类。

A 类课程为理工科学生的发展提供基础，以一元微分为主，从几何和线性代数讲到三维几何空间，统计概率以模型为主，强调直观性。

B 类课程分为微积分、线性代数、概率与统计等部分，其中微积分比 A 类课程讲得少、线性代数讲一点计算、应用数学模型统计以突出模型和应用。

C 类课程（文科社会学）分为逻辑基础、社会调查、数学模型三部分，主要强调应用。

D 类课程强调"美与数学"，有体育中的数学、音乐中的数学、美术中的数学等。

E 类课程是指校本课程，计划将美国的 AP（Adranced Placement，美国大学预修课程）课程应用到中国的 CAP（Chinese Advanced Placement，中国大学预修课程）课程中，主要涉及一元微分、一元积分、线性代数和统计概率，目前已由教育学会和中国数学会组织，北京大学命题，在一批高中试点 CAP 课程的考试。

完成必修课程是高中毕业要达到的要求，而参加高考必须学习必修和选修 1 的课程，选修 2 的课程则为各大学的自主招生提供平台。

这次数学标准修订一边征求意见，一边改进。课标组还会继续征求数学专家、数学教育专家和一线教师的意见。下面将通过介绍近年来国外高中数学课程标准的特点，以期让读者更好地理解我国即将发布的高中数学课程标准修订稿。

第三节　国外高中数学课程标准

我国 2011 年修订公布的义务教育阶段数学课程标准引起了数学教育界的热议。当前我国正处在高中数学课程标准的修订阶段。下面通过介绍美国、德国、新加坡等国近年公布的高中数学课程标准,试图为我国深入改革现行高中数学课程改革提供借鉴。

一、课程标准颁布背景

总的来说,在国际社会急速发展,多项大型国际测量评价项目如 TIMSS、PISA 等研究的影响下,多国为保障本国教育均衡发展、提升学校教育质量,于近年纷纷颁发了新的数学课程标准。各国颁发新数学高中课程标准的具体背景如表 2-4 所示。

表 2-4　各国颁发新数学高中课程标准的背景

国家	颁发时间	颁发机构	名　称	背　景
美国[1]	2010 年	全美州长协会、美国州首席教育官员理事会	《美国统一州核心课程标准》	为提高学生数学学业成就,借鉴数学教育先进国家制定全国统一标准
日本[2]	2009 年	日本文部科学省	《数学学习指导要领》	日本非常注重培养学生切实的学力、丰富的心灵、健康体魄的"生存能力"
新加坡[3]	2011 年	新加坡教育部	《高中数学教学大纲》	为了迎接 21 世纪更加激烈的竞争和挑战
澳大利亚[4]	2012 年	澳大利亚课程、评估、报告管理局	《高中数学课程标》	澳大利亚历史上第一个全国性的高中数学课程标准
德国[5]	2012 年	德国文化部长联席会议	《高中数学教育标准》	2003 年能力导向的数学教育标准实施取得成效的推动下

从表 2-4 可以看出,上述各国高中数学课程趋向全国统一化发展,同时关注在数学教育中培养学生综合能力。下文将从课程目标、理念等方面进行比较分析。

---

[1]　曹一鸣,王立东,Cobb P. 美国统一州核心课程标准高中数学部分述评[J]. 数学教育学报,2010(10):8—11.

[2]　陈月兰. 日本 2009 版《高中数学学习指导要领》特点分析[J]. 数学教育学报,2010(4):85—88.

[3]　宁连华,崔黎华,金海月. 新加坡高中数学课程标准评介[J]. 数学教育学报,2013(8):1—5.

[4]　董连春. 澳大利亚全国统一高中数学课程标准评述[J]. 数学教育学报,2013(8):16—20.

[5]　徐斌艳. 德国高中数学教育标准的特点及启示[J]. 课程·教材·教法,2015(5):122—127.

二、数学课程特点

虽然上述五个国家在世界社会经济发展、大型国际测评项目结果的影响下开展高中数学课程改革,其数学课程理念、目标(见表 2-5)仍有不同的侧重点。

表 2-5　各国高中数学课程理念及目标

美国	理念	解决美国数学内容不够连贯和重点不突出、课程宽泛而不够深入的问题,实现强调核心内容理解与建立核心内容之间的组织原则,以及提高学生的数学学习水平。接受并不排斥学生学习水平的差异,力图确保所有学生获得同等的课程、教学材料与经历
	目标	理解问题,并坚持不懈地解决它们;抽象的、量化的推理;构造可行的辩论,并质疑他人的推理;数学模型;有策略地使用适合的工具;致力于问题解决的精确化;探求并利用结构;在重复的推理中,探求并表达规律
日本	理念	深化"生存能力",切实保证学生掌握"生存"所必需的基本知识和基本技能
	目标	通过数学活动,加深对数学基本概念、原理、法则体系的理解,对现实生活中的事物现象要用数学方法研究,提高表达能力,培养创造性的基础。与此同时,让学生认识到数学的优越性,培养他们积极灵活地应用这些内容(知识和能力)的能力,培养学生能依据数学的论据进行判断的习惯(态度)
新加坡	理念	数学问题解决处在数学学习的中心位置,培养学生在非常规问题、开放性问题以及真实情境问题等诸多情况下获得和运用数学概念和技能的能力
	目标	H1、H2 目标相同:习得日常生活以及在数学或者相关学科中继续学习所必需的数学概念和能力;培养获得和应用数学概念和技能所必需的过程性技能;发展数学思维和问题解决能力,并将这些技能运用在问题解决中;认识并运用数学思想间的联系,以及数学和其他学科间的联系;培养学生对数学积极的态度;在数学学习和应用中有效使用各种数学工具(包括信息和交流技术手段);进行富有想象力和创造力的活动,在此过程中提炼数学思想;培养学生逻辑推理、数学交流、合作学习及独立学习的能力 H3 目标:通过习得高级的数学概念和技能来加深对数学的理解,并拓宽数学的应用面;在数学推理证明、创造性的数学问题解决和数学模型的使用中培养思维的严密性;从更高层次认识数学思想之间的联系并通过数学应用将数学和其他学科相联系;通过数学应用和证明,欣赏数学的美、数学的严谨性、数学的抽象性
澳大利亚	理念	高中数学课程旨在为不同层次的学生提供所必需的数学与统计学知识及技能,从而为学生今后的生活和学习做好准备(四种高中数学课程)。澳大利亚高中数学课程更加突出强调了统计学知识
	目标	培养运用数学和统计学知识与方法解决实际问题的能力,在数学和统计学情境中进行推理与解释的能力,运用数学或者统计学语言进行交流的能力,有效地选择和使用技术的能力,运用数学和统计学知识进行数学证明的能力

续表

德国	理念	促进学生个性发展，让学生学会设计对社会负责、影响民主社会的个人生活；让学生掌握学术领域以及职业领域必需的专业基础知识，培养学生信息的利用和辨别能力、自主和自我负责的能力以及团队交流与合作的能力
	目标	通过高中数学教育，学生必须获得三种基本经验：数学是一种工具，用此去感受并理解自然、社会、文化、职业等世界中的现象；数学是一种精神活动，是一种呈现世界的特定演绎方式；数学是一种手段，以此获得超越数学的解释能力

虽然各国高中数学课程标准各有侧重，但整体而言，呈现以下趋势。

1. 统一标准，强调核心内容

全国性的高中数学课程标准需要兼顾国家各个地区的学生数学学习情况，如美国、澳大利亚的高中数学课程标准是率先全国统一的标准，因此，课程标准力求考虑到各州实施的一致性，同时兼顾各州的差异，这就要求其强调对核心内容的把握。

2. 关注数学问题解决

注重培养学生数学问题解决能力、应用能力是各个国家数学课程关注的最终归宿，但是如何培养学生的数学问题解决能力，各国做法不一。如新加坡的数学课程给出了一个较为明晰的课程框架，新加坡高中数学课程秉承了其中小学数学课程标准中一贯以数学问题解决为核心的五角形模型，数学问题解决处在数学学习的中心位置，包括在非常规问题、开放性问题以及真实情境问题等诸多情况下获得和运用数学概念和技能的能力。培养数学问题解决能力需要依靠相互依存的 5 个部分，即概念、技能、过程、态度和元认知。

3. 突出数学能力

所谓数学能力就是当你忘了所学的数学知识后仍然保留下来的东西。各国都在强调培养学生的多种数学能力，但具体如何实施，除德国外，鲜有国家对此展开详细的描述。德国以其特有的课程结构较好地呈现了以能力为导向的数学教育课程，它在很大程度上借鉴了 PISA（Program for International Student Assessment，国际学生能力评估项目）的数学测评框架。事实上，也正是德国学校教育质量在 PISA 近年测评结果中表现出均衡发展的态势，使其以能力标准驱动的数学教育改革得到不断深化。

《德国高中数学课程标准》强调基于能力标准设计教学，发展并测评学生能力。它强调数学能力与具体数学内容的学习密不可分。只有在学习或处理学科内容过程中，学生才有可能获得并发展各项数学能力。德国课标有着较为独特的结构，它将数学能力要求与高中毕业文凭考试的要求整合在一个标准之中。数学能力要求是一个四维度的模型。前三个维度分别是数学能力、能力水平和核心数学思想。数学能力维度包括数学论证,数学地解决问题,数学建模,数学表达的应用,数学符号、公式及技巧的熟练掌握以及数学交流。能力水平包括三个层次,上述每个能力维度都有三个层次(水平Ⅰ、水平Ⅱ、水平Ⅲ)对应的表现。核心数学思想维度包括算法与数、测量、空间与形状、函数关系以及数据与随机现象,它们覆盖了高中阶段的数学内容。德国充分尊重高中学生的认知水平差异、学习与专业兴趣差异,将高中数学课程分为基础课程和提高课程,这是两个相对独立的课程。基础课程主要教授体现水平Ⅰ和Ⅱ的能力要求的基础数学知识;提高课程则涉及更为广泛的数学内容,特别是较为复杂、有深度、更为形式化的内容,重点体现水平Ⅱ和Ⅲ的能力要求。课程分层是数学能力要求的第四个维度。

4.层次分明,突出不同个性学生的发展

各国数学课程中都针对不同学生的学习特点,采取了因材施教的政策,进行了分层设计课程。如美国标准的高中部分按照主题组织,并且对相关内容进行了分层,设置了适用于科学、技术、工程、数学职业或学术专业领域的要求相对较高的内容,并允许添加其他高等数学的内容(如离散数学、高等统计等)。

新加坡的中学学制为4～5年,中学生修完4年或5年的课程后,参加新加坡—剑桥普通水准(GCE 'O')会考或新加坡—剑桥初级水准(GCE 'N')会考,成绩优异的学生会进入两年制的初级学院(Junior College,以下简称为JC)接受大学先修班教育,为学生参加新加坡—剑桥高级水准(GCE 'A')考试做好准备。新加坡的大学先修班教育相当于中国的高中教育。在大学先修班阶段,数学并不是必修课,但是大约有95%的学生会选择至少一种数学课程。初级学院的数学课程包含 Higher 1(H1)、Higher 2(H2)和 Higher 3(H3)三个层次[①]。H1 水平的数学课程为那些想要在大学中学习商业、经济、社会科学的学生在数学方面打好基础。H2 水平的数学课程为那些准备在大学中学习数学、物理、工程专业的学生在数学方面做好充足的准备。H3 水平的数学课程为那些具有很高的数学天分,并且对数学学习具有很强烈意愿的学生提供机会,以深入地发展他们的数学建模和推理能力。

又如,澳大利亚高中数学包含4种课程,这4种课程不尽相同,分别针对不同高中学生群体的学习和就业需求,满足了不同层次学生对数学学习的需求。《实用数学课程》(*Essential Mathematics*)的重点在于培养学生运用数学知识理解世界的能力,该课程面向的学生高中毕业后一般不会进入大学学习,而是选

①　张守波.新加坡高中数学教学大纲的特色与启示[J].数学教育学报,2013(12):58—61.

择直接就业或者参加职业教育培训。该课程与中国职业高中数学课程类似。《普通数学课程》(*General Mathematics*)的核心在于运用数学知识解决与下列主题相关的实际问题:金融模型、几何与三角函数分析、图与网络分析和数列中的增长与衰退。课程与中国高中文科数学课程类似。《数学方法课程》(*Mathematical Methods*)的核心是对微积分和统计分析的运用,该课程与中国高中理科数学课程类似。《专业数学课程》(*Specialist Mathematics*),建立在《数学方法课程》的基础之上,为学生提供了更多的机会,使他们能够学习更加严格的数学论证与证明,并能够使用更多的数学模型。其针对的学生群体对数学有极其浓厚的兴趣,这些学生高中毕业后会选择接受大学教育,他们的专业学习中会涉及大量的高等数学课程。

5. 加强微积分、统计课程内容

在课程内容的设置上,除了常规的一些高中数学内容,在上述几个国家的数学课程标准中,特别强调微积分、统计课程内容的重要地位。如美国的标准强调了概率与统计的内容,有多达 50 个条目涉及概率、统计的相关内容。特别的,新加坡将微积分放置于突出重要的位置,JC 数学课程中的微积分是在中学数学课程基础上的延续和扩展。它讲授的内容更为丰富,包含较多知识点,如一阶导数的正负和二阶导数正负的图形解释,简单的隐函数和参数方程定义的函数的微分,使用图形计算器发现导数在给定点的导数值,发现曲线的切线方程和法线方程,以及麦克劳林级数、积分方法、定积分、微分方程等,注重微积分概念的多元表征学习。大纲同时强调用“多元表征”的方式来理解微积分概念,即对于一个微积分概念,可以从图像表征(函数图像)、数值(代数方法)、符号推理(分析方法)和语言描述(用句子来描述函数)来描述概念,帮助学生从多角度、多侧面深刻地理解数学概念。

此外,新加坡高中数学课程中,统计也是重要的组成部分,如在 H2 中,统计的内容包含:排列、组合和概率,二项分布、泊松分布和正态分布,样本和假设检验,相关与回归。排列、组合和概率讲授的内容与中国现有高中数学教材的广度和深度差别不大,最大的区别在于强调二项分布、泊松分布和正态分布内容的重要性。澳大利亚 4 种数学课程都强调数学知识与实际情境的联系,其中《数学方法课程》与《专业数学课程》注重微积分知识、统计学知识与实际情境的联系。《数学方法课程》中“连续型随机变量与正态分布”数学课程中的微积分,要求学生利用积分,理解概率密度函数、累积分布函数,以及连续型随机变量的概率,要求学生能够考察并在相应的情境中使用简单类型的连续型随机变量。《专业数学课程》中“变化率与微分方程”内容要求学生能够计算简单的微分方程,从而解决生物学和运动学领域中相应的实际问题。此外,该课程的“统计推断"部分则要求学生能够在实际情境中收集数据,并构造近似的置信区间,从而估计样本均值,而且能够在此基础上汇报数据收集过程以及所收集数据的质量。

6.信息技术的使用:图形计算器

在新加坡数学教育中,图形计算器被广泛地引入修订的JC数学课程中,被明确地认定为JC数学课程教学和学习的重要工具。目前,图形计算器已经被引入新加坡—剑桥高级水准(GCE ′A′)考试之中。在假定学生有机会接触图形计算器的前提下,考试会设置与图形计算器相关的题目。

澳大利亚课程突出强调了"交流与沟通"和"信息技术的选择与使用"两个方面。澳大利亚高中数学课程要求学生能够使用数学语言和统计学语言进行交流,并且要求交流过程简洁而系统化。同时,数学课程要求学生能够恰当高效地选择和使用信息技术。澳大利亚数学课程一直以来非常重视信息技术的学习和使用。在此次制定的全国统一高中数学课程中,信息技术方面的目标侧重于让学生能够使用相关软件进行统计分析,表达数据并进行数据处理,以及进行复杂计算。通过使用信息技术,澳大利亚数学课程希望学生能够建立数学理论与数学应用之间的联系。随着社会的发展和科技的进步,实际生活与工作越来越多地涉及人与人的交流与沟通,而且信息技术的作用也越来越大。因此,中国课程制定者在开发高中数学课程时,应当考虑如何设置课程内容,进而提高学生运用数学和统计学知识进行交流与沟通的能力,以及在数学学习和问题解决中选择并使用相应信息技术的能力。

上述国家近年发布的高中数学课程标准都表明,在开发高中数学课程时,应当针对不同层次的学生,在课程内容的广度与深度上有更加细致的考虑。对于今后对数学知识需求较少的学生,应当考虑适当降低数学课程中深度与广度的要求,而对于今后对数学知识需求较多的学生,应当考虑适当提高数学课程中深度与广度的要求。同时,高中数学课程的开发应当更多地结合实际情境,从而增强学生的学习兴趣,并使学生对于数学与实际的联系有更加直观的认识与理解。

复习思考题

1.我国《义务教育阶段数学课程标准(2011年版)》对初中数学课堂教学实施的影响如何?

2.我国高中数学课程标准对高中数学课堂教学实施的影响如何?

3.试比较我国的高中数学课程标准与美、日、新、澳、德等国的高中数学课程标准。

第三章　数学教学理论与教学模式

　　教学理论与教学实践是一种辩证的、互动的关系。教学理论是人们对教学实践活动进行理性思考的产物，是对教学现象及其矛盾运动能动反应所形成的具有层次性和复杂性的可以指导教学实践的认知体系。而教学模式是在一定教学思想或教学理论指导下建立起来的、较为稳定的教学活动结构框架和活动程序。数学教学理论与教学模式在一般教学理论推动下发展起来，它们极大地丰富了数学教育研究领域，推动了教育改革的步伐，促进了数学教育水平不断提高。

　　本章将从一般教学理论出发，探讨对我国数学教育影响较大的教育理论、数学教学模式及其各自在应用时需注意的地方。

第一节　一般教学理论

　　现代教学理论是一个庞大的理论体系，近半个世纪以来，各种新的教学理论相继出现，如维果茨基（Vygotsky）的最近发展区理论、巴班斯基的教学过程最优化理论、瓦根舍因的范例教学理论等都对我国数学教学产生了重要影响。

一、最近发展区理论

　　"最近发展区"（Zone of Potential Development，以下简称 ZPD）是苏联心理学家维果茨基在 1930 年前后提出的反映儿童学龄期教学与发展关系问题的重要概念。维果茨基认为，要了解儿童的发展状态，需同时考虑儿童已经成熟与其正在成熟的心理机能，为此，他指出应该考虑儿童的两种发展水平[1]，即现有发展水平和潜在发展水平。前者指儿童已有的独立解决问题的能力和水平，后

---

　　① 高文.维果茨基心理发展理论对教育教学实践的影响—维果茨基思想研究之三[J].外国教育资料,1999(5):46—50.

者指儿童在成人指导下或与能力较强的同伴合作时表现出来的解决问题的能力。ZPD 则指这两个水平之间的差距。由于维果茨基英年早逝,他本人未对最近发展区这一概念作进一步深入研究,但后续研究者对该概念进行了一系列的拓展与应用。直至今日,研究者们对 ZPD 的相关研究依然引人注目。后续研究者基于维果茨基的 ZPD 及相关概念,提出了许多有关学生学习的区间概念,下文主要聚集于有关学生 ZPD 内外环境的学习区间概念。其中包括有关学生最近发展区内部环境的概念,包括斯蒂夫(Steffe)提出的最近建构区(Students' Zones of Potential Construction,简称 ZPC)①与艾伯特(Albert)②提出的最近练习区(Zone of Proximal Practice,简称 ZPP);有关学生最近发展外部活动范围的概念,包括瓦西纳(Valsiner)提出的自由活动区(Zone of Free Movement,简称 ZFM)与提高活动区(Zone of Promoted Action,简称 ZPA)。③ 下面将具体介绍这两类拓展的学习发展区概念,并结合具体实践教学研究结果,说明 ZPD 应用需要注意的问题。

(一)ZPD 内部环境相关学习区间:ZPC 和 ZPP

事实上,ZPD 概念中提出的上述两种水平与维果茨基引进心理学的另一个概念,即心理过程的两种基本类型——"外部心理过程"和"内部心理过程"有着密切的关系。④ 维果茨基认为,个体(尤其是儿童)在参与、完成集体协同活动和人与人的交往过程中,逐渐掌握所参加活动的外部形式,形成外部心理过程,随后才转化、形成内部心理过程。维果茨基同时以此提出相应的儿童文化发展的一般发生法则:在儿童的发展中,所有机能都两次登台:第一次是作为集体活动、社会活动的心理间的机能;第二次是作为个体活动,表现为儿童的内部思维方式的内部心理机能。⑤ 萨普(Tharp)⑥等人同样认为,虽然儿童具有上述心理发展的潜能,但这些潜能的唤醒需要得到外界和自身的帮助,即第一次登台需要得到他人或外部环境的帮助,第二次登台则需要个体自我帮助,例如使用自我导向的对话(self-directed speech)。

①　Anderson N,Beatriz S. ZPC and ZPD:Zones of Teaching and Learning[J]. Journal for Research in Mathematics Education,2008,39(3):220-246.

②　Lillie R A. Outside-in-Inside-out:Seventh-Grade Students' Mathematical Thought Processes[J]. Educational Studies in Mathematics,2000,41:109-141.

③　Maria L B,Suan W,Glenda C. Using Valsiner's Zone of Theory to Interpret Teaching Practices in Mathematics and Science Classrooms[J]. Journal of Mathematics Teacher Education,2005(8):5-33.

④　高文. 达维多夫发展性教学研究的心理学基础[J]. 外国教育资料,1991(3):24—30.

⑤　何善亮. "最近发展区"的多重解读及其教育蕴涵[J]. 教育学报,2007(8):29—34.

⑥　Tharp R G,Gallimore R. Rousing Minds to Life:Teaching,Learning,and Schooling in Social Context[M]. New York:Cambridge University Press,1988:31.

斯蒂夫[1]融入学习图式观点提出的 ZPC 与儿童潜能被唤醒的第一次登台相对应,主要突出教师根据对学生的认识和每个学生建构区的假设,设计教学对学生学习的帮助。艾伯特[2]提出的 ZPP 则与儿童潜能被唤醒的第二次登台相对应,他突出学生通过自我调节、自我协助实现学生内部心理思维的发展。笔者在艾伯特提出的 ZPD 与 ZPP 关系图基础上,将 ZPC 与 ZPC 和儿童心理发展的两个心理过程整合在 ZPD 建构过程中,得出图 3-1,该图简要描述了 ZPD 与 ZPC、ZPP 的关系结构及转变过程。

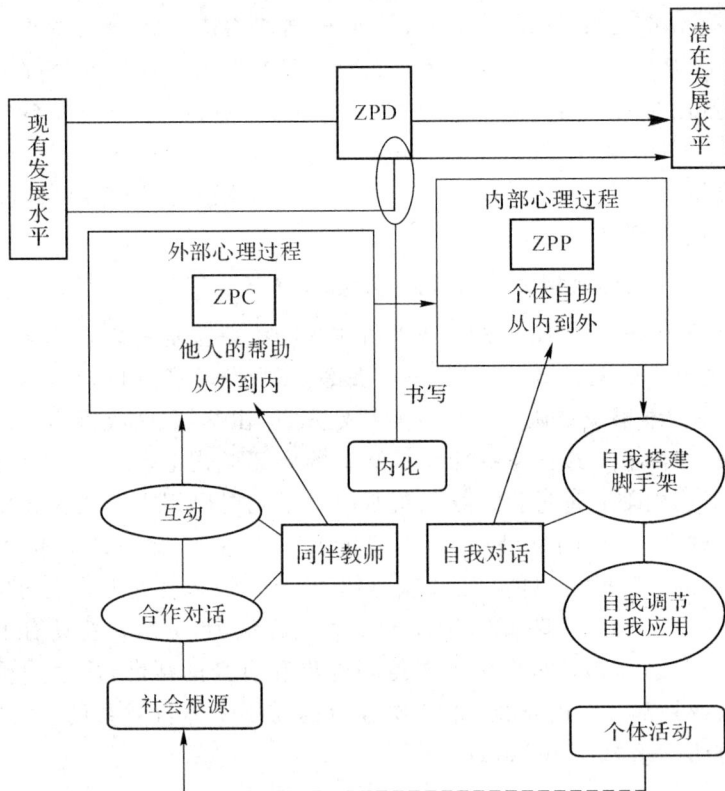

图 3-1　ZPD 与 ZPC、ZPP 关系结构图

从图 3-1 可以看出,要经历、完成与 ZPD 密切相关的两个心理过程即"外部心理过程"和"内部心理过程",完成 ZPD 建构,促进个体发展,需依次实现 ZPC

---

①　Anderson N,Beatriz S. ZPC and ZPD:Zones of Teaching and Learning[J]. Journal for Research in Mathematics Education,2008,39(3):220-246.

②　Lillie R A. Outside-in-Inside-out: Seventh-Grade Students' Mathematical Thought Processes[J]. Educational Studies in Mathematics,2000,41:109-141.

与 ZPP 的建构。

(二)ZPD 外部环境相关学习区间：ZFM 和 ZPA

1. ZPA、ZFM 的概念

教学过程如同一个微型的社会活动过程。维果茨基认为，儿童的高级心理机能的形成是活动中介的结果，这里的活动包括个人活动与同伴、成人之间的共同活动。教师作为活动组织者，需思考如何选择、组织学生进行活动，如何搭建脚手架，即如何构建 ZPD 的外部环境，使学生的 ZPD 内的潜能得到最大的发展。基于此，瓦西纳提出构建与 ZPD 外部活动环境相关的学习区间 ZFM 与 ZPA，以期教师能更合理地安排教学活动，促进学生 ZPD 内的潜能获得最大发展。

ZFM 是指成人构建的儿童在一定环境、一定时间内的自由活动范围。ZPD 中成人为儿童对有关概念的思维发展而作出的自由活动安排，将影响儿童在当时或今后对概念的理解；同时它也最终将引导儿童今后的发展，为其认知活动的开展提供一个框架。例如，母亲在给孩子喂食的过程中，让孩子坐在高脚凳上，以避免他在房间里乱跑，她可能会进一步限制孩子乱舞的双手，最终，这种限制行为将被孩子内化在今后进食过程中。

ZPA 是指成人提供具有一系列活动、对象或区域的环境，并尝试说服孩子在这个环境中采取某种行为方式。这里需要注意的是，成人是鼓励，试图促进，而非强制儿童接受某种行为方式。若同样考虑母亲喂食情景，母亲给孩子喂食时，在孩子面前放上一个勺子，并尝试通过语言、示范说服孩子拿起勺子进食。在这个例子中，孩子用勺子进食的这个活动被推进。区别于此的另一种行为是，成人手把手让孩子拿起勺子，并强迫其用勺子进食，在这种情景下，ZPA 与 ZFM 等同，孩子没有其他可以选择的活动，唯一的行为就是服从于成人迫使的进食行为。

2. ZPA、ZFM 和 ZPD 的相互关系

ZPA、ZFM 和 ZPD 具有动态属性，它们总是相互作用、相互变动。儿童的潜能在成人的指导行为下不断往前发展，且只有当儿童发展技能所需进行的活动包含在其自由活动范围内时，他的发展才有可能，即儿童的 ZFM 范围大于 ZPA 范围。而当这些技能（ZPA）在儿童的 ZPD 范围内时，儿童的这项技能才能得到最大的发展（见图 3-2）。反之，若 ZPA 不在 ZPD 范围内，儿童的发展也无法实现。如教师组织活动让小学生学习大学微积分的内容，无论教师如何示范，让其模仿，小学生也无法理解、掌握微积分的概念与算法，因为掌握微积分的知识不在小学生的思维最近发展区（ZPD）内。当然，在特定的情景、时间背景下，儿童总有部分的潜能无法得到发展，即 ZPD 不可能完全被包含在 ZFM 范围内。ZFM 由社会文化性决定，儿童的发展潜能中，只有那些被成人有意识

推进而设计的(ZPA),且被活动范围(ZFM)所允许的潜能可得到发展,而与之相对应的另外一些潜能势必在此时此刻被拒之门外。如当教师通过安排儿童进行重复性的个人数学练习活动,以期学生巩固某项数学运算技能时,教师就不会在此时在 ZFM、ZPA 范围内安排开放的、基于探究的合作学习活动环境(如图 3-2)。当然并不是说教师无法为两者搭建脚手架,而是指不会在同时、同活动范围内搭建,ZPD 将不会被完全包含在 ZFM 范围内。

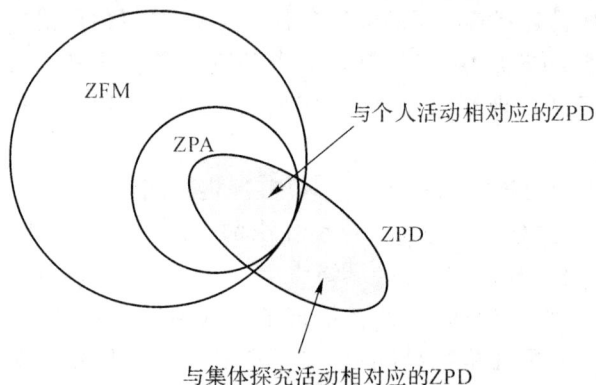

图 3-2　ZFM、ZPA 和 ZPD 相互之间的交互作用

3.ZPD 应用需注意的地方

维果茨基提出的 ZPD 概念相对抽象,自 ZPD 引入美国之后,许多研究者在此基础上展开了深入的研究,不断深化对 ZPD 的理解,使其更具有可操作性。从 ZPD 设计的外部环境看,在教学环境中,当教师为学生设计的自由活动范围(ZFM)大于学生需要强化促进的活动范围(ZPA),且 ZPA 包含学生的最近发展区(ZPD)时,学生的这部分技能才能得到发展。从 ZPD 设计的内部环境看,不同学习水平的学生 ZPC(上限和下限)改为整体学生的 ZPD,教师对学生有一个整体的认识,才能把握教学的大方向。而儿童高级心理技能的发展需要经历外部心理过程和内部心理过程,分别对应着最近建构区(ZPC)与最近练习区(ZPP)。ZPC 突出教师对学生的认识,假设不同学生处在不同的建构区,通过组织师生、生生对话,同伴合作等方式,促进学生对新知识的认识与理解。ZPP 突出教师给学生一定的空间,让学生通过自我调节、自我协助实现学生内部心理思维的发展。教师在具体的教学过程中,对 ZPD 及上述相关概念的理解与应用将落实于为学生搭建脚手架这一活动中。为帮助学生更有效地参与到学习过程中,促进学生在 ZPD 内潜能的最大发展,教师在选择、搭建、拆解脚手架时应注意下述问题:

（1）ZPD 的社会文化性与课堂教学环境的差异

维果茨基从社会建构主义角度出发提出 ZPD,社会建构主义者很少区别个人对现实世界的认识和科学构建观念之间的区别。但事实上,社会文化背景下的学习与学校课堂的学习存在着差别。[①]

如在数学学科中,虽然维果茨基及其后来的研究者常以语言习得作为范例来解释 ZPD,考虑到数学作为一种语言,研究者们得到的有关 ZPD 研究结论在数学学习也适合,但是数学作为研究数字、模式、关系等内容的学科,它所涉及的数学对象及运算的内在逻辑结构,与 ZPD 所描述的社会文化性具有差异。以往有关 ZPD 的研究考虑到社会文化性,那么由于数学学科的上述特征,研究者对于数学教学的 ZPD 研究不能单单只考虑社会文化性,而需结合数学学科的特征。与此同时,在学校背景下,ZPD 不再是描述不变任务,因为师生之间的探讨会随时改变 ZPD。尽管主要任务的主要完成方向不变,但是师生、生生交流对话过程的每一步都可能会产生不同的 ZPD。因此,为使学生在学习过程中达到数学知识建构和理解的潜能力发展水平,教师需要不断观察学生课堂中的学习活动,以便其在创设学习环境和制定策略过程中提供清晰、精准的脚手架。

（2）搭建脚手架的适时调节

学生在学习过程中会遇到很多他们不能确定的因素（比如知识、技能等）,且他们选择、记忆、计划的能力有限,没有教师帮助他们集中注意力、组织活动,学生可能会被那些不确定性压垮。学生有限的认知资源,使得教师搭建的脚手架成为帮助其聚焦、完成所面临的任务十分有效的工具之一。

教师在搭建脚手架时,需把握搭建脚手架的度,不可控制得太严,也不能太松。控制得太严会降低学生学习的主动性,阻碍学生自我构建;而若太松散,则会降低学生的探究、自我构建的效率。教学中师生之间的探讨会随时改变学生的 ZPD,如何适时控制脚手架的度对教师而言也是一种挑战。这需要教师谨慎对待教学过程中的师生对话[②],观察学生在课堂师生对话、生生讨论等活动中的表现,判断学生已有的认知基础,结合相应的学生学习背景,适时调整脚手架。

（3）解决搭建脚手架的两难问题

事实上,即便教师理解脚手架的作用、特点,他们在使用脚手架策略时,也常会遇到如下的两难困境:如在具体的数学学科中,教师如何确保学生能达到一定

---

① Bliss J,Askew M,Macrae S. Effective Teaching and Learning:Scaffolding Revisited[J]. Oxford Review of Education,1996,22:37-61.

② Williams S R,Baxter J A. Dilemmas of Discourse-oriented Teaching in one Middle School Mathematics Classroom[J]. The Elementary School Journal,1996,97:21-38.

数学理解水平,但又不是以直接讲授的教学方式。为此,威廉姆斯(Williams)与贝克斯特(Baxter)[①]提出,在以对话为导向的课堂教学中,通过搭建社会性脚手架(social scaffolding)与分析性脚手架(analytic scaffolding)解决上述教学中的困境。

社会性脚手架是指教师组织学生进行同伴或小组合作性活动,帮助学生学会与他人合作。它的重点是需要教师特别关注学生在小组讨论和课堂讨论中如何讲述。社会性建构之所以重要是由于其提供了讨论的环境,它有助于课堂讨论环境的创建,是学生数学理解建构的基础。例如,在以对话为导向的教学中,学生通常会解释自己的想法,同时尝试理解他人的解释。课堂对话中这种规则性的学生行为需要教师有意识地培养与强化,直至它成为课堂文化的一部分。教学过程中教师组织学生开展同伴或小组合作需要注意的是,不是小组内成绩好的学生指导成绩差的学生,而是学生在共同参与、分头负责、合作解决问题的过程中,相互质疑、解释,最终达成一致,完成任务。此时同伴间的对话、交流正像是促进学生元认知意识与规则的过程。[②]

分析性脚手架是指通过教学资料、教师或他人促进学生的知识理解。分析性脚手架包括事物教具、模型、隐喻、表征、解释或者验证,它们能让学生更好地理解数学任务和解法。有些分析性脚手架以任务的方式告知学生,或者通过提问的方式帮助学生集中注意力,或指出所用知识的关键特征。也有些脚手架是希望在学生之间的讨论过程中形成,帮助学生解释并证明问题。搭建分析性脚手架相对社会性脚手架更难一些,教师需要仔细思考哪些任务、情景能促进学生的数学思维,平衡教学目标的难度(如内容的覆盖程度、如何促进学生的研究),从而决定何时以及如何搭建分析性脚手架。

考虑到搭建分析性脚手架对教师的挑战性更高,斯皮尔(Speer)[③]等人在威廉姆斯与贝克斯特研究基础上,通过对分析性脚手架的进一步研究分析,提出了搭建分析性脚手架的下述几种方法:识别或指出学生(正确或错误)的数学推理;识别或指出学生在讨论中提出的想法(包括正确的和错误的)是否/如何有助于实现数学教学目标;识别或指出学生在讨论中提出的想法(包括正确的和

---

① Williams S R, Baxter J A. Dilemmas of Discourse-oriented Teaching in One Middle School Mathematics Classroom[J]. The Elementary School Journal,1996,97:21-38.

② Goos M,Galbraith P,Renshaw P. Socially Mediated Metacognition:Creating Collaborative Zones of Proximal Development in Small Group Problem Solving[J]. Educational Studies in Mathematics,2002, 49:193-223.

③ Natasha M S, Wagner J F. Knowledge Needed by a Teacher to Provide Analytic Scaffolding During Undergraduate Mathematics Classroom Discussions[J]. Journal for Research in Mathematics Education,2009,40(5):530-562.

错误的)是否/如何与发展学生数学理解能力相关;谨慎地选择那些有助于搭建脚手架、促进学生思维发展的活动。当然,上述搭建脚手架的方式、手段主要仍处在理论分析阶段,需后续研究者结合学科与课堂实践相结合,才能更好地检验其有效性。

二、教学过程最优化理论

教学过程最优化理论是 20 世纪 70 年代苏联著名教育家巴班斯基在总结实践经验的基础上提出的。20 世纪 60 年代初,巴班斯基在顿河—罗斯托夫地区的普通学校创造了克服大面积留级现象的先进教学经验。此后 20 余年,他以该地区的普通学校为基地,在总结先进教学经验的基础上,潜心进行教学、教育过程最优化理论的实验与研究,形成了具有丰富内容和积极现实意义的、颇有新意的、完整的教学过程最优化理论,在世界各国引起了强烈反响。

教学过程最优化理论以辩证唯物主义为指导思想,运用现代系统论的原则和方法,对教学过程进行综合性研究和探索。该理论对世界的教育实践和教育教学理论的发展,尤其是对当代的教学设计产生了极大的影响。[①]

(一)教学过程最优化理论基本观点

1. 一般教学论思想

巴班斯基参照管理过程的基本环节的划分(即计划、检查、总结),阐明了组成教学过程的六个基本环节,同时以整体性观点揭示教学过程的结构成分,并强调指出只有在师生积极的相互作用中,才能产生作为完整现象的教学过程。

表 3-1　教学系统[②]

人	条　件	教学过程	
		结　构	环　节
教师学生	物质条件 学校卫生条件 道德心理气氛	(1)教学目的、任务 (2)教学内容 (3)教学方法 (4)教学形式 (5)教学结果	(1)研究系统特点,具体落实教学目的、任务
			(2)研究班级特点,使教学内容具体化
			(3)根据系统特点,进行教学形式和方法的优选
			(4)根据系统特点,优选师生相互作用的形式
			(5)通过检查与自我检查,对教学过程的进程实行随机调节
			(6)通过对教学过程一定阶段的结果的分析,提供总结性反馈信息

---

① 王春华.巴班斯基教学过程最优化理论评析[J].山东社会科学,2012(10):188－192.

② 高文.巴班斯基教学论研究的时代背景和方法论基础[J].外国教育资料,1983(1):19－28.

同时巴班斯基的整体性观点还提出优化教学过程需遵循的 12 条教学原则[①]，并将其组织成一个系统，分别是：①综合完成教养、教育和发展任务的教学目的性原则；②科学性原则；③教学生活、与共产主义建设的实际相联系的原则；④教学的系统性和连贯性原则；⑤可接受性原则；⑥激励学生树立积极的学习态度的原则；⑦教师指导下的学生学习的自觉性、积极性和独立性原则；⑧口述的、直观的和实践的，复现的和探索的，归纳的和演绎的等各种教学方法最优结合的原则；⑨全班的、小组的和个别的教学组织形式最优结合原则；⑩创造最优教学条件的原则；⑪检查与自我检查相结合的原则；⑫教学成果的巩固性和有效性原则。

这些原则中，既有指导教学全过程的原则，也有分别指导教学过程各个基本成分的原则。在实际运用时，这些原则必须相互联系、作为一个整体，才能发挥最优作用。

2.教学过程最优化的概念和标准

巴班斯基在运用辩证系统方法对教学过程进行系统分析的基础上明确指出，所谓"教学过程的最优化"，指的是"教师有目的地选择组织教学过程的最佳方案，这一方案能保证在规定的时间内，使教学和教育任务的解决达到可能范围内的最大效果"。在此，他强调指出，"最优化并不意味着对课堂教学作局部的改进和完善，而且是有科学根据地、自觉地挑选和实施一整套措施体系，这就使教师所获得的不是比以前略好的结果，而是在不增加时间的额外消耗（即不造成负担过重），在师生支出最低限度的必要精力的情况下，取得对该具体条件而言最大可能的成果"[②]。

根据最优化的定义，实现教学过程最优化的前提是经常地、全面地、系统地研究学生[③]，这是实现教学过程最优化的一个重要前提，而关键是选择组织教学过程的最佳方案。巴班斯基从提高活动效率和节约时间这一劳动活动的普遍规律出发，提出教学过程最优化的最重要标准首先必须是解决教学和教育任务的效率和质量，以及师生在解决这些任务时所消耗的时间和精力。即教学过程最优化的基本标准有两个：一个是效果标准，一个是时间标准。效果和时间，即既提高质量，又不增加负担。

①效果标准。效果标准是指每个学生按照所提出的任务，在一定时期内，在教养、教育和发展三个方面获得最高可能的水平。巴班斯基强调评价效果一

---

① 徐云鸿.巴班斯基教学过程最优化原则述评[C]//纪念《教育史研究》创刊二十周年论文集，2009:494−499.

② 高文.教学过程最优化原理及其基本方法体系和实施程序[J].外国教育资料，1983(2):24−35.

③ 高文.研究学生——实现教学过程最优化的重要前提[J].外国教育资料，1983(6):5−18.

是要全面地从教养、教育和发展三方面衡量。二是要看评价对象的具体条件和实际可能。这就是说,要看具体学校、具体班级的条件,如条件差的学校达到某种水平可能是最优化,条件好的达到同样的水平则不能认为是最优化。三是无论是教养,还是教育和发展方面的水平,都不得低于国家大纲统一规定的及格标准,以保证完成普及中等教育的任务和满足社会的需要。

②时间标准。时间标准是指学生和教师遵守科学规定的课堂教学与家庭作业的时间定额,不超过一定的标准。时间标准本身也具有教育意义。超过规定的时间定额,会影响学生身体健康,从而影响学习成绩和智力发展。

3.教学过程最优化的基本方法体系和实施程序

只有当教师不仅掌握了教学过程的全部成分本身,而且掌握了选择有利于现有条件的教学过程结构的技能,并在考虑学校、班级和每个学生条件的基础上,坚持使教学结构具体化时,才算基本上解决了教学过程的最优化问题。巴班斯基据此,结合实验检验结果,制定了包活教学过程全部成分(任务、内容、方法和手段、形式、结果)在内的教学过程最优化的方法体系(见表 3-2)。他认为,所谓教学过程最优化的方法体系指的是"相互联系着的、可以导致教学最优化的所有方法的总和"。

表 3-2　教学过程最优化的基本方法体系

教学过程的成分	教师教授的最优化办法	学生学习的最优化办法
教学任务	①综合地规划教养、教育和发展的最重要的任务 ②在研究学生实际可能性基础上,使教学任务具体化	①接受任务,并积极争取在自己的活动中实现这些任务 ②根据自己的可能性,拟定"自我任务",作为补充
教学内容	区分出教学内容中主要的和本质的东西,力求保证学生对这些东西的掌握	把注意力集中在重点上,努力掌握最本质的东西
教学方法和手段	选择能特别有效地解决有关任务的组织、刺激和检查的方法与手段	学习中合理地自我组织、自我刺激和自我检查
教学形式	选择全班的、小组的和个别的教学形式的最合理的结合,以达到区别教学的目的	尽量依靠自己的长处,努力克服自己的短处
教学速度	选择完全合理的教学速度,采取专门措施,节约学校和家庭中时间消耗的特殊方式	合理支出学习时间,尽力加快自己的学习速度
对教学结果的分析	阐明教学结果跟学生实际可能性、师生时间消耗标准是否相适应,力求提高最优化的水平	对学习结果进行自我分析,把学习结果与自己的可能性加以比较,评定时间消耗的合理性,力求提高学习的效率和时向消耗的合理性

巴班斯基提出的教学最优化的方法体系强调了教与学双方的最优化方法的有机统一,强调了师生努力的协调一致性。

此外,巴班斯基结合教学最优化的所有方法的总和,提出了相对完整的实现教学最优化的程序。这一程序充分反映了系统方法的综合—分析—综合的思考方式。

第一步:综合性地掌握教学任务,并在全面研究学生在某一时刻的实际可能的基础上,使任务基础化。实施时:

①教师应明确所提出的教学任务,及其在教学和教育过程总任务中的地位;

②通过对学生和学生集体的可能性、教师的可能性,以及教学物质条件的研究,收集各方面的信息,以便使教学任务具体化;

③注意阐明系统的长处和短处,揭示要求和系统可能之间可能的矛盾;

④任务的具体化,即考虑系统的可能性,尽可能扬长避短,力求达到一定条件下教学的最大效果。

第二步:选择在该条件下最优组织教学过程的标准。实施时:

①考虑任务的特点,使学校中现行的知识、技能、技巧的评定标准具体化;

②选择评定学生学习支出时间是否合理的时间标准。

第三步:为解决规定的教学和教育任务,研究制定一整套该条件下的最优手段。实施时:

①分析课题的内容和该内容对教学形式和方法提出的要求;

②掌握以教学原则为依据,并考虑学生年龄特征的科学的教学法;

③掌握类似条件下解决同类任务的先进经验;

④对自己以往解决类似任务的经验进行自我分析;

⑤参照科学教学法的建议,考虑教学任务和具体班级学生的可能性,选择教学过程的最优方案。

第四步:尽可能改善教学条件,以实施选定的教学方案。实施时:

①在研究教师的基础上,有的放矢地对教师进行专门的、科学的且系统的培训;

②尽可能改善教学物质条件、学校卫生条件和道德心理条件;

③协调教师之间(学科间的联系,统一要求),以及教师和学生积极分子、家长积极分子之间的活动计划。

第五步:实施规定的教学计划。实施时:

①以该条件下的最优速度,组织和刺激学生积极的学习认识活动;

②对活动的进程进行随机检查;

③给予及时的帮助；

④修正活动的步骤和速度。

第六步：根据所选择的最优化标准，分析教学过程的结果。对下列问题作出明确回答：

①是否保证规定任务的解决能达到最大可能效果，即每个学生和学生集体能否在教养、教育和发展方面取得教师规定的良好进展？

②师生的课堂教学和家庭作业是否超出时间标准？

③规定任务中的某些方面不符合最优解答的可能原因是什么？

巴班斯基指出，优化实施程序的研究，是以教师的创造性为先决条件的。教师的创造性和遵守教学活动的一定规则这两者之间互为前提、互相丰富。教师必须善于根据自己的特点决策，以便扬长避短，充分发挥自己的优势，更好地完成教学任务。

（二）对教学过程最优化理论的局限与不足

任何理论都是时代的产物。受当时苏联政治、经济、社会及科学技术发展等因素的影响，巴班斯基的教学过程最优化理论不可避免地带有局限性[①]，这也是我们当前在应用该理论时需避免的地方。

巴班斯基的教学过程最优化理论政治色彩浓重，在引用马列主义经典著作上有贴标签的倾向。同时，在教育教学目标上，过于强调社会发展需要，忽视学生个体发展的需求。虽然他提出在使教学任务具体化时总要考虑班上学生的特点，但并不是从学生真正的需求出发，他只是要求学生更好地接受既定的任务。在师生关系上，巴班斯基过于强调教师主导作用的发挥，忽视了学生的主体地位。在信息社会，学的概念不断扩大，其实践呈现多元化趋势，教师应作为学生学的帮助者、推动者。此外，以效率为教学最优化的最高标准，技术化倾向严重，有一定的机械性。在应用最优化思想时，应避免用"既定标准"来判断最优化问题。巴班斯基提出的最优化方法与过程较烦琐，教师在应用时，应注意灵活使用，避免生搬硬套而增加教学难度。

当然，由于最优化理论体系范围有限，仅适用于学校教育中的班级授课制这一种学习形式，如何应用于学前教育、成人教育、职业教育、家庭教育、自我教育等其他教育形式，也是理论发展可循之路。

三、范例教学理论

德国根舍因与克拉夫基的范例教学理论兴盛于 20 世纪五六十年代，其宗

---

① 刘云生.巴班斯基教学过程最优化理论的批判性思考[J].外国教育研究,2001(10):17−21.

旨是为教师尽可能地创造条件减少学生的课业负担和繁杂的知识学科,促进学生能力的发展,增强其科研能力。

(一)范例教学理论基本概念

范例教学就是指通过典型的事例教材中关键性问题的探索,通过教学来推动学生理解普遍意义的知识,培养学生的独立思考与判断的技能。范例教学在课程内容选择上遵循"三个性"[①],即"基本性"、"基础性"和"范例性"。"基本性"强调教学应教给学生基本知识、基本概念、基本科学规律或知识结构;"基础性"强调教学内容应适应学生的基本经验和生活实际,适应学生的智力发展水平;"范例性"是指教给学生的是经过精选的、能起到示范作用的典型事例和学习材料,通过接触"范例",训练学生独立思考与判断的能力,使学生透过"范例"掌握科学知识和科学方法论。

(二)范例教学的实施步骤

与传统教学"一般—个别——一般"的演绎法不同,范例教学主张"个别——一般—个别"的归纳法。范例教学理论应用于教学实施的四个教学过程为:

第一阶段:范例性地阐明"个"的阶段。即要求以某一个别事物或对象来说明事物的特征,从具体直观的"个"的范例中抓住事物的本质。

第二阶段:范例性地阐明"类型"、"类"的阶段。即从第一阶段所掌握的"个"的范例中,抓住事物的本质特征,置于类型概念的逻辑范畴之中进行归类。

第三阶段:范例性地理解规律性的阶段。将"个别"抽象为"类型之后",找出隐藏在"类型背后"的某种规律性的内容,范例性地阐明"类"的规律和范畴。

第四阶段:范例性地掌握关于世界的经验和生活的经验的阶段。这个阶段的目的在于使学生不仅认识世界,也认识自己。而这正是教育所要达到的真正目的。简而言之,即通过"个"、"类"、"规律"范畴再回到实际问题,解决实际问题。

(三)范例教学理论启示

我国今天的课程改革都处于一个科学技术发展日新月异、知识总量急剧增长的时代之中。如何在有限的学校学习时间内加快人才队伍的培养速度,使学生在较短时间内掌握知识、技能并发展能力,是当前课程改革亟待解决的问题。在这方面,范例教学论为我们提供了有益的启示,当然,理论自身不可避免地加重了教师负担,在教学实践中难以达到应有效果等负面影响也是我们在当前教学改革中需要注意的地方。

---

① 冯生尧.德国范例教学理论及其在我国的运用[J].现代教育论丛,1997(4):21—24.

1. 开展范例教学的同时需兼顾知识系统性

从个别到一般的教学的范例教学从学生的身心发展特点出发,实行从个别出发的策略。由于范例教学中的例子都是由教师根据三大原则精心选择的,所以既具有代表性,又与其他的学习内容具有很强的内在逻辑联系性。同时学习一个个例子对学生们来说既生动有趣,负担也不大,所以就特别容易接受。即使学习的内容比较晦涩,难以理解,通过具体例子的学习也可以使得抽象的理论不再难以掌握,并且使得学生在掌握知识的同时增强了类推的能力。同时,范例教学可以通过丰富的例子充分调动起学生的积极性,使之兴趣盎然地投入学习活动;有利于学生发现与解决问题能力的培养,从而促进学生独立思考和科研的能力。

然而,范例与学科知识之间有非系统性。范例教学论反对形式上的系统性,而用精选的范例使学生来掌握学科整体,这点是值得肯定的,但是在实践中却显得系统性不足。范例性教学以点代面,打破了学科知识的系统性,使得学生所获得的知识仍有可能是零碎的。另外,范例的选取如何体现学科的系统性也是实践中亟待解决的问题。[①]

2. 强调教材的精选性与教学的范例性

我国课程改革正在如火如荼地进行,如何在有限的学校学习时间内加快人才队伍的培养速度,使学生在较短时间内掌握知识、技能并发展能力,是课程改革需要面对的问题。范例教学论为我们在这方面提供了有益的启示,即教材的改革必须要有精选性。教材的精选要考虑儿童的实际生活,突出教材内容重点,按照基本性、基础性和范例性的原则进行编排,使教学内容集中化、概括化、课题化。

在教材精选基础上的教学过程,要通过具有内在系统结构的范例的学习,使学生认识和探索事物的一般性,并能迁移到类似情境的学习中。范例性的教学与我国以往的课堂教学相比,它克服了教师一讲到底的弊端,使教学从庞杂的知识体系中解放出来,减轻了师生负担。

3. 有选择地开展范例教学,避免教师负担过重

根舍因与克拉夫基范例教学理论是针对当时学生过重的课业负担提出的,并且在初期也起到了一些效果。但是,范例教学成功与否的关键在于范例的选择。根据根舍因与克拉夫基的要求,范例的选择必须符合三大原则,而一旦要寻找这些符合原则的范例,势必花费教师大量的时间和精力。而当每堂课都需要大量时间和精力的时候,就显得频率过高而教师们精力有限。最后在课堂中呈现的范例也许并不符合这些原则,从而导致整个教学质量的下降。教师负担

---

① 高翔,张伟平.新课改背景下范例教学理论再审视[J].现代教育科学,2008(3):62－64.

过重,使其在实际工作中难以达到应有的效果。这也在一定程度上对教材中范例的选取提出了更高的要求。

4.完全否定从一般到个别的教学方法有失偏颇

范例教学模式侧重于教学内容的优化组合,使学生通过范例性材料,举一反三地理解基本性、基础性的知识,训练独立思考和判断能力。但是从个别到普遍规律的认识顺序不是学生掌握知识的唯一途径。特别是当学生到了高中阶段以后,由于抽象思维能力获得跳跃式的发展,因此归纳能力也进一步增加。对于这个年龄段的学生来讲,实行从一般到个别的教学方法也是切实可行的。并且针对不一样的教学内容也应该实行不同的教学方法,因为并不是所有的知识都能够和需要用范例形式来获得。

第二节　数学教学理论

一般教学理论适用于各个学科,数学教学理论结合数学教学特征,在更大程度上推动了数学教学的发展,提高了数学教学的有效性。下文介绍对我国数学教学影响较大的变式教学、现实数学以及波利亚的怎样解题。

一、变式教学

变式教学是我国数学教育的教学传统,在教学实践中,它已被我国广大数学教师自觉或不自觉地应用着,其中不乏经验性的教学变式研究。从顾泠沅主持青浦实验以来,变式教学研究逐渐成为中国特色的数学教育研究关注热点。由于中国学生在各种国际数学测验中的优异表现,变式教学研究也逐渐成为国际数学教育的研究对象。[①] 变式教学作为我国本土教学特色,顾泠沅等研究者从教学实践中将其理论化,但它作为理论本身也在不断地完善发展。下面主要从变式教学理论形成、变式教学实践研究两方面介绍数学变式教学的理论发展及实践研究现状。

(一)变式教学理论的不断发展:概念界定形成不同观点

在教学实践中,变式教学(或称变式训练)已成为中国数学教师的基本教学技能,在变式教学理论研究方面,国内已有关于数学变式的教学论文,主要是关于数学变式的基本方法和应用[②],形成了具有经验性的教学变式研究成果。顾泠沅

---

① 李静.基于多元表征的初中代数变式教学研究[D].重庆:西南大学,2012:22.
② 聂必凯.数学变式教学的探索性研究[D].上海:华东师范大学,2002:10.

教授基于前人经验与的实验研究,对变式教学进行了系统而深入的研究。该项研究主要涉及两方面的工作:一是对传统教学中"概念变式"进行系统的恢复与整理,二是将"概念性变式"推广到"过程性变式"。这是变式理论研究的一大突破。

传统的变式教学主要用于概念的掌握,如《教育大辞典》[①]中对"教学变式"的解释是:在教学中使学生确切掌握概念的重要方法之一。传统意义上变式教学主要包括两类:一类是属于改变概念外延的变式,称为概念变式;另一类是改变一些可混淆概念外延属性的变式,如举反例,称为非概念变式。这两类变式构成概念性变式。[②] 概念性变式在教学中的主要作用是帮助学生形成对学习对象的多角度理解。[③]

相比概念性教学的静态性,顾泠沅教授等人提出了具有动态性的"过程性变式"概念,"过程性变式"指在数学活动过程中,通过有层次的推进,使学生分步解决问题,积累多种活动经验,即通过适当的变化,为学生顺利掌握相关的概念或求解所面临的问题提供必要的"铺垫"。[④] 过程性变式主要可分为概念形成和问题解决两部分。过程性变式在概念形成过程中反映了概念形成的逻辑过程。在问题解决过程中表现为一系列用于铺垫的命题或概念,或为某种活动的策略和经验,从而使学生的问题解决活动具有多个层次或者多种途径,它包括三个维度:①改变某一问题、条件或结论;②同一个问题的不同解决过程;③将某种特定的方法用于解决一类相似的问题。

此外,顾泠沅教授等人在对变式教学概念、分类及其教学含义进行分析的基础上,从教育心理学及数学学习理论这两个角度出发,论证了几个著名西方教学原理尤其是马顿(Marton)理论,为变式教学提供认识论基础和支撑理念[⑤]。"马顿理论"的核心在于:

第一,学习就是鉴别(区分,discernment)学习情境中的变异与不变异部分;

第二,有比较(差异)才能鉴别变异部分,聚焦关键特征。

郑毓信[⑥]教授在肯定顾先生等人研究成果的基础上,认为"求变"正是为了"不变",即通过恰当的变化以突出其中的不变因素(本质)。他认为,相比于"概念性变式"与"过程性变式"的区分,将变式教学分为"概念变式"与"问题变式"更为恰当(见图 3-2)。其中"概念变式"是为了帮助学生更好地掌握概念的本质;"问题变式"则是为了帮助学生更好地学会"问题解决",特别是问题的恰当

---

① 顾明远等.教育大辞典(简编本)[M].上海:上海教育出版社:689.

② 范良火等.华人如何学习数学[M].南京:江苏教育出版社,2005:251.

③ 鲍建生等.变式教学研究[J].数学教学,2003(2):2—6.

④ 鲍建生等.变式教学研究[J].数学教学,2003(2):2—6.

⑤ 范良火等.华人如何学习数学[M].南京:江苏教育出版社,2005:247—269.

⑥ 郑毓信.变式理论的必要发展[J].中学数学月刊,2006(1):1—3.

分类与相应的解题方法。亦有研究者分为设计概念变式和问题变式的教学流程[①]，其中概念变式教学流程为"变式引入—变式表征—变式辨析—变式应用"，问题变式教学流程为"选择问题—问题解决—变式探究—概括提炼"。

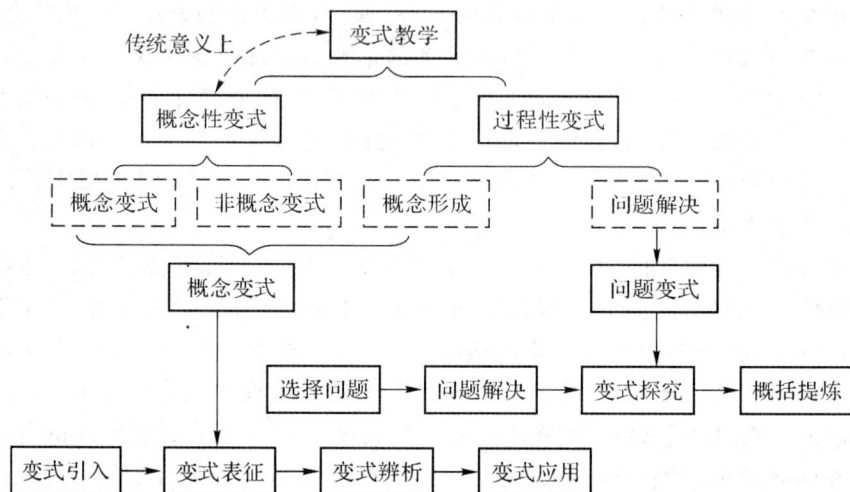

图 3-3　变式教学分类图

概念学习与问题解决是数学学习的两个环节，两者相辅相成、相互促进，是统一的。无论是概念学习，还是问题解决，作为知识点来讲，都需要强调过程与方法，从多角度分析。

（二）变式教学实践研究：从经验总结到借助国外认知心理学和认识论

变式教学是我国数学教育的一大传统特点，国内大部分关于数学变式教学研究主要是关于数学变式的基本方法和应用。[②] 近十年来，一些从事数学教育研究的学者开始借助国外认知心理学和认识论对变式教学进行研究。如莫卡（Mork I A C）、梁贯成、马顿与黄荣金等人分别从变异维度、变异空间出发研究变式教学。莫卡等人[③]用变式的理论观点分析了一节典型的中国教师的数学课，从中揭示出中国教师如何利用变异维度为学生创造一个学习空间。黄荣

---

①　张忠旺.类比猜想，实验证明，变式探究[J].数学教学，2012(6)：20—23.

②　聂必凯.数学变式教学的探索性研究[D].上海：华东师范大学，2002：10.

③　Mork I A C，Leung F K S，Lopez-Real F J，et al. Dimension of Variation in Mathematics Classroom：Examples from Hong Kong and Shanghai. Paper Present at the Annual Meeting of the American Education Research Association. New Orleans，USA，2002：4.

金[①]则从变异维度、变异空间以及学习空间的角度，比较了上海与香港有关勾股定理教学的差异与共同点。聂必凯[②]对变式教学的操作方法进行了研究。他们基于数学教学变式理论，调查中国数学教师的变式教学使用情况。研究发现，很少教师（初中数学）从教学手段、教学思想或教学模式等角度看待变式教学，多数教师认为变式练习是变式教学的主要形式，因而教师最关注解题方法的变式，追求解题的多样性。他对过程性变式 5 种形式，即基本图形变式、导入情境变式、教学示例变式、数学活动变式和外部表征变式的教学实施进行了研究，并提出了相关建议。而李静[③]则更聚焦于具体学科内容和教学对象，在运用有关多元表征教学理论、变式教学理论，构建"基于多元表征的初中代数变式教学策略"的基础上，构建了"基于多元表征的初中代数概念变式教学策略"、"基于多元表征的初中代数技能变式教学策略"和"基于多元表征的初中代数问题解决教学策略"，并对该教学的教学设计和操作进行了探讨。

变式教学的意义在于通过变化事物的非本质特征，凸显事物的本质特征，从而使学习者加深对数学的理解，它被视为引导学习者进行有效学习的方法之一。我国中小学数学教学普遍存在学生课业负担重、教师教学任务大的现象。在变式教学已有研究基础上，通过设计、实施数学课堂变式教学，是探索有效数学课堂途径之一。

二、现实数学

现实数学教育（realistic mathematics education，简称 RME）[④]思想产生于以世界著名数学家和数学教育家弗赖登塔尔（Hans Freudenthal）为代表的荷兰数学教育研究，它是对 20 世纪 60 年代美国"新数学"运动和荷兰"机械数学教育"的挑战，其基本思想在于，数学是一种人类活动，这种活动始终是建构性的。50 多年来，现实数学教育保持着发展的连续性和动态性，其基本思想不断得到完善。

现实数学教育的思想以弗赖登塔尔关于数学的观点为基础。费赖登塔尔认为，数学必须连接现实，必须贴近孩子，必须与社会相联系，要体现人的价值。他没有把数学简单地看作被传递的对象，而是认为数学是一种人类活动；教育必须为学生提供"指导性"的机会，让他们在活动中"再创造"数学。按照他的观

---

①　Ringjin H. Mathematics Teaching in Hong Kong and Shanghai—A Classroom Analysis from the Perspective of Variation[D]. Hong Kong：University of Hong Kong，2002：182.

②　聂必凯. 数学变式教学的探索性研究[D]. 上海：华东师范大学，2002：1—2.

③　李静. 基于多元表征的初中代数变式教学研究[D]. 重庆：西南大学，2012：2.

④　徐斌艳."现实数学教育"中基于情境性问题的教学模式分析[J]. 外国教育资料，2000(4)：28—33.

点,数学教育的重点不是让学习者在一个封闭的系统中处理数学,而是让他们在一种积极的活动、一种数学化的过程中学习数学,这个"数学化"的过程必须是由学习者自己主动完成的,而不是任何外界强加的。

弗赖登塔尔数学教育思想是一个统一的整体,现实数学中蕴含着"数学化"和"再创造"等数学教育原则。

(一)现实数学原则

英语中的"去想象"(to imagine)对应荷兰语"zichrealiseren",现实数学教育命名由此而来。具体而言,RME中的"现实"不仅说明数学教学要与真实生活情境相关,更重要的是强调老师要提供给学生一定的问题情境,通过情境帮助学生在其脑海中建立与数学相关的、"真实的"、"有意义的"想法。而情境本身并不一定必须来源于实际生活,可以是"理想化的"、"想象的"和"编造的"。换句话说,RME并不要求必须以真实的生活问题为中介引入数学教学,也承认多数情况下,理想化的问题情境更利于激发解决问题的数学策略。问题的关键在于如何通过情境帮助学生将抽象的数学知识与学生已有的、现实存在的知识经验建立有效的联系。只要在学生头脑中这个问题情境是"真实"的,并且他们可以根据自己的常识真实地对待这个问题,就符合"现实"数学教育的要求。

学生对于数学的认识始于"常识"(common sense)。相应地,教学设计时要求学生的参与必须始于有意义的情境,遵循逐步形式化。逐步形式化主要分为三个阶段:非正式阶段、预形式阶段、形式化阶段。[①]

(二)数学化原则

弗莱登塔尔有句名言:与其说是学习数学,还不如说是学习"数学化";与其说是学习公理系统,还不如说是学习"公理化";与其说是学习形式体系,不如说是学习"形式化"。简单地说,数学化就是数学地组织现实世界的过程。即人们在观察、认识和改造客观世界的过程中,运用数学的思想和方法来分析和研究客观世界的种种现象并加以整理和组织,以发现其规律的过程。[②] 传统的指导思想强调数学化是数学家的职责,学生只需掌握现成的知识,因而数学教学内容大多是数学化的结果而不是其本身。这就造成了学生所学知识与其实际背景相脱离的现象,结果是他们对一些概念、定理、法则虽能倒背如流,却不懂得如何运用它们,即使面对日常生活中的简单问题也常常束手无策。要改变这种局面就应让学生学习数学化。

特莱弗斯 (Treffers)将数学化思想分解为两大类,即"横向"数学化与"纵

---

① 赵晓燕.荷兰现实数学教育的教学设计原则——逐步形式化[J].数学通报,2012(8):20—23.

② 唐瑞芬.数学教学理论选讲[M].上海:华东师范大学出版社,2001.

向"数学化。横向数学化指的是,学生面对的数学工具能够帮助他们组织和解决真实生活中的某个问题;纵向数学化是对数学系统本身进行重组的过程。弗赖登塔尔对此进行了概括:"横向数学化包括从真实生活走进符号世界,而纵向数学化是指在符号世界中进行移动。"他也强调,尽管这个区分似乎比较清晰,但是并不意味着这两个世界之间的差异是可以清楚地区分的。他认为,这两种数学化形式是等价的。

(三)再创造原则

弗赖登塔尔认为,数学教育方法的核心是学生的"再创造"。数学实质上是人们常识的系统化,每个学生都可能在一定的指导下,通过自己的实践来获得这些知识。所以我们必须遵循这样的原则,那就是数学教育必须以"再创造"的方式来进行。教师不必将各种规则定律灌输给学生,而是应该创造合适的条件,提供很多具体的例子,让学生在实践的过程中,自己再创造出各种运算法则,或是发现有关各种知识,让学生通过自己的"再创造"过程获得知识。

提倡按"再创造"原则来进行数学教育,有其教育心理学的理论根据[1],即:

①通过自身活动所获得的知识比由他人传授的要理解得透彻、掌握得快,同时也善于应用,保持记忆也较长久。

②发现是一种乐趣,"再创造"教学能够激发学生学习的兴趣和动力。

③通过"再创造"方式,促进人们形成数学教育是一种数学活动的教育观。

(四)现实数学对我国数学教育的启示

现实数学教育是区别于传统数学教育的一种新型数学教育,经过半个世纪的研究实践,荷兰的数学教育已从传统的数学教育成功过渡到现实数学教育,荷兰学生在今年国际数学测评(如 TIMSS,PISA)中的优异表现受世人瞩目。当前荷兰 80% 的小学课本和所有的中学课本都是根据现实数学教育理念而写的。其他一些国家,如美国、日本、新加坡等发达国家在数学教材的编写上也都借鉴了现实数学教育思想[2]。我国正值中小学数学课程标准改革时期,在学习借鉴荷兰现实数学教育思想的同时,应注意教材编选、教师培训、教学评价的调整。

联系我国的教育实际,在教材的编写、内容的安排上应渗透现实数学教育思想,真正做到"数学学习内容应当是现实的、有意义的、富有挑战性的"。这些内容要有利于学生主动地进行观察、实验、猜测、验证、推理与交流等数学活动。

① 叶立军.中学数学教学设计[M].北京:高等教育出版社,2015:6.
② 孙名符,马艳.对荷兰现实数学教育理念下的中学数学课程目标的思考[J].数学教育学报,2008(8):80—82.

内容呈现应采用不同的表达方式,以满足多样化的学习需求。同样一个知识点,如果以现实问题的形式给出,学生当然充满好奇,充满解答的向往。只有这样,学生才会理解数学不是理论课,而是像弗赖登塔尔所倡导的,"数学是从学生的生活开始和结束的"。

我们教育的评价目的不应成为评优、选先和淘汰部分学生的工具。目前大部分评价的模式单一到"一份精心设计的充满圈套的"试卷。试卷上考什么,教师则教什么,学生则学什么。很难想象学生的数学思考、学习能力、实际应用、情感态度等方面是如何在一张纸上体现的。要将学生作为一个社会公民来培养,就要建立促进学生全面发展的评价制度,真正体现以人为本,在评价内容上多元化,在评价方法上多样化。除考试分数外,应将学习态度、信念、人生观、价值观等非智力因素纳入评价范围。

当然,要培养学生数学化、再创造的能力,数学教师自己要具备指导学生数学化、再创造的能力。在教学中,教师不应该简单地去重复当年的真实历史,而应致力于历史的重建或重构。对此,弗莱登塔尔明确指出,"再创造",应是"教师指导下的再创造",那么无论采取什么样的教学方法,教师都应当发挥重要的指导作用。为此,首先,教师应关注数学知识本身,把握知识关键内容;其次,教师应关注知识间的联系;最后,教师应适当让学生进行自主的探究性学习。①

三、怎样解题

波利亚(George Polya,1887—1985),美籍匈牙利数学家,他认为解题的过程就是不断变更问题、诱发灵感的过程。就中学数学而言,解题就是要不断创设问题情境,激发学生的灵感思维。他一贯主张数学教育的主要目的之一就是培养学生解决问题的能力,教会学生思考。《怎样解题》是他多年思考数学教育教学的结晶,其目标不是寻求机械模仿的解题"套路方法",而是希望通过对解题过程的深入分析,总结出"问题解决"的一般方法或模式。

(一)"怎样解题表"的结构

《怎样解题》中的"怎样解题表"(见表3-3)总结了解决数学问题的一般规律和程序,对数学解题研究和培养学生解决问题的能力有着深远的影响。②

---

① 郭庶,王瑞霖.弗莱登塔尔再创造理论对数学教学提出的挑战[J].首都师范大学学报(自然科学版),2015(10):23—26.
② 叶立军.中学数学教学设计[M].北京:高等教育出版社,2015:6.

表 3-3　怎样解题表

第一步:理解题目	
你必须理解题目	未知数是什么? 已知数据(指已知数、已知图形和已知事项等的统称)是什么? 条件是什么? 满足条件是否可能? 要确定未知数,条件是否充分? 或者它是否不充分? 或者是多余的? 或者是矛盾的? 画张图。引入适当的符号。把条件的各个部分分开。你能否把它们写下来?
第二步:拟订方案	
找出已知数与未知数之间的联系 如果找不出直接的联系,你可能不得不考虑辅助问题 你应该最终得出一个求解的计划	你以前见过它吗? 你是否见过相同的问题而形式稍有不同? 你是否知道与此有关的问题? 你是否知道一个可能用得上的定理? 观察未知量! 并尽量想出一个具有相同未知量或相似未知量的熟悉的问题。 这里有一个与你现在的问题有关,且早已解决的问题。你能应用它吗? 你能不能利用它? 你能利用它的结果吗? 为了能利用它,你是否应该引入某些辅助元素? 你能不能重新叙述这个问题? 你能不能用不同的方法重新叙述它? 若不能,回到定义去。 如果你不能解决所提出的问题,可先解决一个与此有关的问题。你能不能想出一个更容易着手的有关问题? 一个更普遍的问题? 一个更特殊的问题? 一个类比的问题? 你能否解决这个问题的一部分? 仅仅保持条件的一部分而舍去其余部分,这样对于未知数能确定到什么程度? 它会怎样变化? 你能不能从已知数据导出某些有用的东西? 你能不能想出适合于确定未知数的其他数据? 如果需要的话,你能不能改变未知数和数据,或者二者都改变,以使新未知数和新数据彼此更接近? 你是否利用了所有的已知数据? 你是否利用了整个条件? 你是否考虑了包含在问题中的所有必要的概念?
第三步:执行方案	
执行你的方案	执行你的解题方案,检查每一个步骤。你能清楚地看出这个步骤是正确的吗? 你能否证明它是正确的?
第四步:回　顾	
检查已经得到的解答	你能检验这个结果吗? 你能检验这个论证吗? 你能以不同的方式推导这个结果吗? 你能一眼就看出它来吗? 你能在别的什么题目中利用这个结果或这个方法吗?

第一阶段,主要考虑条件的明确化及其依存关系,相当于符号化和图形化的过程;第二阶段,考虑与已知知识的关系,是进行类比、归纳、单纯化和一般化的过程;第三和第四阶段,相当于演绎、发展和统一(合并)的阶段。

从"怎样解题表"中,我们可以看出,其中的问句与提示是用来触发"念头"的。如在解题时,从某种念头开始来着手解题,这是一个很好的开端,因为有一个念头,解题就有了思维起点,由起点出发,或许在解题时还能找到另一个念头,这样解题的过程就一直探索向前。

"怎样解题表"把解题中典型有用的智力活动,按照正常人解决问题时思维的自然过程分成四个阶段,即弄清问题、拟订计划、实现计划、回顾,从而描绘出解题理论的一个总体轮廓,组成了一个完整的解题教学系统。

这四个阶段中,"实现计划"是主体工作,是思路打通之后具体实施信息资源的逻辑配置;"理解题目"是认识问题并对问题进行表征的过程,也是"问题解决"成功的一个必要前提;与前两者相比,"回顾"是最容易被忽视的阶段,波利亚将其作为解题的必要环节而固定下来,是一个有远见的做法。在整个解题表中,"拟订方案"是关键环节和核心内容。拟订方案的过程是探索解题思路的发现过程,波利亚的建议是分两步走:第一,努力在已知与未知之间找出直接的联系(模式识别等);第二,如果找不出直接的联系,就对原来的问题作出某些必要的变更或修改,引进辅助问题。为此波利亚又进一步建议:看到未知数回顾定义,重新表述问题,考虑相关问题,分解或重新组合,特殊化、一般化、类比等,积极诱发念头,努力变更问题。这实际上是阐述和应用解题策略,并进行资源的提取和分配,认知基础是过去的经验和已有的知识。于是,这个解题教学系统就集解题程序、解题基础、解题策略、解题方法等于一身,融理论与实践于一体。

(二)怎样解题对我国数学解题教学的启示

虽然我国师生在解题的教与学方面积累了不少经验,但受应试教育的长期影响,师生沉迷于无穷无尽的题海之中,以应付各种各样的考试。久而久之,我们的解题训练在很大程度上成了机械模仿、重复乏味的模式训练,而在面对非常规题、情景题、开放型题等问题时,学生的问题解决能力较弱,这是单纯的解题训练没有揭露解题过程的心理机制所导致的。在这种情况下,波利亚的"怎样解题表"提供给我们进行解题训练的典范,它比较好地反映了解题过程中的一些心理机制,从而为我们的数学解题教学提供了一些有益的启示。教师可结合波利亚"怎样解题表",做好学生在解题方面的引导工作[①],如:

---

① 李保臻,刘凯峰.波利亚"怎样解题表"的心理机制分析及其启示[J].西北师范大学学报(自然科学版),2003(2):99—101.

①通过自己对某些数学题目的已知、隐含、未知条件的详细分析过程，为学生展示如何理解题目；

②引导学生善于总结解题的经验教训，以便循序渐进地建构自己的解题策略；

③及时反馈学生在解题时出现的常见错误，如审题性错误——急于求成，匆忙作答，粗心大意，遗漏重要信息；理解性错误——误解题意，答错方向，或强加条件，改变问题的性质；表述性错误——因果关系倒置，符号术语混乱，关键步骤唐突，过程交代不当等。

④有意识地让学生做一些应用型题、开放型题。

第三节　数学教学模式

教学模式是指那些特定的系统性教学理论的应用化、程序化和操作化，实质上是在一定教学思想或教学理论指导下建立起来的、较为稳定的教学活动结构框架和活动程序。它是一种特定的教学理论的应用形态，是一种应用化的具有特定程序，可以在教学实践中操作的教学理论。其内涵包括：第一，模式不是方法，它与讲授、谈话等教学方法显然不属于同一个层次；第二，模式不是计划，计划只是它的外在形式，仅此不足以揭示其内含的教学思想；第三，模式也不是理论，至少不仅仅是理论，它还包含着程序、结构、方法、策略等比理论丰富得多的内涵。[①]

我国新中国成立初期全面学习苏联凯洛夫的教学模式，以学生的学习过程"感知—理解—巩固—运用"为依据，以凯洛夫的"六环节综合课"教学模式——"组织教学—复习旧课—导入新课—讲授新课—巩固新课—布置作业"为基础，融入我国一些传统教学思想和方法（尤其是启发教学、文道结合、教学相长等教学思想），这是我国长期以来较为统一的教学模式。同时，受到应试教育的影响，我国数学课堂教学中"练"的因素占主导地位。[②③]

近年来随着西方数学教学理论的引入，我国数学教学模式呈现出多样化的趋势。比较有影响的教学模式有：以卢仲衡为代表的"自学—辅导"教学模式；上海青浦顾泠沅教改实验小组的"尝试指导、效果回授"模式；以陈重穆等为代表的"减负、增效"的"GX"（"提高课堂效益"的简称）模式；以徐沥泉等为代表的加强数学思想方法教学的"MM"（Methodology of Mathematics 的简称）模式

---

①　段作章.课程改革与教学模式转变[J].教育研究,2004(6):67.

②　曹一鸣.数学教学模式研究综述[J].中学数学教学参考,2000(1):30－32.

③　武多义.有关数学教学模式问题的若干思考[J].数学教育学报,2001(4):74－76.

等。这些教学模式极大地丰富了数学教育研究领域,推动了教育改革的步伐,促进了数学教育水平不断提高。

一、尝试指导、效果回授模式

青浦的尝试指导、效果回授教学模式(以下称青浦教学模式)[1][2],是顾泠沅数学教改小组在青浦县(现改为表浦区)经过十余年的教学实践产物。它在一定的教学思想或教学理论指导下建构起来,是各种类型教学活动有层次性的基本教学结果。

20世纪六七十年代,正是"文化大革命"时期,学校教育满目疮痍,教学质量无从谈起。时任县教师进修学校数学教研员顾泠沅教改小组结合青浦县的教学实际情况,明确提出,"从实际出发,从基础抓起,面向全体学生,大面积提高教育质量,培养坚持社会主义方向的基础扎实,智能发展的人才",抓起点、抓基础、抓关键,回到教育科学的规律上来,让所有学生都有效地学习。

经过十余年的教学实践、总结、反思、再实践,教改小组结合中西方教育思想,提出四条有效学习的基本原理:情意原意、序进原理、活动原理和反馈原理。并以此为依托,提炼出创设问题情境并启发诱导为教学出发点,指导学生开展尝试学习,组织变式训练、提高训练效率、归纳结论、纳入知识系统,根据教学目标分类细目、及时回授调节这五个环节为基本教学结构,"诱导—尝试—变式—归纳—回授—调节"为基本程序的青浦教学模式。在这五个环节中,尝试学习是中心环节;启发诱导创设问题情境是为学生尝试创造条件;变式训练是进一步巩固和强化尝试所得的知识和技能;归纳结论、纳入知识系统则是把尝试学习所得的知识,更加明确化和系统化;回授调节则是为了提高尝试学习的效果。

除了"青浦教学模式"的基本模式之外,对于不同的教学目标、教学内容和学生认知水平,须采用多样性变式的活动模式。即便是采用"尝试指导法",由于课型不同,赋予教学过程主要环节的内容也各不相同(见表3-4)。

表3-4 不同课型下教学环节设计

课型	环节			
	编制程序	教师指导	学生尝试	效果回授
概念辨析形式	选择观念变式	组织比较最后强化	自行比较和抽象	按概念复杂情况进行检测

① 上海市青浦县教师进修学校.青浦县中学数学教学模式浅析[J].课程·教材·教法,1991(10):32-36.

② 沈兰,郑润洲.变革的见证:顾泠沅与青浦教学实验30年[J].上海:上海教育出版社,2008:10.

续表

课型	环节			
	编制程序	教师指导	学生尝试	效果回授
理论推导形式	明确推导层次	分层次启发、最后强化	自行推导	分层次检测自学效果
自学讨论形式	制订自学要求	指点提问、组织讨论	自学和解答问题	分校段检测自学效果
练习巩固形式	安排联系顺序	示范巡视或个别辅导	自行练习	分小步检测练习效果
复习归纳形式	准备归纳方案	组织归纳、最后强化	自行归纳	整段检测

二、"减负、增效"的 GX(提高课堂效益)模式

为解决当时困扰基础教育中数学教育中师生负担过重和有相当数量差生的两个问题,也为了减轻师生负担,全面提高质量,陈重穆[①]所在的中学数学教改实验组在多年中学教学实验研究的基础上,开展了相关的教学改革实验。实验组分析了影响课堂效益的主要因素,即因材施教原则、科学性原则、实践原则、培养性原则,并在 GX 实验取得初步成效的基础上,归纳出"32 字诀"措施——淡化形式,注重实质;开门见山,积极前进;适当集中,循环上升;先做后说,师生共做。

(一)淡化形式,注重实质

淡化形式一是指淡化一些名词、术语,如等式、方程、代数式等;二是指淡化文字叙述,可作为辅助,在学生弄清事实(实质)后,再引导学生自己作叙述,学生理解更深入,但不作硬性要求;三是指淡化形式理论,如删去方程的同解原理,突出等式性质;四是指淡化形式的分类,如三角形分出等腰三角形与不等边三角形。

(二)开门见山,积极前进

课题引入要简明具体、干净利落,作用不大的话少说,常由要讲的实际问题引入,引入与所讲内容浑然一体。"前进"是(GX)的基点,根据学生实际情况,只要能前进就要前进,争分夺秒,寸土必争,这样就有较快进度,可省出较多时间,有了时间就有了主动,就更能因材施教,就可学得更多、更好。

---

① 陈重穆,曾宗集,宋乃庆.减轻负担、提高质量——GX(提高课堂效益)实验简介[J].数学教育学报,1994(11):1—4.

(三)适当集中,循环上升

知识要相对完整,知识点不要划分过细,在联系对比中学习掌握知识更为有效。认识是循环往复螺旋式上升的,不可能一次完成。循环的方式有:课程本身的上挂下连式循环,针对学生存在问题或重难点结合课程内容的有意识的重复循环,学生普遍存在问题时的停顿循环(常比事先强调效果更好),小单元、每章、每期各有循环。但并非一刀切,而应因材施教,需要就循环,不需要就不循环。

(四)先做后说,师生共作

对概念、法则、方法等一切结论,一般是先提出问题,通过实例引导学生观察、思考,动手动脑去做,学生有了一定感性认识后,再下定义,归纳法则、方法。如解二元二次方程组,不要一开始就定义什么是二元二次方程组,而是在"求 x, y 的值使以下二等式成立"的问题下解一两个例题后,再定义归纳方法步骤,不但省时,效果也好得多。此外,教师应尽可能吸引学生参与"教"的过程,在教师引导下,研究、解决问题。

三、MM 模式

MM 教学模式是徐沥泉等提出的题为"贯彻数学方法论的数学教育方式,全面提高学生素质"的数学教学模式,用以解决数学教师天天奔命收罗五洲四海的复习题、练习册,广大的青少年学生日夜奋战在题海之中,毫无喘息之机的问题,以寻找攻克"题海"的武器,调动学生学习数学的强烈兴趣为目标所设计的教学模式。它发展了波利亚的数学教学思想和他的方法论模式,认为学习数学的困难,并不是它本身的抽象形式,而是离开了它抽象的背景,离开了用似真推理来发现它的过程,离开了在受到挫折以后对反馈信息的分析,离开了生动活泼的创造发明的活动机制。所以要把数学方法论的原则贯彻到数学教学中去。[①]

MM 教学模式也被称为 MM 数学教育方式,即运用数学方法论的观点指导数学教学,也就是应用数学的发展规律、数学的思想方法、数学中的发现、发明与创新机制设计和改革数学教学的一种数学教学方法。[②]

在 MM 教学过程中,教师遵循数学本身的发现、发明与创新等规律,遵循学生的身心发展和认知规律;师生自觉地遵循"教学、研究、发现"同步协调原则和"既教(学)证明又教(学)猜想"的原则;充分发挥数学的科学技术功能和文化教

---

① 徐沥泉. 数学方法论(MM)在我国大学数学教学中的应用[J]. 大学数学,2014(8):51—62.
② 徐利治,徐沥泉. MM 教育方式简介[J]. 自然杂志,2008(6):138—142.

育功能；教师恰当地对学生进行数学的返璞归真教育、数学的美育、数学发现法教育、数学家优秀品质教育、数学史志教育，进行数学中的合情推理、逻辑推理和一般解题方法的教学；并引导学生不断地自我增进一般科学素养、社会文化修养，形成和发展数学品质，全面提高学生素质。MM 方式基本操作如表 3-5所示。

表 3-5　MM 方式基本操作表①

数学方法论的教育方式		MM 因子蕴涵的数学观	MM 可控变量	水平	MM 状态变量	水平
	宏观操作	数学认识论：感性—理性—感性具体—抽象—具体	数学的返璞归真教育密切联系生活提倡问题解决		数学意识应用能力	
		数学的美学观	数学教学中的美育运用审美原则引进美学机制		数学美感审美能力	
		数学的创新观	数学发现法教育揭示创造活动再造心智过程		数学机智创新能力	
		数学的文化观	数学家优秀品质教育介绍生平事迹分析成败缘由		科学态度竞技能力	
		数学的文化观	数学史志教育巧用数学史料编制轶事趣闻		唯物史观洞察能力	
	微观操作	数学的性质观	合情推理教学教猜想教发现		合情推理能力科学思维方式形象思维能力	
		数学的性质观	演绎推理教学教证明教反驳		逻辑推理能力具体事物数学化的本领	
		数学认识论：实践—认识—实践	数学模型法教学建立数学模型方法解数学模型方法		运用数学等知识解决实际问题能力（含建模能力）	

　　其中"水平"栏的每个空格中，可用序号①、②、③、④填写认为最合适的等级，它们分别标志着优、良、中或下的不同等级的水平。如果数学课堂上无该项操作也可以不填。上述基本操作表是从数学方法论和数学观到 MM 教育方式的一个转换器，如图 3-4 所示。

---

①　林夏水.MM 教育方式的生命力[J].教育学报,2012,21(6):1—5.

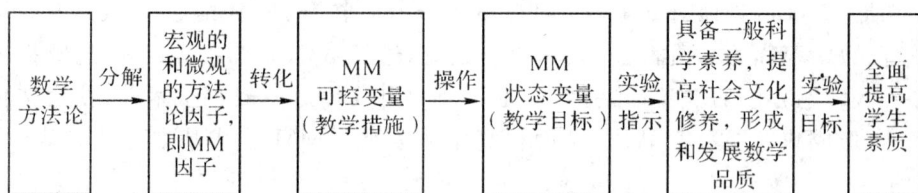

图 3-4　从数学方法论到 MM 方式的转换

世间不存在放之四海而皆准的教学模式,任何教学模式总是要依据一定的条件(如教学环境、教师素质、学生因素等)发挥作用。学习、研究和探讨教学模式,不是评价哪一种教学模式最佳,而是探讨该教学模式的哪些侧面针对什么目标,将会取得什么效果,及其适用范围。任何数学教学模式都应该在教师的正确启发引导之下,通过传授数学的思想和方法传授数学知识。

复习思考题

1.试从学习区间相关概念解析最近发展区。

2.试结合数学教学实践,说明变式教学在数学课堂教学中的应用。

3.比较分析尝试指导、效果回授模式,GX 模式,MM 模式这三种数学教学模式特征。

第四章　数学学习理论

本章主要介绍了数学学习的基本理论、影响数学学习的几种学习理论、数学学习的一般理论以及概念学习、命题学习、技能学习和基于问题解决学习等几种数学学习的形式。通过本章的学习,学生能掌握数学思维、数学学习的一般理论在数学学习中的重要作用以及数学学习的原则和方法,了解数学学习理论的发展情况以及对当今数学教育改革的启示。

学生学习数学要经历一个复杂的心理过程。影响数学学习的心理因素是多方面的,大体上分为主观因素和客观因素两个方面。主观因素有学习者本身的认识结构、认识能力、动机、兴趣、情绪、意志、迁移等;客观因素有教师、教材、教学环境、家庭和社会影响等。本章根据学习心理学的原理,讨论几种国外的学习理论,分析数学概念、命题学习、数学问题解决的心理过程,说明数学学习中的记忆和迁移的关系以及数学学习中的认识因素(动机、兴趣、情绪、意志等)。作为一名教师,不仅要有足够的知识基础和教学的能力,还必须了解学生的心理活动规律和心理特点,并能应用这些规律和特点去确定教学目的,组织教材,选择教学方法,进行学习指导,这样才能切实地完成教学任务,提高教学质量。

第一节　数学学习的基本理论

在新的教育理念下,数学教师已不再是单一数学知识的传授者,而是逐步转向数学学习的组织者、引导者和合作者。教师教给学生的不只是“学会”,更重要的是“会学”。一方面,随着学习型社会的到来,学生的终身学习已成为一种必然趋势,学生在数学学习过程中的主体地位也将表现得越来越明显;另一方面,随着数学的应用日益广泛,科学数学化已成为必然趋势,数学方法作为一种认识事物和研究问题的有力工具,正愈来愈深入地向着自然科学和社会科学等各个领域渗透。许多重大的科学发现,都是科学理论与数学方法结合的结果。因此,数学学习将会越来越重要。所以,数学教师就更应该深入探索、掌握数学学习的全部意义,以引导学生更好地进行数学学习。

一、学习的不同概念

对于学习,国外许多心理学家和学者给出过各种各样的解释,出发点、立场、材料或方法不同,对学习的理解就不同,从而所形成的理论也不同。桑代克的联结说认为,"学习就是刺激和反应之间形成的联结"。布鲁纳的认知说则认为,"学习是学习者认知结构的组织与重新组织"。联结主义学习理论与认知学习理论是较有影响的两大学派。

中国古代的教育史中,"学"和"习"是分开的。《说文》中讲到,"习,数飞也",意思是鸟反复地练习飞。孔子的"学而时习之,不亦乐乎",就是把"学"与"习"看成获取知识、技能的两种不同方式:"学"是知识、技能的获得,"习"是对已学的知识、技能的练习与巩固,强调"学习"是一个反复实践并获得真知的过程。这一点从"学"与"习"的象形文字就可以看出。

图 4-1 上半部为两只手把着的算筹(或占卜用的蓍草茎),下半部为一个专门的场所。引申为:从书本上,从教师口头获取间接知识。

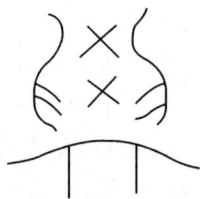

图 4-1 甲骨文"学"

图 4-2 上面为"羽",代表雏鹰。雏鹰离开巢穴试着飞行,称之为羽。比喻为:从个体实践中获得知识。

我们一般所说的学习是从心理学的角度来阐述的,也就是说,学习是指动物和人类所共有的一种心理活动。对人类来说,学习是"知识经验的获得及行为变化的过程"。这里需要说明的是:

图 4-2 篆体字"习"

①并非所有的行为变化都是学习,只有积累知识经验基础上的行为变化,才是学习。

②学习的结果产生行为变化,但有的行为变化是外显的,有的行为变化是内隐的。例如,技能学习所导致的行为变化就是外显的,称为"外显学习",思想意识的学习大多是内隐的,叫作"内隐学习"。

③学习是一个渐进的过程。

④行为的变化有时表现为行为的矫正或调整。

⑤学习后的行为变化不仅包括体现在实际操作上的行为变化,而且还包括

体现在态度、情绪、智力上的行为变化。

二、学生数学学习的特点

(一)学生学习的特点

学生的学习是在教育情境中进行的,是凭借知识经验产生的,按照教育目标有计划、有组织地进行的比较持久的行为变化。学生的学习特点主要表现在以下几方面:

①学生的学习是在人类发现基础上的再发现;

②学生的学习是在教师的指导下有目的地进行的;

③学生的学习是依据一定的课程和教材进行的;

④学生的学习主要目的是为终生学习奠定基础。

中学阶段是基础教育阶段,学生的学习目的主要不在于创造社会价值,而在于为终生学习和将来参加社会劳动奠定基础。所以,除了让学生学会一定的基础知识和基本技能外,还应该让学生学会学习。

(二)新课程理念下学生数学学习的特点

1. 数学知识的特点

学生学习的数学知识,不应当是独立于学生生活的"外来物",不应当是封闭的"知识体系",更不应当只是由抽象的符号所构成的一系列客观数学事实(概念、公式、法则等)。它大体上有这样四个特点:

①数学知识尽管表现为形式化的符号,但它可被视为具体生活经验和常识的系统化,它可以在学生的生活背景中找到实体模型。现实的背景常常为数学知识的发生提供情景和源泉,这使得同一个知识对象可以有多样化的载体予以呈现。另外,数学知识的形成过程有时可以在教师的引导下,通过学生的自主活动来体验和把握。

②数学知识具有一定的结构,这种结构形成了数学知识特有的逻辑顺序,而这种结构特征又不只是体现为形式化的处理,它还可以表现为多样化的问题以及问题与问题之间的自然联结和转换,这样,数学知识系统就成为一个互相关联的、动态的活动系统。

③多数知识都具有两种属性,即它们既表现为一种算法、操作过程,又表现为一种对象、结构。

④知识的抽象程度、概括程度表现出层次性——低抽象度的元素是高抽象元素的具体模型。

2. 学生数学学习的情感因素

有效的数学学习来自于学生对数学活动的参与,而参与的程度却与学生学习时产生的情感因素密切相关。如学习数学的动机与数学学习价值的认可,对学习对象的喜好,成功的学习经历体验,适度的学习焦虑、成就感、自信心与意志等。

3.学生数学学习中认知、情感发展阶段特点

虽然不同的个体,其认知发展、情感和意志要素不完全相同,但相同年龄段的学生却有着整体上的一致性,而不同年龄段的学生在整体上有比较明显的差异。具体说来,小学低年级到中年级的学生更多地关注"有趣、好玩、新奇"的事物。因此,学习素材的选取与呈现以及学习活动的安排都应当充分考虑到学生的实际生活背景和趣味性(玩具、故事等),使他们感觉到学习数学是一件有意思的事情,从而愿意接近数学。

小学中年级到高年级的学生开始对"有用"的数学更感兴趣。此时,学习素材的选取与呈现以及学习活动的安排更应当关注数学在学生的学习(其他学科)和生活中的应用(现实的、具体的问题解决),使他们感觉到数学就在自己身边,而且学数学是有用的、有必要的(长知识、长本领),从而愿意并且想学数学。

小学高年级到初中的学生开始有比较强烈的自我意识和自我发展的意识,因此对与自己的直观经验相冲突的现象以及"有挑战性"的任务很感兴趣。这使得我们在学习素材的选取与呈现以及学习活动的安排上,除了关注数学的用处以外,也应当设法给学生经历"做数学"的机会(探究性问题、开放性问题),使他们能够在这些活动中表现自我、发展自我,从而让他们感觉到数学学习是很重要的活动,并且初步形成"我能够而且应当学会数学的思考"。

可见,处于不同发展阶段的儿童,其思维水平、思维方式与思维特征有着显著的差异,而处于同一发展阶段的儿童则具有较为明显的一致性。这种匹配是客观存在的,而且其发展又主要通过学习活动来实现。与此相适应,学生有效的数学学习也应当经历不同的阶段。处于每一发展阶段的学生应当有适合他们自己思维水平和思维方式的学习素材,应当经历对他们来说有意义的学习活动。例如,同底数幂的除法:$a^m \div a^n = a^{m-n}$,$m > n > 0$,m, n,均为正整数。

方法一:因为 $a^5 \div a^3 = a^2$,$a^8 \div a^5 = a^3$,…,所以 $a^m \div a^n = a^{m-n}(m > n)$;

方法二:因为 $a^m = \overbrace{a \cdots a}^{m个}$,$a^n = \overbrace{a \cdots a}^{n个}$,所以 $a^m \div a^n = \dfrac{\overbrace{a \cdots a}^{m个}}{\underbrace{a \cdots a}_{n个}} = \overbrace{a \cdots \cdots a}^{m-n个} = a^{m-n}$,$(m > +n)$;

方法三:由幂乘法法则得 $a^n \times a^{m-n} = a^{n+(m-n)} = a^m(m > n)$,再根据除法是乘法的逆运算,可得 $a^m \times a^{-n} = a^{m-n}$,然后再去证明商的唯一性。

上述三种方法显然在思维水平上体现了完全不同的要求。

4.数学学习活动是一个生动活泼的、主动的和富有个性的过程

《义务教育数学课程标准》指出："动手实践、自主探索与合作交流是学生学习数学的重要方式。……数学学习活动应当是一个生动活泼的、主动的和富有个性的过程。"由于数学课程内容是现实的,并且"过程"成为课程内容的一部分,因此课程内容本身就需要有意义的、与之匹配的学习方式。数学的学习方式不能再是单一的、枯燥的、以被动听讲和练习为主的方式,数学学习应该是一个充满生命力的过程。学生要有充分的从事数学活动的时间和空间,在自主探索、亲身实践、合作交流的氛围中,解除困惑,更清楚地明确自己的思想,并有机会分享自己和他人的想法。在亲身体验和探索中认识数学,解决问题,理解和掌握基本的数学知识、技能和方法。在合作交流、与人分享和独立思考的氛围中,倾听、质疑、说服、推广而直至感到豁然开朗,这是数学学习的一个新境界,是数学学习变成学生的主体性、能动性、独立性不断生成、张扬、发展、提升的过程。这种"过程"的形成会在很大程度上改变数学教学的面貌,改变数学学习的过程和结果:对促进学生发展具有战略性的意义。

第二节　影响数学学习的几种学习理论

学习是动物和人类所共有的一种心理活动。对人来说,学习是指知识经验的获得及行为变化过程。广义的学习是指动物和人在生活过程中获得个体行为经验的过程,狭义的学习是指人的知识、技能的获得和形成,学习心理学所研究的主要就是这种狭义的学习。学习问题,历来为教育、心理学家所重视。在西方关于学习理论的各种学说中,较有影响的有两大学派,即行为主义学派和认知学派。行为主义学派将学习看成一种行为的形成或改变,它是通过刺激—反应来实现的。认知学派认为,学习是环境中的刺激依其关系形成一种新的认知结构的过程。

一、行为主义的学习理论

行为主义学习理论的代表人物是桑代克和斯金纳。

(一)桑代克的尝试与错误学习

桑代克是行为主义的重要代表人物,他经过一系列的动物实验提出学习理论,认为学习是刺激和反应的联结,"联结"即学习者对学习情境所引起的反应。他认为这种反应是学习者在情境中不断尝试、不断舍弃错误和改正错误的结果。

桑代克做过许多动物的实验,其中最成功的是猫开门的实验。他把饿得发慌的猫关在笼子里,笼外放着食物,笼门用活动的闩关着。被放进笼子里的猫在笼子里躁动不安,试图从任何空隙中钻出来,它东碰碰、西撞撞,用爪子抓一切可以抓到的东西,经过一阵乱碰乱抓,偶尔碰到那个活动的门闩,门被打开了。在若干次尝试的过程中,猫的随机的紊乱行为出现得少了,直到最后,一把猫放进笼子里,它就立即以一定的方式去抓门闩打开笼门。桑代克还曾用白鼠、狗、猴子等作为实验对象,其结果也和猫的学习情形相同。在桑代克的实验情境中,有这样的一些过程:①开始时动物对实验情境中的一切现象,作天赋的或以前已获得的反应,即构成尝试与错误的活动;②逐渐取消各种错误活动,即减少和舍弃旧有的阻碍尝试的反应与错误的反应;③逐渐取得满意的反应,因为这些反应能逃避禁锢,且可获得满意的结果;④结合各种满意的反应,成为一个新的反应。桑代克认为,猫学习开笼的过程,就是经过多次尝试,不断减少无效劳动,不断舍弃错误动作而学会的。所以桑代克认为:学习的过程,就是尝试与改正错误的过程。

桑代克把动物的实验结果推及人的学习。但是,由于人和动物是有区别的,所以他的理论比较机械,抹杀了人的主观能动性,抹杀了人类学习的特点。尽管如此,桑代克在教育心理学的发展中仍占有重要地位,他的学习理论是第一个系统的教育心理学理论,它在数学学习中有一定的指导作用和实践意义。例如:学生要解决一个新的问题,不知道用什么方法,就试着用某种方法去解,结果失败了,然后找出失败的原因,试着用另一种方法去解,直到最后解出来为止。用这样的方法学习解决数学问题,能使学生学到很多解决问题的经验,而不仅仅是某个问题的解答。有一位学生证明恒等式 $(\sin A + \cos A)(\tan A + \cot A) = \sec A + \csc A$ 的心得体会是:老师在课堂上讲了许多恒等式的证明方法,但我拿到这题目时,不知道该用什么办法,所以,我试图从左边证到右边,从右边证到左边,都觉得心里很烦,后来我左右两边都进行化简,问题就解决了:

$$左边 = (\sin A + \cos A)\left(\frac{\sin A}{\cos A} + \frac{\cos A}{\sin A}\right)$$

$$= \frac{(\sin A + \cos A)(\sin^2 A + \cos^2 A)}{\cos A \sin A} = \frac{\sin A + \cos A}{\sin A \cos A}$$

$$右边 = \frac{1}{\cos A} + \frac{1}{\sin A} = \frac{\sin A + \cos A}{\sin A \cos A}$$

显然,这位学生在解决这个问题的过程中,是用尝试的方法解决问题的。

(二)斯金纳的操作性条件反射学习说

斯金纳是当代新行为主义学派代表人物,他继承和发展了桑代克的联结主义学习理论,提出了刺激—反应—强化的学习模式。斯金纳在 20 世纪 30 年代发明了一种所谓斯金纳的学习装置,即在箱内装有一操纵杆,操纵杆另一端与提供食丸的装置连接。他把饥饿的白鼠放在箱内后,白鼠在箱内到处乱爬。一个偶然的机会,它爬上了横杆,将杠杆朝下一压,供丸装置就自动落下一粒食丸,白鼠吃了食丸之后,爬来爬去,又爬上了横杆,再将杠杆下压时,又得到一粒食丸。多次"得手"之后,白鼠就逐步减少多余的错误动作而直接压杠杆取食。这样,白鼠就学会了按压杠杆以取食物的本领。斯金纳还用鸽子做过同样的实验。斯金纳将他"教会"白鼠或鸽子等所进行的"学习",叫作操作性(或工具性)学习。斯金纳在实验中发现白鼠连续压杆数十次之多,说明强化很重要。他指出,在操作性活动条件的场合,强化刺激和反应的形成是关联的。如果在操作性活动发生之后,随即呈现强化刺激物,反应就会增强;如果在操作性活动反应之后,没有强化刺激物出现,反应就会减弱。

斯金纳把刺激—反应—强化的学习模式也用于人类的学习。但他的理论也是将动物实验推及人类,因而对人的复杂的学习行为也难以作出令人满意的解释。当然,我们也可以根据斯金纳的操作性条件反射理论得到一些启示:学生要获得有效的数学学习效果,就必须通过适当的"强化"。就数学学习而言,最好的办法是让学生知道自己的学习效果。正确的学习行为应得到肯定,错误的学习行为应得到纠正。为此,在数学学习中,对学生的学习效果要及时作出评价,而且要以正面评价为主。及时评价不但能调整学生的学习行为,而且在情感上也能产生积极的效果。例如:

教师问:当 $a \geqslant 8$ 时,$\sqrt{(8-a)^2}$ 的值等于什么?

若学生答:$\sqrt{(8-a)^2} = a - 8$,教师就肯定其回答。

若学生答:$\sqrt{(8-a)^2} = 8 - a$,教师给予否定,并且要促使学生反复练习,直到学生见到任一上述形式的表达式都能正确回答出结果为止。

行为主义者基本上是从外部来研究人的心理和行为的,对人的内部思维过程不进行探讨。但是即使个体的外在行为表现相同,他们内部的思想态度差异却很大,而内部的思想态度才是学习的实质所在,学习的本质应是行为潜能的变化。

二、认知主义的学习理论

认知主义的学习理论是由德国的格式塔学派发展而来的。它的模式为"输入—加工—输出",重点探讨信息的获取、加工、存储、使用的过程,研究输入与输出之间各种可变因素。

(一)格式塔学派的顿悟说(完形主义)

格式塔心理学也称为完形心理学。因为格式塔(Gestalt)是一个德语名词,接近于英语的"完形"(contt guration)、"模式"(pattern),这个学派的创始人有魏特墨(M. Wertheimer)、考夫卡(K. Koffka)和苛勒(W. Köhler)等人。他们通过对黑猩猩的学习实验来研究学习心理,先让黑猩猩用一根竹竿(或用箱子垫着)去取食物,接着要求黑猩猩把两根竹竿套接起来或把两个箱子叠起来垫高取得食物。在实验中,黑猩猩在用竹竿、木箱等捞取食物时,开始做了许多多余的动作,如用手捞或用脚勾,但取不到食物。用一根竹竿,短了,捞不到食物;搬一只箱,低了,够不着食物……后来,它不再做这些动作了。蹲下来,仔细观察,忽然之间,茅塞顿开,把两根竹竿一套(或把两只箱子一叠)就取得了食物。这就是黑猩猩在对环境整体的关系作了仔细了解之后,看出了几根竹竿接起来与高处的食物的关系,"学会"了把竹竿套起来(或把两只箱子叠起来)来取食物。苛勒把这种突然"学会"叫作"顿悟"。

完形派认为,学习过程中问题的解决,都是由于对情境中事物关系的理解而构成一种完形而实现的。他们反对联想心理学和条件反射学说把学习解释为联系,认为学习不是依靠"尝试",而是由于突然领悟。所以他们的学习理论,又称为顿悟说。

完形学派强调有机体与环境的相互作用,有机体的能动作用以及人的智慧中的理解作用,这是具有积极意义的。但他们把学习完全归于机体的一种"组织活动",是"原始智慧的成就",没有注意到"尝试与错误"在人的学习中的作用,这是片面的。从完形学派的学习理论中,我们可以得到一些启示:了解学习情境中的整体性,注意思维过程中的顿悟作用,这对数学学习有一定的帮助。例如,设 $\dfrac{1}{2-\dfrac{x}{x-1}}=\dfrac{1}{2}$,求 $\dfrac{x}{x-1}$。显然,具有整体性思维能力的人,经过对条件和结论的观察,会发现该题的解题过程是要先求 x,再代入其值,而从条件左边和右边,有可能顿悟出"$x=0$",故 $\dfrac{x}{x-1}$ 的值为 0。

(二)现代认知学习理论

现代认知学习理论的代表人物是布鲁纳和奥苏贝尔。他们都强调学习者的原有认知结构的作用和学习材料本身的结构的作用,都重视内在的学习动机与学习活动本身带来的内在强化作用。但对于如何获得新的知识过程,他们强调的重点却有所不同,布鲁纳强调发现,而奥苏贝尔强调接受。

1.布鲁纳的学习理论

首先,布鲁纳的发现说继承了完形说的观点,他认为学习是通过认识形成认知结构的过程。认知结构是个体认识事物或学习知识时,在人们头脑中所采取的认识模式所形成的认识模式系统。认知学派把学习看成有机体对环境的适应,所以认知结构也就是适应结构。

其次,布鲁纳非常重视人的主动性,把学习看成是主动的过程,同时,也十分重视已有经验的作用和学习的内在动机,以及发展学生的思维。

布鲁纳提倡发现学习。他认为发现法就是让学生独立思考、改组材料、自行发现知识、掌握原理原则的方法。发现学习的作用有四点:①发挥智慧的潜力;②使外来动因向内在动机转移;③在学会发现的过程中学会试探法;④有助于所学材料的记忆保持。因为学习者在一定情境中,对学习材料的亲身经验和发现的过程才是学习者最有价值的东西,因此,布鲁纳强调教师应当指定和设计各种方法,创设有利于学生发现、探究的学习情境,使学习成为一个积极主动的"索取"过程,即"要我学"变为"我要学",充分发挥学生主体自我探究、猜测、发现的自然倾向。布鲁纳的学习理论已为当今教育界普遍接受。有位教师教"有理数加减"时,要求学生阅读例题:

$$-1\frac{1}{2}+\frac{1}{3}+\frac{5}{6}-1\frac{1}{4}=-1-\frac{1}{2}+\frac{1}{3}+\frac{5}{6}-1-\frac{1}{4}$$
$$=-1-1+\frac{-6+4+10-3}{12}$$
$$=-2+\frac{5}{12}=-1\frac{7}{12}$$

并且思考:解题的思路和关键、每一步的依据,以及有无其他解法(特别是更简捷的解法)。对于初中一年级出现的这种代数计算题,如果学生在老师指导下发现解题思路、每一步的依据,以及找到新的解题方法(正、负分别相加),这样,学生对概念法则更能加深理解,并为以后学习几何奠定基础。所以,我们可以肯定,发现法在数学学习中起着重要的作用。

2. 奥苏贝尔的学习理论

美国心理学家奥苏贝尔提出的有意义学习理论,不像布鲁纳那样强调有意义的接受学习。他认为:学习过程是在原有认知结构基础上,形成新的认知结构的过程;原有的认知结构对于新的学习始终是一个最关键的因素;新的学习都是在过去学习的基础上产生的,新的概念、命题等总是通过与学生原来的有关知识相互联系、相互作用而转化为主体的知识结构。学生在学校里的学习,主要是通过言语形成理解知识的意义,接受系统的知识。因此,他提出了一个"有意义学习"的新概念。有意义学习是和行为主义的机械学习相对立而提出来的,有意义学习是掌握事物的意义,把握事物内部实质性联系的学习。有意义学习过程的实质乃是以符号为代表的新概念与学生认知结构中原有的适当观念建立实质性和非人为的联系。有意义学习,既包括有意义的发现学习,也包括有意义的接受学习,但不能把接受学习和机械学习等同起来。只要注意加强学习者有意义的理解,接受学习就不一定是被动的、机械的,而完全可以是主动的、有意义的。例如,对于"极限"概念的教学,一般分为三个步骤:

第一步:举例。从直观意义上可理解为:当 n 充分大时,a_n 无限接近于 a。

第二步:图像表示。

第三步:定义。$\forall \varepsilon > 0$,$\exists N$,当 $n > N$ 时,$|a_n - a| < \varepsilon$。其意义在于用任意小的正数 ε 描述了 a_n 与 a 的接近程度。存在的 N 刻画了 n 充分大时,a_n 无限接近 a 的关系。

在学生原有的认识基础上,给学生加强这些有意义的理解,学生就不会觉得极限难以理解。

以上简单介绍了几种国外学习理论,应该注意的是,学习本来就是学习者在经过训练后出现的某种变化,而这种变化是复杂的,运动的、有情感的与认识的。导致这种变化的心理机制也是多样的,有条件反射、尝试错误、顿悟、模仿等。引起这些变化的原因也是多方面的,有学习情境的因素和学习者自身的因素。现实生活中存在着各种各样的学习,目前还没有一种理论能满意地解释复杂多样的学习。至于联结主义和认知主义,在它们形成的过程中曾有过争论和互相指责,但到 20 世纪中叶前期,争执已经逐渐消失,出现了各取所长、相互吸收的趋向。实际上,这两派是从不同的角度来探讨学习的:联结主义从刺激—反应来探讨行为的变化;认知主义则侧重研究通过理解与认识来获得意义和意象。这样,它们各自谈到一个方面,我们就不能简单地去说某一派全对或全错。

三、学习的分类

由于学习现象的复杂性,心理学家一般主张对学习进行分类。分类可以为分析不同类型学习的条件提供依据,是认识不同类型学习的特殊性的基础。从逻辑学的角度看,分类就是以对象的本质属性或显著特征为标准,将整体区分为若干部分。分类应做到不重不漏。由于按逻辑学要求进行学习分类有一定困难,再加上学习分类的观点不尽相同,目前教育心理学著作中对学习的分类很不一致,主要有以下几种。

第一,加涅将学习分为联想学习(包括信号学习、刺激—反应学习、连锁学习、言语联想),辨别学习,概念学习(具体概念的学习、定义性概念的学习),规则的学习,高级规则的学习(解决问题)五类。学习结果分类为:言语信息、智慧技能、认知策略、动作技能和态度。

显然,加涅是以学习的复杂程度为标准,按从简单到复杂的顺序对学习进行分类的。加涅认为,高级规则的学习以简单规则的学习为前提,简单规则的学习以概念学习为前提,概念学习以辨别学习为前提,辨别学习又以联想学习为前提。这就是加涅提出的学习层次理论。加涅对学习分类的研究在心理学中具有代表性。

第二,索里和推尔福特将学习分为经典性条件作用和简单的联想学习、工具性条件作用和尝试错误的学习、模仿性学习、顿悟性学习、含有推理的学习五类。

索里和推尔福特认为,他们对学习的分类是依据产生学习的情景及学习本身的复杂程度不同而提出的,并认为可以包括加涅的学习类型。例如,联想学习、辨别学习含有经典性和工具性条件作用的元素,同时还可能包含着模仿和顿悟;概念学习、规则学习和高级规则学习可以不同程度地包含着模仿、顿悟和推理学习的成分。

第三,奥苏伯尔从两个角度对学习进行分类:①从个体所获得的经验来源角度,可将学习分为发现学习和接受学习。发现学习是指个体所获得的经验,来源于学习活动中主体对经验的直接发现或创造,而不是来自于他人的传授;接受学习是指个体所获得的经验,来源于学习活动中主体对他人经验的接受,把别人发现的经验经过其理解吸收而转化成自己的经验。②从新学习的内容与主体已有认知结构的联系方式角度,将学习分为意义学习和机械学习。新学习的内容与主体已有认知结构的联系是非人为的和实质性的,则为意义学习;如果是人为的和表面的联系,则为机械学习。奥苏伯尔认为,当学生把学习内容与自己认知结构联系起来的时候,意义学习就发生了。意义学习是一套有层次组织的学习,包括表征学习、概念学习、命题学习和问题解决。他认为,任何一种意义学习类型,都涉及心理内部复杂的同化过程,而且有效的学习往往从学习最一般的概念开始,然后逐渐分化出较具体的概念。另外,学生在学校里的学习往往处于意义学习与机械学习这两端之间的某一点上,即学生的学习往往既有意义学习的成分,又有机械学习的成分。

第四,苏联心理学的学习分类。他们首先将学习分为反射的学习与认知的学习两大类,其中,认知学习是人类所特有的。在认知的学习方面,又分为感性学习和理性学习两类。在理性学习方面又分为概念的学习、思维的学习与技能的学习三类。

第五,布卢姆以教育目标和教育任务为出发点,将教育目标分为认知、情感和动作技能三大领域。特别的,他又对其中的认知领域的学习分为六类:知识(对知识的简单回忆)、理解(能解释所学的知识)、应用(在特殊情况下使用概念和规则)、分析(区别和了解事物的内部联系)、综合(把思想重新组织为一种新的完整思想,产生新的结构)、评价(根据内部的证据或外部的标准作出判断)。

第三节 数学学习的一般理论

本节主要阐述数学学习的概念、特点,数学学习的分类,数学学习的一般过程理论、数学学习的特殊过程等方面。同时给出了一些新课程理念下学生学习数学的特点及数学学习过程。

一、数学学习的概念、特点与新课标对数学学习的要求

(一)数学学习的概念

数学学习是学生学习的一个十分重要的组成部分。它是指学生依据数学教学大纲,按照一定的目的、内容、要求,系统地掌握数学知识与技能的过程。并且在这一过程中,逐步地发展各种能力,尤其是数学能力,养成良好的数学心理品质。

数学知识与技能的学习一般都以外显形式反映行为变化,而数学情感学习所导致的行为变化则往往呈内隐形式。

(二)数学学习的特点

数学学习除了具有学生学习的一般特点外,还有以下三个显著特点:

1. 数学学习是一种科学的公共语言学习

由数学符号以及它们的各种有机组合所构成的数学,可以反映存在于现实世界中的一些关系和形式,因此它也是一种语言。

2. 学生学习数学必须具备较强的抽象概括能力

数学的研究对象是现实世界的空间形式和数量关系,因此,它完全脱离了具体的事实。同时数学的抽象性与概括性还表现在它使用的高度形式化的数学语言和它的逐次抽象概括过程。例如小学阶段学生学习了生活中的数字,抽象到纯粹的数字——数字的四则运算,到了初中就开始广泛地使用字母,学习多项式的运算,再进一步抽象到函数、集合之间的运算。(由抽象的符号化数字到更抽象的字母,由抽象的数、式、函数的概念到更抽象的集合的概念,都是一个逐次抽象概括的过程。)

3. 数学学习最有利于学生演绎推理能力的发展

数学是一门建立在公理体系基础上,一切结论都需要加以严格证明的学科。数学证明所采用的逻辑形式最基本、最主要的就是三段论。学生在整个中学阶段的数学学习中,反复学习使用三段论来解答各种数学问题,并且还要求他们能够达到熟练掌握的程度,这对于他们演绎推理能力的发展是有利的。

（三）新课程标准对数学学习的要求

《全日制义务教育数学课程标准》（简记为新《课标》）在基本理念部分就明确提出："学生的数学学习内容应当是现实的、有意义的、富有挑战性的,这些内容要有利于学生主动地进行观察、实验、猜测、验证、推理与交流等数学活动。内容的呈现应采用不同的表达方式,以满足多样化的学习需求。有效的数学学习活动不能单纯地依赖模仿与记忆,动手实践、自主探索与合作交流是学生学习数学的重要方式。由于学生所处的文化环境、家庭背景和自身思维方式的不同,学生的数学学习活动应当是一个生动活泼的、主动的和富有个性的过程。"

从这个基本理念可知：义务教育阶段的数学课程,其基本出发点是促进学生全面、持续、和谐的发展。它不仅要考虑数学自身的特点,更应遵循学生学习数学的心理规律,强调从学生已有的生活经验出发,让学生亲身经历将实际问题抽象成数学模型并进行解释与应用的过程,进而使学生在获得数学认识和了解的同时,在思维能力、情感态度与价值观等多方面得到进步和发展。

二、数学学习的分类

（一）数学学习的等级分类

著名教育心理学家和学习实验心理学家加涅提出的八类型学习分类,是一从简单到复杂、从具体到抽象、从低级到高级的学习等级分类。数学学习也可据此分为：

1.信号学习

信号学习是由单个事例或一个刺激的若干次重复所引起的一种无意识的行为变化,它属于情绪的反应。

2.刺激—反应学习

刺激—反应学习也是一种对信号作出反应的学习,但它有别于信号学习的是：信号学习是自发的、情绪的行为变化,而刺激—反应学习是自觉的、肌体的行为变化。

3.连锁学习

连锁学习是指两个或两个以上非词语刺激—反应学习的一个有序结合,称为一条链。在数学学习中,某些技能的学习带有一定的操作性,它们也是一种连锁学习。例如,利用直尺、圆规、量角器等工具进行画图或作图,制作几何模型等,都是连锁学习。

4.词语联想学习

与连锁学习一样,词语联想学习也是一种刺激—反应学习链,只是这条链上的链环是词语刺激—反应,而不是运动刺激—反应,例如数学学习中的记忆三角公式。

5.辨别学习

辨别学习就是学会对不同的刺激,包括对那些貌似相同但实质不同的刺激作出不同的识别反应。辨别学习的困难主要在于以下两种情形:一是形式相同而实质不同的两个对象。例如:直角坐标系中方程 $x=3$ 的曲线和极坐标系中方程 $\rho=3$ 的曲线,形式相同但所表示的曲线却完全不同,前者是一条直线,而后者是半径为 3 的圆。

6.概念学习

能够识别一类刺激的共性,并对词作出相同的反应,这一过程称为概念学习。概念学习的特点是抽取一类对象的共同特性,而辨别学习的特点则是识别一类对象的不同特性,这是两者的区别。在概念学习中,共性的抽取总需要有一定的区分能力,因此,辨别学习又是概念学习的前提。

7.法则学习

法则学习是一列概念学习的有序连锁,表现为能以一类行动对一类条件作出反应,它是一种推理能力的学习。由于数学是一个演绎结构系统,它的所有结果几乎都是以命题的形式给出,而命题实际上是某种法则,因此,法则学习是数学学习的一种主要类型。

8.问题解决的学习

问题解决的学习是加涅学习分类体系中层次最高的一类学习,它含有发明、创造的意思。所谓解决问题,就是以独特的方式去选择多组法则,综合运用它们,最终建立起一个或一组新的、更高级的、学习者先前未曾遇到过的法则。数学家所进行的研究工作一般来说都属于解决问题的学习。

在数学学习中,解答一般的常规性习题只能归入法则运用的范畴。只有当学生事先不知道,是自己独立地利用先前所掌握的规律推导得出,才算是解决问题的学习。

(二)数学学习的二维分类

1.机械学习和有意义学习

机械学习即死记硬背式的学习。它是指学生仅能记住某些数学符号或语言文字符号的组合以及某些词句,而不理解它们所表示的内涵。例如对绝对值、相反数这个概念的理解,如果只是停留在表面上,仅记住公式

$$|a|=\begin{cases} a & a>0 \\ 0 & a=0 \\ -a & a<0 \end{cases}$$

,而没有理解此公式的含义,就无法理解当 $a<0$ 时,出现 $-a$ 的原因;在化简 $\sqrt{x^2-2x+1}$ $(x<1)$ 时,仍会出现 $x-1$ 这个答案;在化简 a

$\sqrt{-\dfrac{1}{a}}$ 时,很可能出现 $\sqrt{-a}$ 这个答案。

有意义学习是指学生不仅能够记住所学数学知识的结论,而且能够理解它们的内在含义,掌握它们与有关旧知识之间的实质性联系。例如,反证法的有意义学习,具体表现为:不仅会利用反证法证明一个数学命题,知道用反证法证命题实际上是证明原命题的逆否命题,而且能够将反证法与先前已经学过的直接证法进行比较,指出它们之间的异同点。有意义学习结果的外显形式表现为学生能够融会贯通地运用数学知识,它的内隐形式则是学生数学能力的提高和智力的发展。

2.接受学习和发现学习

接受学习和发现学习是两种进行方式截然不同的学习。前者是指学生以最后结论的形式直接接受所学的数学知识,其间不涉及学生自己的任何独立发现。后者恰恰相反,学习的主要内容要由学生自己去独立发现,而不是由教师以定论的形式提供给学生。

数学中有大量的内容既可以采用接受学习形式,也可以采用发现学习形式。例如,学习三角形内角和定理、外角的性质,如果由教师直接给出定理,然后给出证明,那么对于学生来说,这一学习过程就是接受学习。如果利用画、剪、拼、凑、量的方法,让学生去发现关于三内角和、外角的性质,再给予几何证明,这一过程就是发现。

从数学教育心理学研究来看,对数学学习进行分类是非常有必要的。因为不同类别的数学学习,在学习的条件、学习的过程、评价的标准等方面都会是不同的,对数学学习的尽量客观准确的分类有助于教师根据相应类别的数学学习特点,对学生的数学学习作出指导。

(三)数学学习也可以依据不同的标准进行分类

1.从学习内容看数学学习分类

数学学习内容可以区分为:数学公理、定义、概念、符号;数学定理、性质、公式、法则;数学技能(包括运算、处理数据、推理、画图、绘制图表等);数学思想、数学方法等。

相应的,数学学习可分为:

(1)数学概念的学习

从逻辑学角度看,数学概念的学习就是要认清概念的内涵和外延;从心理学角度看,就是学会对一类刺激作出同样的反应。例如,"整数"概念的学习,就是要知道整数内含正整数、0、负整数,其外延是:…,-2,-1,0,1,2,…。当遇到具体的数时,会作出正确判断,如:21、0、-4 都是整数,$\dfrac{1}{2}$ 不是整数。

由于数学概念具有严密的系统性,后续概念一定是在先前概念的基础上定义的,因此数学概念的学习必须是循序渐进的。另外,对同一数学概念的学习也可以有不同层次,这是一个从粗糙到精确严谨、从表面认识到本质理解的过程。

(2)数学原理的学习

这是一种在数学概念学习的基础上,对概念与概念之间关系的学习。例如,"等腰三角形两底角相等"是一个数学定理,对它的学习应当在掌握"等腰三角形"、"底角"(与等腰三角形的"顶角"相区别)等概念的基础上进行,而学习的重点则放在对"相等"关系的认识上(寻找为什么相等的理由)。再如,对"均值不等式"的学习,应当在掌握"算术平均数"、"几何平均数"等概念的基础上进行,而学习的重点应在对两者关系的认识上,即什么时候是严格的不等、什么时候相等。数学原理学习的结果是使学生能够用某种适当类别的行为样例对某类刺激情景的任何样例作出反应。例如,学生以一类行为(如$\frac{2+7}{2}$,$\frac{4+12}{2}$,$\frac{8+1}{2}$等)对一类刺激情景(如$\sqrt{2 \cdot 7}$,$\sqrt{4 \cdot 12}$,$\sqrt{8 \cdot 1}$等)作出反应,其行为必然会因为"大于"这样一种关系而与刺激相联系。而支配这一行为的规则就是"算术平均数大于几何平均数"。

(3)数学思维过程的学习

数学思维过程的学习是以数学思想方法为载体,以数学思维技能、技巧和数学思维策略为手段而实现的学习。这里,数学思维策略是"动脑"的方法,是学生将已掌握的数学知识技能应用于问题情景的一些方法,而这些问题可能是学生以前没有遇到过的。

数学思维过程的学习主要包括以下内容:在阅读数学材料时如何使用"执行控制过程"引导自己的注意,有选择地挑选自己阅读的材料;如何发现和组织相关信息,如怎样使用观察、试验等去发现数学问题的特征和规律;怎样运用比较、类比、联想等发现不同数学对象之间的内在联系;如何整理、组织和记忆数学知识;在数学问题解决中,怎样寻找问题的关键信息,如何解释、转换问题的各种信息(如采用文字、符号、图表、图像等手段);怎样将已经尝试过的方法保持在头脑中;怎样权衡其假设的可能性,如何将目标进行分解,如何将部分综合成整体,在遇到困难时如何及时转换思路;如何通过具体问题的解决而归纳概括出具有一般意义的思想方法;等等。

值得指出,数学思维过程的学习一定是在数学基础知识和基本技能的学习过程中体现出来的。使学生形成良好的数学头脑,养成"数学地思维"的习惯是数学教学的主要目的之一,但是学生必须具备构成他们数学思维内容的数学基础知识和基本技能的坚实基础:学生无法在无知的状态下进行思考。因此,数学学习中应当将主要的时间和精力用在基础知识和基本技能的学习上,这并不一定意味着就是忽视数学思维过程的学习。

(4)数学技能的学习

数学技能是一种通过学习而获得的自动性动作方式或操作系统。数学技能主要是一种智力技能,以运算、推理和作图等方式表现出来,它的学习是通过反复练习来完成的。

这里要特别强调的是数学学习的自我控制和调节技能。

(5)数学态度的学习

数学态度,作为数学学习的一种心理和神经中枢的准备状态,是长期数学活动经验的结晶,对个体的数学活动产生直接的或动力的影响,其中包括兴趣、动机、性格等。数学态度的学习是一个长期的、潜移默化的过程,是一种内隐学习,主要通过在数学知识学习过程中渗透数学的精神、思想和方法来实现。因此,数学态度的学习主要依靠数学教学中数学精神的渗透力、感召力。

2. 从数学知识的来源看数学学习分类

从数学知识的来源看,数学学习分类,可分为:

(1)发现学习

发现学习是指学生所获得的数学知识来自于他自己的直接发现或创造,而不是由别人传授的。数学学习中的发现学习在性质和水平上是有区别的。

数学学习中的发现学习是客观存在的。例如,当学生通过对若干具体三角形各内角的度量(这在计算机上利用几何画板软件是非常容易做到的),发现"三角形内角和为180°"的规律,然后通过严格的几何推理论证,证实了这个规律的普遍性,这就是一个发现学习的过程。

(2)接受学习

接受学习是指学生所获得的数学知识来自于他人经验的传授,学生把人类社会已经获得的数学知识经过自己的占有和吸收,内化到自己的数学认知结构中去。

数学学习中,接受学习与发现学习的区分,主要依据了数学知识的来源。如上述关于"三角形内角和为180°"的学习,如果是事先给出了这一命题,学习的任务是以若干具体三角形的例证来检验其正确性或者通过几何推理证明命题的正确性,那么这一学习就是接受学习;如果学生事先没有被告知命题的内容,命题及其正确性都是通过学生自己的探索来发现和论证的,那么这一学习就是发现学习。总的来说,学生的学习过程是一个新旧知识相互作用的过程,同化和顺应是学习的内在机制。因此,发现学习与接受学习同时存在于数学学习过程中。

三、数学学习的一般过程

数学学习的过程,从本质上说是一种认识过程,其间包含一系列复杂的心理活动。这些心理活动中,一类是有关学习积极性的,如动机、兴趣、态度与意志;另一类是有关学习的认识过程本身的,如感觉、知觉、思维和记忆。数学学习正是借助于上述两类心理活动完成的。

数学学习的一般过程可分为三个阶段,即输入阶段、相互作用阶段和操作运用阶段。.

(一)输入阶段

输入阶段就是给学生提供新的数学信息和新的学习内容,并创设数学学习的情境。在输入阶段,一方面要激发学生的学习动机和学习兴趣,另一方面要通过诸如必要的复习等手段强化与新知识有关的观念,使学生具备必要的认知准备。

(二)相互作用阶段

学生原有的数学认知结构与新学习的内容相互作用有同化和顺应两种基本方式。

同化,即主体将外界客体纳入自身已经形成或正在形成的认知结构中去;顺应,即当主体的认知结构不能有效地同化客体时,主动调节和改变原有认识结构以适应外界客体的过程。

(三)操作运用阶段

这一阶段是在第二阶段产生新的数学认知结构的基础上,通过练习等活动,使新学习的知识得到巩固,通过进一步解决数学问题,使新的数学认知结构日趋完善,并达到预期目标。通过这一阶段的学习,学生不仅掌握了一定技能,而且能力也得到了进一步的发展。

上述数学学习的一般过程为如图 4-3 所示。

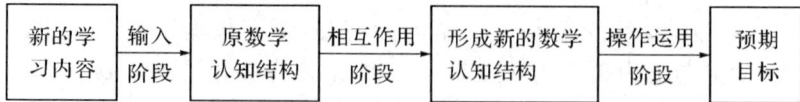

图 4-3　数学学习的一般过程

四、数学学习的特殊过程

数学学习的特殊过程指的是数学知识、数学技能和数学问题解决的学习过程。

数学知识是人们对客观事物空间形式和数量关系的认识,是人们对客观世界量的侧面的经验概括,它包括数学概念、数学命题、数学思想和方法以及数学史知识等。

数学技能是通过训练而形成的一种动作或心智的活动方式,中学数学的基本技能是指按照一定的步骤与程序进行运算、简单推理,以及画图、绘制图表、处理数据等。

数学问题解决是在具备了一定数学知识,形成了一定数学技能的基础上,综合地应用数学能力解决问题的活动。

第四节 数学概念的学习

数学概念是数学知识的重要组成部分,是数学学习的主要内容。

一、数学概念的定义

能够识别一类刺激的共性,并对此作出相同的反应,这一过程称为概念学习。概念学习的特点是抽取一类对象的共同特征,而辨别学习的特点则是识别一类对象的不同特征,这是两者的区别。但是,在概念学习中,共性的抽象总需要有一定的区分能力,因此,辨别学习又是概念学习的前提。

数学研究的对象是现实世界的空间形式和数量关系。数学概念是反映这些数学对象的本质属性和特征的思维形式。如平行四边形的概念在人的思维中的反映:这样的对象是四边形形状的而且两组对边是分别平行的。这就是平行四边形的本质属性。例如,人们从现实的圆形物体的形象得到了圆的感性认识。在实践活动中,为了创造圆形工具或器皿需要画圆,从而逐步认识圆的本质属性:圆是平面内到一个定点的距离等于定长的点集(或封闭曲线)。这样就形成了圆的概念。

数学概念的语词表达的一般形式是"(概念的本质属性)……叫作……(概念的名词)"。

二、数学概念的特征

(一)数学概念具有抽象和具体的双重性

数学概念是反映一类事物在数量关系和空间形式上的本质属性的思维形式,它排除了对象具体的物质内容,抽象出内在的、本质的属性。这种抽象可以脱离具体的物质内容,在已有的数学概念基础上进行多级的抽象,形成一种具有层次性的体系。譬如,函数→连续函数→可微函数。这就是一个函数概念体系的抽象体系。显然,随着概念的多级抽象,所得到的概念的抽象程度就会越来越高。

(二)数学概念具有逻辑连续性

在一个特定的数学体系中,数学概念之间往往存在着某种关系,如相容关系、不相容关系等,而这些关系的实质是逻辑关系。在一个体系中,孤立的数学概念是不存在的,因为这种概念没有太大的意义和研究价值。反过来,数学概念的逻辑化又使得数学概念系统化,公理化系统就是数学概念系统化的最高表现形式。

三、数学概念学习的形式

数学概念的学习过程,包括概念的理解与概念的应用两个阶段,其中,概念的理解又分为感知、分化、概括和巩固四个阶段。

数学概念的学习有两种基本方式:一是概念形成,二是概念同化。

(一)概念形成

1.概念形成的心理过程

概念的形成是一种通过概念所反映的事物的不同例子,让学生积极主动地去发现其本质属性,从而形成新概念的方式。概念形成的心理过程为:

①辨别同类事物的不同例子,根据事物的外部特征,在直观水平上进行辨认;

②提出它们的共同本质属性的各种假设并加以检验,从而抽象出各例子的共同属性;

③把概括出来的本质属性与认知结构中的适当观念联系起来,扩大或改组原有的数学认知结构;

④将本质属性推广到同类事物中去,明确新概念的外延。

例如,对于初中阶段"函数"内容的学习,如果教学方案按如下过程设计,就是一种典型的概念形成方式。

第一,让学生分别指出下面各题中的变量及变量之间的关系。

①以每小时50千米的速度匀速行驶的汽车,所驶过的路程和时间。

②用表格所给出的某水库的存水量与水深。

③由某一天气温变化的曲线所揭示的气温和时间。

④任何整数的平方运算中,底数与它的二次幂。

第二,找出上述各题中两个变量之间关系的一些共同属性。

第三,进一步考察各题,确认本质属性。在④中,底数取-2和2,其二次幂都是 4,没有发生变化,可见一个量变化,另一个量跟着变化不是它们的本质属性;而一个变量每取一个确定的值,相应地另一个量也唯一地确定一个值,这才是它们的本质属性。同时,前一个变量的取值有一定的范围或限制也是其本质属性。

第四,让学生辨别若干正、反例,强化概念。

第五,在以上基础上,抽象和概括出函数定义。

在学习函数的概念之前,由于学生主要学习的是式的恒等变形、方程的同解变形等,形成的是一种着眼于"运算"的认知结构,与函数着眼于"关系"的知识结构之间存在不相适应的状况,因此,应通过概念形成的过程去对学生原有的认知结构进行调节和改组,建立新的数学认知结构。

2.教师在教学活动中应注意的问题

在学生通过概念形成去学习数学概念的过程中,教师必须按照学生的心理发展规律组织教学活动,在教学活动中应注意以下几点:

①所呈现给学生的观察材料应该是正面例子,否则会造成负干扰,使学生难以观察和分析出事物的共同属性,而且呈现的例子应是学生能够分辨和理解的。

②在比较和分化的基础上,找出共同属性进而确认本质属性,这一阶段可运用反例或变式去突出其本质属性。

③新概念的形成要求学生对原认知结构进行扩充和改组,使新旧概念得到精确分化,形成新的认知结构,这样才能使新概念得以巩固。

(二)概念同化

概念的同化是一种由学生主动地与自己认知结构中原有的有关概念相互联系、相互作用以领会它的意义,从而获得新概念的方式。从本质上说,概念同化是利用已经掌握的概念去学习新概念,或者加以修改、改造使之适应新的学习需要的过程。

概念同化学习必须具备两个前提条件:①新学的概念本身必须具备逻辑意义;②学生原有的认知结构中要具备同化新概念所需要的知识经验。

概念同化的心理过程包括以下几个方面。

一是辨认。辨认定义中的新观念,哪些是已有概念? 新旧观念之间存在着什么关系? 这一过程包含了回忆与知识的重现。例如,学习矩形的概念,在给出矩形定义之后,学生必须对"四边形"、"平行四边形"、"相邻两边的夹角"等已有概念进行回忆和辨认。

二是同化。建立新概念与原有概念之间的联系,把新概念纳入原认知结构中,使新概念被赋予一定的意义。例如,在上述关于矩形概念的学习过程中,学生将矩形与平行四边形比较,发现新概念是已有的旧概念的组合,于是通过建立新旧概念的联系去获得矩形概念。同时,获得新概念后又扩大和改组了原有的数学认知结构。

三是强化。通过将新概念与某些反例相联系,使新概念与原有概念进一步精确分化。

概念同化的本质是利用已经掌握的概念去获取新概念,因此概念同化的学习方式必须具备一定的条件。从客观上说,学习的材料必须具有逻辑意义,所学的新概念应与学生已有的有关概念建立"非人为"联系和"实质性"的联系。这里的"非人为"联系,指知识与知识之间继承和发展的关系,是知识间内在的联系,而不是人为强加上去的。如果学生把新知识与原认知结构中已有的不适当、不相关的知识生拉硬扯地强行联系起来,那么就会使新旧知识之间建立"人为的"联系。

例如,有的学生会出现类似 $\lg(x+y)=\lg x+\lg y$,$\sin(x+y)=\sin x+\sin y$ 的错误,就是把 $\lg(x+y)$、$\sin(x+y)$ 与原认知结构中已有的"多项式乘法对加法的分配律"知识强行联系起来,使知识间产生了"人为的"联系。

从主观上讲,学生原有的认知结构中要具备同化新概念所需要的知识经验,还要有积极学习的心态,让个人的认知活动积极参与,才能使新概念与他们认知结构中有关的旧知识发生相互作用,或者改造旧知识形成新概念,或者使新概念与原有的认知结构中的有关知识进一步分化和融会贯通,实现概念同化。

(三)概念理解的两种形式的比较

概念形成是以学生的直接经验为基础,用归纳的方式抽取出一类事物的共同属性,从而达到对概念的理解,因此,在教学方法上表现为布鲁纳倡导的"发现法"。其适合于低年级的学生学习数学概念,也适合于"原始概念"的学习,因为原始概念多建立在对具体事物的性质的概括上,依靠的是学生的直接认识与直接经验。

概念同化则以学生的间接经验为基础,以数学语言为工具,依靠新、旧概念的相互作用去理解概念,因而在教学方法上多是直接呈现定义,与奥苏贝尔的"有意义地接受学习"方式基本一致。由于数学概念具有多级抽象的特征,学生学习新概念在很大程度上依赖于旧概念以及原有的认知结构,所以概念同化的学习方式在数学概念学习中是经常和普遍使用的,特别是对高年级的学生学习数学概念更加适合。

最后还要指出两点:一是概念形成与概念同化不是相互独立和互不相关的。事实上,从上述分析两种学习形式的心理过程可知,概念形成也包含着同化的因素,是用具体的、直接的感性材料去同化新概念。二是无论低年级还是高年级学生,在数学概念教学中都不宜单纯地运用某一种方式。概念形成的教学方式比较耗费时间,但有利于培养学生观察、发现的能力;概念同化的教学形式可以节约教学时间,有利于培养学生抽象及逻辑思维能力。因此在数学概念教学中,应当把两种形式结合起来综合使用,扬长避短,互为补充。

四、影响掌握概念的因素

(一)经验与抽象概括的能力

概念的获得依赖于与学生有关的感性材料、经验和抽象概括能力。例如抽象概括能力差,就不能抓住事物的本质属性,不能明确概念的内涵和外延。如出现以下的错误:$|a|=a$,直角三角形的直角边上没有高等。

(二)概念的本质属性和非本质属性

概念的本质属性越明显,学习时就越容易掌握。

(三)学生已有的数学认知结构

在数学概念的学习中,学生原有的认知结构的状况极其重要。这一方面是由于各种方式的概念学习都是在原有认知结构的基础上进行的,而且概念学习得以顺利展开的根本动力也是学生原有的认知结构与新概念之间的矛盾。当学生原有的认知结构与新的数学概念不相适应而产生矛盾时,就会引起解决这种矛盾的心态,思维活动的积极性和主动性也随之产生。

(四)感性材料和知识经验

概念形成主要依赖于对感性材料的抽象概括,而概念同化主要依赖的是知识经验的概括。因此,感性材料和知识经验是影响概念学习的重要因素。

(五)变式

要理解一类事物的共同本质属性,往往可以通过列举具有该本质属性的事物(概念的肯定例证)或不具有该本质属性的事物(概念的否定例证)的分析来获得。如对曲线的切线这一概念,可以通过"抛物线的对称轴与这个抛物线只有一个焦点,但它不是切线",来说明"只有一个公共点"不是曲线切线的本质属性。

五、概念的应用

概念的获取,还不能离开概念的应用,只有达到概念的应用水平,才能认为是掌握和巩固了概念。心理学将概念的应用分为两个层次,即知觉水平上的应用和思维水平上的应用。

所谓知觉水平上的应用,是指学生获得同类事物的概念以后,当遇到这类事物的特例时,就能立即把它看作这类事物中的具体例子,将其归入一定的知觉类型。例如,在学习了用代入法和加减法解二元一次方程组后,当学生要去解具体的二元一次方程组时,如果他能将其归入所学过的两种方法之一去解决,那么他就达到了知觉水平上的应用。

概念在思维水平上的应用,是指学生学习的新概念种类属于包含水平较高的原有概念,因而新概念的应用必须对原有概念进行重新组织和加工,以满足解当前问题的需要。例如,在讲授对数函数的性质时,要证明 $y=\log_a x$ 当 $a>1$ 时是增函数,就必须要用到一般函数 $y=f(x)$ 的增减性的概念,利用一般函数增减性的判定方法去解决当前问题,即对 $\forall x_1, x_2 \in D_x$,若 $x_1 > x_2$,则 $f(x_1) > f(x_2)$,则 $f(x)$ 在 D_x 上是增函数。用于当前问题时需要重新组织,即须证当 $a>1$ 时,$\log_a x_1 > \log_a x_2$。这种概念的应用过程就是一种思维水平上的应用。

概念的知觉水平上的应用与思维水平上的应用是概念应用的两个阶段,在教学中应精心设计例题和习题,根据具体情况采用不同的方式,使学生能将概念在两种不同水平上应用。

第五节　数学命题的学习

数学命题是数学知识的重要组成部分,是数学学习的主要内容。

所谓命题,是表示两个或多个概念之间的关系的语句。因此,命题学习实际上是学习若干概念之间的关系,也就是学习由几个概念联合所构成的复合意义。它包括发现命题、理解其语句所表达的复合观念的意义和论证命题。就其复杂程度来说,它一般高于概念学习,是意义学习的一种最高级形式。

数学中的命题学习,主要是指数学定理、公式和法则的学习。

一般来说,新学习的命题与学生原有认知结构中的有关知识的关系有下位关系、上位关系、组合关系等三种类型,与这三种关系对应,数学命题就有三种学习形式,即下位学习、上位学习和组合学习。

一、下位学习(主要为分化)

学生头脑中原有的已知结构在包摄程度或概括程度上高于新学习的内容,这种学习称为下位学习。如:先讲函数,再讲正比例函数、一次函数、反比例函数;先讲四边形,再讲平行四边形、矩形、菱形、正方形。

下位关系有两种形式:

一种是派生的下位,即新的学习内容仅仅是学生已有的、包摄面较广的命题的一个例证,如菱形为平行四边形的特例。再如,学习了函数单调性的概念和判定后,再学习指数函数的单调性定理,就属于派生的下位学习。

另一种是相关的下位,当新内容扩展、修正或限定学生已有的命题,并使其精确化时,表现出来的就是相关的下位。例如,在学习了"三角形内角和等于180°","三角形中大边对大角"等一般三角形的知识后,再来学习等腰三角形和直角三角形的有关性质定理,如"等腰三角形两底角相等"、"勾股定理"等,就属于相关的下位学习。

下位学习的效率与原有的认知结构有关。

二、上位学习(主要为概括)

在认知结构中已经形成的几个概念的基础之上,学习一个概括程度更高的数学命题的形式称为上位学习。(上位学习、下位学习是相对原有知识而言的。)

例如,学习一般的二次曲线时,学习者要对几种特殊二次曲线(圆、椭圆、双曲线、抛物线等)进行概括,改组原来具有的特殊二次曲线的认识结构,成为一般二次曲线的认知结构。

再如,学过全等三角形后,再学习相似三角形。(在概括程度上,相似更高,全等是相似的特例,相似比为1。)

三、并列学习(或组合学习)

新的数学命题与原有知识结构有一定联系,但既不是上位关系,也不是下位关系,则这种学习方式称为并列学习或组合学习。

组合学习的关键在于寻找新定理与原有认知结构中的有关定理的联系(共同特征),使得它们能在一定意义下进行类比。如从椭圆到双曲线的学习,从 $\frac{x^2}{a^2} + \frac{y^2}{b^2} = 1$ 到 $\frac{x^2}{a^2} - \frac{y^2}{b^2} = 1$。

以上三种命题的学习方式并不矛盾,常共存在同一命题中,只是所占比重不同。

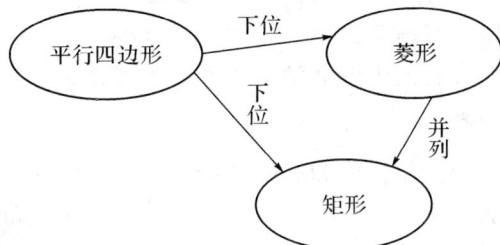

图 4-4 三种数学命题的关系

第六节　数学技能的学习

一、数学技能的学习

（一）数学技能的含义及作用

技能是顺利完成某种任务的一种动作或心智活动方式。它是一种接近自动化的、复杂而较为完善的动作系统，是通过有目的、有计划的练习而形成的。数学技能是顺利完成某种数学任务的动作或心智活动。它通常表现为完成某一数学任务时所必需的一系列动作的协调和活动方式的自动化。这种协调的动作和自动化的活动方式是在已有数学知识经验基础上经过反复练习而形成的。如学习有关乘数是两位数的乘法计算技能，就是在掌握其运算法则的基础上通过多次的实际计算而形成的。数学技能与数学知识和数学能力既有密切的联系，又有本质上的区别。它们的区别主要表现为：技能是对动作和动作方式的概括，它反映的是动作本身和活动方式的熟练程度；知识是对经验的概括，它反映的是人们对事物和事物之间相互联系的规律性的认识；能力是对保证活动顺利完成的某些稳定的心理特征的概括，它所体现的是学习者在数学学习活动中反映出来的个体特征。三者之间的联系，可以比较清楚地从数学技能的作用中反映出来。

数学技能在数学学习中的作用可概括为以下几个方面：

①数学技能的形成有助于数学知识的理解和掌握；

②数学技能的形成可以进一步巩固数学知识；

③数学技能的形成有助于数学问题的解决；

④数学技能的形成可以促进数学能力的发展；

⑤数学技能的形成有助于激发学生的学习兴趣；

⑥数学技能的形成有助于调动学生的学习积极性。

（二）数学技能的类别

数学技能可以分为操作技能和心智技能。

1.数学操作技能

操作技能是指实现数学任务活动方式的动作主要是通过外部机体运动或操作去完成的技能。它是一种由各个局部动作按照一定的程序连贯而成的外部操作活动方式。如学生在利用测量工具测量角的度数，测量物体的长度，用作图工具画几何图形等活动中所形成的技能就是这种外部操作技能。操作技能具有有别于心智技能的一些比较明显的特点：一是外显性，即操作技能是一种外显的活动方式；二是客观性，是指操作技能活动的对象是物质性的客体或肌肉；三是非简约性，就动作的结构而言，操作技能的每个动作都必须实施，不能省略和合并，是一种展开性的活动程序。如用圆规画圆，确定半径、圆心，用圆规一脚绕圆心旋转一周等步骤，既不能省略也不能合并，必须逐步实施才能完成画圆的任务。

2. 数学心智技能

心智技能，即按一定的合理的、完善的方式进行的心理活动方式。例如，运算、推理论证技能都是心智技能。心智技能的形成有如下几个阶段：首先是掌握心智活动各环节的活动方式；其次是心智活动各环节逐渐连成一个整体，且内部语言趋于概括化和简约化，运算或推理逐渐简缩；最后是心智活动熟练化、自动化。心智活动的进行逐渐减少需要主体的意志努力。

数学心智技能作为一种以思维为主要活动成分的认知活动方式，它也有着区别于数学操作技能的个性特征，这些特征主要反映在以下三个方面。

（1）动作对象的观念性

数学心智技能的直接对象不是具有物质形式的客体本身，而是这种客体在人们头脑里的主观映象。如 20 以内退位减法的口算，其心智活动的直接对象是"想加法算减法"或其他计算方法的观念，而非某种物质化的客体。

（2）动作实施过程的内隐性

数学心智技能的动作是借助内部言语完成的，其动作的执行是在头脑内部进行的，主体的变化具有很强的内隐性，很难从外部直接观测到。如口算，我们能够直接了解到的是通过学生的外部语言所反映出来的计算结果，学生计算时的内部心智活动是无法看到的。

（3）动作结构的简缩性

数学心智技能的动作不像操作活动那样必须把每一个动作都完整地做出来，也不像外部言语那样必须对每一个动作都完整地说出来，它的活动过程是一种高度压缩和简化的自动化过程。因此，数学心智技能中的动作成分是可以合并、省略和简化的。如 20 以内进位加法的口算，学生熟练以后，计算时根本没有去意识"看大数"、"想凑数"、"分小数"、"凑十"等动作，整个计算过程被压缩成一种脱口而出的简略性过程。

数学技能的形成是学生练习的直接结果，其途径有两条：其一是伴随着数学理论的获得而形成数学技能；其二是在综合应用数学理论过程中形成数学技能。

（三）数学技能的学习方法

1. 数学操作技能的学习方法

学习数学操作技能的基本方法是模仿练习法和程序练习法。前者是指学生在学习中根据老师的示范动作或教材中的示意图进行模仿练习,以掌握操作的基本要领,在头脑里形成操作过程的动作表象的一种学习方法。用工具度量角的大小、测量物体的长短、几何图形的作图、几何图形面积和体积计算公式推导过程中的图形转化等技能一般都可以通过模仿练习法去掌握。

2.数学心智技能的学习方法

学生的心智技能主要是通过范例学习法和尝试学习法去获得的。范例学习法是指学习时按照课本提供的范例,将数学技能的思维操作程序一步一步地展现出来,然后根据这种程序逐步掌握技能的心智活动方式。

对于整数、小数、分数的四则计算,课本几乎都提供了计算的范例,学习时只需要根据范例有序地进行计算即可掌握计算方法。如被除数和除数末尾都有 0 的除法的简便算法,课本安排了范例,学习时只需要明确范例所反映的计算程序和方法,并按照这种程序和方法进行计算,即可掌握被除数和除数末尾都有 0 的除法的简便计算的技能。尝试学习法是指在学习中主要由学生自己去尝试探索问题解决的方法和途径,并在不断修正错误的过程中找出解决问题的操作程序,进而获得数学技能。这是一种探究式的发现学习法,总结运算规律和性质并运用它们进行简便计算、解答复合应用题、求某些比较复杂的组合图形的面积或体积等技能都可以运用这种学习方法去掌握。这种方法较多地运用于题目本身具有较强探究性的变式问题解决的学习,如用简便方法计算 $1001 \div 12.5$,由于学生在前面已经掌握除法商不变的性质,练习时就可通过将除数和被除数都乘以 8 使除数变成 100,去实现计算的简便。尝试学习法虽然有利于培养学生的探索精神和解决问题的能力,但耗时太多,学习时最好是将它和范例学习法结合起来,两种学习方法互为补充,这样,数学技能的学习就会更加富有成效。

(四)数学技能训练的途径

1.重视教师的指导示范作用

中小学学生的学习更多的是模仿老师的示范动作,所以老师的示范对中小学生数学动作技能的形成尤为重要。教师要充分运用示范与讲解相结合、整体示范与分步示范相结合等措施,让学生准确无误地掌握操作要领,形成正确的动作表象。所谓程序练习法,就是运用程序教学的原理,将所要学习的数学动作技能按活动程序分解成若干局部的动作先逐一练习,最后将这些局部的动作综合成整体形成程序化的活动过程。如用量角器量角的度数、用三角板画垂线和平行线、画长方形等技能的学习都可以采用这种方法。用这种方法学习数学动作技能,分解动作时要注意突出重点,重点解决那些难以掌握的局部动作,这样可以有效地提高学习效率。

2.突出练习环节

练习是学生在教师指导下,有组织、有目的的学习活动,是知识转化为技能的基本途径。在教学中,教师必须为学生提供有效的联系时机与条件。为此,在教学中,教师应该做到以下几点。

①明确练习的目的和要求;

②练习必须有计划、有步骤地进行;

③处理好练习的数量与质量的关系,做到保质保量,以期达到事半功倍的效果;

④练习的方式要多样化;

⑤要使学生知道每次练习的结果。

3.注意总结经验教训,及时反馈

教师在教学中要针对学生的学习情况及时作出反馈,以便学生能够及时纠正。

第七节　数学问题解决的学习

"问题解决"是数学教育的又一个热门话题。它是在"新数运动"以及"现代数学教育改革"的反思和调整之后,于 1980 年由美国全国教师联合会公布的《关于行动的议程》的文件中首先提出的。文件指出,"必须把问题解决作为 80 年代中学数学的核心"。从"问题解决"提出至今已经过去了十来年,但它仍然影响着当今的数学教育。我们深信它仍然是 21 世纪初的重要研究课题。1983 年,美国又进一步提出应向学生提供运用算术和数学解决各领域中的实际问题的机会,诸如可以通过数学来分析自然科学问题、社会科学问题、消费购买问题和日常生活中可能遇到的各种其他问题。他们认为,目前学生学习的目的只是如何成为技术人员而不是成为解决问题人员的观念应得以改变。在英国,教育者认为教育的核心是培养解决问题的能力,强调数学只有在能应用的情况下,才是有用的。所以英国的《Cockcroft 报告》提出,应将问题解决作为课程论的重要组成部分。在日本,数学教育界认为教育的重点应放在培养数学思考能力上,并提出"问题解决"的教育与适应性的教育应成为日本数学教育的两个研究焦点。

一、问题的含义及特征

(一)问题的含义

问题的解决离不开问题,在直觉的水平上,大家都知道什么是问题。但究竟什么是问题? 问题是多种多样的,内容和形式都千差万别。心理学家们对问题的表述也不尽相同。

1988年，在第六届国际数学教育大会（ICME）上，"问题解决、模型化和应用"课题组在提出的报告中指出："一个数学问题是一个对人具有智力挑战特征的、没有现成的直接方法、程序或算法的未解决问题的情境。"

按现代认知心理学的观点，"问题是指那些对于解答者来说还没有具备直接的解决方法，对于解答者构成认知上的挑战这样一种场面"。例如：1＋2＋…＋100＝？ 对于儿童来说就是问题，而对于学过数列知识的学生来讲，就不成为问题了，只不过是一道习题。

但是大多心理学家都认为所有的问题都含有三个基本成分：

①给定，即问题的起始状态；

②目标，即问题要求的答案或目标状态；

③障碍，即给定与目标之间的隔阂物，通过思维可以寻求解决的方法。

(二)数学问题的特征

"问题是数学的心脏。"就一个数学问题本身来讲，它应有以下的某些特征：

①在问题和解答中包含着数学知识和数学技能；

②在学生已有的知识和能力范围内有多种方法解决；

③能用学生已有的知识和方法进行推广，或推导出相类似的问题；

④包含的数据能组合、分类、制表和分析；

⑤能借助于模型或图像解决；

⑥能激发学生兴趣并具有智力挑战。

例 4-1　在一个长 4m、宽 3m 的矩形空地上，开辟一个花坛，使花坛的面积是原空地面积的一半，问如何设计？

这个问题具有上述的某些特征：一是紧扣教材，运用一元二次方程的知识和技能可以解答；二是答案并不唯一，学生可以充分发挥想象力进行多种设计（见图 4-5）；三是变换题目的条件，可以编制出解法类似的新问题。

例如，将问题中的条件改为：使花坛的面积是原空地面积的 $\frac{2}{3}$。这就编制出了与例 4-1 解法类似的另一个新问题。

就问题认识的主体——学生而言，问题又必须具有以下三个特征：

①接受性。学生对问题感兴趣且乐于思考，并具有思考它的知识和能力；

②障碍性。学生不能一下子获得解决问题的策略和一眼看出答案，必须经过反复思考，甚至进行多次尝试才能达到目的；

③探究性。学生不能按现成的方法、程序或算法去解决，而需要进行探索研究。

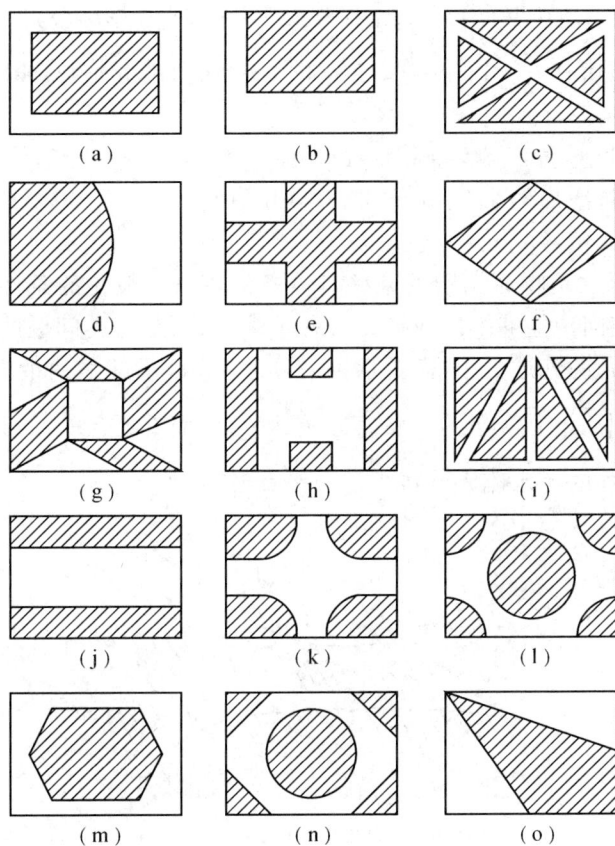

图 4-5 例 4-1 的多种答案

(三)数学问题的类型

数学问题究竟如何分类?看法也不尽相同。Butts 将数学问题分为五类,即识别练习、算法练习、应用问题、开拓—探究问题和问题情境等。

严格地讲,前三类问题,按照问题解决中问题的含义,不是我们所说的问题,而是练习题或习题。我国的学者主张将数学问题分成四种类型:综合题、数学模型、开拓—研究问题、开放型问题。

1. 综合题

这是我国教科书中常见的问题。涉及的知识包含数学中多个单元或几何、三角、代数等各个学科。在解题的策略方面,常常需要某些独特的思想方法。

2. 数学模型

这是以自然和社会为背景的实际问题。在中学数学教科书中常见的数学模型,大多与相关学科知识有关。如路程公式 $s=vt$ 和自由落体公式 $s=\frac{1}{2}gt^2$ 等。

例 4-2 我国现有人口 13 亿,试按下列要求,给出 n 年后,我国人口数 p。

①人口保持不变。则 $p=13\times10^8$;

②平均每年增加 2 万人,则 $p=13\times10^8+2n\times10^4$;

③平均每年增加 1%,则 $p=13\times10^8(1+1\%)^n$。

3.开拓探究问题

这类问题,一是将原问题的某些具体条件用更一般化的条件替代,或是转化为逆问题,使问题能够推广或扩充到各种情形;二是这类问题的解决策略,通常不包含在问题的陈述之中,需要学生去思考、探索,寻求解决的方法。

例 4-3 图 4-6 中,a 处有 $\frac{5}{8}$ 的河水流入 b 处,而 b 处有 $\frac{3}{5}$ 的河水流入 d 处,试问有多少 a 处的河水流入 f 处?

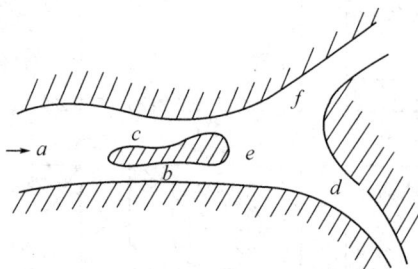

图 4-6 例 4-3

这个题只给出了问题中的具体情形,解题的策略没有在问题中陈述,同时问题中的隐含条件在解题时要善于挖掘,从中探索出解决问题的方法。

4.开放型问题

开放型问题是相对于数学课本中有明确条件和明确结论的封闭型问题而言的。这类问题不必有解,答案也不一定唯一,所给的条件也可能有多余的。但是开放型的问题并不等于随意性的问题,结论仍然要求确定、精确。如前面所述的设计花坛问题,尽管设计的方案可以多种多样,但其计算,一是要定量化,二是要每种设计经计算得出的结果要确定、精确。

(四)数学问题与习题区别

无论按照哪种方法将"问题"分类,按我们所论述的"问题"的含义、特征来看,我们所说的"问题解决"中的问题,主要指的是非常规问题。它与传统的数学练习题和习题有着本质的区别。

问题适合于学习探究的技巧,适合于数学事实的原始发现。因此,其内容是非常规的,即不是教材内容的简单模仿,有范例可参考;表述形式多半是给出一种情景、一种实际需求;其模式的形式多样,答案不唯一,条件可有多余。从教育的功能来看,它主要用来培养创造性能力,树立数学观念。

数学练习题或习题,许多国家或地区又称它为常规问题。它适合于学生学习数学事实,训练数学技能和技巧。其内容通常是一些常规算法或方法的运用,或简单的组合。在题型的模式上,比较规范化、纯数学化,多半是形如"已知"、"求证"的固有模式。在教育功能上,它主要用于巩固所学的数学知识和训练技能、技巧。

二、问题解决的含义及教学

(一)问题解决的含义

什么是问题解决(problem solving)? 有种种说法。据目前的文献资料介绍,概括起来有五种。

1. 问题解决是过程

美国全国数学管理大会(NCSM)在 1988 年发表的《21 世纪的数学基础》文件中指出:"问题解决是把前面学到的知识运用到新的和不熟悉的情境中的过程。"第六届国际数学教育大会上,"问题解决、模型化和应用"课题组主席 M. Niss 把问题解决定义为"从尝试到解决问题的全过程"。从数学教育哲学的角度来看,所谓问题解决就是学生学习数学的活动过程,是以学生已有的知识和能力为基础的主动建构过程,是通过数学思维,不断数学化的过程,是一个探索、再发现、再创造的过程。

2. 问题解决是教学目的

NCSM 在 1988 年的《21 世纪的数学基础》报告里提到:"学习数学的主要目的在于问题解决。"这正如 E. A. Silver 所说:"世界上几乎所有的国家都把提高学生的问题解决的能力作为数学教学的主要目的之一。"

3. 问题解决是能力

如上所述,数学教育的主要目的是培养学生的数学能力,而问题解决的能力正是数学能力的核心,它是其他基本能力的组合和发展。因此,1982 年英国的《Cockcroft 报告》就把问题解决看成是"数学用于各种情况的能力"。

4. 问题解决是心理活动,也是数学活动

华东师范大学邵瑞珍教授认为,问题解决是"人们在日常生活和社会实践中面临新情景、新课题,发现它与主客观需要的矛盾而自己却没有现成对策时,所引起的寻求处理问题办法的一种心理活动"。这种心理活动对学生来讲就是学习活动因为数学教学是数学活动的教学,学数学的最好方法是做数学。因此,问题解决的学习就是一类最重要的数学活动,它包含一种或几种基本的数学活动,如运算、推理及建立模型等活动。

5.问题解决是教学形式

在英国的《Cockcroft 报告》里给教师提出的五条建议中,第一条就是"应在教学形式中增加讨论、研究、问题解决和探索等形式",它是"课程论的重要组成部分"。因为问题解决提倡教师与学生、学生与学生之间的讨论和交流,并且与其他教学方法有机结合,贯穿于整个教学过程之中,所以它是合理课程不可缺少的有机组成部分。

尽管"问题解决"在各国的文献中有不同的解释,但强调学生创造性地解决未解决的问题,培养学生的思维能力,树立数学观念,却是共同的认识。

我们说过,数学教学是数学活动的教学,这就必须给学生创造一个"观察、试探、猜想"的情景。依据这些观点,我们认为"问题解决"是能实施这种教学的一种很好的教学形式,或者说是数学教学模式中一种"现代的、先进的、而且是有效的教学模式"。

(二)怎样进行问题解决的教学

怎样结合我国的国情、文化背景,进行问题解决的教学,我国许多专家和数学教育工作者,作了很多有益的尝试。有的专家还提出了构建"中国式的问题解决的教学模式"的主张,提出了施行这种教学模式的一些特点。

1.要紧扣教材的教学内容,按照教学大纲的要求,精心选择和编制问题

例 4-4 学完多边形面积的计算之后,可以解决下面的问题:

在边长为 4m 的正方形花坛种植花草。种植面积为原正方形面积的 $\frac{1}{2}$。问花坛中的花草如何栽种可使花坛美观?

这是一个好问题,答案不唯一,而且解决问题方法多样。还有利于学生巩固、理解已学过的知识,有利于培养创造性思维。

图 4-7 提供了五种美丽的图案,其中图(b)的解法就涉及图形的对称性、菱形的面积计算等方面的知识和技能。

2.在问题解决教学中,注意归纳提炼问题解决的思维策略,注意培养创造性思维能力

数学不是解题术,学数学必须学会解题,学会做数学。而仅仅会解题,不注意归纳提炼,不掌握数学思想和方法,那只能把学生训练成"解题机器"。因此,在问题解决教学中,注意归纳提炼问题解决的思维策略,注重培养创造性思维能力,才是问题解决教学模式的实质。

问题解决的思维策略,概括起来主要有:

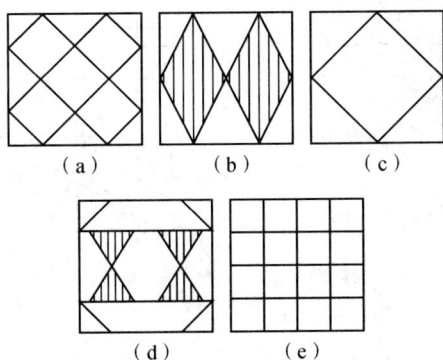

图 4-7 例 4-4 的 5 种答案

(1)目标策略

这种策略,要求根据题设的条件或提供的问题情景,有目标地进行思维活动,在思维活动中,要善于抓住问题的关键及难点,有目的地予以突破,使未知问题转化为已经解决或易解决的问题来解决。例如,解线性方程组类题目,总是设法逐步消元,最后化成一元一次方程求解。

(2)模式识别策略

使用这种策略的关键,主要在于会辨别题目的类型,使得与已有的知识、技能发生联系。善于识别、辨认问题的情景,选择有用的信息加以应用,则是采用这种策略的前提。

例 4-5 试求图 4-8 中街心岛Ⅰ的面积。

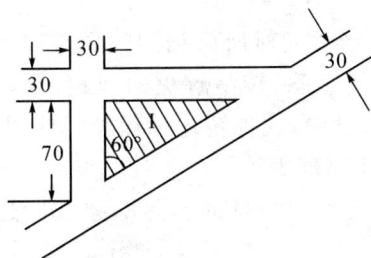

图 4-8 例 4-5

图 4-8 中,三条马路的宽度都是 30m,其中有两个数据是多余的,从中筛选有用信息加以使用是解答本题的关键,若按图 4-9 和图 4-10 添设辅助线,则问题得到解决。

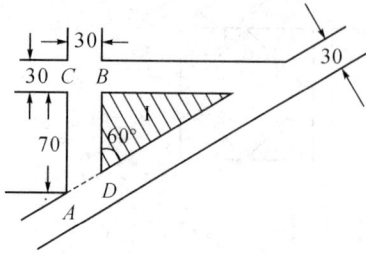

图 4-9　例 4-5 辅助线添加 1　　　图 4-10　例 4-5 辅助线添加 2

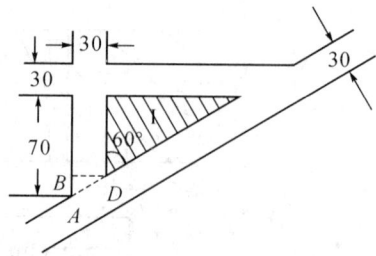

（3）特殊化策略

这种策略主要遵循从特殊到一般、从简单到复杂、从具体到抽象、从部分到整体的思维规律。

例 4-6　如图 4-11 所示，工作流程上放置 n 个机器人 $P_1, P_2, \cdots, P_n$，一只工具箱应该放在何处才能使工具箱与机器人们的距离之和最短？

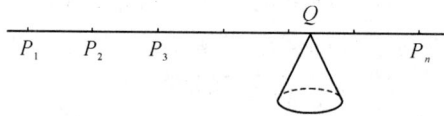

图 4-11　例 4-6

这是一个"重视情景"问题的范例，这个问题解决的思路包括：首先思考简单、特殊情况，即先考虑两个机器人、三个机器人、四个机器人……然后进行合情推理，推广到一般，即 n 个机器人（偶数或奇数）的情况。

（4）转化策略

所谓转化策略，就是当我们对所碰到的问题难以下手时，通过某种转化过程，将其归结为另一个比较熟悉、较易解决的问题，或转向问题的反面，以达到解决原问题的目的。在数学中，这种转化过程经常使用的方法有：映射方法、数学模型方法、换元法、RMI 原理等等。

例 4-7　下面介绍两个不同情景的实际问题，但都可转化为同一个数学模型来解决。

问题 1　图 4-12 中，发电厂主控室的仪表屏幕高 $m m$，屏幕底边距地面 $n m$，问值班人员坐在什么位置上，能把屏幕上的仪表数学看得最清楚（设值班人员坐在椅子上时，眼睛距离地面 1.2m）？

问题 2　在足球比赛中，甲方边锋从乙方所守的球门附近带球过人沿直线向前推进。试问边锋射门的最佳位置在何处（最佳位置是指命中的最大射角 φ）（见图 4-13）？

例 4-7 的两个问题虽然情景不同,但经过提炼,我们可以转化为同一个数学模型。建立如图 4-14 所示的直角坐标系,在 y 轴的正半轴上给定两点 B、C。上述的问题就转化为在 x 轴的正半轴上求点 A,使锐角 φ 取得最大值。

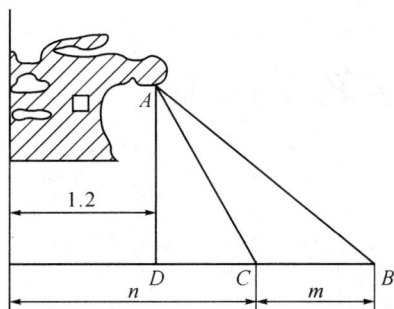

图 4-12　图 4-7 问题 1　　　　　图 4-13　图 4-7 问题 2

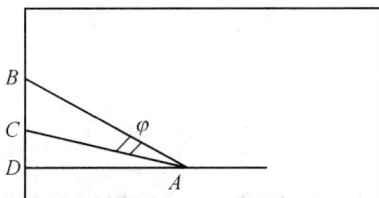

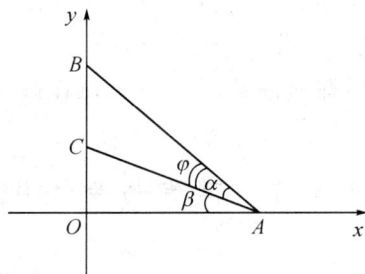

图 4-14　根据例 4-7 问题 2 建立直角坐标系

问题解决教学从某种意义上讲,就是我们通常所说的解题教学。我国的解题教学的研究与实践的历史渊源流长,形成了独特的优良传统。在引进国外的"问题解决"教学形式时,我们既要发扬在解题教学中,重视概念、命题的教学和必要的技能训练的优良传统,又要注重培养学生解决未解决过的问题以及非常规问题的能力,以达到树立数学观念、培养学生创造性思维能力的目的。

复习思考题

1.说明数学认知结构及其在数学教学中的作用。

2.你是否赞同建构主义数学教育理论? 说明自己的观点。

3.调查访问中学生的数学学习情况。

第五章　数学教学技能

随着科技的快速发展,教师的数学教学不再局限于常规课堂。微课以视频为主要载体,是记录教师在课堂内外教育教学过程的新型课型,它是传统课堂教学的衍生与补充,便于学生结合自身学习情况在课外强化学习。因此,本章一方面将介绍数学教学基本工作,如何进行备课、说课、说题、研课等基本教学活动;另一方面也将结合微课的特点,介绍如何制作微课。

第一节　课堂教学工作

课堂教学是我们教学工作者的日常工作,是教师与学生沟通的主渠道。学生学得怎么样,课堂教学相当关键。它集中体现了教师对教材的取舍能力、对知识的探究能力,以及教学设计的能力和激发学生求知欲的师者魅力。

一、教学计划的制订

教师在钻研教材和了解学生的基础上,应从全局出发,制订切实可行的教学工作计划。这种教学计划既要符合课程标准、大纲规定,又要切合学生实际。计划包括具有一定灵活性的教学进度和设计合理的课时教案,从要求上它又分为学期教学进度计划、单元教学计划和课时教学计划。

1. 学期教学进度计划

教师在接受教学任务后,应准确掌握自己所担负任务的有关情况,如明确授课年级、学生人数、课本、时间等,认真研究课程标准、教学大纲的规定,针对自己的教学内容,明确课程标准、大纲规定的要求,在调查研究的基础上考虑如何培养学生的各种能力,以及如何在教学中体现出来。在制订学期教学进度计划时一般考虑以下几点:①学期的教学目的;②单元教学进度;③新课、习题课、复习课、考试及讲评所需时间;④教学中所需的教具。

在此基础上可制订并填写学期教学计划,如表 5-1 所示。

表 5-1　学期教学计划

教师姓名		担任课程		所任班级	
教学计划 简述					
教学进度					
周　次	日　期	教　学　内　容		执行情况	

在填写教学进度表时,“教学计划简述”栏目应包括以下内容:①教学目的要求,针对教学内容的特点、深广度等方面的因素,确定本学期应达到的教学目的要求;②对所授班级学生调查情况的简要分析;③本学期所需教具。

在“教学进度”栏目中,应按课程标准、教学大纲列出课题并附有章节与页次,按课时顺序依次填写。

在“教学内容”栏中,应将本学期的习题课时、复习课时、考试时间等填写在有关章节之后,其数量应适当。

在教学时间上一般以课程标准、大纲规定的时间为主,但也可以根据教学内容、学生情况等实际作适当调整,但不宜相差太大。总时数应该不变,并在安排时留有适当的余地。

“执行情况”栏目中,主要是检查执行计划的情况,一般以单元教学进度进行检查,如未完成,找出原因何在,亡羊补牢,为时未晚,不宜在学期最后一次性检查。

学期计划内容虽条目较粗,但也应认真、细致地拟订,先个人草拟,再备课组集体研究,最后教研组长审查。学期教学计划是教师教学总的安排,尽管教学计划在执行过程中也可能根据教学实际作适当修改,但如果教学计划拟订得不切实际,执行起来将会感到异常被动。

2.单元教学计划

单元教学计划实际是学期教学计划的具体化。它一般包括如下内容:①单元教学目的;②学时划分;③补充例题及习题的准备;④教具的准备;⑤课的类型。

3.课时教学计划(教案)

教案是教师备课的结晶,是教师进入课堂的“通行证”,是课堂教学的设计蓝图。目前由于每节课任务不同,课型不一,教学方法各异,教学过程千变万化,很难有一个统一的教案模式,但是教案都应根据教材范围、内容、次序、教学方法、组织形式等明确表达出来。

一般教案应包括如下内容：①课题名称；②教学目的；③教学重点和教学难点；④教具准备；⑤教学过程。

当然，并非在每节课中都有难点，但教学重点总是有的。若用教具，则应在教案中写出。教学过程是最主要的。

在明确了教学目的，考虑了教学的重点与难点后，就要安排教学的具体内容和编排顺序，采取教学方法，拟定承上启下的复习题，考虑补充例题等。一般情况下，课堂教学有如下五步程序：

①引入新课，使学生明确目的；

②讲授新课，主要是启发学生思考，调动学生积极思考；

③进行例题教学并布置课堂练习，以巩固知识和进行技能训练；

④进行课时总结；

⑤布置作业。

教师传授知识、学生获取知识的主要手段是课堂教学，要千方百计提高教学质量，其主要任务就是重视课堂教学，改进课堂教学，切实提高课堂教学的有效性。为了做到这一点，应在备好课的基础上，恰当处理课堂教学中的几种关系。

第一，新与旧的关系。数学是一门系统性很强的学科，如果没有前面学过的基础知识为前提，就很难学好后面的新知识。新知识是从旧知识发展来的。这就要求我们在讲课中以旧引新、讲新带旧、新旧结合，承上启下，运用对比、类比等方法使学生在旧知识的掌握基础上获取新知识。

第二，深与浅的关系。在课堂教学中，先讲什么，后讲什么，哪些讲，哪些不讲，讲解的深度与广度如何，这些都是关系到课堂教学质量的大问题。在传播知识时宜由浅入深，深入浅出。掌握教学规律，适合学生思维层次的教学才是合理的，那种"揠苗助长"的做法会适得其反。

第三，多与少的关系。目前由于"升学率"的压力，老师和学生往往一头钻进"题海"中不能自拔，在课堂教学中"韩信点兵，多多益善，以讲代练，面面俱到"，老师"用心良苦"，而学生却不能"心有灵犀"。老师只有抓住少而精，让学生多去想想为什么，让他们自己去学、会学，教学效果才能提高。

第四，死与活的关系。对于数学中的基本概念、定律、定理、公式及法则等知识，只有将它们放在一起环环相扣，"相依为命"才能"活"。如果将它们孤立起来，讲得死，知识信息在学生思维过程中就活不起来。教师只有"教活"，学生才能"学活"。老师在教学中还要"活中有死"，就是说要在灵活的解题中注意总结规律；学生才能"死中求活"，才能把规律灵活运用。这就要求我们在课堂教学中采用有趣、多变、规范、实用等手段，正确处理好教学中的死与活的关系。

第五,宽与严的关系。为了进一步实施自己的教学计划,教师要有一定的组织课堂教学能力。要求学生听课聚精会神,开动脑筋,真正做到课堂教学中"管而不死,活而不乱",宽严适度,严而有格,宽而有法。要在教学规律上讨时间,教学方法上讨效率,把课堂教学质量真正提高到一个新的层次。

二、数学课的基本类型与任务

中学数学教学的基本形式是课堂教学,根据数学课的特点,可把它分为绪论课、新授课、习题课、综合课、复习课、测验课、讲评课及实习作业课等类型。现将几种主要的课型结构和基本任务要求介绍如下:

1.新授课(或称新知课)

讲新课就是教师利用各种手段,选择适合新课特点的教学方法让学生获取新的数学知识。在教学处理中,教师要立足今天、联系昨天、想到明天,讲其当讲,练其当练,充分调动学生积极思考,使学生在学习基础知识的同时,还能在能力上得到一定的提升。

新授课的课时结构有五个环节:①复习引入;②讲解新课;③领会理解;④巩固练习;⑤布置作业。

第一,新知识的引入要做到建立新概念注意联系旧概念,这有利于对新概念的理解,且能加深对旧知识的理解,也使学生从新旧知识的转化过程中,构建更加完善的知识结构。A. B. 辛钦说:"我想尽力做到引进新概念、新理论时,学生先有准备,能尽可能地看到这些新概念、新理论的引进是自然的,甚至是不可避免的,我认为只有利用这种方法,在学生方面才能非形式化地理解并掌握这些所学到的知识。"这段话的启示是深刻的,它应该是引入新知课时所遵循的。

第二,讲新课中教师要做到不仅使学生"学会",更重要的是使学生"会学"。要求教师在课堂教学中主要作启发诱导和作必要的讲解,而不是包办代替和满堂灌,这就要求教师在讲新课中能做到:

①提出矛盾引起议论,启发学生积极思维;

②既讲正向思维又讲逆向思维,使学生思维活动步步深入;

③多让学生独立思考,培养他们的求异思维能力,教师不能缚其手足;

④既讲正确思维又讲错误思维,正反比较,养成科学的思维方法。

让学生"会学"就是指积极思考,主动学习,独立思考,标新立异,灵活运用,辨别真伪。而"不会学"就是指死记硬背,生硬模仿,缺乏主见,墨守成规。

例 5-1　在 $\triangle ABC$ 中,讲解 $\cos A = \dfrac{b^2 + c^2 - a^2}{2bc}$ 时,可就如下三点启发学生思维:

① 当 $0° < A < 90°$ 时,$\cos A > 0$,$b^2 + c^2 > a^2$;

② 当 $A = 90°$ 时, $\cos A = 0, b^2 + c^2 = a^2$;

③ 当 $90° < A < 180°$ 时, $\cos A < 0, b^2 + c^2 < a^2$。

这样不仅可使学生看到勾股定理和余弦定理的特殊情况,而且为今后判断有关三角形的形状提供了较大的方便。

第三,领会理解是完成教学任务的关键一环。教师讲得再好,学生不理解还是没有用。要让学生认识概念,掌握它的确切定义,弄清定理的条件、结论和证明方法,总结出解题规律等,教师就必须运用灵活的方法,广开学生思路,引导学生一题多解等。

第四,巩固练习阶段,这是课堂教学的重要组成部分。主要需注意以下几点:

① 学生板演时,教师既要注意板演情况,又要在全教室巡视,以掌握学生练习的整体情况,及时发现问题。

② 从教学活动的开展与效果来看,安排学生板演并非一定要做得完全正确,有时出现的一些错误或问题,正是进行研讨、深化教学、鉴别错误的好材料。

③ 一方面尽可能在自愿的基础上安排学生板演,另一方面从长远来说,安排的面宜宽不宜窄,最好让所有学生都有机会板演,让学生板演的题的难度应适合该学生的水平。

第五,最后布置家庭作业是必不可少的一项工作,这是对课堂教学的补充、深化和后继。要注意:

① 作业布置要清楚,最好在黑板上写出页数与题号。补充的题目要印发,或者留有时间让学生抄录清楚。

② 难度过大的题可作适当提示,但不要过分细致具体,不能代替学生解决难点。

③ 课本上的习题要全部处理,补充题可指定必做或选做。

④ 选做题要鼓励有能力的学生尽量做。

⑤ 思考题要有布置,有检查。以适当的方式让学生明确答案。

2. 习题课

习题课是教师在一章一节的教学基础上根据知识系统进行归纳整理,通过例题讲解让学生对所学知识进行巩固、提高、补充,或者是在教师指导下,由学生在课堂上独立完成作业的课型。

习题课的主要任务是培养学生利用已学过的知识来解题的技能、技巧,巩固已学知识,发展思维,进一步形成解决实际问题的能力。

习题课的结构一般是:①复习;②练习;③小结;④布置家庭作业。

在习题课内容安排上,教师不应把过多的精力放在课外资料习题的引进上,否则将是舍本求末,不仅会加重学生负担,而且还会削弱教材基础知识的掌握。如果在课本习题、复习参考题的基础上再辅以适当补充题,并合理配备,挖掘习题间的内在联系而有机结合起来,这样的习题课就更有了成功的可能。为此,要求在习题安排上做到目的明确,考虑到培养技能的练习、总结规律的练习、让学生独立探讨的练习、综合性的练习等各个方面,并注意:

①抓住主要矛盾,其他次要矛盾迎刃而解。

②抓住问题的关键,弄清知识间的联系。

③讲解正面问题的解决方法,同时探讨反面问题的解决思路和方法。

④习题有合适的梯度,提高灵活运用基础知识解题的能力。

例 5-2　一个"步步高"的习题组。

① 求点 $P(-4,0)$ 到直线 $2x - 7y - 6 = 0$ 的距离。

② 求两直线 $2x - 7y + 8 = 0$ 和 $2x - 7y - 6 = 0$ 的距离。

③ 求证两条直线 $Ax + By + C_1 = 0$ 与 $Ax + By + C_2 = 0$ 的距离是 $b = \dfrac{|C_1 - C_2|}{\sqrt{A^2 + B^2}}$;

④ 求平行于直线 $x - y - 2 = 0$ 且与它距离等于 $2\sqrt{2}$ 的直线方程;

⑤ 已知平行直线 $3x + 2y - 6 = 0$ 与 $6x + 4y - 3 = 0$,求与它们等距的平行线方程;

⑥ 正方形的中心为 $C(-1,0)$,一条边所在直线方程是 $x + 3y - 5 = 0$,求其他三边所在直线方程。

3. 复习课

复习课是以巩固和加深已学过知识为目的的课型,其主要作用是使知识系统化。

这类课一般安排在讲完某章节或全书以后进行,分阶段复习、期末复习和学科总复习三种。

复习课的方式是多种多样的。有时教师采用复述旧知识的方式,利用复习题讲解法进行;有时教师采用事前准备好的复习提纲,用提问的方法进行,让学生在回答按知识系统编排的题目过程中巩固知识;有时教师也用演算或证明习题的方式来复习知识。

(1)讲述

教师应将重点讲述或讨论的问题在课前系统地组合编排,应在了解学生、吃透教材的基础上进行。首先,讲述的内容应源于课本、高于课本,不是单纯地复述课本知识,而是将课本知识进行创造组合,找出规律性、系统性,让学生通过复习题对所学知识进行综合和开拓;其次是吃透两头,既不能偏离课程标准、大纲,超过学生实际水平,又不能降低水平和要求,使知识的形成有完整的结构,使知识之间有纵横的联系;最后,要注意数学归纳法、反证法、待定系数法、变量替换法、辅助函数法等数学方法的应用与总结。

（2）提问

复习中采用提问法,其效果是显著的,因为这种方法形式活泼,学生思维集中,兴趣较大。课堂提问应从知识本身的内在联系出发,从学生认识过程的基本规律出发,所以精心设计提问就显得更为重要。课堂提问的目的是引导学生在不知不觉中复习旧知识,让学生产生一种"立体感"。另外老师更应通过提问引导学生整理、归纳、加深理解所学过的旧知识,然后根据学生的回答,教师再作系统的总结。

教师的课堂提问应注意以下几点,否则就达不到预期的效果:①问题明确;②有启发性;③难度适当;④面向全体学生;⑤保护学生回答问题的积极性。

例 5-3 教师:什么是一元二次方程? 这里一元和二次是什么意思?

生:只含有一个未知数,未知数次数是二次的方程叫一元二次方程。

师:未知数的次数只有二次吗?

生:(思考)不是,是指未知数最高次数是二次。

师:很好。不过还要强调一点,它是整式方程。那么用严格的数学语言应怎样完整地回答?

这时学生就能顺利地、完整地回答教师原有的提问了。

当然,由于是复习,学生也可能一开始就回答得很好。那样的话,可以由教师把要点再重复一下。

（3）习题

为了达到复习知识的目的,习题安排应题型多样,覆盖面大。应精选典型习题,适当引申,深化概念,系统安排,循序渐进,由浅入深,并尽可能揭示题与题之间的或解法之间的逻辑联系。

总之,复习课一般结构是事先提出复习提纲,采用重点讲述、讨论、做习题等方法,最后布置复习作业,其中复习课的作业一般比平时作业更带有综合性、研究性。

另外在总复习中采用专题讲座的方法也是行之有效的教学方法。

4.讲评课

讲评课一般分为作业分析课、试卷分析课两类,这类课的主要任务是对学生作业进行分析,对某次考试进行总结。

这类课的内容与结构有两类:一是分析错误、问题归类、找出原因、加以改正、总结教训;二是列出多种解法、分析比较其思路、加以评价、总结经验。

作业分析课一般可两周左右进行一次,着重提出学生普遍存在的问题。试卷分析课可在测验后进行,不仅要讲试题的正确性,还应纠正各种错误解法并分析其产生的原因,从中找出解题规律。

教师对学生作业及试卷中所显示的思维水平的分析,一般可按以下三等六级来对照:

第一,再现水平。①重复再现,即学生能否掌握概念、法则等等;②变式再现:能否用这些法则、概念来解决一些简单运算、推理或判断正误。

第二,整组水平。①简编整组,能否将所学知识运用到解题之中去;②运用整组,能否在解题中运用知识并带有自己的见解。

第三,发现水平。①归纳发现,能否通过分析掌握解题中的共性、特性、联系及差异;②跃升发现,在解题中是否有方法技巧等超越一般内容的深度和广度的独特见解。

讲评的形式和教学方法也可根据不同情况分别设计,灵活掌握,方能收到良好的效果。

三、数学课的教学方法

我们知道,方法是为内容服务的,数学教学方法多种多样。因此,选择数学教学方法的依据也是多方面的,主要与教学目的、教学任务、教学内容、学生特点和教师水平等有关,同时还应注意多样灵活、适时变化。美国教育家富兰克林曾说:"不存在任何情况下对任何学生都行之有效的唯一的最佳方法。"因此,要依据对多种因素的分析进行最优选择,方可实现最佳教学效果。

在具体运用时要处理好三个关系:

第一,要正确处理方法和内容的关系。选用的教学方法既要充分反映数学教学内容的科学性、系统性与思想性,又要突出重点,便于克服教学难点,有利于理论联系实际,尽可能地符合学生年龄与心理特征,使学生在学习过程中学到知识,又增长数学能力。

第二,正确处理方法与效果的关系,讲究实效。例如运用讲解法时,应注意使用比较对照、分析综合、抽象概括等思维形式,进行严格的逻辑论证,有效培养学生的思维与表达能力。

第三,正确处理教的方法与学的方法的关系,既重视教的方法,又重视学生的科学的学习方法,使学生受益终身。

当前数学教学方法上存在几个常见的问题:

一是重"详细讲解",轻"引导学生探究"。我们知道,教师上课应该用自己的语言沟通师生之间的思想,使彼此思维发生"共振",让学生学习到好的思维方法与新的知识和技能。但是,有的教师一上课就一味讲解,倾盆大雨似地向学生灌注知识,忽视启迪学生的思维、培养学生对问题的探究精神。虽然一些学生马上可依葫芦画瓢完成作业了事,但其能力、创造精神却得不到培养。

教师只重视过分详解,必然使学生失去思考和发现的机会,影响学习兴趣与积极性,学生受益不大。

二是忽视数学基础理论,只注意解题技巧,大搞题海战术。有的教师在讲课中,片面强调解题技巧,讲起题来津津乐道、兴高采烈,而涉及数学基本概念及理论时,却一带而过;在解题中,只注意技巧强的题,而忽略基础知识的题,把数学课堂教学变成解题技巧教学;同时,认为学好数学就在于多做题,越多越好。为了应付考试,课内少讲多练,课后作业一大堆,形成以量求质,要求学生死记题型、硬背模式等,忽略心理学上有个"报酬递减"。熟练不能靠原地踏步,单纯重复是不能提高的。

当然,学好数学不做一定数量的题目是不行的,但做题应科学地选择,题量、题型、难度、梯度、覆盖面、时机、练习方法及做题要求等都应认真研究,不能把学生赶入题海之中,这样很难完成教学任务,达到教育目的,全面提高教学质量。

三是忽视概念形成过程的分析阐述,缺乏因材施教和启发教学。有的教师受传统教学思想影响较深,重结论及其应用。有的教师要求学生一字不改、一字不漏地死背结论、方法,而忽视知识的发生过程,即学习这部分知识的必要性,以及这部分知识是如何抽象、概括、分析、比较得出的。若能使两者有机结合起来,则极能锻炼学生的思维和培养学生兴趣。例如有的教师讲指数函数定义时,给出表达式 $y = a^x(a > 0 且 a \neq 1), x \in \mathbf{R}$ 就完事,没有很好地解释为什么要规定 $a > 0 且 a \neq 1$? 因而学生常忘掉这个条件。再如,讲算术根的概念,应首先说明它处于承上(方根)启下(根式)的位置,若没有算术根,而正数的平方根是多值的,这样就无法进行偶次方根间的运算。也就是说,讲算术根是为了解决实数范围内方根运算可单值进行的问题。所以引入它十分必要。另外,研究方根性质时,又出现负数的方根(负数的奇次方根是唯一负数),于是必分成正数、负数来论证,这就是旧概念中出现的矛盾,而引入新概念算术根,矛盾即得解决。还有部分教师只宣布正数的正的方根叫算术根,让学生死背了事,这样就很难达到教学目的。

我们知道目前施行班级教学制,其重点是放在全班性教学和指导上。这是班级教学的特点,但不能因此而忽略或取消对班上学生的个别指导。在统一讲解下,有理解掌握上的差异,在统一要求下,有完成与完不成之别,这就要求教师面对现实,加强个别要求和个别指导,"一刀切"的做法是违背因材施教原则的。

启发学生主动学习,实际是个教学思想问题,即:是把学生看作"仓库",还是看作有思想、有情感的人;是把教学看作单纯地传授知识,还是看作如何培养学生做一个符合国家需要的人。指导思想不同,教学侧重点当然也不同。启发学生的主动性,关键在于"创造问题的情境",在于"给学生表达、交流思想的机会"。一般教师可采取一定的教学手段。例如,教师揭示矛盾,创设问题的情境,采用启发式讲解或提问等方法,激发学生思考问题;也可借助实物、模型、图表等让学生观察思考,探求解答;亦可以旧引新,启发学生分清异同,加深理解;还可采用类比办法,启发大胆猜想,归纳结论,通过分析论证,加以确认;或在教师指导下,让学生带着问题有目的地自己阅读课本,展开议论,深化认识,活跃思维,激发潜在的学习动机等。"一百个成功的教师,一百个成功的教学方法。"我们在数学教学实践中,应根据优选教学方法的原则,认真总结,合情合理地选用适应我们教学实际的教学方法。

1. 改革数学教学要提倡启发式的教学思想

目前,我们正处在一个新的历史发展时期,"教育是立国之本"成了国人的共识。那么,教学工作如何才能适应世界新技术革命的挑战? 显然传统的课堂教学形式已远远不能适应"三个面向"的要求,这就要求我们通过课堂教学方法的改革来解决当前存在的教学任务与教学方法不相适应的矛盾。

那么课堂教学到底该改革些什么呢? 首先要改革传统的教学观、学习观。过去认为,教学的功能就是传授书本知识,教师教书本,学生学书本。而现在的教学观是既传授知识,又发展能力,还注意思想品德教育,这在第二章已作过论述。然后,最主要的是改革传统的教学方法。要解决好四种关系:教与学的关系,传授知识与培养能力的关系,教学生学会与教学生会学的关系,统一要求与因材施教的关系。只有解决好这几个方面的关系,我们的教学工作才能得到预期的效果。

联合国教科文组织的埃德加·富尔说:"未来的文盲不再是不识字的人,而是没有学会怎样学习的人。"所以课堂教学要特别强调让学生主动学习,并教给学生思维方法。

怎样改革数学课堂教学呢? 课堂教学的改革可以从各个方面入手。笔者认为,当前首先要做的工作是改革传统的注入式教学,采用启发式教学。因为启发式的教学作为一种教学指导思想,通过科学地启发引导,结合师生共同活动展开探讨研究,真正体现了在教师的主导作用下,学生是教学活动的主体。这种教学法着眼于培养学生的学习兴趣,激发其求知欲,使学生主动学习,积极思考,以全面实现教学目的。在第八章中所进行的概念教学、命题教学和推理证明教学的探讨就是努力按照启发式来进行的。

启发式教学思想是符合辩证唯物主义观点的。在教和学的过程中,学生学习的积极性和自觉性起着决定性的作用,是提高学习质量的内因。

教师在教学过程中如果不从调动学生积极性出发,不从学生的认识规律出发,不从学生的学习基础出发,而是靠主观想象,使课堂教学公式化、形式化、简单化,就不能提高教学质量和学生的学习质量,所以我们必须提倡启发式教学而废止注入式教学。

2.教无定法与教有常规

教师就课堂教学内容组合所需运用的教学模式,制定出相应的教学策略与措施,这称为教学方法。

数学教学是有规律可循的,教师教学时必须遵循教学原则,贯彻教学观念并实现教学目标。实施教学时,教师可以恰当、合理地选择教学模式,并加以科学组合,用于个体内容及具体的课堂教学之中。但教师施教时,应根据本地区学生的具体状况、当地的文化环境以及教师自身的个性特征来设计教学内容,选择适合自己与学生的教学模式且加以组合,构成具体的操作方式(包括教学策略),即教学方法。从这个角度看,我们认为教师的教学策略、具体操作方式、教学方法是可以不同的;甚至于同一年级不同教师的数学教学方式可以是完全不同的;对于同一教师而言,不同的内容、不同阶段的学生、不同的课所施行的教学方法也可以各不相同。这就是人们常说的教无定法。

虽然"教无定法",但绝不是说教学方法不可捉摸。我们已经学习了许多具体的教学方法,这些方法正是我们研究和从事教学的基础,可以合理选用,只是不能把教学搞成一个僵化的模式。还有,教学活动本身是有它的客观规律的,这些前面都已经作了研究,因此教学方法的选取不是随心所欲的,而是必须要遵循这些规律。最根本的,如我们已说的,最后还是要接受实践的检验。

所以综合起来,我们可以说:"教有常规",但"教无定法"。"常规"就是规律,就是数学教育、教学的规律。

总之,教师在学习和吸取别人的优秀教学经验时,切勿机械模仿、生搬硬套,既要遵循教学规范,又要因地、因人、因时制宜,形成自己的教学风格,构成自己教学的个性系统。

第二节　如何备课

随着新课程改革的不断深入,课堂教学的有效性问题越来越被人们关注。随着研究的不断深入,人们发现,教育的生命在质量,质量的生命在课堂,课堂的生命在备课。孔子曰:"工欲善其事,必先利其器。"备好课是教学成功的前提。备课在教学环节中非常重要,没有认真的备课不可能有成功的教学,正所谓"台上一分钟,台下十年功"。所谓备课,就是上课前的一切准备工作。每位教师都必须备好课。备课是由钻研教材、了解学生、设计教学计划、确定课时教学目标、编制教案、教后反思等多个环节组成的系统过程。备课是教学全过程的基础,它对课堂教学的质量起着决定性的作用。

一、备课的基本要求

教师在课后应把一些突发事件记录下来,对自己的教学观念和教学行为,学生的表现,教学的成功与失败进行理性的分析,通过反思、体会和感悟,总结和积累经验,形成一套能适应教学变化的、能出色驾驭课堂教学的知识体系和本领。

备课工作包括学习国家课程标准、大纲,钻研教学内容,阅读参考资料,研究有关教学经验以及深入了解学生情况,选择具体恰当的教学方法,编写每一节课时的教学方案等。

按照这样的工作程序,备课应该备什么呢?

(一)备教材

1. 熟悉教材

从教材的系统性入手,通晓全部教材,了解教材的来龙去脉,了解各部分内容在整个教材中的地位和作用,确定教材的深广度。

例 5-4　在初三几何"相似形"中,三角形内角平分线性质定理的证明,一方面要考虑到和前面知识的联系,AD 为 $\angle A$ 的平分线,过点 C 作 $CE \parallel DA$,交 BA 的延长线于 E,应用前面的平行线分线段成比例定理而得证(见图 5-1);另一方面还要考虑与后续知识的联系。在学习了"解三角形"以后,则三角形内角平分线性质定理的证明可简化如下:

在 $\triangle ADC$ 中(见图 5-2),$\dfrac{AC}{\sin \alpha} = \dfrac{DC}{\sin \dfrac{A}{2}} \Rightarrow \dfrac{AC}{DC} = \dfrac{\sin \alpha}{\sin \dfrac{A}{2}}$。

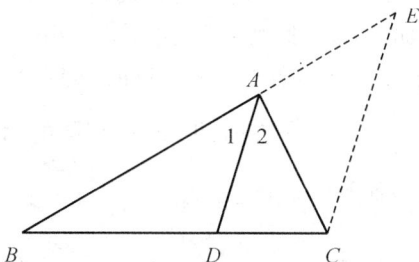

图 5-1

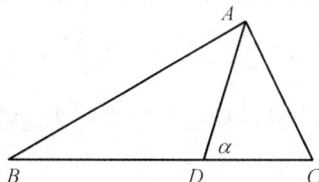

图 5-2

同理，$\dfrac{AB}{BD} = \dfrac{\sin(180° - \alpha)}{\sin\dfrac{A}{2}} = \dfrac{\sin\alpha}{\sin\dfrac{A}{2}}$，故 $\dfrac{AC}{DC} = \dfrac{AB}{BD} \Rightarrow \dfrac{AB}{AC} = \dfrac{BD}{DC}$。

2. 分析钻研教材

在"精读"教材的基础上，教师应对教材内容进行全面深刻的剖析，研究教材的思想，研究数学中的运动、发展、转化，由量变到质变，对立统一等观点在教材有关章节中的具体体现。尤其在概念教学中侧重于观察、抽象、概括、辨析等能力的培养，在定理教学中侧重于归纳、类比、分析、综合等探究能力的培养。对教学内容较易的侧重于自学能力的培养，对内容较难的则侧重于分析问题和解决问题能力的培养。例如在几何中，研究图形之间的内在联系，三角形是基本图形，其他多边形多半可转化为三角形来研究，而在三角形中，其全等的判定和应用判定定理进行推理证明又是这章的重点，在这章以前还没有要求学生独立进行推理论证，只是让学生填空、填写理由和模仿证明。从"三角形"这章起就逐步要求学生独立地按一定推理过程进行推理、论证，在证明中根据需要添加辅助线。对这些问题的分析都有助于我们对教材的"吃深吃透"。

另外，在备课中要根据一般和特殊的辩证关系，掌握知识间的纵横联系，寻找教材间的"规律"。人们的认识规律总是由特殊到一般再由一般到特殊的，数学知识之间的纵横联系也必然反映出人们这一认识规律。例如从三角形的画法可以知道，如果一个三角形具有下列性质条件之一：(1)已知三条边；(2)已知两边和它们的夹角；(3)已知两角和它们的夹边；那么这个三角形的形状、大小就完全确定了，从而另外三个元素(边或角)也随之确定。但是它们之间的内在规律如何？还不能一下子认识。人们首先认识的是直角三角形边角的内在规律：勾股定理和锐角三角函数。在掌握它们之后，就可以解直角三角形了。在锐角三角函数推广到任意角三角函数后，则可以进一步导出正弦定理和余弦定理，从而掌握了任意三角形边角之间的内在联系，由此则可解任意三角形。这是一种纵的联系。另外还应注意内容的横向联系。例如：正弦函数图像中主要研究正弦函数 $y = \sin x$，$y = A\sin\omega t$，$y = A\sin(\omega t + \phi)$ 的图像，而 $y = \sin x$ 是 $y = A\sin\omega t$ 的特殊情况，$y = A\sin\omega t$ 又是 $y = A\sin(\omega t + \phi)$ 的特殊情况，这样可以从 $y = \sin x$ 的图像入手，逐步推广，从而找出内在规律，其中 $y = A\sin x$ 与 $y = A\sin\omega t$ 虽然周期不同，但在同一周期内函数的变化规律是一致的。$y = A\sin(\omega t + \phi)(\omega > 0)$ 在时间 $t = \dfrac{\phi}{\omega}$ 时与函数 $y = A\sin\omega t$ 在时间 t 时有相同的函数值，只要找出这些规律，这一类问题也就迎刃而解了。

3. 处理教材

(1)紧扣教学目的,克服教学中的盲目性

教育学指出:学习是一种有目的的活动,学习的目的性越明确,学生的学习积极性就越高。心理学也认为:学习上的自觉性,就是指学生对学习目的和它的社会意义有清晰的认识,从而转化为学生根据自己需要所产生的学习积极性。为达到中学数学教学总目的,必须使学生明确每一章节乃至每一节课的目的。离开这一个个小的教学目的,大的目的就会落空。

教学目的和要求应考虑下列几个方面:

第一,思想品德教育体现在哪些方面?

第二,对基础知识和基本技能、技巧的学习应达到何种程度? 提出何种水平的要求?

教学目的的提出要明确、具体、恰如其分。太宽则过于笼统而针对性不强,太窄则流于枝节而易忽略重要内容,太高则不宜兑现,太低则不能达到国家课程标准或教学大纲的要求。总之,"宽窄高低"都是不适当的。

例 5-5 老师讲"分母有理化"这一节课时,两位老师上课方法分别如下:

教师甲:"今天我们学习分母有理化",然后板书课题,依次讲什么是分母有理化,怎样使分母有理化,举例,练习,最后布置作业。

教师乙:首先板书一道题"计算$\frac{1}{\sqrt{2}}$(精确到 0.01)",指定两位同学板演,一同学先把分母分子同乘以$\sqrt{2}$,很快算出结果;另一同学直接用 1 被$\sqrt{2}$的近似值 1.414 除,列竖式算得很繁。为此,教师问学生哪种方法简便,学生一致肯定了前者,从而自然引入了分母有理化课题。

教师乙引入课题并不费力,目的很明确,使学生产生强烈的求知欲,从而迫切期待着学习新知识。

(2)突出教学重点,克服学习的复杂性

根据教学目的和教学特点,联系学生实际情况,组织教材,确定什么地方该详讲,什么地方该略讲或不讲,也就是要确定教材的重点。

教材的重点是指在整个教材中处于重要地位和作用的内容。如何确定内容的重要程度呢?

第一,对教材的有关部分,确定它是不是核心;

第二,确定它是不是今后学习其他内容的基础,或者是否有广泛的应用。

教师在备课中要突出重点,避免孤立地讲授知识,以利于形成知识系统,同时还要防止只注意系统而过于面面俱到。突出重点就是要抓住知识的"纲",做到"纲举目张"。

例 5-6 在讲两角和与差的三角函数时,可确定以两角和的余弦公式 $\cos(\alpha+\beta)=\cos\alpha\cos\beta-\sin\alpha\sin\beta$ 为重点,因为 $\cos(\alpha-\beta)$ 可通过 $\cos(\alpha-\beta)=\cos[\alpha+(-\beta)]$ 推出;$\sin(\alpha+\beta)$ 可化为 $\cos\left[\dfrac{\pi}{2}-(\alpha+\beta)\right]$,即通过 $\cos\left[\left(\dfrac{\pi}{2}-\alpha\right)-\beta\right]$ 而推出,进而又推出 $\sin(\alpha-\beta)$ 的公式。

(3)突破教学"难点",及早防止可能出现的错误

教学中难点常表现在以下方面:知识过分抽象,知识的内在结构错综复杂,知识的本质属性比较隐蔽,知识由旧到新要求用新的观点和方法去研究,以及各种运算的逆运算等。一般采取抓住关键、突破难点,或者分散难点逐步解决的办法。这就要求备课时周密考虑关键所在,在教学中,充分运用直观、具体模型,逐步抽象,由浅入深;充分利用已有知识经验,以温故知新等方法扫除障碍。

教材中的难点,不一定都是内容的重点。既是难点又是重点的内容则应特别重视,认真解决。

例 5-7 "对数"的概念是个难点,解决这个难点的关键是弄清对数运算与指数运算互为逆运算。另外,对数定义中为什么要把底数 a 的范围规定为 $a>0,a\neq1$? 教材中未指出,学生会有疑惑。教师必须向学生交代清楚,是因为任何实数 b 都满足 $1^b=1$,而任何实数 b 都不满足 $1^b=N(N\neq1)$,故规定对数的底 $a\neq1$,类似地可知规定 $a\neq0$ 的原因。而当 $a<0$ 时,a^b 在许多情况下,比如 $b=\dfrac{l}{2k}$(l、k 为自然数)时没有意义,故规定 $a>0$。

综上所述,在备教材时要努力做到:

第一,教材是学校教学的主要依据。在备课时,要掌握本节课的知识结构体系,它与前后知识之间的联系,在教学中的作用、地位,所要达到的知识和能力两方面的要求,它的重点、难点、关键,从而确定本节课的教学目标、课堂类型和所要使用的教学方法。

第二,为了更好地把握教材,还需要阅读教学参考资料上的有关内容。它详细说明了知识之间的联系、作用、地位,也提供了教学意见和一些注意事项,可以使我们加深对教材的理解,少走弯路。

第三,对教师来说还应该多阅读一些资料,如参考书、课外读物,与专业联系的报纸杂志等。

同时,在新课程条件下,随着教师角色的转变和学生学习方式的改变,备课不再是教材内容的简单诠释、教学过程的简单安排、教学方法的简单展示,它的性质、功能、方法已经发生了很大的变化。它要求教师从新课程理念出发,在落实学生主体学习地位上下功夫,在落实每一个学生自主学习上下功夫,在落实

学生合作学习上下功夫,在充分调动每一个学生的学习积极性上下功夫,在防止学生的学习活动流于形式、切实提高课堂效益上下功夫。因此教师备课已升华为教师教学研究的一个重要内容。

（二）备学生

教学活动是教师的主导作用和学生的主体作用相互协调配合来完成的,不了解学生,不研究学生,就不能有的放矢。了解学生不仅是指刚接任一个新班时需要了解班级学生的情况,或是在开展优质课评选活动借班上课时需要向有关教师了解学生的情况或亲自深入班级熟悉学生情况,而是在平时的教学中,在每一课的备课时,都要考虑我们的教学对象。

了解学生的途径是多方面的,如:回顾上一节课教学任务的完成情况,以及课堂上学生的学习情绪;学生的作业情况,有目的地和不同层次的学生交谈;向课代表了解情况等。

1.备课要准确定位学生学习目标

教师备课时应决定适当的学习目标,并确认和协调达到目标的最佳途径,而传统备课中的目标确定是一种知识的预设。新课标要求达成学生知识与技能、过程与方法及情感、态度与价值观三维目标。目标设计上要做到"三个并重"。传统的知识点、能力点要求仍然是教师备课中必须重视的,同时需要考虑另外两个目标:一是过程和方法的考量,必须重视设计每个学生自主思索的平台,必须让每个学生都能用数学的方法思考问题、解决问题;二是可理解为看不见的方法、情感、态度、价值观要求,主要表现为培养学生热爱科学、勤于思考、善于探索、善于合作、追求真理的学习心理和学习品质。备课中应考虑两项内容:一是明确本课的知识点和能力点,及其在整个学校学习的地位和作用。二是学法指导,在备课时就要充分考虑好作怎样的指导,每节课的学习都要让学生学会一定的探究方法、技巧,这一点非常重要。如果我们在这方面下些功夫,学生就能学会学习、主动学习、自主学习,学习的效率就体现出来了。

2.备课应考虑师生双边互动

新课标强调"教"服务于"学",教师通过与学生合作,依靠学生自主动手活动、实践、合作与交流去实现教学任务;新课标要求教师以学生的心理发展为主线,以学生的眼界去设计教学思路,预测学生可能的思维活动并设计相应的对策。这就要求我们让学生参与课前的准备,自己收集制作有关资料(如实物、图片、数据等),如制作等腰三角形、平行四边形,然后尝试研究它的性质。这个过程不仅能促进学生自主学习,为课堂教学做很好的铺垫,还能使教师预测到学生的需要,掌握学生的现有水平和情感状态,把握学生的"现有发展水平",使教师在备课时,更多地从学生学习的角度去考虑教学方案,对症下药,有的放矢。

3.备课应考虑学生的个体差异,因材施教

新课程倡导打造教学基础,做好教学的前提工作,了解教学对象的差异——学生差异。备课时,我们应认真分析学生的知识结构的差异,找准学习新知识的切入点;认真分析学生的学习方式的差异,根据学生的兴趣、爱好、情绪,设计课堂教学,把握学习的鼓动点;认真分析学生的学习需要差异,根据对象确定分层教学,架好学习的桥梁,使基础较差的学生"吃得进,消得了",使学有余力的学生"跳一跳,摘得到"。

只有这样,在掌握学生的个性差异和个体需求的前提下,采取不同的教学方法,才能为每一个学生的发展创造条件,使学生全身心地投入课堂学习活动中来,使每个人都获得身心的愉悦,在原有基础上有较大发展。因此,教师精心地选择例题和学生的训练题至关重要。例题的选择要有典型性、代表性、思维性,特别要注意例题的一题多变、一题多解和一图多用。学生的课内训练题和课外作业题,要避免大量的机械模仿性的题目;要紧扣重点,以利于基础知识的巩固和规律的掌握,要注意题型的多样性,重视变式训练和探索性的训练,以培养能力、发展智力。对于课外作业可布置适量选做题,以体现因材施教的原则。

4.根据教学情况进行课后备课,提高教学反思能力

课前备课、写教案固然重要,但课后反思、进行二次备课,更有利于教师的专业成熟与提高。教案的价值并不仅仅在于它是课堂教学的准备,教案作为教师教学思想、方法轨迹的记录,也是教师认识自己、总结教学经验的重要资料。在教学实践中,课堂一旦放开,真正活起来,就会有很多突如其来的可变因素,学生的一个提问、一个"发难"、一个突发事件,都会对原有的教学设计提出挑战。

教学过程是师生共同劳动的过程,教师在吃透教材之后还必须了解、调查受教育的对象。一要了解学生原有的知识结构、技能水平、学习兴趣、思想状态以及他们的学习方法和学习习惯,做到因材施教,使教学不脱离实际。二要在了解的基础上进行研究,作出比较准确的预见,预见到学生在接受新知识时会有哪些困难,做到心中有数,有的放矢。

例 5-8 在数的开方及算术根运算中,容易出现如下错误:$\sqrt{4} = \pm 2$,$\sqrt{(a-2)^2} = a-2$ 等。在教学中就要注意讲清算术根与平方根的区别,使学生明确 $\sqrt{4} = 2$,$\sqrt{(a-2)^2} = |a-2|$。

例 5-9 高一代数"角的概念推广"一节需要用到集合知识,如果学生还没有掌握,将会给讲解例题:"写终边落在 y 轴上角的集合"带来困难,这里涉及求两个集合 $S_1 = \{\beta \mid \beta = n \cdot 360° + 90°, n \in \mathbf{Z}\}$,$S_2 = \{\beta \mid \beta = n \cdot 360° + 270°, n \in \mathbf{Z}\}$ 的并集。同时在角的概念推广以后,学生对某一确定的角和某象限的角的概念容易混淆,这就要求教师在了解学生的基础上,缺什么就想办法弥补什么,对一些易混淆的概念教师应引导学生加以辨别。

(三)备练习题

这里所说的练习题泛指整个教学过程中,和训练有关的口答题、笔答题、板演题、教师讲解的例题以及所布置的作业题等。

习题是整个教材内容的一部分,习题在数学教学中占有特殊的地位,要使学生牢固地掌握数学知识,没有必要的恰当的例题讲解和练习,学生就不可能巩固所学知识,掌握有关的基本技能和进一步培养能力。为此,教师必须对例题和练习题精心设计和选择,细心安排处理,才能收到好的教学效果。

1. 例题的选择和挖掘

开始的引导练习要起承上启下的作用,既巩固上一节的知识,又能自然地导入新课,或为新知识的传授铺垫搭桥。例题的选择要有典型性、代表性、思维性。特别要注意例题的一题多变、一题多解和一图多用。

精选例题是提高课堂教学效率的重要手段。例题的选择应有利于加深对概念和基础理论的理解掌握,通过例题的讲解,明确概念,传授方法,启发思维,培养能力,因此选讲的例题应具有一般性和代表性。中学数学课本中,在每一节的概念、定理、公式之后,都配备了一定的例题,教师应认真钻研、深刻理解每个例题的教学目的,并在教学过程中紧扣和实现教学目的。除此之外,如在教学中或章末复习中增加例题,则应精选,并注意以下几点。

(1)具有目的性

设计例题主要从巩固知识和获取技能两方面考虑。同时还要考虑学生的未来发展。选择例题要目的明确,分层设计来组织例题,一般可采用题组形式,围绕目的,层层展开。

在讨论"指定区间上二次函数的极值与最值"时可设计如例 5-10 这样的一组例题。

例 5-10　已知函数 $y = f(x) = x^2 - 2x + 2$,试求函数在下列区间上的极值与最值:①$(-\infty, +\infty)$;②$[0,3]$;③$[-1,0]$;④$[2,3]$。

这里既需要作一般的考虑,又要在有限区间的情况下,特别考虑区间的端点。

(2)具有启发性

通过典型例题的讨论,学生对这类问题的条件、解题方法的理解深刻了,不仅能思考问题的本身,而且还可以思考更广泛、更深远的一般性问题。

例 5-11　求证 $\lg 3 \cdot \lg 33 < 1$。

问题本身启发:①$3 \times 33 = 99$;②$\lg 3 + \lg 33 = \lg 99 < \lg 100 = 2$;③ 把不等式左边运用基本不等式化为和式,可考虑用"$a > 0, b > 0$,则 $\dfrac{a+b}{2} > \sqrt{ab}$"来证明。

（3）具有延伸性

为使例题延伸，可通过对例题的挖掘深化，使问题在更大范围内延伸展开。其中横向延伸主要指对例题的一题多解；纵向延伸主要指改变例题的条件和结论，采取有层次的"题组式"教学，其优点是思路流畅，脉络清晰，规律性强，也有利于学生推广、归纳、分类，从而加强探索能力。

在"不等式证明"一节中，设计如下题组：

例 5-12 ① a,b,c 均为正数，$(a+b)\left(\dfrac{1}{a}+\dfrac{1}{b}\right)\geqslant 4\Rightarrow(a+b+c)\left(\dfrac{1}{a}+\dfrac{1}{b}+\dfrac{1}{c}\right)\geqslant 9$

$\Rightarrow$ 若 $a+b+c=1$，则 $\dfrac{1}{a}+\dfrac{1}{b}+\dfrac{1}{c}\geqslant 9\Rightarrow\dfrac{2}{a+b}+\dfrac{2}{b+c}+\dfrac{2}{a+c}\geqslant\dfrac{9}{a+b+c}$；

② a,b,c 均为正数，$a^2+b^2\geqslant 2ab\Rightarrow a^2+b^2+c^2\geqslant ab+bc+ca$

$\Rightarrow a+b+c\geqslant\sqrt{ab}+\sqrt{bc}+\sqrt{ac}\Rightarrow\dfrac{1}{a}+\dfrac{1}{b}+\dfrac{1}{c}\geqslant\dfrac{1}{\sqrt{ab}}+\dfrac{1}{\sqrt{bc}}+\dfrac{1}{\sqrt{ac}}$。

（4）具有典型性

具有典型性的例题即具有代表性。研究它的典型意义，可以"以点代面"使学生举一反三、触类旁通。

例 5-13 在解析几何中用代入法求动点轨迹问题。如图 5-3 所示，设 A 的坐标为 $(2,0)$，Q 为圆 $x^2+y^2=1$ 上任一点，OP 是 $\triangle AOQ$ 中 $\angle AOQ$ 的平分线，求 P 点轨迹。

从这类问题中可以抽象出利用"代入法"求动点轨迹的一般模型和方法。

2. 学生的课内练习题

课堂练习的目的在于使学生及时巩固所学得的基础知识，掌握有关的基本技能

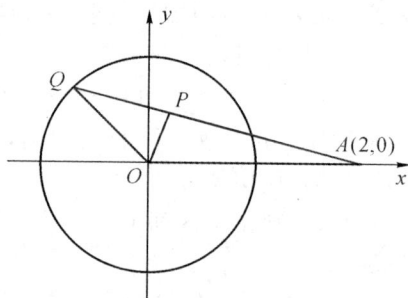

图 5-3

并趋向熟练。加强练习，不仅要注意增加练习的机会和练习的形式，更重要的是提高练习的质量，讲究练习的效果。精心选择练习题要注意什么呢？《全日制普通高级中学数学教学大纲（试验修订版）》（2000 年 2 月）指出："练习是数学教学的有机组成部分，是学生学好数学的必要条件。练习的目的是使学生进一步理解和掌握数学基础知识，训练、培养和发展学生的基本技能和能力，能够及时发现和弥补教和学中的遗漏或不足，培养学生良好的学习习惯和品质。"与此同时，初中数学教学大纲也作了完全一致的论述。为了使练习能起到应有的作

用,教师在备课中安排练习时应注意以下几点:

①要紧扣重点,有利于基础知识的巩固和规律的掌握。

②事先演算,明确目的。课本上的"练习"是供课堂上用的,一般比较简单,但绝不能因此在备课中轻视它。而应该事先准备,对题目进行精选,明确各道题的目的和作用,并尽可能利用这些材料。

③要注意题型的多样性,重视变式训练和探索性训练,以培养能力。为此,要妥善安排练习题,做到练习及时。课堂练习安排在何时进行,安排多少时间,要根据教学的年级和教学的内容而定。一般来说,是先讲后练,但必须注意的是,这并非是指都要等新知识全部讲完后再一起练习。事实上,如果一堂课的新知识可以明显地分为几个层次,那么练习就可以相应地穿插其中,整节课就分成了几个"回合",尤其是对于低年级更应注意这一点。低年级学生能集中注意力的时间比较短,若及时练习,动手动口,可避免因教学形式的单调引起大脑皮层的过早抑制,促使学生积极动脑,主动思考。

④例题示范,注意格式。在学生做练习前,应有例题作为示范,包括应用的新知识、要注意的问题以及解题格式。一般情况下,学生练习时,示范的例题应保留在黑板上,以便学生遇到困难时对照解决。

⑤安排板演,共同评议。适当地安排板演,并由师生共同评议,不仅可及时了解学生掌握知识、技能情况,得到信息反馈,而且可以养成学生进行研讨的好习惯和提高思维的批判性。一般来说,评议应先由学生来进行。学生解决不了的,教师引导;学生解决不好的,教师纠正或补充。总之,不要由教师包办批改,不要把学生活动的好时机丢失掉。

⑥循序渐进,逐步提高,以发展学生的智力。练习应由浅入深,由单一到综合,还要有适当的开放题。当学生的练习分成几段进行时,要注意有明显的层次,每一段都应有新的明确的目的。更要注意的是,不要把简单的练习放在讲完较难的例题之后进行。因为虽然看上去这些练习完成得很顺利,但已失去了做此练习原有的意义,违背了循序渐进的要求。

⑦题量适度,难度适中。题量要适度,首先要保证必需的基本题,人人达标。习题难度要适中,布置作业要区别对待。对学习有困难的学生,要给予必要的辅导。对于实习作业和探究性活动,应要求学生切实完成。

3.课外作业题的布置和配备

备数学课要认真备习题。首先教师需按照对学生的要求,将教材上全部习题演算一遍,明确各题的要求、解题关键、解题技巧、解题格式。区别哪些习题是主要的,哪些是次要的,哪些是巩固性的,哪些是创造性的,哪些是单纯性的,哪些是综合性的,哪些学生可以独立完成,哪些需要提示,哪些可作为教材讲授，对每道题的难度与演算时间做到心中有数。同时，对于课外作业可布置适量的选做题，以体现因材施教的原则，还要避免大量的机械模仿性的题目。

在编制习题中，教师常常需要突破常规，认真学习研究，掌握独立地创造新题的方法和技巧。这要求教师不仅具备广博的专业知识，还要有良好的思维品质。数学教师不仅要谙熟初等数学知识，而且对高等数学知识也有较高的造诣。同时要善于想象，从不同的角度去思考问题，防止思维定式。

相对而言，制题是比解题更困难和更复杂的数学思维过程。正如数学大师华罗庚教授所言："出题比做题更难，题目要出得妙、出得好，要测得出水平。"解题能力和制题能力的基础有共同之处，即：严密的逻辑思维能力，一定深度和广度的知识结构，灵活的数学技巧，以及对多种数学方法的理解和掌握。但是，解题与制题是两个目的不同的过程。解题，是在给定的条件下去求出问题的答案；制题，则是在设定条件的同时，也设定要证明的结论。"好"的数学问题的标准包括：①应当具有较强的探索性；②具有一定的启示；③具有一定的开放性；④具有一定的发展余地；⑤具有一定的现实意义。一个好的题目，要具备这样的特点：①文字叙述简洁明了；②假设的条件恰到好处（若增多，则嫌多余，若减少，则不能保证结论成立）；③解题所用到的知识不超出解题者的知识范围。因此，制题比解题需要更多的综合能力。例如，要有创造数学美的能力，所设置的题目应该具有形式练达、创意新颖的数学美的表征；要有综合各种知识，构成有适当难度题目的能力，能设置不同难度的题目，以用于不同层次的学生；等等。

编制数学题目的来源包括现实原型的数学化以及对数学原型的逻辑组合（对数学原型的逻辑组合应包括：从特定的原型出发，进行逻辑分析与综合，制造逆命题，演绎变形，一般化，特殊化，作类比等），下面提出几种编题方法。

（1）成题改编

对成题进行改造，推陈出新，是数学命题的一个重要方法，也是命题的一条捷径。

改造成题法是对原有习题进行加工、改造、深化，是编造习题的重要方法。即从变换原题条件入手，编造新命题。

例 5-14 原题：已知 $M(-5,0)$，$A\left(-\dfrac{9}{5},\dfrac{12}{5}\right)$，$B\left(-\dfrac{9}{5},-\dfrac{12}{5}\right)$ 三点，动点 P 到 AB、MA、MB 之距离分别为 $|PC|$、$|PD|$、$|PE|$，且 $|AC|^2 = |PD| \cdot |PE|$，求 P 点的动点轨迹方程。

改编题：① 设等腰 $\triangle OAB$ 的顶角为 2α，高为 h，$\triangle OAB$ 内一动点 P 到三边 OA、OB、AB 距离分别是 $|PD|$、$|PF|$、$|PE|$，且满足 $|PE| = |PD| + |PF|$，求 P 点轨迹。

② 将上题中的 $\triangle OAB$ 内一动点 P 改为 $\triangle OAB$ 外一动点 P，把 $|PE| =$

$|PD|+|PF|$ 改为 $|PE|=|PD|-|PF|$，求 P 点轨迹。

除此而外，还可对定理、公式、习题继续推演，得到新的结论和结果，也可把几个题整合在一起，利用它们之间的关系，编造新习题。当然，编出的习题是否正确，还要通过实际推证或演算来进行检验。

（2）高等数学成果初等化

高等数学研究成果常常包含着一些初等的结论，如恒等式、不等式等，高等数学中的一些问题经过简单化、特殊化、具体化之后，常可用初等方法来解决，这些题无范本可循，往往是公认的好题。以高观点研制数学题目，可以编制出有新意的题目。

高等数学的基本思想、基本方法、基本问题为高考命题设计提供了新的背景和思路。

题型 1　以利普希茨条件为设计背景

例 5-15　设函数 $y=f(x)$ 如果存在一个正的常数 a，使得对于定义域 D 内任意两个不等的值 x_1、x_2，都有 $|f(x_1)-f(x_2)|\leqslant a|x_1-x_2|$ 成立，则称函数 $y=f(x)$ 为 D 上的利普希茨函数，已知集合 M_B 是满足下列性质的函数 $f(x)$ 的全体：对于定义域 B 中的任何两个字变量 x_1、$x_2(x_1\neq x_2)$，有 $|f(x_1)-f(x_2)|<|x_1-x_2|$。

① 当 $B=\mathbf{R}$ 时，$f(x)=\sqrt{x^2+1}$ 是否属于 M_B？为什么？

② 当 $B=(0,\infty)$ 时，$f(x)=\dfrac{1}{x}$ 是否属于 M_B？举例说明存在一个 $D\subsetneqq(0,+\infty)$，使 $f(x)=\dfrac{1}{x}$ 不属于 M_B。

题型 2　以矩阵为设计背景

例 5-16　（2007 年江苏高考）在平面直角坐标系 xOy 中，已知平面区域 $A=\{(x,y)\,|\,x+y\leqslant 1$ 且 $x\geqslant 0,y\geqslant 0\}$，则平面区域 $B=\{(x+y,x-y)\,|\,x,y\in A\}$ 的面积为　　　　　　　　　　　　　　　　　　　　（　　）

A. 2　　　　　　B. 1　　　　　　C. $\dfrac{1}{2}$　　　　　　D. $\dfrac{1}{4}$

解　联系矩阵的性质有 $\begin{pmatrix}x+y\\x-y\end{pmatrix}=\begin{pmatrix}1&1\\1&-1\end{pmatrix}\begin{pmatrix}x\\y\end{pmatrix}$，所以平面区域 B 可看成平面区域 A 经过矩阵 $\begin{pmatrix}1&1\\1&-1\end{pmatrix}$ 变换而成。显然，平面区域 A 是由 $O(0,0)$，$C(1,0)$，$D(0,1)$ 围成的三角形。

（3）倒果为因法

预先约定一个条件 A，经过有目的的运算或逻辑推理，得出了一个结论 B，如果这些运算和推理都是可逆的话,就可以得出以 B 为条件、以 A 为结论的习题,或得出与推演过程有联系的习题。

例 5-17 先约定 a,b,c 成等差数列,作以下演绎:

$$a-b=b-c\Rightarrow(a-b)-(b-c)=0\Rightarrow[(a-b)-(b-c)]^2=0$$

考虑恒等式 $(a-b)+(b-c)=a-c$ 与 $[(a-b)+(b-c)]^2-[(a-b)-(b-c)]^2=4(a-b)(b-c)$,得 $(c-a)^2-4(a-b)(b-c)=0$,由于以上过程可逆,故得题目:"已知 $(c-a)^2-4(a-b)(b-c)=0$,求证:a,b,c 成等差数列。"

类似地,再考虑恒等式 $[(a-b)+(b-c)]^3+[(a-b)-(b-c)]^3=2(a-b)^3+6(a-b)(b-c)^2$,又可得题目:"已知 $2(a-b)^3+6(a-b)(b-c)^2+(c-a)^3=0$,求证:$a,b,c$ 成等差数列。"

有兴趣的读者,请认真推演一下本例中的题目,你一定会有新的发现。

需要说明的是,采用"倒果为因法"编题的条件是每一步推演必须都可逆;还有,推演的步骤不可太多,否则编出的题将失去实际意义。比如说,我们能够随意写出几个多项式相乘,然后用结果让别人去作因式分解,这往往是非常困难,甚至是办不到的。所以,用"倒果为因法"编题不可滥用。

(4)类推仿造法

根据原有题目的特点,进行类推仿造新的习题。

例 5-18 原题:如果 $a>0$ 则 $a+a^{-1}\geqslant 2$;如果 $a<0$,则 $a+a^{-1}\leqslant-2$。

仿造题:① 设 $2k\pi<a<(2k+1)\pi(k$ 是整数),求证:$\sin\alpha+\csc\alpha\geqslant 2$;

② 设 $2k\pi-\dfrac{\pi}{2}<a<2k\pi(k$ 是整数),求证:$\tan\alpha+\cot\alpha\leqslant-2$;

③ 设 a 是任意实数,求证:$\dfrac{a^2+4}{\sqrt{a^2+3}}\geqslant 2$。

(四)备导入

如何引进新课,这对于有经验的教师来说是要认真考虑的问题。导入好,就能将学生的注意力牢牢地吸引住,就能激发学生的求知欲望,提高学生的学习兴趣,因此每节课都必须精心构思导入,达到以下三个方面的要求:

①创设一个良好的教学情景,造成积极思考的环境气氛;

②让学生在十分迫切的要求下学习;

③揭示本节课的教学目标。

(五)备设问

教学中发挥教师的主导作用,主要是突出一个"引"字;充分发挥学生的主体作用,主要是突出一个"放"字。"引"也好,"放"也好,都离不开教师的设问,如创设良好的教学情景引入新课,让学生讲思路,让学生议疑难,让学生找规律,让学生得结论,让学生析错误,通过设问来启发学生的思维,让学生主动地接受知识。

(六)备小结

一节课的小结是教师帮助学生回顾与总结本节课的学习内容,对于小结要注意以下几点:

①要尽量引导学生总结,如本节课的主要学习内容,它的作用、规律性的结论、有关注意事项、学习心得等。

②要注意将本节课的知识纳入系统之中,促使学生在总体上把握知识,这样掌握的知识就不是零乱的和支离破碎的。

③要充分发挥小结的作用,小结可以是承上启下的引子,如提出某一未解决的问题,引出下节课;可以是激发学生学习兴趣的火花,如故设悬念,让学生课后思考;可以是布置新的研究课题,如就课堂上出现的某一基本图形,要求学生翻阅资料,查找与这一基本图形有关的几何题等。

(七)备语言

语言是人们交流思想的主要工具,语言是直接与思维联系的,它把人的思维活动的结果、认识活动的成果,用文字和图形记录下来。语言不能脱离思想,而数学教师更应要求自己在教学活动中能正确运用语言,而且还要培养学生正确使用数学语言。

语言的口头表述是一种艺术,教书主要是通过语言表达来进行的,因此提高教师的表达能力至关重要。每节课都有精细的序列关系,从引进新课到新课的展开,到最后的小结,整体结构非常严谨,既充分反映出本节课知识之间的内在联系,也充分体现了数学本身的科学性和严密性。

教师在备语言时要做到如下几点:

①能认真推敲衔接语言,使知识自然过渡。

②要使自己的语言有感染力和吸引力,平时就要多加训练,注意语言的抑扬顿挫,注意启发式语言的使用。

③备课时就要构思好教学语言。要按照叙述严谨、准确、合乎逻辑,表述简练、清楚的要求组织好语言,特别要推敲衔接语言,使知识自然过渡。

④要有意识地克服口头禅。

⑤要多考虑一些鼓励性的语言。

⑥不孤立地讲解例题,要注意例题之间的内在联系。常用一题多变、一题多解、一题多用来进行例题的讲解;串起来的题目比较多,纵向、横向联系的知识点比较多,学生掌握的知识也就比较全面。

数学教师的语言应讲究科学性,要求用词准确,叙述精练、前后连贯、逻辑性强。

数学教师的语言应掌握图形语言和代数语言两个重要组成部分,尤其是掌握用词的确切性。为了达到这一点,第一,应充分发挥图形的启发和形成数学思维活动中的直观作用;第二是强调图形和代数两种语言的互释;第三是倡导数学语言的表格形式。

教师在教学中不仅自己用语正确,而且要注意纠正学生中用语不当的某些习惯。第一,学生不习惯用数学语言,常以生活用语代替数学用语的习惯。如分式中的"分子分母"常用"上面下面"代替,或说"计算方程"、"解定理"等。第二,学生对数学语言不理解,反映了他们概念模糊。如不了解"仅仅"的意义,把切线定义说成"切线是一条与圆有一个公共点的直线"。第三,学生数学用语不完整,如"大边对大角","任何数的零次幂都等于1"等。

为了培养正确应用数学用语,教师自己要做到如下几点:①语言要简洁易懂;②语言要有启发性;③语言要有逻辑性;④语言要准确无误;⑤要有趣味性,使人兴致盎然;⑥表达要流畅,声音要响亮,语调要抑扬顿挫;⑦要以自然的姿态说话;⑧要以协调的、丰富的面部表情增加语言表达效果。

当然,要做到这几点,还要讲究一点语言美学,这要以教师的素质(品与行、情与技、博与专)为前提,掌握语言的要素(核心、感情、节奏、姿态),运用各种语言手段,处理好各种矛盾关系(取与舍、理与趣、生与熟、大与小、简与繁、顺与逆、新与旧、虚与实、真与假)才能走上成功之路。

(八)备板书

板书应该是备课中的一个重要组成部分,是认真备课的一个重要标志,每个教师尤其是青年教师都应该严格要求自己,备课时写好板书提纲。

板书是课堂教学的重要组成部分。板书的好坏直接影响学生听课的情绪和教学效果,板书是无声的语言,板书也是教学中的一门艺术。

板书是课堂教学的"眼睛",更是教师在教学过程中的一种艺术创造。板书能生动体现教师对教材的深刻理解和巧妙处理,显示教师的教学思想和教学风格。当然,一个好的板书不等于一堂精彩的数学课,但成功的数学教学决不可没有出色的板书。可见板书恰当与否,直接影响课堂的教学效果。比如教师对教材理解不透,教学思路就不流畅,板书将四分五裂,严重影响学生对新知识的理解。因此板书设计要立足于教材,深入理解教材的本意,使板书具有特色魅力,更具艺术性。

板书的设计首先要与所授内容相结合,它应该反映出定义、定理、公式、法则及主要推导过程,它应有例题及其解答过程,它应有总结性的内容提要和规律要点,在内容书写上不宜过详或过略,板书要求工整系统,重点突出,层次分明,安排有计划。

板书的设计可分为以下几种类型：①习惯型板书，即把黑板分成若干条形，然后从上到下、从左到右书写，这是教师最常用一种书写形式。②对称型板书。这种板书是从左右两边同时开始书写，这主要用于比较法。通过对称书写，对相似内容比较异同，形成鲜明对比，旨在加深理解，便于记忆。有时也有上下对称书写格式。③表格式板书。主要对知识内容进行系统归纳。教师划出表格，由学生分别填写或由教师启发诱导，师生共同去完成。④布阵型板书。这种板书是将黑板划为几个区域，在每个区域内重点阐明一个问题，内容既分散又联系，然后通过一些线条进行有机连接，就形成一个完整的内容系统。⑤图形型板书。这种板书主要是因为讲述内容多、容量大，为了节省时间只画出有关图形，其推理过程及证明解答等均用口语叙述。作图时，大小要适宜，层次要合理，搭配要协调，使学生直观认识、真切明了。⑥艺术型板书。这种板书事先有周密的设计，代数语言、图形语言放在什么位置明确，标题、位置大小都经过精心的布置，整个板书犹如一期黑板报，学生赏心悦目，效果特强。

掌握了板书的类型，更要有好的内容，这就要求教师做到：①布局合理；②格式规范；③重点突出；④直观醒目；⑤写画工整；⑥疏密得当；⑦色彩鲜明。

同时，板书要做到：①要有明确的课题，简明扼要的讲解提纲，脉络清楚的教学内容，重点突出；②字迹工整，表达规范，对要使学生掌握的解题格式、证题格式要体现示范性，不能随意略；③作图正确，线条清晰，大小适中，尤其是低年级要用尺规作图，禁止徒手画图；④周密考虑，布局合理，清晰整齐。

为此，教师在课堂教学前就应熟悉教材，调查学生实际能力，了解板面容量大小等方面后设计板书，用优美工整的粉笔字来处理板书工作。一般小学用楷书，中学多用楷书和行书。

（九）备教具

教师自制一些简单且实用的教具，并能充分利用现代教育技术，以不断提高数学教学质量。

第三节　如何说课

说课，就是授课教师在备课之后，向同行系统介绍自己关于某课的教学设想（意图）及其理论依据，而后听者评议、交流切磋的一种教研形式。实践证明，说课活动是提高教师教学水平的生动、经济有效的方式。

一、说课的含义和特点

所谓"说课"，是指讲课教师在一定场合说说某一堂课打算怎样上，以及为什么这样上,即对教学的设计和分析。其内容涉及教材内容的分析、教学目标的确定、教学过程的设计、教学方法的选择、教学效果的评价及其对以上诸项所作的分析。"说课"是一种课前行为,属于课前准备的一部分,这与课后的反思总结有所不同。

说课具有两个明显的特点:

①重在交流,即互相学习、共同提高。

②重在分析,即"说课"不仅要摆过程,还要说道理,要对教案作出分析。首先要分析大纲、教材,明确所讲内容的地位和作用、来龙去脉,然后对课堂教学的各个环节作出能说清道理的设计,这就要求教师在对课的分析上下一番功夫。

二、说课的功能

(一)促进教研活动的开展

学校教研活动是我国教学特色之一,开展好教研活动,是保障教育教学工作保质保量顺利开展的前提。长期以来,学校的教研活动不外乎听课、评课,开一些观摩课、示范课或举行专题讲座。

说课活动的出现,给学校教研活动注入了新活力。说课形式灵活,方式简单,不仅可提高教研活动的适应性,有利于各个不同层次学校、不同层次教师的普遍参与,同时,说课作为同行交流讨论教学设计、过程、思想的重要方式,有利于教与研的切实结合,促进教研活动的有效开展。

(二)促进教师队伍的建设

说课不受时间、地点、空间、师资条件的任何限制,可以常年开展,全员参与。加之说课能综合反映一个教师的口头表达能力,普通话、板书水平,以及确定教学目标,安排教学程序,选择教法、学法等一系列教学能力,这无形中促使教师自觉、主动、系统、深入地学习教学理论,钻研教材,琢磨教学方法,以求全面提高自身的业务素质。因此,学校开展说课,将十分有利于促进教师队伍的建设。

(三)促进教学质量的提高

事实上,说课无论是促进教研活动的开展,还是促进教师队伍的建设,其出发点和归宿都落在提高教学质量。且说课交流的"教什么,怎么教,为什么这样教"及其开展形式都围绕着如何促进学生学习的有效性这一主题。只要学校能有组织地、长期有效地切实开展说课活动,就能促进教师队伍建设,并最终将效果落实在课堂教学,提高教学有效性。

三、说课的类型

(一)研究性说课

这种类型的说课,一般以教研组或年级组为单位,常常以集体备课的形式,先由一位教师事先准备并写好讲稿,说课后大家评议修改,变个人智慧为集体智慧。这种说课可以一星期开展一次,教研组或年级组里的教师可以轮流说课,这是大面积提高教师业务素质和研究能力的有效途径。

(二)示范性说课

示范性说课一般选择素质好的优秀教师先向听课教师示范性说课,然后让说课教师将课的内容付之于课堂教学,最后组织教师或教研人员对该教师的说课及课堂教学作出客观公正的评析。听课教师从听说课、看上课、听评析中增长见识,开阔眼界。示范性说课可以是校级或乡(镇)级的,也可以是区级或县(市)级的,一般一学期可以举行一次。示范性说课是培养教学能手的重要途径。

(三)评比性说课

要求参赛教师按指定的教材,在规定时间内自己写出说课讲稿,然后登台演讲,最后由听课评委评出比赛名次。评比性说课有时除了说课外还要求说课内容付之于课堂实践,或者把"说课"与交流有关"说课"的理论和经验结合起来,以便把"说课"活动推向更高的层次。这是培养学科带头人和教学行家的有效途径。

四、如何说课

说课主要从以下几方面入手。

(一)把握要求,容量适当

把握好程度分量,是上好一堂课的基本要求之一。要处理好提高教学效率与课堂教学的要求以及容量的关系问题。一方面,要充分利用课堂上的 45 分钟,提高课堂教学效率;另一方面,课堂教学作为学生学习的一个重要环节,步子应该迈实,对所讲的内容应能基本落实。实际上,学习是一个不断积累的过程,不可能"速成"。教师的素养体现在对课堂教学中程度、分量的"度"的准确把握上。

(二)立足于"课",寓技于"课"

说课的侧重点主要是在对教学的设计和分析上。说课不同于教学基本功比赛,不同于教学技能表演,它必须立足于"课"本身。

(三)掌握详略,突出重点

说课时,应在全面介绍情况的基础上,紧紧抓住那些教师较为关心、渴望了解的重点问题,展示出解决和处理问题的办法,以充分发挥说课的交流作用。

(四)避免空乏,力求实在

既要有明确的教学要求,又要有落实的措施,使人看得清、抓得住,发挥好说课的交流作用。

五、说课的主要内容

(一)说教材

说教材,即说教材的目的、联系,教学目标,教学重点、难点和课时安排。即教材简析(简要说明本说课的内容来自哪一学科、哪一册书、哪一章节),本课内容在学科知识体系中所处地位和作用,教学目标以及教学重点和难点如下。

(二)说目标

教学目标包括三个方面:大纲提出的总目标、年级教学的分目标、单元及课文教学的小目标。说目标,要紧扣总目标,掌握分目标,说清课文教学的小目标,如知识目标、智能目标、情感目标、学法目标等。如说"直线、线段"这节课的教学目标如下。

1.知识目标

使学生初步认识直线和线段,知道线段有两个端点,直线没有端点,并能区别直线和线段。

2.技能目标

使学生学会用刻度尺测量和画长度为整厘米数的线段。

3.教育目标

培养学生的观察比较能力和动手操作能力,注意学生良好的学习习惯的养成。本课的教学重点是直线与线段的认识和区别。教学难点是正确量一段长度和画线段。说好教学目标,一是要科学地制定教学目标,使目标体现大纲的要求,反映教材的特点,符合学生的学情;二是要阐述清楚制定目标的依据,做到言之有理。

说课要坚持从实际出发,不能搞"一刀切"。应因材、时、地、人(学生、教师)的不同,采取不同的说课方式和方法,提高说课的科学性和可行性。

(三)说教法

说教法,即说本课选择何种教学方法、教学手段及其教育理论依据。说清选择的教学方法、教学手段以及教学媒体运用的原因。

(四)说学法

说学法,即说本课拟教给学生什么学习方法,培养哪些能力。

(五)说教学程序

说教学程序,即主要包括新课导入、新知识的学习、检测训练、总结巩固等。

(六)说板书设计

说板书设计,即板书设计时要体现出程序性、概括性、指导性、艺术性。

说课不仅要回答"怎样教"的问题,而且要以现代教育理论为依据,阐明"为什么要这样教",从而有利于促进教师积极主动地学习教育理论,用教育理论指导教学实践,改进教学,不断提高教学水平。

说课活动有说又有评,特别是课后的说评结合,围绕这课的教学怎样落实素质教育要求,怎样提高课堂教学效益,各抒己见,相互交流。这不仅锻炼了参与者说与评的能力,而且促使教师在理论与实践的结合上有了新的认识、新的提高。说课一定要抓住难点,突出教法的特点,说出与众不同的教学新意,这就是说课的艺术。

第四节　如何说题

一、问题的提出

随着教育改革的不断深入,人们意识到:教师素质的高低决定了学生素质的高低,决定了教育改革的成败。为此,提高教师的素质显得十分重要。问题是数学的心脏,数学解题能力是教师素质的重要组成部分。为此,如何提高数学教师的解题能力显得尤为重要。近年来,伴随着说课在中学数学教师教研活动中的广泛应用,教师说题作为一种教研活动也应运而生。

数学教师说题不仅是为了提高数学教师解题能力,同时也是为了加强数学教师间的业务交流,其根本宗旨是提高数学教师的基本技能。应该说,解题是说题的前提,而说题必须站在理论的高度对所解的题目作出科学的分析和理解,从而说明自己的解题以及讲解数学题目是有序的而不是盲目的,是理性的而不是感性的。因此,可以说,教师说题是教师教学智慧生成与表达的重要方式,是教师成为教学研究者的有效途径。

二、概念界定

从说题的主体看,说题可以分为教师说题、教师和学生互动说题以及学生说题三种。本节主要阐述的是教师说题。那么什么是教师说题呢？目前，尚没有一个确切的概念。说题的基本思路是，应用说课的理念，对题目进行解说。从建构主义角度看，说题就是教师研究数学题目，将解题思路、解题方法、过程以及对解题后的反思等活动深入浅出地表述出来。从系统思想角度看，主要是揭示题目系统和教材系统的内在联系；从解题角度看，主要指解说解题思路、方法及其规律。研讨说题，主要目的是改进教法和学法，促进教师教学效率和学生学习质量的提高，推动教师和学生的共同发展。

说题要求老师不仅仅会解题，还要能精准把握题目所考查的数学本质，多角度地研析题目结构，高视角地俯瞰题目本原，深层次地阐述题目功能，还得适时准确地指出题目的不足。教师说题必须关注两个主体，即说题的对象分别是教师和学生。一方面，教师在讲解解题思路、过程时必须符合学生认知结构，即以让学生听懂为基本原则；同时，教师说题又是一个教研活动，必须居高临下，站在教师角度研究数学题目，揭示题目系统和教材系统的内在联系，解说解题的思路、方法及其规律。

三、说题的意义

(一)促进教学交流，提高教师教学技能

问题解决是数学课堂教学的核心任务，好的问题解决教学要求教师具备一定的问题分析、解决能力。教师"说题"作为一种新型教研活动，不但能客观真实地反映出教师的数学素养、教学素质，同时，也有助于提高教师问题解决能力，提高教师的教学技能。

作为说题教师，为了说好题，势必会对自己如何分析问题，以及如何帮助学生思考问题、解决问题而提出更高的要求，并对教学进行深层次思考。而作为听题教师，必然也能从他人的说题过程中吸取营养，得到启发。

(二)应用于教学实践，提高教学质量

说题作为教学研究的一种新形式，是提高教师教学业务素质的有效措施之一，说题活动为教师提供了一个反思问题、交流经验的平台。不过，教师在说清如何分析、如何教、如何反思的同时，更应关注如何用。"说"以致"用"，才是说题的最终目的。将说题所思延伸到日常教学中，才能切实提高数学课堂的教学质量。

四、说题的基本原则

为了使说题起到更好的效果，按照现代教学观和方法论，成功的说题应遵循如下几条原则。

(一)选题难易适度原则

说题的主要目的是教师研究数学题目,并通过说题的方式对题目进行研讨,从而提高教师技能。因此,所选题目不宜太难或太易,否则都会影响说题的效果。尤其是在教师说题竞赛活动中,应以中等难度为主,辅以稍微偏难的一些题目,总之要使所选的题目处于尽可能多的学生的最近发展区内。

(二)说理精辟,突出理论性

说题与解题技能不同,说题不是宣讲解题过程,不是浓缩课堂教学过程。说题的核心在于说理,在于说清解题思路以及"为什么这样教"。因为没有理论指导的教学实践只知道做什么,而不了解为什么这样做,永远是经验型的教学,只能是高耗低效的。因此,说题者必须认真学习教育教学理论,主动接受教育教学改革的新信息、新成果,并应用到课堂教学之中。

(三)科学客观,具有可操作性

说题的内容必须客观真实、科学合理,不能故弄玄虚、故作艰深,生搬硬套一些教育教学理论的专业术语。要真实地反映自己是怎样做的,为什么这样做,从而引起听者的思考,通过相互切磋,形成共识,进而完善说者的教学设计。

说题是为课堂教学实践服务的,说题中的一招一式、每一环节都应具有可操作性,如果说题仅仅是为说而说,不能在实际的教学中落实,那就是纸上谈兵,使说题流于形式。

五、说题的基本环节

一般说来,教师说题应从以下七个方面进行分析:数学思想与数学方法,命题变化的自然思维,小结、归纳与应用,一题多解、发散思维,常规变式,多种变式、融会贯通,从特殊到一般寻找规律。这就要求数学老师不但能对题进行深层次的挖掘,说出题的本质、新意、特色,还要说出题的编制、演变过程以及该题的潜在价值,并和其他老师进行交流互动和探讨。

因此,说题一般应该具备以下几个基本环节:

第一,说背景。背景分析包括题材背景、知识背景、方法背景、思想背景在内的题目背景。

第二,说"题目"。所谓说"题目",就是要运用数学语言说清题目所给出的信息:题目类型属于哪一种、是否熟悉,已知条件(包括隐含条件)有哪些以及待求结论又是什么等。

第三,说解法。须就题论题进行思路分析、解题操作、一题多解。

第四,说引申。从条件结论出发,或利用类比思想等角度进行引申。

第五,说反思。反思是解题中的重要环节,题后反思对学生来说是有着重要的意义。反思主要从以下几个方面进行。

①反思解题本身是否正确。由于在解题的过程中,可能会出现这样或那样的错误,因此在解完一道题后就很有必要审查自己的解题是否混淆了概念,是否忽略了隐含条件,是否以特殊代替一般,是否忽视特例,逻辑上是否有问题,运算是否正确,题目本身是否有误等。这样做是为了保证解题无误,这是解题后最基本的要求。教学中应有意识地选用一些错解或错题,解题后进行反思,使学生真正认识到解题后思考的重要性。

②反思有无其他解题方法。对于同一道题,从不同的角度去分析研究,可能会得到不同的启示,从而引出多种不同的解法,通过不同的观察面,使学生的思维触角伸向不同的方向、不同的层次,发展学生的发散思维能力。

③反思结论或性质在解题中的作用。有些题目本身可能很简单,但是它的结论或这道题目本身涉及的性质却有广泛的应用,如果让学生仅仅满足于解答题目的本身,而忽视对结论或性质应用的思考、探索,那就可能会"捡到一粒芝麻,丢掉一个西瓜"。

④反思解决问题的思维方法能否迁移。做题不单单是为了解决一道题目,更是为了掌握一类问题的解决方法。让学生课后深思一下解题程序,有时会突然发现:这种解决问题的思维模式竟然体现了重要的数学思想方法,对于学生解决问题大有帮助。

第六,说教法。简明扼要地说明如何进行题目的教学方法。

六、说题的评价标准的构建

如何构建评价教师说题的标准是当前值得关注的话题之一。我们认为,说题评价的标准可以从以下几方面进行:①题目背景分析是否正确;②解题思路分析是否正确;③解题过程分析是否符合学生的认知结构;④题目是否有多解;⑤解题反思是否到位;⑥教师口头表达是否清晰、流畅,符合语言逻辑;⑦数学语言是否简洁、易懂,运用是否恰当、准确;⑧着力点是否准确,即是否抓住问题的本质和关键;⑨题目引申是否有新意(有创新之处)。

总之,评价标准应该有利于教师说题的健康发展。

七、教师说题举例

二次函数 $f(x) = ax^2 + bx + c, a \in \mathbf{N}^*, c \geq 1, a+b+c \geq 1$,方程 $ax^2 + bx + c = 0$ 在区间 $(0,1)$ 上有两个不等的实根,求 a 的最小值。

(选自 2010 年浙江省高中数学教师说题比赛)

(一)说背景

本题考究的是函数零点与方程之间的关系,往往借助于图像。从所求结论看又是个最值问题,如何利用化归思想实现等式与不等式之间的转化是问题的关键。

(二)说"题目"

已知条件:$f(x)=ax^2+bx+c,a\in\mathbf{N}^*$,$f(x)=0$在区间$(0,1)$上有两个不等的实根,且有$f(0)=c\geqslant 1$,$f(1)=a+b+c\geqslant 1$。

待求结论:a的取值范围.

(三)说解法

多角度思考,将会发现这道题有多种解法。

解法一:将各个条件均转化为不等式,进而求解。

由于$f(x)=0$在区间$(0,1)$上有两个不等的根,所以有

$$\begin{cases} f(0)=c\geqslant 1 & (5\text{-}1)\\ f(1)=a+b+c\geqslant 1 & (5\text{-}2)\\ 0<-\dfrac{b}{2a}<1 & (5\text{-}3)\\ b^2-4ac>0 & (5\text{-}4)\end{cases}$$

由$a\in\mathbf{N}^*$及式(5-1)得$b<0$,再由式(5-2)得$a+c>1-b>1+2\sqrt{ac}$,从而

$$|\sqrt{a}-\sqrt{c}|>1 \tag{5-5}$$

由式(5-3)、(5-4)得$b^2>4ac>4(-\dfrac{1}{2}b)c$,从而$a>-\dfrac{1}{2}b>c\geqslant 1$。

由式(5-5)得$\sqrt{a}>1+\sqrt{c}\geqslant 2$。

所以$a>4$,可验证a可等于5,所以$a_{\min}=5$。

解法二:设$f(x)=0$两根为x_1,x_2,且$x_1,x_2\in(0,1)$,于是可构造函数$f(x)=a(x-x_1)(x-x_2),a\in\mathbf{N}^*$。

由已知得$f(0)=c\geqslant 1$,$f(1)=a+b+c\geqslant 1$,所以

$$1\leqslant f(0)\cdot f(1)=a^2x_1(1-x_1)x_2(1-x_2)$$

$$\leqslant a^2\left[\frac{x_1+(1-x_1)}{2}\right]^2\left[\frac{x_2+(1-x_2)}{2}\right]^2=\frac{1}{16}a^2$$

由于$x_1\neq x_2$,故这里等号不成立,从而$a>4$,可验证a可等于5,所以$a_{\min}=5$。

(四)说引申

可以将条件引申,改变题目,起到举一反三的作用。如:

① 去掉 $a \in \mathbf{N}^*$，求 a 的取值范围。

② 改条件为 $c \geqslant 1, 4a + 2b + c \geqslant 1$，方程有两个小于 2 的不等正根，求 a 的最小值。

③ 改条件为 $c \geqslant 1, m^2 a + mb + c \geqslant 1$，在 $(0, m)$ 上有两个不等正根，求 a 的最小值。

（五）说反思

解法一主要是将已知条件向待求结论转换。在已知条件中，c 的取值范围已经确定，可试图通过寻找 a 与 c 的关系确定 a 的范围，又 b 是其关系转换的中介，且在式 (5-2)、(5-3)、(5-4) 中都有 b，因此，可从这三个不等式入手进行转换。但是，这样的转换点和转折点较多，不利于学生解题能力的培养。教师可适当改变题目条件，降低题目的难度，使其成为学生易于接受的中档题，再循序渐进地提升题目难度，从而使该题处在更多学生的最近发展区内，这将更有助于学生对转换思想的理解、应用，同时提高其问题解决能力。

解法二中，由于已知方程 $f(x) = 0$ 在 $(0, 1)$ 上有两个根，所以可将函数 $f(x)$ 写成两根式 $f(x) = a(x - x_1)(x - x_2)$。并在运用已知条件的基础上，使用基本不等式，可得到 a 的取值范围。学生对于两根式的应用相对较陌生，也不易想到代入端点值后再使用基本不等式求最值的方法，不过，此法虽不是常规解题方法，却有助于拓宽学生的解题思路。教师在引导时，应注意强调各种函数表达形式的常用题型。

问题解决是数学教学的主要任务，在解决问题后，教师组织学生进行合作讨论，通过改变已知条件、待求结论，对其进行挖掘、变通、引申。这将有助于培养学生的应变、求异、探索能力，提高学生解决问题的能力。同时，通过训练学生对问题举一反三，更能达到事半功倍的教学效果。

（六）说教法

问题解决教学是教师帮助学生寻找解决方法的过程，这个尝试解决的工作分为四个阶段：理解题目→拟订方案→执行方案→检验、反思、引申。

波利亚认为对不理解的问题作出答复是愚蠢的，因此，要解决问题，学生首先得理解题目，教师适时地提示学生"待求结论是什么？""已知条件是什么？""待求结论要求的条件能满足吗？"等等，将有助于学生从各个方面考虑问题。本题中的待求结论是 a 的最值，可引导学生考虑从已知的四个不等式进行化归，求出 a 的取值范围。

当学生大体理解题目后，构思解题方案是一个曲折的过程，教师能为学生所做的最好的事情是通过不显眼的帮助，引导学生自己获得一个好的思路。好的思路来源于过去的经验和以前获得的知识。教师可提示学生："你遇到过类似求最值的问题吗?""当初是怎么解决的?"若学生无法回忆其相关经验,教师得适当修改题目,降低问题的难度;若学生能回忆起,则以此为阶梯,再引导学生能否利用已有的方法解决现在的问题。最后,为了避免学生的解决方案偏离原题,还可通过提示"你用到所有的条件了吗?"把学生带回到最初的题目。

在执行方案环节,教师须提示学生检查执行的每一步是否正确。

虽然学生执行了方案,但是仍有可能存在错误,对执行的方案进行检查、反思,有助于学生巩固所学知识,提高其解题能力。同时,通过鼓励学生对问题进行推广、引申,让学生体验数学之间的相互联系,能激发其学习兴趣,从而提高教学质量。

总之,数学教师说题作为一种以提高教师解题、分析问题等技能为目的的教研活动已经得到重视,我们应该加强对该项活动的研究,努力使之成为提高教师技能的利器。

第五节　如何研课

一、何为研课

"研课"作为一种促进教师专业发展的方法,起源于日本。自20世纪90年代以来,研课逐步得到美国教师和教师教育者的普遍重视,他们认为这种合作研究是改善课堂教学、发展教师专业能力、提高学校学习环境的有效方式。Linda Sims 和 Daniel Walsh 认为,有效率的教师不只是一般性地了解教学,还要理解教学内容,创新教学方法,收集并解释课堂数据,正确判断学生的学习,检验教学效果等。而研课是采用专题的方式,事先确定好课题,供所有参与研究人员、教师集体备课,在任课教师上课、研究人员集体观课之后进行的过程。研课是在充分拥有信息的基础上,围绕共同关心的问题所进行的对话和反思,从而改进课堂教学,达到促进教师的专业发展、提高教学效率的目的。

研课不同于备课、评课。备课是教师根据学科课程标准的要求和本门课程的特点,结合学生的实际情况,选择恰当的表达方法和最适当的顺序,来保证学生进行有效的学习。评课是听课活动结束之后的一种教学延伸,是对执教教师在课堂教学方面的得失、成败进行评议的一种活动。而研课具有如下的一些特性。

(一)合作、共享性

合作、共享性是指在研课过程中,研究人员分工合作、共享研究成果。合作共享是一种教学交流的方式,在研究人员相互合作中,共享教学资源,共享教学心得。其可分为个性展示、共性展示和竞争展示三种形式：研究人员的个性展示体现了个体的思维独特性；研究人员的个性展示提升至共性展示，加强了研究人员的合作与交流；由共性展示的合作升华至竞争展示，这在很大程度上提高了研究人员学习和竞争意识。这样多角度地挖掘研究人员潜能，使合作、共享更具全面性，更加多元化。合作、共享性极大地促进了教师主动地、富有个性地教学和分享交流教学过程中的得与失。

(二)研究性

研究性是指研课对评价一堂课是否是好课没有统一的判断标准，研究人员可以共同研究探讨。研究人员带着发现和提出问题的思想，在针对某一教学问题或现象时，进行深入分析、讨论而得出结论。也就是说，结论的得出是所有研究人员共同探讨的结果，并不是按照事先的一个统一标准。研课的研究性为广大研究人员评价好课提供了一个广大的发展空间与更多的支持，体现了教学的多样性与灵活性。

(三)互补性

互补性是指在研课的研究人员中，既有专业研究人员，又有一线的教师，可以进行教育理论与实践互补。研课只有基于教师的个人经验，且结合理论与实践，才能最终促进教师专业成长。研课的参与对象是研究人员和一线教师，研究人员和一线教师的合作就相当于将大量教育理论与丰富教育实践相结合，这既弥补了专业研究人员教育实践的缺陷，也弥补了一线教师教育理论的不足。取专业研究人员教育理论之所长，补一线教师教育理论之所短，取一线教师教育实践之所长，补专业研究人员教育实践之所短，以理论指导实践，以实践丰富理论，使研究人员站在更高的视角看教学，促进了教师的专业发展，提高了教学的有效性。

(四)双向建构性

我们认为，研究有两种方式：一种是自上而下的理论演绎方式，另一种是自下而上的实践归纳方式。演绎方式是运用一定的教学理论，分析、解释和指导课堂活动，规范教学过程，增强教师教学的自觉性。而归纳方式是指依据一定的课堂观察和经验，通过反思、归纳、概括来反映教学活动规律，形成新经验、新策略，并上升为理性知识，丰富教师的知识经验，从而提高教学的有效性，而研课是理论联系实际的中层研究，是建立在两种研究方式上的双向建构。

二、为何研课

传统的备课与评课的最大不足就是漠视教师的主导性，无视教学的独创性。虽然其旨在提高教学效率,但是未必能有效地提高教学效率。而研课却在提高教学效率方面有着重要的作用,主要表现为以下几个方面。

(一)发展性功能,促进全体参与人员共同成长

发展性功能是指研课可以促进任课教师的专业发展,促进全体参与人员的共同成长。在传统的评课中,专家和教研员会根据一些固定的标准评价一节课是不是好课,这不仅给上课的教师造成一定的压力,同时也忽视了每个教师的教学特性和教师间的对等交流。这样不仅不能够指向教师教学行为的改进,而且对于教师教学观念更新、教学理解重构、教学观念重建、教学行为重塑的促进作用也不大。

"夫参署者,集众思,广忠益也。"高效的课堂不是单个人的课堂,而是众人思维碰撞的课堂。研课作为促进教师专业发展的重要途径之一,最终是为了提高课堂的有效性,提高教学效率。研课的重点在"研",研究人员、教师陈述己见,发表各自的观点,一起分析教学中的难点、问题与不足,讨论如何上好课。上课是教师的个体行为,而研课是研究人员、教师的群体行为,是依靠集体的智慧,解决教师遇到的教学问题。在研课活动中,强调全体人员的参与和互动,尤其是任课老师的积极参与。研课人员不仅要对教师的课堂教学行为进行观察,而且还要听取执教老师就其对教学中所出现的问题而进行的解释和说明,以使教师比较完全地展示自己,使研究人员对教师的教学实践获得比较全面和深入的了解。研课会在每节课后对教师作出一些评价与建议,但这种评价与建议是发展性的,其目的是使教师认识到课堂规划及课堂实施的优点与不足,进而改进教学,其特别注重教师对课堂教学特殊的感受、发现与体会,营造平等和谐的互动氛围,集思广益,最大限度地实现参与者思想交流、观念更新、教学艺术进步,促进全体参与人员共同成长。

(二)导向性功能

导向性功能指研课可以指导教学工作,引导教学目标对象沿着正确的方向发展。导向性功能是一种积极性功能,它告诉教师应当做什么、为什么要这样做以及如何这样做等一系列问题。具体地说,研课确立了教师进行教学和改进教学的基本方向、基本目标和基本途径等内容,使整个参与研课教师形成一股合力。

研课导向性功能主要体现在三个方面。一是统一基础思想,即要充分发挥学生主体性、教师主导性的理念。思想是行动的先导。一个统一的思想是研课的意识形态的基础。思想的统一可以激发教师的教育教学工作。具体来说,研课通过完善教学过程,提供发展性建议,引导教师思想观念发生变化,摒弃错误观点和心理疑虑,明确具体的教学方法任务等,为深入开展有效教学创造思想

条件。二是明确目标。目标是行动的方向,明确的目标可以激发不同教师朝着同一个方向努力,确立长期的工作任务和近期的工作重心,把教育教学引向统一目标。研课的长远目标由一个个短期目标构成,长远目标和短期目标共同提供一个行动路线,为教师教学指明方向。三是指导具体教学。研课不仅为教师的教学明确了目标和方向,且通过确定实现目标所必需的教学策略、具体措施和方法途径,为教师沿着既定目标的方向前进提供了具体的指导。一方面是确立教学的规范性,另一方面是赋予具体教学以灵活性,要求教学主体结合自身的具体实际,开展教学工作。教师教学的规范性与灵活性相结合,在一定程度上保证了教学的有效性。

(三)反思性功能

反思性功能是指研课可以促进教师及研究人员对教学过程与环节的反思,以改进教学。没有反思就没有提高,没有反思的经验只是经验的简单重复与叠加。完成一节课堂的教学并不表示这节课的教学大功告成,教学需要反思。

研课着重以课堂为平台,检视、反省自己,进而改进自己。"教学是科研,科研是教学。"研课的魅力就在于发挥集体智慧,齐心合力攻关,一起研究教材、研究课堂,交流心得体会,反思教学,反思教育,共同成长。研课可以让教师磨砺课堂,反思教学中的得与失,即反思教学的优秀表现及教学中的困惑与遗憾,还可以是学生的独到见解等。研课者对其在整个研课活动中遇到的困惑及问题的处理,进行全面细致的回顾,深刻总结,对教学活动过程进行认真的思考分析,总结教学实践经验,优化教学行为,进行自我完善,形成一定的理论,指导日后的教学实践,从而提高自身的理论水平与实践经验。

研课促使参与人员深度挖掘、深度对话,触及任课者、研课者的内心深处、思想灵魂,研课者会在不断反思中提炼教育思想,提高教育艺术,引领教师真正地做好教学反思,做强、做好、做大、做优反思这块"蛋糕",在反思中有效引领教师专业发展。

三、如何研课

研课有其独特的特点与功能,对于教师的专业发展有着重要的意义,那么该如何研课呢?笔者将研课分为如下五个基本步骤。

(一)明确目标

明确目标是指研课的目的和宗旨要明了、清晰,确切可行。研课是目标驱动的研究,这个目标就是研究人员选择的贯穿研课过程始终的研究问题,如"怎样使学生成为独立的问题解决者"、"怎样使学生具有学习的热情"。从发生认识论的角度看,研究课堂教学目标应关注功课目标、单元目标、学科目标、长期目标这四个目标水平是否同时发生。确定目标时要兼顾到高、低水平的目标。研课的目标要与教师个人的经验和需要密切联系,目的是提高教师的专业能力,可持续性地改进课堂教学。要以站得高、看得远、望得清来确定研课目标,且要树立明确的目标。明确的目标要有激励、督导、加速作用,能提高绩效,了解教学行为的结果和目的的认知倾向,减少教学上的盲动,提高教学的自我控制。

(二)组织研讨

组织研讨是指研究人员一起备课,针对所教的学生及具体教学内容,探讨突破教学重难,科学合理地设计出符合教学实际的教学案。在商量的基础上,专业研究人员进行必要的诊断与指导,然后由执教者本着"升华理念,落实规程"的准则,对教学案进行全面修订,然后要求研究人员对修改后的教学案再次提出优化意见,通过研究人员的研究,群策群力,达到突出目标、突破重点、化解难点的目的,授课人进行再次整理,形成一份高质量的教学案。

(三)组织观课

组织观课的主要任务是熟悉课堂进程、了解课堂情况、获得感性认识、提出初步的想法和疑问。所有研课教师观察探究其所关注的课堂教学角度,比如教材处置、情境创设、教学语言、问题预设、学生参与的有效性等,针对所关注的角度进行深度的挖掘和探讨。观察一节课,课前的十分钟非常重要。建议采用多种观察方法,多维度地了解课堂优势与不足,尽量多地收集信息。在观察教师行为的同时,也得观察学生相关背景、知识水平和思维表现的情况,了解学生的学习情况。

(四)教师说课

教师说课是在教师上完课后进行的,由教师说出自己的上课设计思路,说课程标准、说教材、说教法、说学法,是教师对备课活动的再理解。授课老师把这种理解带到同年级、同科目教师中间,与他们及研究人员进行交流对话。通过说课,共同探讨,确立教学思路,提高理论素养。

(五)集体讨论、反思

集体讨论、反思是指研究人员对执教老师已进行的教学实践各抒己见,发表评议,交流体会,进行反思。这一环节的反思包括授课教师的自我反思;听课教师对所观摩的课例进行点评和建议;所有研究人员谈得失、说感悟及共同探讨同题研课方法,提出意见与建议三个方面。

四、研课采用的基本方式:同课异构

同课异构是指至少两位教师,在互不讨论的情况下,对同一教学内容,按照

自身的理解,分别组织教学活动。课后探究时,研究人员用比较的眼光来看待教师之间存在的"同"和"异"。"同"的是具体教学内容,"异"的是教学的组织、教学模式等差异。采用同课异构的研课基本方式有利于展示每个教师的教学特点和教学个性,使教师在多元思维的碰撞和融合中取长补短、拓展思路,提升专业水平。

研课聚焦解决了执教教师教学中真实存在的、亟待解决的问题,唤醒了教师的问题意识,激发了教师的主体精神,提高了教师参与的积极性;同时也增强了教研组的凝聚力,促进了教师的专业发展。

第六节 如何评课

评课作为一种质量分析,首先应该有一种质量标准。这就和一种产品的质量验收应有质量标准一样。什么是一节好课的评价标准?因为学科不同,年级不同,地区不同,每次评课的目的任务不同,很难有一个通用的标准。

数学课堂教学评价,是以一节(或几节)数学课堂教学为研究对象,根据评价标准,运用科学的测评手段,对教和学的效果进行价值判断的活动。这里,建立科学的评价标准并形成相应的指标体系是至关重要的问题,不仅关系到各项评价原则的落实和评价功能的发挥,而且直接关系到教学质量的提高。关于数学课堂评价的标准,可以用以下的指标体系加以概括。

一、明确的教学目标

课堂教学目标,通常指一节课所要达到的教学要求,即通过一节课的教学,教师对学生在认识、技能和能力、态度和情感(价值观)方面发生变化的期望。教学目标是否达到,往往是衡量一堂课成败的重要标志。一般来说,数学教学目标是由数学教学目的、各章的教学要求、教材内容以及学生的实际情况决定的。所谓明确的目标,其含义包括任务与要求两个方面。

(一)教学任务明确具体

我国中学数学教育的总体目标包括数学基础知识与基本技能的学习、数学能力的培养以及态度、价值观和发展良好的个性品质等几个方面。这个总的教学目标显然不可能在一堂课中一次达成,而要靠每堂课来体现和逐步落实。因此,对于每节课中基础知识与基本技能的教学、数学能力的提高、个性品质的培养等方面必须有明确具体的任务界定。

(二)教学要求准确恰当

确定了教学任务,只是在横向上明确了教学的范围,在纵向上还必须把握教学要求的高低。对于课堂教学来说,教学目标必须符合教材的要求和学生的实际情况。例如,基础知识的深广度要准确,既不能完全局限于教材,又不能把知识面开得过宽过深,能力的要求必须适当,既不能操之过急,把能力目标定得过宽过高,也不能任其发展、听其自然,思想教育和个性培养的目标也要恰如其分等等。应当指出,当前在中学数学教学中不研究教学目标的现象较为普遍,或者把教学要求定得过高,甚至提出讲什么内容都要"一次性达到高考标准"的要求,导致不少学生学不会、跟不上,严重挫伤学生的学习积极性,或者低估了学生的接受能力,教学总是绕开难点走,造成了教学的低效率。诸如此类的做法显然都是极不妥当的。

二、恰当的教材处理

所谓教材处理,是指教师把教材内容加工转化成教学实践行为的创造性活动。既包括教师对教材内容的组织和教学秩序的设计,也包括对知识教学与能力培养关系的处理。恰当的教材处理一般应具备下面六个方面的要求。

(一)认知准备充分

学习活动始于认知,包括知识准备和认知发展准备等。前者指学习新知识前学生的认知结构中应当具有的起固定作用的观念,如有关的数学概念、原理和法则等;后者指学生从事新的学习前应当具有的认知功能的适当发展水平,如观察力、想象力、思维能力以及情感意志等个性特征。认知学习心理学认为,只有具备充分的认知准备,才能实现有效的学习。由于中学数学的教学内容抽象程度较高,因而教师不仅要通过组织复习、课堂提问等方式帮助学生做好学习新知识的知识准备,而且在课堂教学中要注重创设学习情境,帮助学生做好充分的认知准备。

(二)讲授内容科学严谨

课堂教学必须遵循科学严谨原则。数学概念、定理、公式和法则要表达准确,指导过程和解题步骤应当合理规范,教学内容必须系统完整,能充分发挥教材自身的教育功能。

数学课堂教学应当注意教学环节的层次性,做到布局合理、结构严谨、过渡自然,教学内容应当容量适中,教学时间也要分配适当。

(三)重点与难点处理得当

一般来说,每堂课总有教学重点与难点,教师在备课中必须根据教学目标、教材和学生的实际情况,准确无误地确定出教学的重点与难点。课堂教学中则应当突出重点,围绕重点组织教学,并抓住解决问题的关键,采取必要的措施突破难点。当前,由于许多学校的教学研究活动流于形式,中学数学教师对如何处理难点的研究不够,致使不少学生的疑难问题日积月累、堆积成山,根据原泰安师范专科学校课题组的研究,这是后进生形成的重要原因。因此,解决重点与难点的问题,应当是深化数学课堂教学改革的重要任务。

(四)知识传授与能力培养有机结合

现代教学论认为,知识与能力的关系是十分密切的。虽然说没有足够的知识作为基础,学生不可能形成数学能力,但更为重要的是,不具备一定数学能力的学生,不可能真正掌握好数学知识,更不能运用于分析和解决实际问题。所以,现代教学思想的一个基本点,就是要立足于传授知识,着眼于培养学生的能力,并且要把二者有机地结合起来。在当前中学数学教学中要特别强调能力培养,一方面,加强基础知识和基本技能的教学,使学生形成完善的知识结构,另一方面也必须有培养学生能力的计划和安排,课堂教学中要采取必要的教学措施和手段,着力提高学生的运算能力、逻辑思维能力和空间想象能力,以及数学的创新能力。同时要注意发展观察、记忆、抽象、概括等能力。

(五)展现数学思维过程,重视数学思想方法的训练

中学数学的教学内容,无疑是前人研究的成果,这些知识的发展一般都经历了漫长的历史进程,其中不乏艰难与曲折。只是为了简明起见,编写教材时所有的数学知识(概念、原理)不仅都以定论(定义、定理、公式等)的形式出现,而且几乎全部略去了知识发生的过程、命题的形成过程以及思路的探索过程,这对于学生掌握知识和发展能力显然是不利的。

另外,全部数学中存在着两条主线:一条是数学的知识系统,反映知识间的纵向联系;另一条是数学的思想和方法系统,反映知识间的横向联系。现行中学数学教材一般是沿知识的纵向展开的,突出数学的知识结构体系,对数学思想方法则采用了蕴含披露的方式,缺乏必要的提炼和总结,更缺乏全面的论述。现代数学教学论认为数学思想方法是形成数学能力的重要因素,淡化数学思想方法的教学不仅不利于学生从纵横两个维度上把握学科的基本结构,也使学生对数学思想方法的掌握若明若暗,以致严重影响了数学能力的发展。实际上,不少学生数学知识掌握得很好,但面对较为复杂的数学问题或实际问题往往处于无所作为的境地。可见,忽略数学思想方法的教学对于学生学习知识和能力发展是十分不利的。

当前数学教学应特别强调展现思维过程和加强数学思想方法的训练。第一,必须在足够的客观事实或数学知识的基础上,通过归纳、类比、抽象、概括形

成概念,即展现概念的发生过程;第二,产生数学结论(定理、公式、法则等)一般要有合理的猜测和推理论证的导出过程,即揭示命题的形成过程;第三,解题教学的重点必须是问题解决的探索和分析,要展现思路的获得过程,而不应当是题型套路的总结;第四,要结合教学内容对数学思想方法适时进行提炼、归纳和总结,并有计划地安排数学思想方法的训练。

三、灵活的教学方法

现代数学教育理论认为,教学方法是为了让师生达到教学目标而相互结合的双边活动方式,是为了实现教育教学目的而采取的有秩序的活动手段。教学方法不仅关系到教学质量的高低,对于学生的终身发展也具有重要的意义。因此,教师在教学中必须采用灵活有效的教学方法。

(一)因课因人制宜,选择有效的教学方法

教学方法受到教学目标、教材内容、学生基础、学习习惯和教师本身的素质等多种因素的制约,因而具有多样性、发展性和可补偿性等特征。对于一种教学方法,既不能简单肯定,也不能轻易否定。实际上,任何教学方法都不是完美无缺的,更不是万能的,只能因课制宜,因人制宜。对于一堂数学课来说,一般要根据新授课、复习课、练习课或概念课、命题课等不同课型,根据教材的深度及教学要求的高低,根据学生的知识基础、学习兴趣、学习习惯以及教师本人的素质等灵活地选用一种或几种教学方法,并形成最优的教学模式组合。教学方法是否有效,既要考察是否有利于培养学生的能力、发展智力,又要看是否有利于培养学生良好的个性品质,激励创造精神等等。

(二)贯彻启发式教育思想

现代教学论中的启发式教学是一种教学指导思想,它是在辩证唯物主义认识论的指导下批判地继承了传统教学理论的遗产,在现代教育学与心理学的基础上发展和完善起来的。其核心是启动学生积极思考,引导他们主动获取知识,培养分析和解决问题的能力。由于数学具有高度的抽象性和严谨的逻辑性等不同于其他科学的特征,贯彻启发式教学思想也就更加具有其特殊的意义,启发式已成为数学教学方法的一条重要原则。

贯彻启发式教育原则,在中学数学教学中要特别注重创设问题情境。教学一般要从提出问题开始,通过质疑启发、直观演示启发等方式,一方面激发学生的学习兴趣和探求精神,调动思维的主动性,另一方面要利用问题情境引导学生明确思维的目标和方向,帮助他们学会思考并善于思考,以利于发挥教师的主导作用和学生主体的作用。

进入 20 世纪 80 年代以来,在美国出现"合作学习理论",苏联出现"合作教育

学"，我国也出现了"自学辅导"、"愉快教育"等实验探索。这里有一个共同的主题，就是相信学生、热爱学生、尊重学生，真正把学生当作学习的主体，使他们在教师的指导下顺利地掌握知识，发现原理和规律。国外许多教育专家认为这是一种很有前途的教育理论，预计这种崭新的理论将成为 21 世纪教育改革的主导思想。在中学数学教学中贯彻启发式原则，其精神与合作学习的理论是完全一致的。

(三)面向全体学生

课堂教学必须面向全体学生，并注意课堂信息的反馈与矫正。为此，一方面要随时了解学生的接受情况，另一方面要注意及时调整教学。教学中应当加强分类指导，使绝大多数学生达到教学目标。这里，关心和帮助学习有困难的学生是十分必要的，不仅要帮助他们解决困难，而且要帮助他们树立学习的信心和克服困难的意志。

四、扎实的教学基本功

课堂教学的基本功是一个相对狭义的概念，是指教师完成课堂教学所必需的外显的基本教学能力，包括教学态度、教师基本技能、语言表达和板书绘图等等。

(一)教学态度严谨

教学态度一般指教师在课堂上的非言谈行为，包括教师的姿态、视线和情绪等，心理学家通过实验曾得出一个公式：

课堂上信息的总效果＝7％的文字＋38％的音调＋55％的表情

这个公式说明了非言语行为在信息传递中有着重要的作用。在课堂教学中，良好的教学态度不仅可以通过视觉的补偿作用促进教师的信息输出向学生信息输入的主动转化，而且可以补充或替代言语行为，使学生得到鲜明的对象，从而促进学生积极思考。在课堂教学中，教师的姿态应当端庄、稳重、自然大方，视线应当环视全班，情绪应饱满、乐观、和蔼可亲，达到以情感人的效果。

(二)语言表达准确

数学教师的课堂语言必须是准确精练的数学语言，不仅要具有科学性、启发性和思想性，还要求逻辑严谨、层次分明、语言节奏适中。

(三)板书绘图规范

板书绘图是数学教学的重要手段，对于提高教学效果有着不可低估的作用。一般来说，书写要求工整，绘图必须规范，体现数学学科的特点。对主板书与次板书要有整体规划，做到层次清楚、布局合理、详略得当，富于启发性和示范性。

五、良好的教学效果

所谓教学效果,是指通过教学在学生个体或群体中引起的变化,既包括双基的掌握程度,也包括学生能力的发展和个性品质形成的状况。教学效果有长期和短期之分,课堂教学效果主要指短期效果,表现为课堂教学中学生群体的参与程度与教学目标的达成度等。

(一)学生群体参与程度好

学生群体参与程度好表现在课堂气氛活跃和谐、学生注意力集中等方面。即学生认真投入学习活动,思维始终处于积极状态,师生情感交融、配合默契,学生积极参与问题的解决,课堂纪律良好,课堂秩序活而不乱。

(二)教学目标达成度高

教学目标达成度高表现在学生回答和做练习正确率高,绝大多数学生"双基"掌握情况良好,体现出对数学能力的培养;也表现在部分学习有困难的学生问题当堂得到解决,基本达到预期的教学目标。

综上所述,数学课堂教学的评价标准可以概括为:明确的教学目标、精湛的教材处理、灵活的教法方法、完美的交流表达、扎实的教学基本功和良好的教学效果。教学是高层次的艺术创作,要创造优质的数学课,教师需要具有广博的知识、深厚的功底,以及优秀的教师专业技能、优美的语言,还需要有恰当的教材处理能力、娴熟的教学技巧以及各种优秀的心理素质的良好组合。为此,就要深入学习教育理论、更新教育观念,并持之以恒地进行实践和探索,逐步形成自己的教学风格。

六、数学课的评价标准

(一)教学目的(体现目标意识)

①教学目标全面、具体、明确,符合课程标准、教材和学生实际。

②重点和难点的提出与处理得当,抓住了关键,能以简驭繁,所教知识准确。

③教学目标达成意识强,贯穿教学过程始终。

(二)教学程序(体现主体意识)

①教学思路清晰,课堂结构严谨,教学密度合理。

②面向全体,体现差异,因材施教,全面提高学生素质。

③传授知识的量和训练能力的度适中,突出重点,抓住关键。

④给学生创造机会,让他们主动参与,主动发展。

⑤体现知识形成过程,结论由学生自悟与发现。

(三)教学方法(体现训练意识)

①精讲精练,体现思维训练为重点,落实"双基"。

②教学方法灵活多样,符合教材、学生和教师实际。

③教学信息多项交流,反馈及时,矫正奏效。

④从实际出发,运用现代教学手段。

(四)情感教育(体现情感意识)

①教学民主,师生平等,课堂气氛融洽和谐,培养创造新能力。

②重视学生动机、兴趣、习惯、信心等非智力因素培养。

(五)教学基本功(体现技能意识)

①用普通话教学,语言规范简洁,生动形象。

②教态亲切、自然、端庄、大方。

③板书工整、美观、言简意赅、层次清楚。

④能熟练运用现代化教学手段。

⑤应变调控课堂能力强。

(六)教学效果(体现效率意识)

①教学目标达成,教学效果好。

②学生会学,学习生动,课堂气氛活跃。

③信息量适度,学生负担合理,短时高效。

(七)教学特色(体现特色意识)

①教学有个性特点。

②教师形成教学风格。

第七节　如何制作微课

　　随着教育技术的发展,传统课堂正在逐步被混合式学习方式所取代,通过计算机等高科技设备的使用,可以让不同年级的学生坐在同一间教室里利用以前的知识和与学习风格相匹配的设备、工具、技术、媒体和教材,根据自己的学习进度进行安排。

　　混合式学习(B-learning)是在"适当的"时间,通过应用"适当的"学习技术与"适当的"学习风格相契合,对"适当的"学习者传递"适当的"能力,从而取得最优化的学习效果的学习方式。换言之,所谓混合式学习就是要把传统学习方式的优势和网络化学习的优势结合起来,也就是说,既要发挥教师引导、启发、监控教学过程的主导作用,又要充分体现学生作为学习过程主体的主动性、积极性与创造性。国际教育技术界的共识是,只有将这传统学习与网络化学习结合起来,使二者优势互补,才能获得最佳的学习效果。

近年来新兴课型——微课,正是这种混合式学习的有效途径之一。

微课是指以视频为主要载体,记录教师在课堂内外教育教学的过程,微课是围绕某个知识点(重点难点疑点)或教学环节而开展的精彩教与学活动的全过程。微课的核心组成内容是课堂教学视频(课例片段),同时还包含与该教学主题相关的教学设计、素材课件、教学反思、练习测试及学生反馈、教师点评等辅助性教学资源,它们以一定的组织关系和呈现方式共同"营造"了一个半结构化、主题式的资源单元应用"小环境"。因此,微课既有别于传统单一资源类型的教学课例、教学课件、教学设计、教学反思等教学资源,又是在其基础上继承和发展起来的一种新型教学资源。

一、微课特征

微课只讲授一两个知识点,没有复杂的课程体系,也没有众多的教学目标与教学对象,看似没有系统性和全面性,许多人称之为"碎片化"。但是微课是针对特定的目标人群、传递特定的知识内容的,一节微课自身仍然需要系统性,一组微课所表达的知识仍然需要全面性。微课的特征有:

①主持人讲授性。主持人可以出镜,可以话外音。

②流媒体播放性。可以视频、动画等基于网络流媒体播放。

③教学时间较短。5～10分钟为宜,最少的1～2分钟,最长不宜超过20分钟。

④教学内容较少。突出某个学科知识点或技能点。

⑤资源容量较小。适于基于移动设备的移动学习。

⑥精致教学设计。完全的、精心的信息化教学设计。

⑦经典示范案例。真实的、具体的、典型案例化的教与学情景。

⑧自主学习为主。供学习者自主学习的课程,是一对一的学习。

⑨制作简便实用。多种途径和设备制作,以实用为宗旨。

⑩配套相关材料。微课需要配套相关的练习、资源及评价方法。

二、微课制作

如何设计一节好的微课呢?在教学中,要制作一节好的微课,需要经历以下几个步骤。

（一）了解微课的定义及作用

要想设计一节好的微课，首先要了解微课的定义和作用：

①微课是指利用 5～10 分钟时间讲解一个非常碎片化的知识点、考点、例题、作业题或教学经验的一种微视频。

②微课的作用是启惑、解惑而非授业，用于（不受时间、空间限制的）网络在线教育，不能代替课堂新知识的教学。

（二）选择和分析处理知识点

一节微课能否设计得好，知识点的选择和分析处理非常重要。因此，在设计每一节微课时，应慎重选择知识点，并对相关的知识点进行科学的分析和处理，使它们更符合教学的认知规律，学习起来能够达到事半功倍的效果。通常需做到如下几点：

①知识点尽量选择热门的考点或教学的重点、难点。

②知识点的选择要细，10 分钟内能够讲解透彻。

③知识点要准确无误，不允许有文字、语言、图片上的知识性错误或误导性的描述。

④要将知识点按照一定逻辑分割成很多个小知识点。

（三）选择合适的微课类型

微课的类型主要有以下几种：

①讲授类——适用于教师运用口头语言向学生传授知识。这是最常见、最主要的一种微课类型。

②问答类——适用于教师按一定的教学要求向学生提出问题，要求学生回答，并通过问答的形式来引导学生获取或巩固检查知识。

③启发类——适用于教师在教学过程中根据教学任务和学习的客观规律，从学生的实际出发，采用多种方式，以启发学生的思维为核心，调动学生的学习主动性和积极性，促使他们生动活泼地学习。

④讨论类——适用于在教师指导下，由全班或小组围绕某一种中心问题通过发表各自意见和看法，共同研讨，相互启发，集思广益地进行学习。

⑤演示类——适用于教师在课堂教学时，把实物或直观教具展示给学生看，或者做示范性的实验，或通过现代教学手段，通过实际观察获得感性知识以说明和印证所传授知识。

⑥练习类——适用于学生在教师的指导下，依靠自觉的控制和校正，反复地完成一定动作或活动方式，借以形成技能、技巧或行为习惯。

⑦实验类——适用于学生在教师的指导下，使用一定的设备和材料，通过

控制条件的操作过程,引起实验对象的某些变化,从观察这些现象的变化中获取新知识或验证知识。

⑧表演类——适用于在教师的引导下,组织学生对教学内容进行戏剧化的模仿表演和再现,以达到学习交流和娱乐的目的,促进审美感受和提高学习兴趣。

⑨自主学习类——适用于以学生作为学习的主体,通过学生独立的分析、探索、实践、质疑、创造等方法来实现学习目标。

⑩合作学习类——合作学习是一种通过小组或团队的形式组织学生进行学习的一种策略。

⑪探究学习类——适用于学生在主动参与的前提下,根据自己的猜想或假设,运用科学的方法对问题进行研究,在研究过程中获得创新实践能力、思维发展能力,自主构建知识体系的一种学习方式。

设计每个微课前,根据所要讲解的知识点选择适当的微课类型,有助于提高微课堂的效果。

(四)构建完整精练的教学过程

在设计微课教学过程时,应注意以下几点:

1.切入课题要新颖、迅速

由于微课时间短少,因此在设计微课时要注意切入课题的方法、途径,力求新颖、迅速,而且要与题目关联紧凑,以把更多的时间分配给内容的讲授。在微课教学设计中,通常采用以下几种方式切题:

①设置一个题目引入课题。

②从以前的基本内容引入课题。

③从生活现象、实际问题引入课题。

④开门见山引入课题。

⑤设置疑问、悬念等引入课题。

2.讲授线索要鲜明

在微课的设计中,要求尽可能地只有一条线索,在这一条线索上突出重点内容。在讲授重点内容时如需罗列论据,论据必须做到精而简,力求论据的充分、准确,不会引发新的疑问。在设计微课时要注意巧妙启发、积极引导,力争在有限的时间内,圆满完成微课所规定的教学任务。

3.结尾要快捷

在微课的设计中,小结是必不可少的,它是内容要点的归纳。好的微课小结可以起到画龙点睛的作用,可以加深学生对所学内容的印象,减轻学生的记忆负担。在微课的小结中,因为前面重点内容的讲授占用了较多的时间,因此,微课小结不在于长而在于精,小结的方法要科学、快捷。

4.力求创新,亮点耀眼

在微课的设计中,一定要有自己独特的亮点。这个亮点,可以是深入浅出的讲授,可以是细致入微的剖析,可以是激情四溢的朗诵,可以是精妙完美的课堂结构,也可以是准确生动的教学语言等等。微课教学有了自己独特的亮点,才能提升微课的水准。

(五)制作实用的微课教学课件

教学课件能充分创造出一个图文并茂、有声有色、生动逼真的教学环境,为教师教学的顺利实施提供形象的表达工具,能有效地突破教学难点,激发学生的学习兴趣,真正地改变传统教学单调模式,使乐学落到实处。因此,在设计微课的过程中,制作实用、有效的课件是必不可少的环节。一般来说,要注意以下几点。

1.要具有美感

一个好的微课课件不仅能激发学生的学习兴趣,取得良好的教学效果,而且能使人赏心悦目,获得美的享受,优质的微课课件是内容与形式的完美统一。

2.动静结合

动态画面能使课件精彩动人,静态画面能给人更多的思索空间,因此在设计微课课件时要注意让动态画面和静态画面有机结合起来,这样才能增强微课堂的教学效果。

3.合理安排信息量

在制作微课课件时,充分利用认知学习和教学设计理论,根据教学内容和教学目的的需求,有效组织信息资源,提供适度的信息量,有利于突破教学重难点、扩大学生视野,使学生通过多个感觉器官来获取相关信息。在制作微课课件时,合理安排信息量可以提高教学信息传播效率,增强教学的积极性、生动性和创造性。

4.要容易操作

为了方便教学,微课课件的操作要尽量简便、灵活、可靠,便于教师和学生控制。在课件的操作界面上设置寓意明确的菜单、按钮和图标,最好支持鼠标,尽量避免复杂的键盘操作,避免层次太多的交互操作,尽量设置好各部分内容之间的转移控制,可以方便地前翻、后翻、跳跃。

在微课中使用课件能令教师的教和学生的学如虎添翼,使学习收到事半功倍的效果。因此,在设计每一节微课时,也应注重课件的制作。

认真把握好"了解微课的定义及作用"、"选择和分析处理知识点"、"选择合适的微课类型"、"构建完整精练的教学过程"、"制作实用的微课教学课件"这五个环节,巧妙地设计微课教学活动,相信能够有效地激发学生的学习兴趣,培养他们自主学习的能力,提高他们的学习效果。

复习思考题

1.备课在教学工作中有何重要意义? 备课有哪些工作要做?

2.如何钻研教材? 主要解决哪几个问题? 举例说明。

3.请自选一节数学课的内容,先对教材进行分析,再编写一个详细的教案,并拟出详细的课时分配计划和板书计划。

4.阐述说课的基本程序,请自选数学教材内容,撰写一份说课稿。

5.试叙述上课与说课的区别与联系。

6.试叙述如何评价一堂数学课。

第六章　数学思维及其培养

　　培根曾说过:思维是认识世界和改造世界的主观动力,而数学是思维的体操。随着科学技术的迅猛发展,数学在社会生产实践和科学技术中的作用越来越受到人们的关注,时代对未来公民的素质有了更高的要求。人们越来越清楚地认识到,数学教育的目标不仅仅是单纯地向学生传授知识,而且还要培养学生的能力,发展学生的智力和提高学生的数学素养。影响数学教育的原因有很多,数学思维是其中相对稳定的因素。数学思维问题是数学教育的核心问题。因此,研究和掌握数学思维的基本问题具有重要意义。

　　本章主要探讨数学思维的基本概念、数学思维的过程以及数学思维的特征,同时,探讨数学一般思维方法及其在数学教学中的应用,并探讨数学思维方法培养的途径。

第一节　数学思维和思维过程

一、思维的特征及其类型

(一)思维概述

　　思维是多种学科的研究对象。从心理学的角度分析,"思维是人脑对客观现实概括的、间接的反映,是客观事物的本质和规律的反映"。思维是在人的实践活动中,通过感性知识,特别是在表象的基础上,借助于语言等工具,以知识经验为中介实现的。思维是人类所特有的一种高级的心理活动,它是人类大脑反映客观事物的一般特性以及客观事物间相互关系的一种过程,它是比感性认识更完善的认识形式。

（二）思维的特征

数学思维除具有一般思维的共性外，还受到数学学科理论和数学活动特点的制约，表现出自身的特征。数学思维的特征主要有概括性、间接性、目的性、问题性和复合性。

1. 概括性

思维能揭示事物的本质及其内在规律性，主要来自抽象和概括的结果，即思维是概括的反映，所以思维最显著的特点是概括性。概括是思维活动的速度、灵活迁移程度、广度和深度等智力品质的基础。

在数学学习中，学生的许多知识都是通过概括认识而获得的。例如方程的概念，便是从整式方程、分式方程、无理方程、对数方程、三角方程，包括高次的、多元的各种方程中，不管其指数、项数、元数、表达形式等有何不同，只抓住其共同的本质特征——"等式"、"含有未知数"而得出的。由此可见，没有抽象概括，也就没有思维。概括水平是衡量思维水平的重要标志。

2. 间接性

思维是凭借知识经验对客观事物进行的间接的反映。间接性表现在能对没有直接作用于感觉器官的事物及其属性或联系加以反省，能对根本不能直接感知的事物及其属性或联系进行反映，能在对现实事物认识的基础上假设、想象等。我们常说，举一反三、闻一知十、由此及彼、由近及远等，这些都是指间接性的认识。

概括性和间接性是思维的两个基本特征，它们之间是密切相关的。正是由于概括性和间接性的结合使用，人们的思维才不断地变化。

3. 目的性

思维具有目的性，是指思维具有解决问题或获得结果的能动性。人只有在客观实践活动中面临新的问题、新的活动要求和新的情况时，才可能进行思维。

思维的特性还包括广阔性、层次性、逻辑性、产生性等。

（三）思维的分类

根据实践活动的目的性差异，思维有不同形式的分类。

1. 根据思维的抽象程度

按思维的抽象程度进行划分，思维可分为直观行动思维、直观形象思维和抽象逻辑思维。直观行动思维也称动作思维，是直接与物质活动相联系，以实际动作为支柱的思维。其特点是：思维伴随动作，动作停止，思维也就终止。直观形象思维是以具体的表象为材料的思维，即对表象材料进行分析、综合、抽象、概括的过程。其特点是：以表象或形象为思维的材料，以语言作为思维的物质外壳，含有联想、想象的心理成分；抽象逻辑思维是以抽象概念为形式的思维,它也依赖于动作和表象,但主要是以概念、判断和推理的形式表现出来。显然,按抽象性程度分类,思维是作为一个发展的过程去进行研究的。

2. 根据思维的目的性

按思维的目的性分类,思维分为上升性思维、求解性思维和决策性思维三类。上升性思维是依靠比较、分析、抽象等方法,从对事物的个性向共性的认识过程;求解性思维指解决具体问题的思维;决策性思维则是以规范未来的实验过程和预测其效果为中心内容的思维活动。三种思维相互联系、彼此渗透,同时又是一个不断深化和发展的过程。

3. 根据思维的智力品质

按思维的智力品质分类,思维可分为再现性思维和创造性思维。再现性思维是一般的思维活动,它是指对已有知识的再现,或将已有知识按照通常的思维形式去解决问题的过程。创造性思维指独立思考出有社会价值的、具有一定新颖成分的思维,它是人类思维的高级阶段。

4. 根据思维的形式

按思维的形式分类,思维可分为辐合思维和发散思维。辐合思维又叫收敛思维,是调动各种信息,朝着一个目标深入发展去解决问题或生成新信息的思维方法。辐合思维常表现为定向思维,即习惯沿着固定方向,采用一定的模式或方法对问题进行分析和探讨。发散思维是对已知信息进行多方向、多角度的思考,从而提出新问题、探索新方法的思维方式,它的特点是思路广阔、寻求变异,在思维方向上表现为逆向性、横向性和多向性。按思维的形式不同,思维还可分为分析思维和直觉思维。分析思维即逻辑思维;直觉思维是指能够迅速地、直接地洞察或领悟对象性质的思维方式。

二、数学思维的特点

数学思维从属于一般思维,它是人脑对数学对象理性的认识过程,是对数学学科的本质属性与数学对象间关系的反映。数学思维既是一般思维的共性,又具有自身的特性。数学知识,实质上是数学思维活动的结果,因此,所谓数学学习,实质上就是学生在教师的指导下,通过数学思维活动学习数学,并发展数学思维的过程。学生学习数学、解决数学问题所运用的是数学思维。数学思维不仅包含了一般思维的本质和特征,还具有数学学科本身的特殊性。"数学思维是人脑和数学对象(空间形式、数量关系、结构关系)交互作用并按照一般规律认识数学内容的内在理性活动。"[①]这就是说,数学思维是以认识数学对象为

---

① 任樟辉.数学思维论[M].南宁:广西教育出版社,1990.

任务,以数和形为思维对象,以数学语言和符号为思维载体,并以认识和发现数学规律(本质属性)为目的的一种思维。

数学思维主要具有概括性、整体性、相似性和问题性等特点。

(一)概括性

数学思维的概括性是指将某种事物已分出来的一般、共同的属性或特征结合起来,再把研究对象的本质特性推广为范围更广的包含这个对象的同类事物的本质特征。一方面,数学思维的概括性比一般思维的概括性更强,这是由于数学思维揭示的是事物之间内在的形式结构和数量关系及其规律,能够把握一类事物共有的数学属性。数学思维的概括性与数学知识的抽象性是互为表里、互为因果的。数学思维方法、思维模式的形式是数学思维概括水平的重要表现,概括的水平能够反映思维活动的速度、广度、深度和灵活程度以及创造程度。因此,提高主体的数学概括水平是发展数学思维能力的重要标志。

(二)整体性

数学思维的整体性主要表现在它的统一性和对数学对象基本属性的准确把握。数学科学本身是具有统一性的,人们总是谋求新的概念、理论,把以往看来互不相关的东西统一在同一个理论体系中。数学思维的统一性,是就思维的宏观发展方向而言的,它总是越来越多地抛弃对象的具体属性,用统一的理论概括零散的事实。这样既便于简化研究,又能洞察到对象的本质。数学思维中对事物基本属性的把握,本质上源于数学中的公理化方法。这种整体性的思维方式对人们思考问题具有深远的影响。

(三)相似性

数学思维的相似性是思维相似规律在数学思维活动中的反映。数学思维的相似性普遍存在,在创造性思维活动中发挥着重要作用。数学思维中到处渗透着异中求同、同中辨异的比较、分析过程。数学中的相似表现有几何相似与关系相似、结构相似与实质相似、静态相似与动态相似等。数学思维中的联想、类比、归纳和猜想等都是运用相似性探求数学规律、发现数学结论的主导方法。对相似因素和相似关系的认识能加深理解数学对象的内部联系和规律性,提高思维的深刻性,发展思维的创造性。因此,相似性是数学思维的一个重要特征。

(四)问题性

数学思维的问题性是与数学科学的问题性相关联的。问题是数学的心脏,数学科学的起源与发展都是由问题引起的。由于数学思维是解决数学问题的心智活动,它总是指向问题的变换,表现为不断地提出问题、分析问题和解决问题,使数学思维的结果形成问题的系统和定理的序列,达到掌握问题对象的数学特征和关系结构的目的。因此,问题性是数学思维目的性的体现,解决问题的活动是数学思维活动的中心。这一特点在数学思维方面的表现比任何思维都要突出。因此,20世纪80年代世界数学教育将"问题解决"作为其主要任务是有道理的。

(五)复合性

数学思维的复合性是指数学思维活动中表现出的逻辑性和非逻辑性相结合的特征。一方面,数学是一门高度严谨的学科,所有的理论都必须经过严格的逻辑论证得到,数学结论作为数学活动结果是十分严谨的。逻辑论证的过程属于数学思维活动,因而数学思维具有逻辑性的鲜明特征。另一方面,数学思维活动又不只是单一的逻辑论证过程,它还包括探索和发现数学结论、寻求逻辑论证途径的过程。在发现和探索数学结论的过程中,包含着直觉、顿悟、形象思维以及似真推理等思维活动。而在寻求逻辑论证的途径时,又包含着制定策略、发散探索、试误等思维活动。在这两种过程中,数学思维活动都表现出了一定的"非严谨性",含有非逻辑的思维活动,因此数学思维又表现出非逻辑的特征。数学思维的整个活动过程,都是在逻辑和非逻辑的交替过程中进行的,利用"非逻辑"、"非严谨"去探求和发现问题,再利用逻辑论证去论证问题。

三、数学思维的类型

确定数学思维类型,就是要选用一定的方式对数学思维进行分类,为此,应考虑如下两个问题。

首先,数学思维既要体现一般思维的规律,又要结合数学学科的特点,反映出数学思维特有的规律。数学是研究事物的空间形式和数量关系的学科,其特征是具有高度的抽象性、体系的严谨性和应用的广泛性。一方面,数学概念的产生源于客观世界,最初的概念是在具体的实物模型上抽象出来的,因而数学概念的产生要借助于形象思维。另一方面,随着研究的深入,数学对象脱离了实体模型,经过多级抽象,使概念符号化、形式化。新概念的产生要借助逻辑思维,以概念、判断和推理的形式表现出来,从而使数学理论形成一个严谨的体系。因此,数学思维应包含形象思维和抽象逻辑思维成分。

其次,数学思维应是指数学活动过程中的思维,这种活动包括研究数学和学习数学的活动。无论是研究数学还是学习数学,数学思维都贯穿在发现问题和解决问题之中。解决数学问题以逻辑思维的形式为主要思维方式,而在发现问题的过程中,除了逻辑思维形式外,直觉思维占有相当的比重。

由上面分析,数学思维的成分主要包括形象思维、抽象逻辑思维和直觉思维。

(一)形象思维

数学形象思维是指借助数学形象或表象,反映数学对象的本质和规律的一种思维。在数学形象思维中,表象与想象是两种主要形式,其中数学表象又是数学形象思维的基本元素。

1. 数学表象

数学表象是以往感知过的观念形象的重现。数学表象常常以反映事物本质联系的特定模式——结构来表现。例如,数学中"球"的形象,已脱离了具体的足球、篮球、排球、乒乓球等形象,是指到定点距离相等的空间内点的集合,显示了集合内的点(球面上的点)与定点(球心)之间的本质联系:距离相等。

客观实物的原型和模型以及各种几何图形、代数表达式、数学符号、图像、图表等这些形象在人脑中复现就形成了数学表象。数学形象思维也可看作以数学表象为主要思维材料的一种形象思维。因此,数学教学中发展学生的表象思维有利于形象思维能力的培养。发展学生的表象思维就是要使学生在几何学习中对基本的图形形成正确的表象,抓住图形的形象特征与几何结构,辨识不同关系的各种表象;在代数、三角、分析等内容的学习中,重视各种表达式和数学语句符号等所蕴含的构造表象。

2. 数学想象

数学想象是数学形象思维的一种重要形式,通常可分为再造性想象和创造性想象两种类型。

(1)再造性想象

再造性想象是根据数学语言、符号、数学表达式或图形、图表、图解等提示,经加工改造而形成新的数学形象的思维过程。再造性想象有两个特征:一个是生成的新想象虽未感知过,但并非完全由自己创造或创新,而是根据别人描述或者示意再造出来的;另一个新形象是头脑中原有表象经过加工改造而成的,其中包含着个人知识与理解能力的作用,因此又有创造的成分。

进行再造性想象必须具备两个条件:①必须正确理解所给数学语言、符号、表达式、图表、图解的确切意义,以保证新形象的准确与真实;②必须以丰富的表象储备为基础,头脑中的形象表象越丰富、越鲜明,再造性想象就越灵活、越清晰,从而再造想象的结果就越准确、越精密。

学生在数学学习中的想象,大多属于再造性想象。这是因为,虽然这种想象对学生来说具有创造的成分,但形成的新表象只是原有表象的再现或加工改造,并没有超出已有知识经验和数学表象的范围,与独立的甚至创造性的想象活动有着很大的不同。

（2）创造性想象

创造性想象是一种不依靠现成的数学语言和数学符号的描述，也不依据现成的数学表达式和数学图形的提示，只依据思维的目的和任务在头脑中独立地创造出新的形象的思维过程。思维结果的新颖、独特是创造性想象的主要特征。

创造性想象与再造性想象的区别在于：①再造性想象可以依据给定的数学语言、符号、数学表达式和图形的提示而展开，思维有所遵循，而创造性想象是根据思维的目的和任务进行的形象改造；②再造性想象的思维成果是已有的形象，而创造性想象的思维成果则是经过改造的数学形象的综合。例如，在数学科学发展史上，罗巴切夫斯基发现非欧几何的过程就是创造性想象；法国大数学家笛卡儿把长期分道扬镳的代数和几何联系起来而创立了解析几何，他借助于曲线上"点的运动"这一想象，创造出变量和坐标系的新的形象，把抽象的方程展示为直观的平面和空间图形，这也是一种创造性想象。

进行创造性想象必须具备以下三个条件：①必须对所研究的问题本身进行深入细致的观察，形成丰富的表象储备；②必须对所研究的问题情境进行发散式思考，掌握有关知识和经验的丰富材料，具备高水平的表象重构能力；③必须抓住契机引发想象，突破思维的障碍，想象出问题结果并作出逻辑上的检验。

例 6-1 设 $x^2+y^2+2x<0$，求证：$x^2+y^2+6x+8>0$。

证明：设

$$A=\{(x,y)\mid x^2+y^2+2x<0\}$$
$$=\{(x,y)\mid (x+1)^2+y^2<1\}$$
$$B=\{(x,y)\mid x^2+y^2+6x+8>0\}$$
$$=\{(x,y)\mid (x+3)^2+y^2>1\}$$

则集合 A 是以 $(-1,0)$ 为圆心，以 1 为半径的圆的内部（不含边界），集合 B 是以 $(-3,0)$ 为圆心，以 1 为半径的圆的外部（不含边界），如图 6-1 所示。

因为两圆相切于 $(-2,0)$ 点，所以 $A\subset B$，即若 $(x,y)\in A$，则 $(x,y)\in B$，所以当 $x^2+y^2+2x<0$ 时，必有 $x^2+y^2+6x+8>0$。

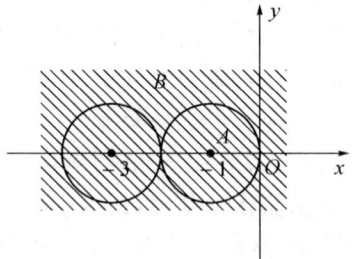

图 6-1

在例 6-1 中，根据解题目标的需要创造出了不同于已知形象的新的形象，从而使问题得到了解决。

想象在数学研究和数学学习中有着重要的作用。它是创造性思维的重要成分，数学中的直觉和灵感，如果没有想象的展开是不可能实现的。正如爱因斯坦所言：“想象力比知识更重要，因为知识是有限的，而想象力概括着世界的一切，推动着进步，并且是知识进化的源泉。严格地说，想象力是科学研究中的实在因素。”中学的基本能力实际上是想象能力的一种。数学中的空间想象能力即是对于数学图形的形状、大小、结构和位置关系的想象能力。就像运算能力实质上是逻辑思维能力的一部分，是逻辑思维能力与运算技能的结合。空间想象能力实质上是形象思维能力的一部分，是形象思维能力与空间形式构思的结合。因此，培养形象思维能力包含了对空间想象能力的培养。

(二)逻辑思维

逻辑思维包括形式逻辑思维和辩证逻辑思维。形式逻辑思维就是依据形式逻辑的规则来反映数学对象、结构及其关系，达到对其本质特性和内在联系的认识目的。辩证逻辑思维是逻辑思维发展的高级阶段，它是从运动过程及矛盾相互转化中去认识客体，遵循质量互变、对立统一及否定之否定等规律去认识事物本质的过程。

数学是一门逻辑性、系统性强，论证严谨的学科。数学中的公式、法则、定理和规律，都必须通过逻辑去进行推导、归纳和总结，其概念、判断和推理也是建立在逻辑基础上的。没有一定的逻辑思维能力，就不可能学好数学。因此，逻辑思维能力是数学能力结构中一个主要的、重要的能力要素。

(三)直觉思维

数学直觉思维是以一定的知识经验为基础，通过对数学对象作总体观察，在一瞬间顿悟到对象的某方面的本质，从而迅速作出估计判断的一种思维。数学直觉思维是一种非逻辑思维活动，是一种下意识(潜意识)的活动参与，不受固定逻辑规则约束，是由思维主体自觉领悟事物本质的思维活动。因此，非逻辑性是数学直觉思维的基本特征，同时数学直觉思维还具有直接性、整体性、或然性、不可解释性等重要特征。

1. 直接性

数学直觉思维是直接反映数学对象、结构以及关系的思维活动，这种思维活动表现为对认识对象的直接领悟或洞察，是数学直觉思维的本质特征。由于数学直觉思维的直接性，它在时间上表现为快速性，即数学直觉思维有时是在一刹那间完成的；由于数学直觉思维的直接性，它在过程上表现为跳跃性(或间断性)，直觉思维并不按常规的逻辑规则前进，而是跳过若干中间步骤或放过个别细节，从整体上直接把握研究对象的本质和联系。

2. 整体性

整体性是指数学直觉思维的结果是关于对象的整体性认识，尽管这并非是一幅毫无遗漏的“图画”，它的某些细节甚至可能是模糊的，但是却清楚地表明了事物的本质或问题的关键。

3. 或然性

数学直觉思维是一种跳跃式的思维,是在逻辑依据不充分的前提下作出的结论,具有猜测性。正因为如此,任何通过直觉思维"俘获来的战利品"都需要经过严格的逻辑验证。采用直觉思维的目的在于迅速找到事物的本质或内在联系,提出猜想,而不在于论证这个猜想。

4. 不可解释性

数学直觉思维在客观上往往给人以不可解释之感。由于直觉思维是在一刹那间完成的,略去了许多中间环节,思维者对其过程没有清晰的意识,所以要想对它的过程进行分析、研究和追忆,往往是十分困难的,这就使直觉思维给人一种"神秘感"。例如,高斯曾花几年的时间证明一个算术定理,最终获得了解决,对此他回忆说:"我突然证出来了,但这简直不是我自己努力的结果,而是由于上帝的恩赐——如同闪电那样突然出现在我脑海之中,疑团一下子被解开了,连我自己也无法说清在先前已经了解的东西与使我获得成功的东西之间是怎样联系起来的。"

数学直觉和数学灵感是数学直觉思维的两种形式,它们之间具有深刻的本质联系,即灵感是直觉的更高发展,是一种突发性的直觉。通常灵感的形成是从多次的直觉受阻或产生错误的情况下得到教益,而使一部分信息不自觉地转入潜意识加工,最终又在某种意境或偶发信息的启发下,由潜意识跃入显意识爆发顿悟的,因此数学思维灵感是从多个数学直觉中升华而形成的结晶。

形象思维、逻辑思维、直觉思维是数学思维的三种基本类型,形象思维是数学思维的先导,逻辑思维是数学思维的核心。在进行具体的数学思维活动时,往往是这两种思维交错应用的一个综合过程。直觉思维则是以上两种思维的结合,达到一定数量后所引起的一种质的飞跃。因此,如果形象思维和逻辑思维发展得好,就为发展直觉思维创造了条件。

第二节　数学思维的一般方法

数学思维的一般方法是指数学思维过程中常运用的基本方法。从数学活动过程来看,数学思维方法大体上可分为两个层次:①经验性思维方法,包括观察、实验、类比、不完全归纳和抽象等,这一层次的思维方法在数学的发现过程中表现得尤为突出;②逻辑思维方法,常用在数学的推理和论证中,包括化归、演绎、分析、综合、形式化及公理化等。因此,从整个数学活动的过程来看,可分为数学发现的思维方法和数学论证的思维方法,值得注意的是,前者包含了猜测、想象和直觉等非逻辑思维的因素。

一、观察和实验

观察和实验是发现与解决问题中最形象、最具体的手段之一。在一般的科学活动中,观察与实验是极为重要的科学方法。观察与实验是收集科学事实,获取科学研究第一手材料的重要途径,是形成、论证及检验科学理论的最基本的实践活动。然而,长期以来,有人认为数学是高度抽象和逻辑性极强的学科,不需要形象和具体的思考和操作,推理证明才是数学的主旋律。事实上,这种印象是片面的,越是抽象和复杂,就越需要形象和具体的辅助与配合。观察与实验在数学的整个发展过程中起着重要的作用,在数学教学中也应给予充分的重视。

观察法是指人们对周围世界客观事物和现象在其自然条件下,按照客观事物本身存在的实际情况,研究和确定它们的性质和关系,从而获得经验材料的一种方法。

欧拉说过:"数学这门学科,需要观察还需要实验。"实验是人们根据一定的研究目的,利用仪器或工具对周围世界的客观事物与现象,进行人为的控制、模仿,排除干扰,突出主要因素,在最有利的条件下考察和研究它们的性质和关系,从而获得经验材料的一种方法。

20世纪最伟大的数学家冯·诺依曼(L. J. von Neumann)指出,"大多数最好的数学灵感来源于经验",从数学发展的意义上来说,数学作为一种源于社会实践的理性构造的学科,当它远离实践的经验之源而发展时,就会逐渐分化成为众多而无前途的支流。唯一的解决方法就是使其回到本源。这种观念,是数学家对数学的一种本质认识。

这种现象在我国现代数学教育尤其是基础教育中长期存在。我国数学教育格外注重形式,注重数学自身的结构,无论是数学教学内容还是数学习题都远离社会生活,忽视与社会实践相连的问题,使中小学数学学习变成"已知—求证"式的逻辑演绎形式。学生的数学观察与实验能力没有得到培养,反而几乎完全丧失,学生只会按教师、教材、习题的要求去解题。

通过在数学教学中培养学生的观察和实验能力,学生可以掌握和运用观察和实验的能力,利用自身的个体经验,运用数学解决问题的能力,激发对数学的兴趣及信心。

在数学研究中,通过观察与实验不仅可以收集新材料、获得新知识,而且常常导致数学的发现与理论的创新。观察与实验方法在数学中的运用可以大体分为两个层次：①运用观察和实验来解决和验证数学理论；②运用观察和实验方法来解决具体的数学问题。在中学数学教学中，就是要运用观察和实验方法来解决一些具体的数学习题。

在数学史中，有大量的例子能说明在数学中如何通过观察与实验来发现新的事实、得到新的成果。几何学主要是研究空间物体、图形的形状和大小等性质的学科，在其中，观察和实验的色彩就更为浓烈。在几何学的发展进程中，实验的或者说经验的几何是其中的一个重要阶段。

尺规作图一直是一个实验的过程，人类会作三边形、正五边形和正十二边形，但是在作正七边形、正十一边形和正十七边形时却遇到了极大的困难。这个历史难题被高斯在大学一年级时就解决了。当高斯告诉他的老师时，据说老师不相信，竟把高斯赶出了家门。高斯不仅在实验的基础上完成了正十七边形的尺规作图，而且还进一步证明了这个定理：凡边数为费马素数（即 $2^{2^n}+1$ 为素数）的正多边形可用尺规作图，当边数是素数但不是费马素数时，这样的正多边形不能用尺规作出。高斯的成功，不仅在于解决了正十七边形的尺规作图，更为奇妙的是，他把 $2^{2^n}+1$ 边形的数与正多边形的尺规作图联系了起来。

中国古代有一个计算圆弓形的面积公式，这个公式发现于《九章算术》。在图 6-2 中，c 表示圆弓形的弦长，s 表示从弓形的弦的中点到弓形的弧的中点的距离。由弓形的弧的中点引两条割线，与 c 的延长线相交，使得两延长部分都等于 s 的一半。通过目测可知圆弓形的面积近似地等于由 c 所在的直线与两条割线围成的等腰三角形的面积。假设这两个面积完全相等，我们便得到了中国古代计算圆弓形的面积公式 $A=s(c+s)/2$，通过这个公式，我们不难推得，该计算公式相当于 $\pi=3$。

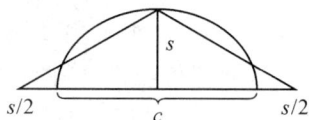

图 6-2

在中学数学教学中，数学观察与实验主要被用来观察实际生活中存在的数量问题、空间结构问题。比如作简单的几何图形，观察几何图形的相互位置，从这些观察中自己动手去做、去实践，并得出一些数学结论。

20 世纪电子计算机的发展，为数学的实验提供了更多的可能。实验的过程是探索的过程，是发现的过程。数学工作者可以在计算机上做过去只有笔和纸的时代连想都不敢想的事情，"四色问题"就是一个很好的例子。

在数学教学中，为了更好地使学生掌握知识、培养他们的创新意识和能力，要尽可能地再现数学知识和结论的发现过程，因此，观察与实验应成为数学教学中探索、学习知识的重要方法和开展实践活动的主要形式。

在研究计算圆锥体积公式的教学中，我们常常通过这样的实验发现结论：

将圆锥内装满水或沙子，然后倒入等底等高的圆柱内，学生通过实验能够发现二者的体积之间的关系。

再如，在探讨球的表面积时，可做如下实验：在一个木制圆盘的中心竖直地钉上一个钉子，再在一个与圆盘的半径相同的木制半球的顶部也钉上一个钉子。现在，把一根粗绳子的一端系在木制圆盘的钉子上，并且围绕着钉子缠绕细的绳子，围着木球的钉子缠绕起来，直到盖满木球为止，再量所用绳子的长度。比较两次绳子所用长度，将会发现，后者非常接近前者的两倍。重复这样的实验，结果总是基本相同。由此，可以猜测这样的结论：该半球的表面积是圆盘的面积的两倍，或者一个球的面积等于其球大圆面积的四倍。

在数学教学中，实验的内涵和形式应该是很丰富的，拼剪图形、折纸是研究几何图形性质的很好的实验形式。而观察则是探求规律、寻找关系的好方法。如观察图 6-3，它可以看成是由 n^2 个点组成的方阵，以大小不同的正方形分成若干组：$1,4$，$9,\cdots,n^2$。观察相邻的两组之间有如下关系：$n^2+(2n+1)$ $=(n+1)^2$。

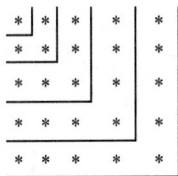

图 6-3

如果令 $2n+1=m^2$，那么 $n=\dfrac{m^2-1}{2}$，$n+1=\dfrac{m^2+1}{2}$，则有 $m^2+(\dfrac{m^2-1}{2})^2=$ $(\dfrac{m^2+1}{2})^2$。

上面的式子与毕达哥拉斯定理的形式相同，称 $m^2,\dfrac{m^2-1}{2},\dfrac{m^2+1}{2}$ 为一组毕达哥拉斯数，上面观察图形及分析的过程实际上就是毕达哥拉斯数产生的过程。

200 多年前，德国数学家哥德巴赫（G. Goldbach）提出了一个命题："凡大于 4 的偶数都可以表示成两个素数的和。"由于这个命题至今还未能证明，人们称之为"哥德巴赫猜想"，它的发现完全来自于观察。

概率统计作为数学的一个重要的分支，在其研究中充满了观察和实验。蒲丰（C. Buffon）的投针实验是运用实验法研究几何概率的典型范例。在平地上画出一组间隔距离为一寸的平行线，以一寸长的针（质量均匀的细针）随机地掷到画有平行线的平地上，蒲丰利用实验的方法（具体地投针）验证了利用模型的方法得到的结论，即针与平行线接触的概率为 $2/\pi$。

同样地，在数列的研究中也充满了观察和实验。数列有许多有趣的性质，就是在对兔子繁殖问题的观察与实验的基础上得到的。

13 世纪初，意大利数学家斐波拉契（L. Fibonacci）在他所著的《算盘书》中，提出了一个十分有趣的题目："有一个人把一对小兔子放在四面都围着的地方，他想知道一年以后总共有多少对兔子。假定一对小兔子经过一个月以后就长大成为一对大兔子。而一对大兔子经过一个月就不多不少恰好生一对小兔子（一雌一雄），并且这些生下的小兔子都不死。"

这是一个算术问题，但是用普通的算术公式是难以计算的，为了寻求兔子繁殖的规律，我们引进记号：

1 表示已长大成熟的一对大兔子；

0 表示未成熟的一对小兔子。

用 F_n 表示在 n 月 1 日兔子的总对数，用 $F_n^{(大)}$，$F_n^{(小)}$ 分别表示 n 月 1 日大兔子的对数和小兔子的对数，则通过观察有：

$$F_1=1,F_2=1,F_3=2,F_4=3,F_5=5,F_6=8,F_7=13,\cdots$$

经过进一步的观察，兔子的繁殖规律可列成表 6-1。

表 6-1　兔子繁殖规律

n	1	2	3	4	5	6	7
$F_n^{(大)}$	0	1	1	2	3	5	8
$F_n^{(小)}$	1	0	1	1	2	3	5
F_n	1	1	2	3	5	8	13

$F_n=F_{n+1}^{(大)}$　（用实箭头表示）

$F_n^{(大)}=F_{n+1}^{(小)}$　（用虚箭头表示）

进一步考虑，又可得：

（1）当 $n\geqslant1$ 时，由 F_n，$F_n^{(大)}$，$F_n^{(小)}$ 的定义，有

$$F_n=F_n^{(大)}+F_n^{(小)}$$
$$F_n=F_{n+1}^{(大)},F_n^{(大)}=F_{n+1}^{(小)}$$

（2）当 $n\geqslant3$ 时，由（1）得

$$F_n=F_n^{(大)}+F_n^{(小)}$$
$$=F_{n-1}+F_{n-1}^{(大)}$$
$$=F_{n-1}+F_{n-2}$$

由以上观察和归纳所得的结果，我们知道当 $n\geqslant3$ 时，通过 $F_1=F_2=1$ 和 $F_n=F_{n-1}+F_{n-2}$ 便可计算出 F_n 的值。

显然，上面的结果纯粹是建立在观察和实验的基础之上的。是否带有普遍意义，亦即对一切 $n\geqslant3$，$n\in N$ 结论是否成立，还需要进行严格论证。但是，这个结果的确给我们带来解决一般问题的曙光，我们有理由猜想兔子的繁殖规律可以用一个明确的递推关系来描述，即

$$F_n=F_{n-1}+F_{n-2}　（n\geqslant3,n\in E）\tag{6-1}$$

正如当代最著名的数学教育家波利亚(G. Polya)所说:"数学家好似自然科学家,在他用一个新观察到的现象来检验所猜想的一般规律时,他向自然界提出问题:'我猜想这规律是真的,它真的成立吗?'假如结果被实验明确证实,那就有某些迹象说明这个规律可能是真实的,自然界可以给你是或非的回答。"对于递推关系式(6-1),其正确性是肯定的,这可以用数学归纳法加以证明,后人为纪念兔子繁殖问题的提出人,将数列$\{F_n\}$称为斐波拉契数列,这个数列的每一项都叫作斐波拉契数。斐波拉契数列在数学、物理、化学、天文等学科中经常出现,并且有许多有趣的性质。由于斐波拉契数列可用于优选法,因而近年来有越来越多的人去研究它。

在数学解题时,我们往往通过观察寻找特征,体会解题的过程;通过观察与已有知识或方法的联系,寻找解决问题的方法;通过观察已知与未知的联系,尝试找出它们之间的联系并由此解决问题。

例 6-2 求证:$1 \cdot \dfrac{1}{2^2} \cdot \dfrac{1}{3^2} \cdot \cdots \cdot \dfrac{1}{n^n} < (\dfrac{2}{n+1})^{\frac{n(n+1)}{2}}$($n \in \mathbf{N}$ 且 $n \neq 1$)。

思考与分析:

本题与 $n \in \mathbf{N}$ 有关,可以考虑利用数学归纳法证明。

从式子的数量特征上仔细观察,发现

$$\frac{n(n+1)}{2} = 1 + 2 + 3 + \cdots + n$$

$$1 \cdot \frac{1}{2^2} \cdot \frac{1}{3^2} \cdot \cdots \cdot \frac{1}{n^n} = \underbrace{1}_{1\text{个}} \cdot \underbrace{\frac{1}{2} \cdot \frac{1}{2}}_{2\text{个}} \cdot \cdots \cdot \underbrace{\frac{1}{n} \cdot \frac{1}{n} \cdots \frac{1}{n}}_{n\text{个}} \tag{6-2}$$

或(6-2)中有$(1+2+3+\cdots+n)$个乘数,且这些乘数之和为

$$1 + \frac{1}{2} \times 2 + \frac{1}{3} \times 3 + \cdots + \frac{1}{n} \times n = n$$

利用几何平均数与算术平均数的关系得

$$1 \cdot \frac{1}{2^2} \cdot \frac{1}{3^2} \cdot \cdots \cdot \frac{1}{n^n} < \left[(1 + \frac{1}{2} + \frac{1}{2} + \cdots + \frac{1}{n} + \frac{1}{n} + \cdots + \frac{1}{n}) \right.$$

$$\left. \times \frac{1}{1+2+\cdots+n} \right]^{1+2+3+\cdots+n} = \left[\frac{n}{\frac{n(n+1)}{2}} \right]^{\frac{n(n+1)}{2}} = (\frac{2}{n+1})^{\frac{n(n+1)}{2}}$$

观察与实验的方法,是强调参与和实践的方法,它也可以为解题做些准备。在中学数学学习和数学教学中,应当学会利用观察与实验来证明或帮助数学公式、定理的证明。例如对于关于多面体顶点数 V、面数 E、棱数 F 关系的欧拉公式 $E + V - F = 2$,就可以通过观察或实验说明或证明它的正确性。

总之,由于初等数学的学习是对数学的基础知识和对数学与日常生活中密

切相连部分的学习,所以无论是从数学的手段还是从数学的目标来说,观察与实验都有着十分重要的作用。

二、类比与猜想

类比是根据两个数学对象的一些属性相同或相似,猜测另一些属性也可能相同或相似的思维方法。类比分为简单类比和复杂类比两类。

简单类比是一种形式性类比,它具有明显性、直接性的特征,其模式为

　　　　对象 A 具有属性 a、b、c,

　　　　对象 B 具有属性 a、b,

猜测:对象 B 具有属性 c。

比如,由一元二次方程必有两个根(实根或复根)的事实,猜测:一元三次方程很有可能有三个实根或复根。

复杂类比是一种实质性类比,需要通过较为深入的分析才能得出新的猜测,其模式为

　　　　H 蕴含 A,

　　　　H 蕴含 B,B 真,

猜测:A 可能真。

类比是发现问题和解决问题的一种常用思维形式。在中学数学中,常用的类比包括平面与空间的类比、数与形的类比、有限与无限的类比等。两个数学对象结构相似,是类比的出发点和关键。

例如,现有如下两个命题:

(1)若 x、$y \in \mathbf{R}$,则 $x^2 + y^2 > 2xy$。

(2)在平面内,若两直线被三条平行线所截,则截得的对应线段成比例。

通过类比,可以得到两个新的命题:

$(1')$ 若 x、y、$z \in \mathbf{R}$,x、y、$z \geqslant 0$,则 $x^3 + y^3 + z^3 \geqslant 3xyz$。

$(2')$ 在空间,若两直线被三个平行平面所截,则截得的对应线段成比例。

例 6-3　解方程组 $\begin{cases} x+y+z=3 \\ x^2+y^2+z^2=3 \\ x^3+y^3+z^3=3 \end{cases}$

分析　降低未知数的次数,同时减少未知数的个数,得到类比方程组

$\begin{cases} x+y=2 \\ x^2+y^2=2 \end{cases}$

该方程组用韦达定理来解较简单，因为 $xy = \frac{1}{2}[(x+y)^2 - (x^2+y^2)] = 1$，所以 x、y 是一元二次方程 $t^2 - 2t + 1 = 0$ 的根，从而得 $x = y = 1$。现将此方法类比到原方程组，x、y、z 应是某个一元三次方程的三个根，设法找出这个一元三次方程。因为 $xy + yz + zx = \frac{1}{2}[(x+y+z)^2 - (x^2+y^2+z^2)] = 3$，又 $(x+y)(y+z) \cdot (z+x) = \frac{1}{3}[(x+y+z)^2 - (x^2+y^2+z^2)] = 8$，即 $(3-z)(3-x)(3-y) = 8$，得 $27 - 9(x+y+z) + 3(xy+yz+zx) - xyz = 8$，由此解得 $xyz = 1$，于是由韦达定理知 x、y、z 是方程 $t^3 - 3t^2 + 3t - 1 = 0$ 的根，解得 $x = y = z = 1$。

猜想往往伴随着类比、归纳的思维过程。由于类比和不完全归纳所得的结论不一定正确，因此，应当采用严格的方法去证明猜想的数学命题或结论，或者用实例反驳它。

三、归纳与演绎

归纳是通过对某类数学对象中若干特殊情况的分析得出一般性结论的思维方式。归纳分为不完全归纳和完全归纳两种类型。

通过观察和实验等途径，可以获得大量的经验材料，这些都是数学发现的基础，然而，还需要对经验材料进行逻辑组织，归纳法正是经验材料的数学组织化方法。

归纳是指通过对特例的分析去引出普通的结论。因此，归纳法是由个别的、特殊的事例推出同一类事物的一般结论的方法。简而言之，是由特殊到一般的推理方法。归纳法按照研究的对象是否完全，可以分为完全归纳法与不完全归纳法。

完全归纳法是根据某类事物中的每一事物都具有某种性质而作出该类事物都具有这种性质的一般性结论的归纳推理方法。完全归纳法分为穷举归纳法和类分法两种形式。

穷举归纳法的推理形式如下：

x_1 具有性质 F，

x_2 具有性质 F，

……

x_n 具有性质 F，

$(\{x_1, x_2, \cdots, x_n\} = A)$，

———————————————

A 类事物具有性质 F。

类分法的推理形式如下：

A_1 具有性质 F，

A_2 具有性质 F，

……

A_n 具有性质 F，

$(A_1 \bigcup A_2 \bigcup A_3 \cdots \bigcup A_n = A)$，

———————————————

A 类事物具有性质 F。

区别：前者对某类事物的每一个对象作逐一考察，后者将某类事物（可含无穷多个对象）划分成几个子类并逐一研究。完全归纳法是一种严格的推理方法，所得的结论是可靠的，在数学中可以用来进行证明。

不完全归纳法是根据考察的一类事物的部分对象具有某种性质，作出该类事物都具有这种性质的一般性结论的归纳推理方法。

不完全归纳法的推理形式如下：

x_1 具有性质 F，

x_2 具有性质 F，

……

x_n 具有性质 F，

$(\{x_1, x_2, \cdots, x_n\} \subset A)$，

———————————————

A 类事物具有性质 F。

由于不完全归纳法仅仅根据对一类事物的部分对象的考察，就作出该类事物具有一般性结论的判断，结论不一定可靠，只是一种合情推理，其结论正确与否，还需要理论的证明和实践的检验。

不完全归纳法是提出归纳法的一种常见的方法。例如，哥德巴赫猜想就是用这种方法提出来的。哥德巴赫首先发现对于较小的自然数，可把一偶数拆成若干组两个奇数之和，其中至少有一组是两个奇素数；把一奇数拆成若干组三个奇数之和时，其中至少有一组均为奇素数。然后，他根据这些最初的有限验算，大胆提出了猜想：所有每个大于 4 的偶数都可以表示为两个奇素数之和。

例如，1664 年，法国数学家费尔马研究了形如 $F(n) = 2^{2^n} + 1$ 的数（$n \geqslant 0$ 且 $n \in \mathbf{N}$），并具体计算出以下五个数：

$$F(0) = 2^{2^0} + 1 = 2 + 1 = 3,$$
$$F(1) = 2^{2^1} + 1 = 2^2 + 1 = 5,$$
$$F(2) = 2^{2^2} + 1 = 2^4 + 1 = 17,$$

$$F(3)=2^{2^3}+1=2^8+1=257,$$
$$F(4)=2^{2^4}+1=2^{16}+1=65537。$$

由于上述这五个数都是素数,费尔马用不完全归纳法提出以下猜想:任何形如 $2^{2^n}+1(n\in\mathbf{N})$ 的数(通常称为费马数,记作 F_n)都是素数。这就是著名的费尔马猜想。但半个世纪后,善于计算的欧拉发现,第五个费马数 $F_5=2^{2^5}+1$ $=4294967297=641\times6700417$ 并非素数。

利用不完全归纳法提出数学猜想不仅表现在通过一些个别计算结果作出一般判断,而且还表现在通过一些特殊推理作出普遍结论。

例如,我国数学家柯召和孙琦研究了方程:

$$x^n+(x+1)^n+\cdots+(x+h)^n=(x+h+1)^n \tag{6-3}$$

并具体地证明了在 $1\leqslant n\leqslant33$ 时,只有正整数解:

$$\left.\begin{array}{l}1)当\ n=1,h=1\ 时,x=1\\2)当\ n=2,h=1\ 时,x=3\\3)当\ n=3,h=2\ 时,x=3\end{array}\right\} \tag{6-4}$$

同时还证明了方程(6-3),当 n 为素数时,除具有 $x=1$ 和 $x=3$ 两个正整数解以外,无其他正整数解。根据上述推理,柯召和孙琦猜想:方程(6-3)除解(6-4)以外,无其他正整数解。现已证明,当 $1\leqslant n\leqslant400$ 时,此猜想成立。对于 $n>400$ 的情形,至今尚未见到证明。

不完全归纳法仅考察了事物的部分对象,就得出了关于事物的一般结论,因此结论带有猜测成分。前提与结论之间的联系就不一定真实、可靠,所得的猜想还必须经过严格的论证。但是这一方法的主要意义在于发现问题,是数学创造性思维的一种基本方法,同时它在数学解题中发挥着启发思路的重要作用。

演绎法是从一般性原理走向个别结论的方法,即依据某类事物共同具有的一般属性和关系,判断该类事物中个别事物所具有的属性和关系的思维方法。通常,依据已知的事实或真命题进行推理的方式都是演绎推理。演绎推理是数学证明中最常用的严格推理形式,它对于训练学生的技能技巧、发展学生的逻辑思维能力均有重要的作用。

在一切思维方法中,演绎法最早从古希腊开始,就引起人们的注意。在数学史上,数学家们从原始概念和公理出发,运用演绎思维得出一批定理,然后如此循环往复,层层推理,使数学得到发展。欧几里得几何学就是一个演绎推理系统,它以几个不证自明的公理作为出发点,推理证明其他的命题,从而得到一系列几何定理,形成一个完整的公理化体系。欧氏几何推理精巧严密,论断深远清晰,但其结构却很单纯,全部结论都是通过演绎方法获得的。

在解决数学问题时,归纳与演绎两种思维方法往往交替出现,由归纳法去猜测问题的结论或猜测解决问题的方法,再用演绎去完成严格的推理证明。

例 6-4 化简 $(1-\frac{1}{4})(1-\frac{1}{9})\cdot\cdots\cdot(1-\frac{1}{n^2})(n\geqslant 2,n\in\mathbf{N})$。

可设 $M_n=(1-\frac{1}{4})(1-\frac{1}{9})\cdot\cdots\cdot(1-\frac{1}{n^2})$,则 $M_2=\frac{3}{4}$,$M_3=\frac{2}{3}$,$M_4=\frac{5}{8}$,$M_5=\frac{3}{5}$,…于是由不完全归纳猜测,$M_n=\frac{n+1}{2n}$。然后应用数学归纳法去演绎证明,得到此猜想为真。

归纳和演绎这两种科学研究中的基本逻辑方法,既相互区别,又相互补充;作为一个完整的思维过程,相互依存,彼此间存在着辩证关系,即:演绎是归纳的指导,归纳是演绎的基础。一切科学真理都是归纳和演绎的辩证统一。

归纳是从个别到一般,但这个归纳过程,既非盲目的,也非随机的。归纳什么,如何归纳,都必须在一定的指导思想之下进行;否则,个别的属性多种多样,是无法用归纳法得到正确的科学结论的。从实际材料进行归纳时,必须进行选择。这个选择必然是在一定思想指导之下进行的,而这个指导思想则往往是演绎的结论。没有演绎法作为归纳的一般指导,就不可能有归纳的科学成果,就不可能有新知识的积累。

归纳是演绎的基础。演绎是从一般到个别,它来自何处呢? 一般来说,它来自经验的归纳,演绎是从归纳结束的地方开始的。没有个别就没有一般,没有归纳也就没有演绎的基础。例如,物理学许多定理的演绎出发点"能量守恒及转化定律"就是在千百万个经验事实的基础上归纳产生的。

归纳和演绎是互为条件、互相渗透的,在一定条件下还会相互转化,归纳出来的结论转化为演绎的前提,归纳就转化成了演绎;演绎的结论往往又是归纳的指导思想,演绎又转化为归纳。人们正是在归纳和演绎的交错中,从个别到一般,又从一般到个别,使思想不断丰富发展,对自然界的认识才不断深化。

四、分析与综合

分析法是指要证明一个命题是正确的,思考问题时可以由结论向已知条件逐步追溯。也就是说,先假设命题的结论成立,推出它成立的原因,再把这些原因看成新的结论,再推求使它们成立的原因,如此逐步往上追溯,直到推出已知条件或已知的事实为止。简述之,就是执果索因。像这样的思维方法叫作分析法。分析法的基本模式是"结论⇐…⇐已知"。

如果在追溯过程中,每一步都是可逆的(就是任何相邻的两个论断都是互为充要条件的,或者说是等价的),那么这样的分析法还可称为逆证法。

分析法的思考顺序与综合法相反,例如欲证若 A 则 D,是从 D 出发,逐步上溯,寻求 D 成立的原因(如 C,C_1,C_2),而后再寻求 C,C_1,C_2 成立的原因(如 B,B_1,B_2,B_3,B_4),如果其中之一(如 B)成立的原因恰好为已知条件 A,于是便得到命题的推论途径"$D \Leftarrow C \Leftarrow B \Leftarrow A$",如图 6-4 所示。分析法思考的方向是比较明确的,是中学阶段分析证题常用的一种方法。

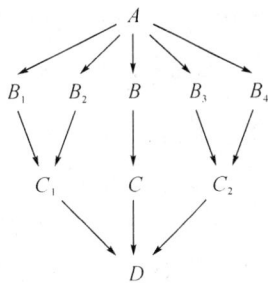

图 6-4

分析法与综合法比较,其优点是执果索因,思维目标较为清晰,思路也较为集中,易有成效,比较容易找到问题解决的途径。缺点是不易叙述得当,分析者知道怎么回事,但很难完整表述出来。

例 6-5　在图 6-5 所示的 $\triangle ABC$ 中,已知 $\angle B = 2\angle C$。求证:$AC^2 = AB^2 + AB \cdot BC$。

思考与分析:

此题用分析法探索时,其思路如下:

要证 D:$AC^2 = AB^2 + AB \cdot BC$,

只要证 C:$AC^2 = AB(AB + BC)$,C_1:$AC^2 - AB^2 = AB \cdot AC$,$C_2$:$AC^2 - AB \cdot BC = AB^2$。

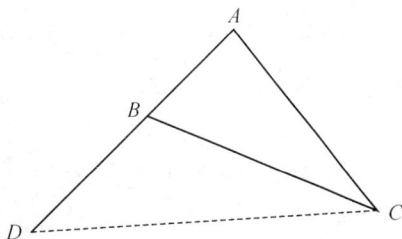

图 6-5

凭直觉猜测,C 可能是通向已知条件的途径,下面对 C 继续追索。要证 C:$AC^2 = AB(AB + BC)$,只要证 $\dfrac{AC}{AB + BC} = \dfrac{AB}{AC}$。从这里我们设想构造一个以 AC 为一边,另一边等于 $AB + BC$ 且与 $\triangle ABC$ 相似的三角形。为此,延长 AB 到 D,使 $BD = BC$,连接 CD(见图 6-5),则 $AD = AB + BC$。于是,$\dfrac{AC}{AB + BC} = \dfrac{AB}{AC}$

$\Leftarrow \dfrac{AC}{AD} = \dfrac{AB}{AC} \Leftarrow \triangle ACB \cong \triangle ADC \Leftarrow$ 证 $\angle D = \angle ACB$(因为 $\angle A$ 为公共角)$\Leftarrow$ 证 $\angle ABC = 2\angle D$。

根据辅助线的作法,这是很容易得证的。因此命题得证。

注意:本题也可在 AC 上取一点 E,将 AC^2 转化为 $AC \cdot AE + AC \cdot EC$ 来进行探索。

例 6-6　(1)证明:当 $m > 0$ 时,$m + \dfrac{4}{m^2} \geqslant 3$;

(2)证明:如果 a,b,c,d 是正数,那么 $\sqrt{(a+c)(b+d)} \geqslant \sqrt{ab} + \sqrt{cd}$。

187

思考与分析：

（分析法）(1)假设原不等式成立。

$$m+\frac{4}{m^2}\geqslant 3(m>0)$$

$$\Rightarrow m^3-3m^2+4\geqslant 0$$

$$\Rightarrow (m+1)(m-2)^2\geqslant 0$$

显然，这个不等式成立。从变换中所得的每一个不等式都可以逆推至它前面的一个不等式，所以，原不等式成立。

(2)假设原不等式成立。

$$\sqrt{(a+c)(b+d)}\geqslant \sqrt{ab}+\sqrt{cd}$$

$$\Rightarrow (a+c)(b+d)\geqslant ab+cd+2\sqrt{abcd}$$

$$\Rightarrow ab+cd+bc+ad\geqslant ab+cd+2\sqrt{abcd}$$

$$\Rightarrow bc+ad\geqslant 2\sqrt{abcd}$$

$$\Rightarrow (\sqrt{bc}-\sqrt{ad})^2\geqslant 0$$

显然，这个不等式成立，从变换中所得的每一个不等式都可以逆推至它前面的一个不等式，所以，原不等式成立。

例 6-7 设如图 6-6 所示的 $CEDF$ 是一个已知圆的内接矩形，过 D 作该圆的切线，与 CE 的延长线相交于点 A，与 CF 的延长线相交于点 B，求证：$\dfrac{BF}{AE}=\dfrac{BC^3}{AC^3}$。

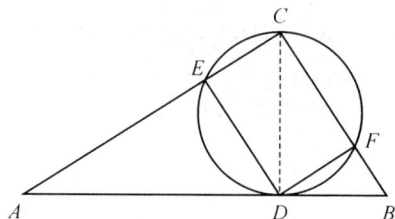

图 6-6

思考与分析：

假设所求证的等式成立。

$$\frac{BF}{AE}=\frac{BC^3}{AC^3}$$

$$\Rightarrow \frac{BF\cdot AC}{AE\cdot BC}=\frac{BC^2}{AC^2}$$

$$\Rightarrow \frac{BF\cdot AC}{AE\cdot BC}=\frac{BD\cdot AB}{AD\cdot AB}=\frac{BD}{AD}(射影定理)$$

$$\Rightarrow \frac{BF\cdot AC}{AE\cdot BC}=\frac{BF}{DE}\quad (\because \triangle BDF\backsim\triangle ADE,\therefore \frac{BD}{AD}=\frac{BF}{DE})$$

$$\Rightarrow \frac{AC}{BC}=\frac{AE}{DE}\quad\bullet$$

显然这个等式成立（$\because \triangle ABC\backsim\triangle ADE$），并且每一都是可逆的，所以原等式成立。

综合法是指在证题时,从已知条件出发,经过一系列已确定的命题逐步推理,结果或是导出前所未知的命题,或是解决了当前的问题,像这样的思维方法就叫作综合法。综合法的要点就是由已知条件(包括各方面的已确立的命题)推导出所要证明的结论。综合法与分析法的关系极为密切,可以说分析法是综合法的前提。综合法的模式是"已知⇒…⇒未知"。

例如,证明命题"若 A 则 D",则思路大致如图 6-7 所示。

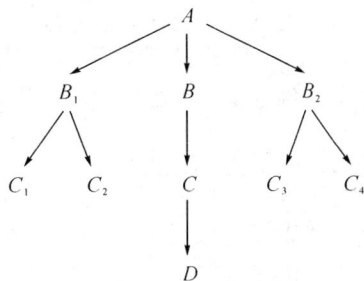
图 6-7

由 A 往下看,观察可到达 D 的途径是 $A⇒B⇒C⇒D$,但由 A 推出的性质未必唯一(如 B,B_1,B_2),而由 B,B_1,B_2 推出的性质更多(如 C,C_1,C_2,C_3,C_4),这样由其中哪一个能推出 D 就还需要进一步分析,因而整体思考过程未必简捷,但它也有层次清楚的优点,因此证题时常常首先考虑综合法。综合法的推理形式是分离原则或蕴涵的传递性,上述命题的推理途径包含三个推理可表示为:$[(A→B)∧(B→C)∧(C→D)]→D$。

一般我们在分析题目时用的是分析法,分析法在书写格式方面不够清晰,那么在书写过程中就采用综合法的模式(由已知条件推理证明),更符合我们的思维习惯。

例 6-8　如图 6-8 所示,已知四边形 $ABCD$ 内接于 $⊙O$,$AC⊥BD$,$OE⊥AB$ 于点 E。求证:$OE=\dfrac{1}{2}CD$。

思考与分析:

我们可以采用分析法进行分析,其思维过程如下:

由 $OE⊥AB$ 可知 E 是 AB 的中点,作直径 AG,连接 GB,于是 $OE=\dfrac{1}{2}GB$。

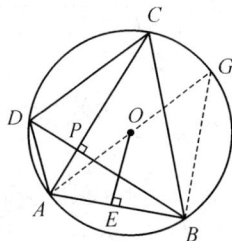
图 6-8

欲证 $OE=\dfrac{1}{2}CD$,只需证 $GB=CD$ 即可,因此,可改证 $\angle BAG=\angle CAD$,而 $AC⊥BD$ 于 P,$GB⊥AB$,所以只需证明 $\angle AGB=\angle ADP$ 即可,然而 $\angle AGB$ 和 $\angle ADP$ 是同弧上的圆周角,当然相等。

证明的书写过程我们可以采用综合法进行。

证明:作直径 AG,连接 BG,则 $GB⊥AB$。

$\because OE⊥AB$ 于 E,$\therefore E$ 是 AB 的中点,

$$\therefore OE = \frac{1}{2}GB。$$

又 $AC \perp BD, GB \perp AB$ 且 $\angle ADP = \angle BGA$，

$$\therefore \angle DAP = \angle BAG,$$

$$\therefore CD = GB,$$

$$\therefore OE = \frac{1}{2}GB = \frac{1}{2}CD。$$

例 6-9 已知$\frac{a_1}{b_1} < \frac{a_2}{b_2} < \frac{a_3}{b_3} < \cdots < \frac{a_n}{b_n}$，并且所有的字母都表示正数，求证：

$$\frac{a_1}{b_1} < \frac{a_1 + a_2 + \cdots + a_n}{b_1 + b_2 + \cdots + b_n} < \frac{a_n}{b_n}。$$

思考与分析：

由已知，得

$$a_1 b_1 = a_1 b_1$$

$$a_1 b_2 < a_2 b_1$$

$$a_1 b_3 < a_3 b_1$$

$$\cdots\cdots$$

$$a_1 b_n < a_n b_1$$

把各不等式相加，得 $a_1(b_1 + b_2 + b_3 + \cdots + b_n) < b_1(a_1 + a_2 + a_3 + \cdots + a_n)$，

即$\frac{a_1}{b_1} < \frac{a_1 + a_2 + a_3 + \cdots + a_n}{b_1 + b_2 + b_3 + \cdots + b_n}$。

又

$$a_n b_n = a_n b_n$$

$$a_n b_{n-1} > a_{n-1} b_n$$

$$a_n b_{n-2} > a_{n-2} b_n$$

$$\cdots\cdots$$

$$a_n b_1 > a_1 b_n$$

把各不等式相加，得 $a_n(b_1 + b_2 + b_3 + \cdots + b_n) > b_n(a_1 + a_2 + a_3 + \cdots + a_n)$，

即$\frac{a_1 + a_2 + a_3 + \cdots + a_n}{b_1 + b_1 + \cdots + b_n} < \frac{a_n}{b_n}$。

综合上面两种情况，有

$$\frac{a_1}{b_1} < \frac{a_1 + a_2 + a_3 + \cdots + a_n}{b_1 + b_2 + b_3 \cdots + b_n} < \frac{a_n}{b_n}$$

例 6-10 已知 a, b 都是正数，且 $a^2 + 4b^2 = 23ab$，求证：$2\lg\frac{a + 2b}{3} = (\lg a + \lg 3b)$

思考与分析：

根据条件 $A:a^2+4b^2=23ab,a,b>0$。可以推出

$B:a^2+4ab+4b^2=27ab$

$B_1:a^2=b(23a-4b)$

$B_2:a=\dfrac{23\pm3\sqrt{57}}{2}b$

又由 B 可以推出

$C:\left(\dfrac{a+2b}{3}\right)^2=3ab$

$C_1:a+2b=\pm3\sqrt{3ab}$

再由 C 可以推出

$D:2\lg\dfrac{a+2b}{3}=\lg3ab=\lg a+\lg3b$

分析是在认识上把事物的整体分解成各个部分、个别特性或个别方面。综合是在认识上把事物的各个部分或不同特性、不同方面结合起来。

思维过程是从对问题的分析开始的。思维的分析可以有过滤式的分析和综合的有方向的分析两种形式。前者通过尝试对问题情境作初步的分析,淘汰那些无效的尝试。后者是通过把问题的条件和要求综合起来而实现的分析,这种分析带有指向性,是思维分析的主要形式,是思维活动的主要环节。

例 6-11　用 6 根火柴作出 4 个等边三角形。通过分析思维从平面几何跳跃到立体几何上。

分析和综合是方向相反而又紧密联系的过程,是同一思维过程中不可分割的两个方面。分析总是把部分作为整体的部分分出来,从它们的相互联系上来分析,而综合则是对分析出的各个部分、各个特性的综合,是通过对各部分、各特性的分析而实现的。分析为了综合,分析才有意义;综合中有分析,综合才更完备。任何一个比较复杂的思维过程,既需要分析,也需要综合。

例 6-12　化简 $\dfrac{a^3-3a+(a^2-1)\sqrt{a^2-4}-2}{a^3-3a+(a^2-1)\sqrt{a^2-4}+2}(a\geqslant2)$。

由于对分式化简主要是进行约分,而约分要求分子、分母的最终形式是积的形式,而且要有公因式,为此,先对分子、分母进行因式分解。

运用分析与综合思维方式操作如下:

①把分式分成分子与分母两部分,然后分别对其进行研究。　（系统分析）

②把分子拆成两部分,即 a^3-3a-2 与 $(a^2-1)\sqrt{a^2-4}$,再分别考察。

$a^3-3a-2=(a-2)(a+1)^2$

$(a^2-1)\sqrt{a^2-4}=(a-1)(a+1)\sqrt{(a-2)(a+2)}$　（过程分析）

③把(2)中的两部分合在一起,有

$$(a-2)(a+1)^2+(a-1)(a+1)\sqrt{(a-2)(a+2)}$$

$$=(a+1)\sqrt{a-2}[(a+1)\sqrt{a-2}+(a-1)\sqrt{a+2}]$$ （过程综合）

④对分母同样用此法。 （过程分析、过程综合）

⑤将分子与分母和在一起,得到对问题的最终答案 $\dfrac{(a+1)\sqrt{a^2-4}}{(a-1)(a+2)}$ 。

（过程综合）

分析与综合是对于感性材料的较低级的加工,较高级的加工是抽象与概括。

五、特殊化和一般化

特殊问题的解决是比较容易和简单的。特殊化就是把数学问题中包含的数量、形状、位置关系等加以简单化、具体化、单一化、边缘化。也就是说,当数学问题的一般性不十分明显时,我们从特殊的数、形的数量关系和位置关系入手,由特殊性质推出一般性质,从中找到解题方法或构成解题起点。

在解题过程中,对于一时难以入手的一般问题,一个使用最普遍而又较为简单易行的化归途径,乃是把它向特殊的形式转化,这就是特殊化法。由于特殊的事物与简单的事物有着自然的联系,所以这种方法有两种类型:一是从简单情形入手,作为解决一般问题的突破口;二是从特殊对象考察(包括着眼极端情形),为求解一般问题奠定基础。特殊化是把所研究的数学问题从原来的范围缩小到一个较小范围或个别情形进行考察研究的思维方法。一般化则是与特殊化相反的思维方法,即将研究对象从原来范围扩展到更大范围进行考察和研究。特殊化思想的作用表现为两个方面。

首先,特殊化可以指将一个数学问题特殊化,从而得到一个新的数学问题。通常可将所研究的问题视为一般性问题,增加约束条件,取其局部或个别情形得到特殊性的问题。

例如,对于二项式定理:

$$(a+b)^n=a^n+C_n^1a^{n-1}b+\cdots+C_n^ka^{n-k}b^k+\cdots+b^n$$

令 $a=1$,得 $(1+b)^n=1+C_n^1b+\cdots+C_n^kb^k+\cdots+b^n$ 。

令 $a=b=1$,得 $C_n^0+C_n^1+\cdots+C_n^k+\cdots+C_n^n=2^n$ 。

只要取 a 、b 为特殊的值,便可得到一系列的组合数求和式。由此可见,特殊化不仅具有演绎推理的功能,而且是发现问题、进行数学研究的方法之一。

其次,特殊化通过对特殊和个别的对象分析去寻求一般事物的属性,以获得关于所研究对象的性质或关系的认识,找到解决问题的方向、途径或方法。

通常我们所说的特例、反例分析法等,都属于这种情形。

例 6-13 过△ABC 的重心 G 作一条直线 l,把△ABC 分成两部分,求证:这两部分的面积之差不大于△ABC 面积的 $\frac{1}{9}$。

思考与分析:

考虑特殊情形。设 l 平行于△ABC 的任意一条边 BC。如图 6-9 所示,过点 G 作 EF // BC,则

图 6-9

$AE = \frac{2}{3}AB$,$AF = \frac{2}{3}AC$。所以

$$S_{\triangle AEF} = \frac{1}{2}AE \cdot AF \cdot \sin A = \frac{4}{9} \cdot \frac{1}{2}AB \cdot AC \cdot \sin A = \frac{4}{9}S_{\triangle ABC}$$

$$S_{\text{四边形} EBCF} - S_{\triangle AEF} = (S_{\triangle ABC} - S_{\triangle AEF}) - S_{\triangle EF} = \frac{1}{9}S_{\triangle ABC}$$

这表明,当 l 平行于△ABC 的任意一条边时,命题成立。

现考察一般情形。如图 6-9 过点 G 任作一直线 l,与 AB、AC 分别相交于点 M,N。根据前面特例所得的结果,现只需证明 $S_{\text{四边形} MBCN} - S_{\triangle AMN} \leqslant S_{\text{四边形} EBCF} - S_{\triangle AEF}$。作 ED // AC,交 MN 于点 D,易知△GED≌△GFN,由此得 $S_{\text{四边形} EBCF} - S_{\text{四边形} MBCN} = S_{\triangle EMD}$,$S_{\triangle AMN} - S_{\triangle AEF} = S_{\triangle EMD}$。所以 $S_{\text{四边形} EBCF} - S_{\text{四边形} MBCN} + S_{\triangle AMN} - S_{\triangle AEF} = 2S_{\triangle EMD} \geqslant 0$。此不等式当且仅当 MN 与 EF 重合时取等号,所以 $S_{\text{四边形} MBCN} - S_{\triangle AMN} \leqslant S_{\text{四边形} EBCF} - S_{\triangle AEF} = \frac{1}{9}S_{\triangle ABC}$。

上面的例题告诉我们,在某些情况下,特殊化能充分揭示事物的本来面目。像例题 6-13 中,我们利用图形的特殊位置,不仅得到了要求的结果,而且也找到了正确的解题途径。

总之,数学问题的特殊化,可以通过数目的减少、数值范围的缩小、维数的降低、元数的减少、任意图形转化为特殊图形等手段来实施。而特殊元素的选择,往往是中点、端点、定值、零值、垂直、平行、特殊的数和形等等。

事物的共性存在于个性之中,个性体现了共性,特殊化方法是我们在数学解题中探索和发现的重要途径。当然,我们从特殊入手的目的在于探索解决一般问题的方法,特殊情况是观察一般情况的一个窗口,但不能代替一般情况的研究,否则就会以偏概全,导致错误,因为在特殊情形下成立的命题,在一般情形下未必正确。如在前面的大部分例子中,在特殊化情况使问题变得明朗后,必须就一般情况给出证明。另外,特殊情形和特殊元素的选择必须恰当,要具有代表性。

当然,特殊化并非万能的,虽然在不少情况下特殊化可以起到一定的作用,

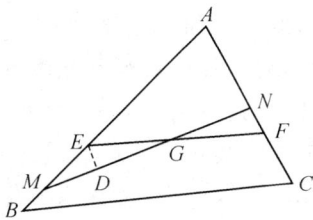

但在很多情形中,特殊化得不到什么结论,或虽然能得到一些结果,但对一般情形的分析和讨论并没有什么帮助。因此,我们在实践中必须具体问题具体分析,对于什么时候不能用特殊化考虑,必须作细致的研究。

与特殊化的途径相反,在对一般形式问题比较熟悉的情况下,将特殊形式的问题转化为一般形式的问题,这就是一般化法。这种方法是通过找出特殊问题的一般原理,把特殊问题从原有范围扩展到包含该问题的更大范围来进行考察,从而使得我们能够在更一般、更广阔的领域中使用更灵活的方法去寻求化归的途径。例如,在研究数的问题时,可以用一般化法把它化为式的问题来研究;在研究方程和不等式时,也可以用一般化法把它们置身于函数之中来处理。

一般化的思维作用也表现在两个方面:其一是对数学问题或研究对象的一般化,以求得更具一般性的结论;其二是数学方法的一般化,寻求解决一类问题的普遍方法。

对数学问题的一般化,常放宽或取消某些约束条件,或将结论中的数量或关系普遍化。例如,由 $2^3 > 3!$,$3^5 > 5!$,推广到一般结论 $(\frac{n+1}{2})^n > n!$ ($n \in \mathbf{N}$)。又如,将 $\sqrt{4} - \sqrt{3} < \sqrt{2}$,$\sqrt{5} - \sqrt{4} < \sqrt{3} - \sqrt{2}$,推广到 $\sqrt{n} - \sqrt{n-1} < \sqrt{n-2} - \sqrt{n-3}$ ($n \in \mathbf{N}, n \geqslant 3$)。更一般地,$\sqrt{a} - \sqrt{a-1} < \sqrt{a-2} - \sqrt{a-3}$ ($a \in \mathbf{R}, a \geqslant 3$)。

当然,更多命题的推广不是像上述例子那样简单地由一维向多维的"形式"推广,而要经过类比、归纳和分析后方能得到。如将勾股定理推广为余弦定理,将等差数列推广为高阶等差数列等。

数学方法的一般化,是指将解决某一问题的方法推广为解决某类问题,形成一种固定的模式或程序。像解方程和不等式等,就形成了一定的程序或模式,在中学数学中,数学方法的一般化随处可见。事实上,命题、公式、法则等都是方法一般化形成的模式。解一元二次方程的基本方法是配方法。若对于每个具体的二次方程都采用配方法去解,则要做许多重复的劳动;而将问题一般化,对一般的二次方程 $ax^2 + bx + c = 0 (a \neq 0)$ 运用配方法统一处理,得出解决问题的公式,便解决了所有一元二次方程的求根问题。因而从一定意义上说,模式化也是数学研究追求的目标之一。

应当指出的是,借助于一般性问题来解决特殊性问题,有时往往会出奇制胜,这也是一般化思维的一个功能。例如,求证 $50^{99} > 99!$ 证明比较困难,而证其一般化后的命题 $\left(\frac{n+1}{2}\right)^n > n!$ ($n \in \mathbf{N}$),则十分容易。

事实上,$\frac{n+1}{2} = \frac{n(n+1)}{2} \cdot \frac{1}{n} = \frac{1+2+\cdots+n}{n} > \sqrt[n]{1 \cdot 2 \cdot \cdots \cdot n} \Rightarrow (\frac{n+1}{2})^n > n!$。

例 6-14　求证：$\dfrac{(1+\sqrt{1998})^{2000}-(1-\sqrt{1998})^{2000}}{\sqrt{1998}}$ 必为整数。

思考与分析：

我们可以考虑更一般的问题，去研究 $\dfrac{(1+x)^{2000}-(1-x)^{2000}}{x}(x\in\mathbf{R},x\neq0)$ 是怎样的多项式。

令 $f(x)=(1+x)^{2000}-(1-x)^{2000}$，显然它是整系数多项式。由于恒有 $f(-x)=-f(x)$，故 $f(x)$ 是只含奇次项的整系数多项式，从而 $\dfrac{f(x)}{x}$ 就是只含有偶次项的整系数多项式。于是，只要令 $x=\sqrt{1998}$ 即可证得原命题。

例 6-15　(1)已知 a、b 为实数，并且 $e<a<b$，证明：$a^b>b^a$。

(2)如果正实数 a、b 满足 $a^b=b^a$，且 $a<1$，证明：$a=b$。

思考与分析：

当 $e<a<b$ 时，欲证 $a^b>b^a$，只要证 $b\ln a>a\ln b$，即证 $\dfrac{\ln a}{a}>\dfrac{\ln b}{b}$。该不等式两边具有相同结构，为此构造函数 $y=\dfrac{\ln x}{x}(e<x<+\infty)$ 作为所证不等式的一般原则。从而，在函数的范围内只要研究函数的增减性即可。

当 $x>e$ 时，$y'=\dfrac{x\cdot\frac{1}{x}-\ln x}{x^2}=\dfrac{1-\ln x}{x^2}<0$，所以 $y=\dfrac{\ln x}{x}$ 在 $(e,+\infty)$ 上是减函数。当 $e<a<b$ 时，有 $\dfrac{\ln a}{a}>\dfrac{\ln b}{b}$，进而有 $a^b>b^a$，即(1)得证。

欲证(2)，同样采用一般化法。

$\because0<a<1,b>0,\therefore a^b<1$，从而 $b^a=a^b<1$。

又由 $b^a<1,a>0$，可以推得 $b<1$。也就是有 $0<a<1,0<b<1$。

由 $a^b=b^a$，即 $\dfrac{\ln a}{a}=\dfrac{\ln b}{b}$，欲证 $a=b$，其实质还是考察函数 $f(x)=\dfrac{\ln x}{x}(0<x<1)$ 的增减性。

当 $x\in(0,1)$ 时，$f'(x)=\dfrac{1-\ln x}{x^2}>0$。即 $f(x)$ 在 $(0,1)$ 上为增函数。如若 $a\neq b$，那么 $f(a)\neq f(b)$，这是不可能的(与 $f(a)=f(b)$ 矛盾)，故必有 $a=b$。

一般化就是把数学问题中的数量、图形形状和位置关系等给予普遍化、抽象化、规律化。也就是说，我们为了解题的需要，放开条件限制或改变一些条件，以达到考察和研究具体的目的。

我们知道，证明一个一般的命题通常要比证明一个特殊的命题困难得多。

然而,我们在前面讨论的几个例子中看到,在解决有些问题时,普遍性的问题可能比特殊的问题更易于解决。

总之,一般化可以探索问题的本质,概括规律,强化命题,发展知识或判别解法的正确性。它既是探索的方法,也是推广命题的方法。

特殊化和一般化是两种相辅相成的思维方法。解题中使用特殊化是为了探求一般性结论,使用一般化是为了通过一般性结论的成立说明其特殊情形成立或推广命题。因此,当一般性的问题很难立刻找到解题方法时,不妨将其向特殊方向转化,而当有些特殊的问题涉及过多无关宏旨的枝节,掩盖着问题的本质时,转化为一般的情形往往更容易解决。

特殊化和一般化反映了人类的两种认识过程,即由特殊到一般和由一般到特殊。这两种过程循环往复,每一次循环都可使人类的认识提高一步。数学也正是在这一循环往复中发展并得到丰富。

六、抽象与概括

抽象和概括都是一种思维过程。抽象是指将一类对象的某一共同特性与其他特性加以分离。数学中的抽象更多的是科学抽象,即是从空间形式和数量关系的角度,去区别对象的本质特征与非本质特征,并舍弃非本质特征,把握其本质特征的思维过程。例如,由数字到文字的抽象,由常量到变量的抽象,由有限到无限的抽象,这是中学代数的三次大的飞跃。

概括是指把从部分对象中抽象出来的某一属性推广到同类对象中去,从而形成关于该类对象的一般性的、普遍性的认识。所以概括的过程,也是思维由个别到一般的过程,是个别和一般相结合的过程。

在实际的思维过程中,抽象和概括常常是紧密联系的。抽象是概括的基础,没有抽象,就无从谈及概括;而概括又是抽象的目的,没有概括,就不能把握某类事物的共同本质,认识也就不能上升为普遍性、规律性的认识,抽象也就失去了意义。因此,它们是一对相互依存、不可分离的伴侣。

抽象概括就是在研究目标的指导下,揭示出某类部分对象的本质属性,并把这些对象的共同本质属性联合起来,然后合理地推广到同类对象的全体,形成关于该类对象的一般性认识的一种思维形式。

七、比较与分类

比较是在认识上把对象和现象的个别部分、个别方面或个别特征加以对比,确定被比较对象的共同点、区别及其关系。比较的特点是就某一事物某方面进行比较。比较离不开分析和综合,分析和综合是比较的基本过程和组成部分。

有比较,才有鉴别。人类认识一切客观事物,都是通过比较来实现的,没有比较就不能认识事物。通过事物之间的比较,学生便于明确事物的本质特征。教学中经常使用的比较形式有两种:同类事物的比较以及不同类却相似、相近或相关的事物间的比较。

例如通过各种圆的比较明确圆的定义,以及等腰三角形和等边三角形的比较。

例 6-16　证明: $\dfrac{|a+b|}{1+|a+b|} \leqslant \dfrac{|a|}{1+|a|} + \dfrac{|b|}{1+|b|}$。

思考与分析:

对不等式左、右两边的每一个表达式在结构上进行比较,其外形皆相似于 $\dfrac{x}{1+x}$,因此构造函数 $y = \dfrac{x}{1+x}(x\in[0,+\infty])$,可验证此函数在 $x\in[0,+\infty]$ 为单调递增。

分类是通过比较,按照事物间的异同程度,对事物加以分门别类的思维方法。分类是建立在比较基础上的思维方式。数学中的分类包括概念的划分、性质的归类、方法的整理以及解题中的分类讨论法等。

八、具体化

思维过程的最后一步往往是具体化。具体化有两种形式:一是从一般过渡到特殊,如从一般三角形的面积公式过渡到直角三角形的面积公式;另一种是通过揭示一般的各种不同特征和性质,以具体的内容充实和丰富一般。

总之,思维是借助于比较、分析、综合、抽象、概括、具体化而形成的一个完整的过程。

第三节　数学思维的品质及其培养

数学思维过程构成了一个包括数学知识、方法及其主客体交互作用的系统。数学思维过程可以说是主体以数学知识、理论为基础的在头脑中建立起来的信息操作系统。

一、数学思维的品质

思维品质是评价和衡量学生思维优劣的重要标志。思维的发生和发展,既服从于一般的、普遍的规律,又表现出个性差异:对于不同的个体,具有不同的思维特点。思维品质差异实质上表现为人的能力的差异。数学思维品质主要有以下几个方面。

（一）数学思维的深刻性

思维的深刻性，就是分清实质的能力，这种能力表现为：能洞察所研究的每一个事实的实质及相互关系，能从所研究的材料（已知条件、解法及结果）中揭示被掩盖着的某些个别特殊情况，能组合各种具体模式。

例 6-17 求 $y=\sin x+\dfrac{4}{\sin x}$ 的值域。

思维误区：①不注意 $\sin x$ 与 $\dfrac{4}{\sin x}$ 的正负，直接套用均值定理；②不注意等号成立的条件。

但是因 $\sin x$ 与 $\dfrac{4}{\sin x}$ 同号，可讨论其符号再用均值定值，$\sin x$ 与 $\dfrac{4}{\sin x}$ 积为定值 4，但 $\sin x$ 与 $\dfrac{4}{\sin x}$ 不能相等，由二正数和、积关系知 $\sin x$ 与 $\dfrac{4}{\sin x}$ 差的绝对值最小，即当 $\sin x=1$ 时，$\sin x+\dfrac{4}{\sin x}$ 取到极值。

因此正确解答为：
①当 $0<\sin x\leqslant 1$ 时，

$$y=\sin x+\frac{4}{\sin x}=\sin x+\frac{1}{\sin x}+\frac{3}{\sin x}\geqslant 2\sqrt{\sin x\cdot\frac{1}{\sin x}}+\frac{3}{\sin x}$$

$$=2+\frac{3}{\sin x}\geqslant 2+\frac{3}{1}=5$$

当 $\sin x=1$ 时，上述两个不等号中的等号同时成立，$\therefore y\geqslant 5$。
②当 $-1\leqslant \sin x<0$ 时，

$$y=\sin x+\frac{4}{\sin x}=-(-\sin x+\frac{4}{-\sin x})\leqslant -5。$$

当 $\sin x=-1$ 时，等号成立，$\therefore y\leqslant -5$。
综合①、②知道 $y\geqslant 5$ 或 $y\leqslant -5$。

一般来说，中学生数学思维的深刻性表现为：形成概念，构成判断，在进行推理论证的深度上存在差异。

（二）数学思维的广阔性

思维的广阔性是指思路宽广，善于多角度、多层次地进行探求。在数学学习中，思维的广阔性表现为既能把握数学问题的整体，抓住它的基本特征，又能抓住重要的细节和特殊因素，放开思路进行思考，善于发现事物之间多方面的联系，找出多种解决问题的方法，并能将它推广到类似的问题中去，从而形成一些普遍意义的方法,或扩大解题中得到的结果的使用范围,或将其推广到类似的问题中去。

例 6-18　过抛物线的焦点 F 作一条直线,交抛物线于 A、B 两点。设 p 为抛物线的焦点参数,且 $|AF|=m$,$|BF|=n$,求证:$\dfrac{1}{m}+\dfrac{1}{n}=\dfrac{2}{p}$。

对于这道例题能用多种方法来证明,包括从抛物线的定义出发,利用平面集合知识来证明等,并能推广到椭圆、双曲线情形,且作出相应的证明。

(三)数学思维的灵活性

思维的灵活性是指思维活动的灵活程度。主要表现为具有超脱出习惯处理方法界限的能力。即一旦所给条件发生变化,便能改变先前的思维途径,找到新的解决问题的方法。学生思维的灵活性主要表现为:随新的条件而迅速确定解题方向;从一种解题途径转向另一种途径的灵巧性;从已知数学关系中看出新的数学关系,从隐蔽的形式中分清实质的能力。

例 6-19　解方程 $x^2+2x=x+2$。

常规采用先移项再配方的方法。实际上可以两边直接因式分解:$x(x+2)=x+2$。

(四)数学思维的敏捷性

思维的敏捷性是指思维过程中的简缩性和快速性。具有这一品质的学生能缩短运算环节和推理过程,"直接"得出结果。

例 6-20　已知二次方程 $(a-b)x^2+(c-a)x+(b-c)=0(a,b,c\in\mathbf{R})$ 有相等的实根,求证:a、b、c 成等差数列。

对此题,若学生的思维呆板,则会总是停留在利用一元二次方程根的判别式上,而不能根据本题条件,得出其他证法;而思维灵活的学生,则能从观察该方程的特点入手,得到方程有一个根是 1,再由韦达定理得 $\dfrac{b-c}{a-b}=1$,或利用因式分解 $[(a-b)x-(b-c)](x-1)=0$,立刻得到方程的根是 $x_1=x_2=1=\dfrac{b-c}{a-b}$,从而立即得到证明。

(五)数学思维的批判性

思维的批判性,就是指思维活动中善于严格地估计思维材料和精细地检查思维过程的智力品质,它是思维过程中自我意识作用的结果。思维的批判性表现在有主见地评价事物,能严格地评判自己提出的假设或解题方法的正误或优劣;喜欢独立思考,善于提出问题和发表不同的看法,既不人云亦云,也不自以为是。

(六)思维的独创性

思维的独创性是指思维活动的创造性精神,是在以新颖的方法解决问题过程中表现出来的智力品质。"独创"主要指思维活动应具有创造性意识。学生能独立地、自觉地掌握数学概念,发现定理的证明,发现老师课堂上讲过的例题的新颖解法等,这些都是思维独创性的具体表现。

为了提高学生思维的独创性,应该在加强基础知识学习和基本技能训练的前提下,提倡让学生独立思考,从分析问题的特点出发,去探求独到的解决方法。

二、数学思维品质的培养

(一)培养数学思维的深刻性

培养数学思维的深刻性,就是培养学生分清事物实质的能力,使学生能够透过复杂的现象洞察所研究事物的本质及其相互联系,能从所研究的材料中揭示被掩盖的特殊情况,能组合各种具体模式等。

(二)培养数学思维的广阔性与灵活性

培养数学思维的广阔性与灵活性,其核心就是培养学生的发散思维。教师要注意在基础知识、基本技能、基本思想方法的教学中,从不同层次、形态解释数学知识间的联系,把知识系统化;在解题教学中,培养学生根据条件的变化,从不同角度观察、分析问题的能力,避免局限学生的思维,引导学生进行类比、对比联想。

例 6-21 求证:$\sqrt{a}-\sqrt{a-1}<\sqrt{a-2}-\sqrt{a-3}\,(a\geq 3)$。

证明此题后,可继续探索以下问题:

①设等差数列 $a,a+d,a+2d,a+3d$,其中 a,d 皆为正数,求证:

$$\sqrt{a+3d}-\sqrt{a+2d}<\sqrt{a+d}-\sqrt{a}$$

②设等比数列 a,aq,aq^2,aq^3,其中 a,q 为正数,求证:

$$\sqrt{aq^3}-\sqrt{aq^2}<\sqrt{aq}-\sqrt{a}$$

通过验证可知,①成立,而②在 $q\neq 1$ 时也成立。

(三)培养数学思维的敏捷性

培养数学思维的敏捷性,应重视数学概括能力的培养,为此要做到以下几点:

①注意学生对数学基础知识的理解与把握,以便学生在解决问题的过程中,正确、迅速地利用相关的数学概念、公式和法则。

②在数学教学中要考虑关于解题速度的训练问题。优秀学生在进行数学解题时,往往反应速度快,思维敏捷。

③不要忽视思维的敏捷性与记忆的密切关系。

（四）培养数学思维的批判性

数学思维批判性品质的培养与学生自我监控能力的培养有密切关系。自我监控能力就是学生为了达到预定的目标，将自身正在进行的实践活动过程作为对象，不断对其进行积极自觉的计划、监督、检查、评价、反馈和调节的能力。教师可以从培养学生的检查意识和技能入手，来提高学生对数学学习的自我监控能力。

例如，教师可以让学生来分析一些错误的数学解答，来提高学生数学思维的批判性。

例 6-22　已知 $|a| \leqslant 1$，$|b| \leqslant 1$，求证：$ab + \sqrt{(1-a^2)(1-b^2)} \leqslant 1$。

证明：设 $a = \sin\alpha$，$b = \cos\alpha$，代入化简得：

$$ab + \sqrt{(1-a^2)(1-b^2)}$$
$$= \frac{1}{2}\sin 2\alpha + \frac{1}{2}|\cos 2\alpha|$$
$$\leqslant \frac{1}{2}|\cos 2\alpha| + \frac{1}{2}|\cos 2\alpha|$$
$$= |\cos 2\alpha| \leqslant 1$$

错误原因分析：题中并没有 $a^2 + b^2 = 1$ 这一条件，但在证明过程中却使用了这个条件。

（五）培养学生数学思维的独创性

数学教学中培养学生数学思维的独创性应注意以下几点：

①激发学生的求知欲和好奇心。

②重视培养学生思维的流畅性、变通性和独特性。

③培养学生主动观察意识，捕捉灵感。

④既培养逻辑思维，也培养直觉思维。

⑤培养学生的想象力。想象力的培养需要培养学生具有广泛的兴趣和渊博的知识经验。

在数学教学中，教师要多应用归纳、类比、联想等方法，激发学生发现和创造。如进行一题多解，运用几何、代数、图像等多种方法解题。

例 6-23　正数 a, b, c, A, B, C 满足条件 $a + A = b + B = c + C = k$。

求证：$aB + bC + cA < k^2$。

该题可以用直接证明、构造等边三角形等方法进行解答。

第四节 数学创造性思维及其培养

一、数学创造性思维

创新是时代的要求,在诸多思维品质中,创造性思维心理品质是最可贵的。创新意识指学生创新的欲望和信念,是一种对所学知识在灵活运用和高超驾驭基础上的创新,从中体现出思维的批判性、深刻性、敏捷性、创造性和解题的艺术性。

创造性思维是指有创见的思维,即在强烈的创新意识下,改组已有的知识经验,产生出新颖的、具有社会价值的思维成果。创新思维是整个创新活动智力结构的关键,是创新的核心。创新思维是由直觉思维、集中思维、发散思维和灵感思维结合后组成的高级思维。

创新思维的本质特征是新颖性。它不同于一般思维活动之处,就在于要打破常规的解决问题的方法,将已经有的知识或经验进行改组或重建,创造出个体所未知或社会前所未有的思维成果。创新思维是创造性想象积极参与的结果,其灵感状态是创造性思维的一种典型特征。

创造性思维有高、低两种不同水平。高水平的创造性思维是指这种思维发现了前人未曾发现的新事物,解决了前人未曾解决的问题。例如,数学史上,解析几何的创立、微积分的发现、群论的创始、非欧几何的诞生等,都是高水平的创造性思维的结果。一般高水平的创造性思维是指数学家、杰出的数学人才在数学创造性活动中所进行的思维活动。低水平的创造性思维是指这种思维的结果已为别人所完成,只是相对于思维者本人来说是发现了新事物,解决了新问题。例如,学生采用不同于常规的思路和方法,在学习过程中有所创新和发现就是一种低水平的创造性思维的结果。一般低水平的创造性思维是指学生在数学学习活动中所进行的创造性思维活动。尽管学生的创造性思维水平较低,但它却是造就高水平创造性思维人物的前提和基础。因此,注重学生创造性思维的培养,不仅有助于今天的数学学习,更有助于学生将来的发明和创造。

二、数学创造性思维的阶段

(一)选择与准备阶段

选择与准备阶段是从强烈的创造愿望出发,选择课题并进行有关资料准备的阶段。准备工作做得越充分,越有利于开阔思路,有利于发现和推测问题的成因,从而易于获得成果。

(二)酝酿与构思阶段

酝酿与构思阶段是自觉努力的时期,一般要运用发散思维多方面、多角度、多层次地进行思考。在这一阶段,不仅要运用分析、综合、比较、归纳、类比、联想等思维方法,而且要借助于想象,特别是以创造性想象进行构思。这一阶段相对来说时间较长,而且思考十分艰苦,但必须抓住目标,坚持到底。

(三)领悟与突破阶段

领悟与突破阶段是创造性活动的关键阶段,是前两个阶段的升华。经过充分酝酿之后,在头脑中突然跃出新的构想,使问题有可能得到解决。在这个阶段,形象思维、直觉思维以及数学美感起着重要的作用。

(四)检验与完善阶段

检验与完善阶段是对获得的构思和猜想进行检验、论证和修正完善的阶段。在这一阶段,主要运用集中思维和逻辑思维方法作出进一步的研究。任何创造性活动的成功都有可能是在多次失败中孕育出来的,大量的数学史料表明,有些数学猜想要经过数月、数年甚至数十年、数百年的进一步研究才能上升为真理。因此,这一阶段是实现创造发明和获得真理的重要阶段。

上述数学创造性思维活动的四个阶段是互相联系、不能截然分开的,各个阶段之间并没有严格的界限,其中关键阶段是酝酿与构思、领悟与突破这两个阶段,而起主要作用的是形象思维、直觉思维、审美意识等非逻辑思维。

三、数学创造性思维的培养

(一)数学教学要成分揭示数学思维过程

数学创造性思维不仅存在于数学家的创造活动中,也存在于学生的学习活动中。这是因为,学生学习的数学知识虽然是前人创造性思维的结果,但学生作为学习的主体处于再发现的地位,学习活动实质上仍然具有数学发现和创造的性质。因此,采用开放式教学方法,在教学中充分揭示思维过程是培养数学创造性思维的重要途径。

1. 重视教学思维活动中的认识发生阶段

从教学的阶段性观点来看,数学教学中数学思维的活动过程,大致可以分为认识的发生阶段和知识的整理阶段。前者是指概念如何形成、结论如何被发现的过程;后者是指用演绎法进一步理解知识、开拓知识的过程(有些相似于数学创造中的"发现"与"论证"两个阶段)。由于前一阶段是引导学生探索知识的过程,它闪耀着创造的火花,是培养创造性思维的有效途径,因此,前一阶段比后一阶段更为重要。在展现数学思维活动的全过程时,应着重前一阶段,使学习与发现同步。然而,在数学教学中,只重结论,不重过程,用结论去替代过程或者只重应用,不重形成,以及教师本末倒置地把新课匆匆带过,以省出时间来复习等种种做法,都是削弱认识发生阶段的表现,不利于创造性思维的培养。

2. 数学教学中应重视协调三种思维活动

数学教学中的思维活动主要包括:数学家的思维活动、数学教师的思维活动和学生的思维活动。教师在数学过程中应协调这三种思维活动。

首先,根据数学知识结构(体现在教材中),重视数学家的思维活动过程;其次,指导、调节和控制学生的思维活动,使之与教师的数学思维活动(也即数学家的思维活动)同步,并逐步实现学生的思维结构向数学家的思维结构转化;最后,帮助学生发现和总结开展数学思维活动的规律、方法及技巧。

著名德国数学家希尔伯特(Hilbert)在哥廷根大学任教时,常常在课堂上即兴提出一些新的数学问题,并立即着手解决。虽然他并非每次都能得到圆满的解答,有时甚至把自己"挂"在黑板上,但他展现的思维过程却使学生受益匪浅。追根溯源,希尔伯特的老师,著名的德国数学家富克斯(Fuchs)教授在为希尔伯特上线性微分方程课时,采用了这样一种教学风格:富克斯对他所讲内容总是现想现推,这使希尔伯特和他的同学们看到了高明的数学家创造性活动的思维过程。我国数学家华罗庚教授在自己的教学生涯中,也一向重视概念产生、命题形成及思路获得的思维过程的教学,并着意回答学生提出的"你是怎样想出来的"一类问题。这些事例充分说明了展现数学思维过程对于培养学生创造性思维的重要作用。

(二)激发学生的好奇心、求知欲

李政道说:"好奇心很重要,有了好奇心,才敢提出问题。"法国作家法朗士说:"好奇心造就科学家和诗人。"教师的责任就在于把学生的好奇心成功地转移到探求科学知识上去,使这种好奇心升华为求知欲。具体来说,就是在教学过程中根据学生的特点和水平,采取适当的启发学生积极思维的教学方法,让学生主动地探索数学真理,培养学生学习数学的兴趣和刻苦钻研数学问题的热情和毅力。引导学生敢于和善于发现问题或提出问题,爱护、支持和鼓励学生中一切含有创造因素的思想和活动。

例如,一个学生偶然发现 276276,423423 都能被 13 整除,于是产生了好奇心,继而又对 634634,872872,314314 等进行验证,发现它们都能被 13 整除。在教师的热情鼓励与帮助下,他终于发现了如下规律:

$$\overline{abcabc}=1000\,\overline{abc}+\overline{abc}=(1000+1)\overline{abc}=1001\,\overline{abc}$$

其中,a,b,c 是 0 到 9 之间的数字,且 $a\neq0$。从而证明了这类数字都能被 13 整除,这样就完成了一件十分有益的创造性活动。

在教学过程中,要尽量通过问题的选择、提法和安排来激发学生,唤起他们的好奇心与求知欲。善问是数学教师的基本功,也是所有数学教育家十分重视并研究的问题。

问题的提法、安排要有教学艺术性。问题的提法不同,会有不同的效果,要设法使问题的提法新颖,调动学生的积极性,注意他们的"口味"与喜好。

例如,提出"2^{25}是几位数?用对数计算"的问题之后,学生不怎么感兴趣。有的老师换一种提法:"某人听到一则谣言后一小时内传给两人,此两人在一小时内每人又分别传给两人,如此下去,一昼夜能传遍一个千万人口的大城市吗?"这样一发问,学生有了解决此问题的兴趣和积极性,效果就大不一样了。起先,谁都认为这是办不到的事,但经过认真运算,发现能传遍。结果出人意料,但又在情理之中。这样的发问最能让学生跃跃欲试,又能使学生通过解决问题受到思想教育。(谣言传播速度惊人,我们应自觉做到不信谣言,不传谣言)

又如,在学过三角形全等的判定定理后进入复习阶段时,要安排一系列较难"消化"的问题让学生自己去判定:

①有两边及其中一边上的高对应相等的两个三角形一定全等吗?
②有两边及第三边上的高对应相等的两个三角形一定全等吗?
③有两边及第三边上的中线对应相等的两个三角形一定全等吗?
④一边及其他两边上的高对应相等的两个三角形一定全等吗?
⑤面积和周长分别相等的两个直角三角形一定全等吗?
⑥面积和周长分别相等的两个三角形一定全等吗?(给能力较强的学生)

(三)加强数学直觉思维训练

直觉思维作为数学思维三种基本类型之一,经常与解决数学疑难问题相联系,伴随着数学创造性思维出现。在数学创造性思维过程中,人们常常依靠直觉、灵感进行选择或判断从而形成数学猜想,这在数学创造活动中起着重要的作用。培养数学直觉思维的重点是重视数学直觉。直觉尽管"突如其来",但并不是神秘莫测的东西,它是在长期积累起来的知识和经验的基础上形成的,是可以培养的。徐利治教授就曾说过:"数学直觉是可以后天培养的。实际上每个人的数学直觉也是不断提高的。"他认为数学直觉思维的能力是可以在学习数学的过程中逐步地成长起来的。其中特别重要的一环就是在学数学的过程中应当努力达到"真懂"或"彻悟"的境界。一般认为,在数学教学中加强直觉思维的训练应当从以下几个方面入手:

1. 提供丰富的背景资料,恰当地设置教学情境,促使学生做整体思考

数学直觉思维的重要特征之一就是思维形式的整体性。对于面临的问题

情境首先从整体上考虑其特点,着眼于从整体上揭示出事物的本质与内在联系,往往可以激发直觉思维,从而导致思维的创新。

2. 引导学生寻找和发现事物的内在联系

数学直觉思维的另一个重要特征,是思维方向的综合性。在数学教学中,引导学生从复杂的问题中寻找内在的联系,特别是发现隐蔽的联系,从而对各种信息进行综合考察并作出直觉判断,这是激发直觉思维的重要途径。

3. 教学中要安排一定的直觉阶段,给学生留下直觉思维的空间

学生的思维能力是在实践和训练中发展的,在教学中适当推迟作出结论的时机,给学生一定的直觉思维的空间,有利于在整体观察和细部考察的结合中发现事物的内在规律,作出直觉判断,这是发展学生直觉思维能力的必要措施。

4. 鼓励学生大胆猜测,养成善于猜想的数学思维习惯

猜想是一种合情推理,它与论证所用的逻辑推理相辅相成。数学教学中许多命题的发现、思路的形成和方法的创造,都可以由学生通过数学猜想而得到。因此,应当精心安排教材,设计教法,在引导学生开展各种归纳、类比等丰富多彩的探索活动中,鼓励他们提出数学猜想和创见。一般说来,知识经验越多、想象力越丰富,提出数学猜想的方法掌握得越熟练,猜想的可信度就越高,实现数学创造的可能性也就越大。培养敢于猜想、善于探索的思维习惯是形成数学直觉、发展数学思维、获得数学发现的基本素质。下面通过一则生动的教学实例来说明直觉思维训练的途径。

问题 1 两个三角形具有相同的面积,这两个三角形一定全等吗?

几乎所有的学生都知道这两个三角形不一定全等,但在举出反例时却表现出不同的水平。

问题 2 两个三角形具有相同的面积且具有相同的周长,这两个三角形一定全等吗?

条件增加了,学生的想法就不一样了。部分学生认为这两个三角形一定全等,另一部分同学则认为这两个三角形不一定全等,但短时间内谁也拿不出"事实"来。这个问题太难了,暂时放一放。

问题 3 两个直角三角形具有相同的面积且具有相同的周长,这两个三角形一定全等吗?

问题 3 比问题 2 又多了一个条件——两个三角形都是直角三角形,于是凭直觉猜想"一定全等"的学生骤然增加,甚至全班同学都会倒向一边。

但问题还在于证实这个猜想,这时大家的办法又可能不一致。不过,有一点却是肯定的,即证实猜想的欲望一定都很强烈,有点不达目的决不罢休的味道。

设两个直角三角形 ABC 和 RST 的边长分别为 a、b、c 和 r、s、t，其中 c 和 t 为斜边长。根据题意有

$$\begin{cases} a^2+b^2=c^2 \\ r^2+s^2=t^2 \\ \dfrac{1}{2}ab=\dfrac{1}{2}rs \\ a+b+c=r+s+t \end{cases}$$

解这个方程可得 $a=r$，$b=s$。猜想得到证实。

问题 4　两个等腰三角形具有相同的面积且具有相同的周长，这两个三角形一定全等吗？

有了解决问题 3 的经验，学生的意见可能会很一致——这两个等腰三角形一定全等。而要证实这个猜想，也许很难有人能够完成（尽管有证实上题的经验）。几经碰壁以后，头脑冷静的同学也许转而怀疑这个猜想了。这不是退却，而是思路活跃、实事求是的表现。

事实证明，这个怀疑是正确的。教师可以构造如图 6-10 的反例。

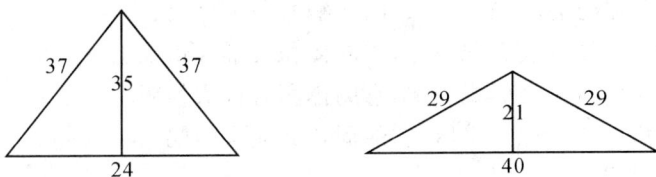

图 6-10

这一对等腰三角形的面积都是 420，周长都是 98，但它们不全等。

至此，问题 2 也获得解决。

上面通过设置问题情境，让学生依靠直觉提出猜想，然后再证明或否定猜想。这样做，不仅可以激发学生的好奇心、求知欲，而且也有助于学生直觉思维能力的培养。

（四）加强发散思维训练

发散思维是一种开拓性、创新性的思维，它是创造性思维的主要形式，加强发散思维的训练无疑对创造性思维的培养具有重要的意义。

发散思维的过程包含两个基本环节：一是发散对象（或发散点），二是发散方式。数学中的发散对象是多方面的。如对数学概念的拓展，对数学命题的引申与推广（包括分别对条件、结论、关系的发散），对数学公式、法则的变形与派生等。发散的方式也是多种多样的，如对命题而言，可以是替换命题的条件或结论；也可以是减弱条件，加强结论；或是予以特殊化、一般化；还可以进行类

比、推广等。在解决数学问题时,可以将解题的途径、思想、方法等作为发散点进行发散。因此,在数学教学中,只要能抓住时机,以研究的数学对象作为发散点进行多种方式发散,便能有利于发散思维能力的培养。在数学教学中,加强发散思维的训练应从三个方面入手。

1. 培养发散思维

在一个数学问题前,尽可能多地提出设想、解法途径与答案,以多方面进行思考,当某一方向受阻时,马上转向另一方向,这将有利于培养发散思维。同时,不要老盯住一点想,一处不通,可另寻一处;即使一处通了,也不妨再觅新径,以求殊途同归。这种机智主要能提高发散思维的流畅性。如数学中的一题多变、一题多问、一题多解、一法多用等都有助于发散思维的培养。

例 6-24 已知三角形的周长为定值,求其面积的最大值。

本例不难求出结果。按发散思维的特性,可对本题作出不同的变化、猜测。

①已知直角三角形的周长为定值,求其面积的最大值。

②若四边形的周长为定值,它的面积有最大值吗?

③若封闭的平面曲线周长一定,它的面积有最大值吗?

④若长方体的表面积一定,它的体积有最大值吗?

⑤若若四面体的表面积一定,它的体积有最大值吗?

⑥若凸几何体的表面积一定,它的体积有最大值吗?

⑦若三角形的面积为定值,它的周长有最大值吗?

2. 培养变换机智

一般事物的质和量是由多种因素及其相互关系决定的,如改变其中某一因素,或改变因素之间位置、地位、联想方式,常常可以产生新思路。这种机智主要是提高发散思维的变通性。数学中的变量替换、几何问题代数化与代数问题几何化、几何变换等都属于变换机智。

例 6-25 正数 a,b,c,A,B,C 满足条件 $a+A=b+B=c+C=K$。

求证:$aB+bC+cA<K^2$。

证明:作边长为 K 的正三角形 PQR,如图 6-11 所示。

分别在各边上取 L,M,N,使 $QL=A,LR=a,RM=B,MP=b,PN=C,NQ=c$,因此有 $S_{\triangle LRM}+S_{\triangle MPN}+S_{\triangle NQL}<S_{\triangle PQR}$,即

$$\frac{1}{2}aB\sin60°+\frac{1}{2}bC\sin60°+\frac{1}{2}cA\sin60°<$$

$$\frac{1}{2}K^2\sin60°$$

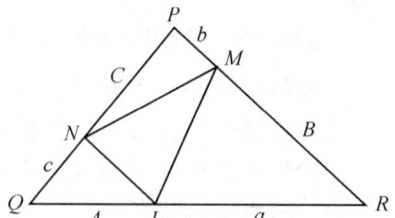

图 6-11

因此，$K^2 > aB + bC + cA$。

例 6-25 的证明把代数问题几何化，显得直观、简洁。选择这样的解题策略揭示了代数与几何的内在联系，有利于培养学生的变换机智。

3. 培养创优机智

要千方百计寻求最优答案以及探索途径，方法要独特，内容要新颖、简化。数学史上许多重大发现正是实现创优机智的体现。数学教学中寻求简便证法、反常规解法以及独特解法的训练正是为此目的。

例 6-26　解方程 $x^3 + 2\sqrt{3}x^2 + 3x + \sqrt{3} - 1 = 0$。

分析：这个方程是三次的，且系数含有无理数，若按一般求解三次方程的方法不易解决。根据题目的特点，把 $\sqrt{3}$ 看作"未知数"，把 x 看作"已知数"，则得关于 $\sqrt{3}$ 的一元二次方程。令 $a = \sqrt{3}$，则原方程变为 $xa^2 + (2x^2 + 1)a + x^3 - 1 = 0$。

解之得 $a = 1$ 或 $a = \dfrac{x^2 + x + 1}{x}$。

由此原方程就等价于 $x = 1 - \sqrt{3}$ 及 $x^2 + (\sqrt{3} + 1)x + 1 = 0$。

这就不难求出 x 了。

这种解法新颖独特，是一种反常规解法。

复习思考题

1. 什么是数学思维？数学思维的基本类型有哪些？
2. 如何进行数学思维方式的分类，各种数学思维方式的基本特征是什么？
3. 数学思维一般方法有哪些？试举例说明它们在数学解题中有哪些应用。
4. 试结合数学学习和解题过程对数学思维的智力品质的特点加以说明。
5. 数学创新思维培养的基本途径有哪些？

第七章　数学教学设计

　　本章分为四节,从如何设计教学目标、教学过程出发,阐述了如何设计教学情境以及数学教学活动。通过学习,理解和掌握数学教学设计的基本过程。

　　中学数学教学设计是中学数学教育工作者根据自己的理解和数学的教学需要,综合参照现代数学教育的基本理论,认真研究学生和数学学科特点,对某个具体数学教学内容预先制定教学过程的一种显性化设想。

　　自 20 世纪上半叶西方的教学科学化运动后,尤其在美国实用主义哲学和行为主义心理学影响下的教学效能核定运动后,有效教学的理念引起了世界各国教育学者的关注。人们意识到,教学也是科学。即教学不仅有科学的基础,而且还可以用科学的方法来研究。于是,人们开始关注教学中的哲学、心理学、社会学的理论基础,以及如何用观察、实验等科学的方法来研究教学问题。

　　随着有效教学的实践与研究在我国教育界的蓬勃开展,如何有效地进行教学设计势必首先得到关注。

第一节　准确设计教学目标

　　教学目标是教学活动所预期的结果,或是预期的学习活动要达到的标准。实际上,教学目标是人们对教学活动结果的一种主观上的愿望。教学目标在教学过程中的重要性是毋庸置疑的,它在教学活动中处于核心位置,不仅是教学的出发点,而且是教学的归属地,同时还是教学评价的依据,它既有定向功能又有调控功能。

　　因此,课堂教学目标的预设是教学设计中的关键部分。正确设计教学目标关系到教学环节的设计,指明了教学前进的方向,它有利于提高教师的教学质量,有利于提高学生的学习效率。正是有了准确合理的教学目标,教学结果的评价才有了可靠的标准,教师的教学价值才有了实现的可能。

　　本节所说的教学目标,是指一节数学课的既定目标。

一、构建教学目标模型

当前,以知识与技能、过程与方法、情感态度价值观分类呈现课堂教学目标成为一种"规定",要求教师在课堂教学设计时用"三维目标"表述,这会引发许多问题,如教学目标条目混乱,空话、套话连篇等。因此,构建一个科学、易操作的专属数学学科的教学目标模型显得尤为必要。

基于现代认知心理学关于知识、技能、能力的认识,以及加涅的学习分类理论、布卢姆的学习目标分类理论,我们得出如下数学教学目标模型:

数学教学目标分为三个维度,分别是知识目标、能力目标、情感态度目标,如图 7-1 所示。数学知识又分为数学符号、事实性知识,概念、原理,以及定理、公式;数学能力分为常规问题解决、综合问题解决,以及数学思想方法;情感态度分为对数学学习的情感态度、对数学的审美感,以及学生在学习中树立的价值观。

在实际操作时,我们可依据如下步骤:

首先,将课堂教学内容对应至图 7-1。现以人教 A 版必修 1 中的"指数函数及其性质"第一课时为例,将此部分教学内容对应至图 7-1 后,得出表 7-1。

其次,结合表 7-1,确定各个教学目标的行为动词。

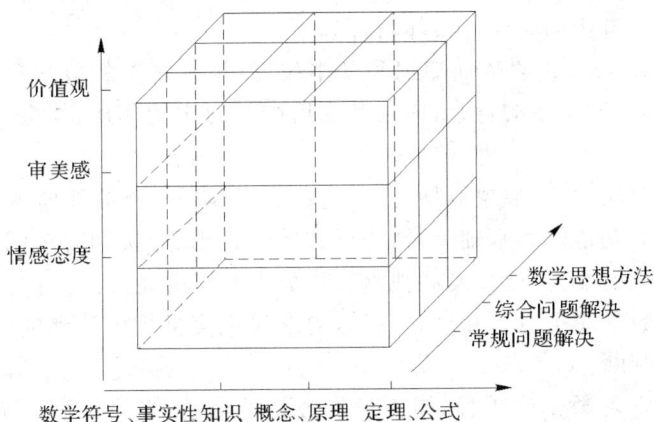

图 7-1

表 7-1 "指数函数及其性质"第一课时三维目标

数学知识目标		数学能力目标		情感态度目标	
数学符号、事实性知识		常规问题解决	√(3)	情感态度	√(5)
概念、原理	√(1)①、(2)	综合问题解决		审美感	√(5)
定理、公式		数学思想方法	√(4)	价值观	

①:(1)表示下文中的教学目标,其余同。

最后,整合并陈述数学教学目标。在整合时注意过程性目标与结果性目标的有机结合。本节课的教学目标包括:

①理解指数函数的概念,能画出指数函数的图像;

②通过多媒体的直观反映,学生主动探究指数函数的性质,从而归纳出其性质;

③能运用指数函数的图像、性质解决简单的数学问题;

④回顾、类比,归纳出从图像和解析式这两种角度研究函数性质的数学方法;

⑤在探究指数函数性质的过程中,提高探索规律的兴趣,感受数学的曲线美和对称美。

二、教学目标设计依据

(一)以课程目标为宗旨

通过国际比较,剖析我国数学教育发展的历史与现状,《普通高中数学课程标准(实验)》(以下简称《标准》)明确了高中数学课程的总目标是在九年义务教育数学课程的基础上,使学生获得作为未来公民所必要的数学素养,以满足个人发展与社会进步的需要。具体目标如下:

①获得必要的数学基础知识和基本技能,理解基本的数学概念、数学结论的本质,了解它们产生的背景、应用和在后继学习中的作用,体会其中的数学思想和方法。

②提高空间想象、抽象概括、推理论证、运算求解、数据处理等基本能力。

③在以上基本能力基础上,初步形成数学提出、分析和解决问题的能力,数学表达和交流的能力,逐步发展独立获取数学知识的能力。

④发展数学应用意识和创新意识,力求对现实世界中蕴涵的一些数学模式作出思考和判断。

⑤提高学习数学的兴趣,树立学好数学的信心,形成锲而不舍的钻研精神和科学态度。

⑥具有一定的数学视野,初步认识数学的应用价值、科学价值和文化价值,逐步形成批判性的思维习惯,崇尚数学的理性精神,从而进一步树立辩证唯物主义世界观。

数学课堂教学必须以完成课程目标为宗旨,并对课程目标作进一步的细化。课程总目标追求的是全面育人,要求学生获得"双基",发展解决问题能力和创新能力,形成对数学学习的情感及良好的人生观、价值观。与之遥相呼应的是"三维"目标,包括"知识与技能"、"过程与方法"、"情感态度与价值观"。因此,在设计教学目标时,一定要全面考虑三个维度的目标,保障课程总目标的全面落实,不可有所偏废。

(二)以内容标准为指导

《标准》中的第三部分"内容标准"对教材各个模块的内容作了详细的介绍,并提出了相应的教学要求。比如"函数"一节的内容标准如下:

①通过丰富实例,进一步体会函数是描述变量之间的依赖关系的重要数学模型,在此基础上学习用集合与对应的语言来刻画函数,体会对应关系在刻画函数概念中的作用;了解构成函数的要素,会求一些简单函数的定义域和值域;了解映射的概念。

②在实际情境中,会根据不同的需要选择恰当的方法(图像法、列表法、解析法)表示函数。

③通过具体实例,了解简单的分段函数,并能简单应用。

④通过已学过的函数,特别是二次函数,理解这些函数的单调性、最大(小)值及其几何意义;知道奇偶性的含义。

⑤学会运用函数图像理解和研究函数的性质。

由此可见,内容标准非常详尽,对教学目标的制定有很明确的指导作用。因此,想要准确设计教学目标,必须细心研读《标准》中的内容标准,如此才能保证教学目标不偏不倚。

(三)以数学体系为核心

事实上,数学课堂教学目标是根据数学学科目标体系,以及教材等课程资源进行设计的。除了在宏观层面上把握住数学课程标准外,教师还需要自觉研究教材,正确把握教材特点与体系。教材为学生的学习活动提供了基本线索,为教师的课堂教学提供了基本资源。无论是哪种版本的教材,其内容的编排和呈现总有一定的自身特点与体系。一节课的教学目标要与远期一个数学模块或体系的教学目标相一致。在理清模块目标和单元目标后,再制定课时目标,将模块目标有规律性地、一步一步地落实下去。

(四)以学生特点为重心

学生的学习情况是影响教学目标设计的重要因素,教学目标的设定要充分体现"以学生发展为本"的理念,学生是学习的主体。

主要可以从以下四个方面加以考虑:一是要充分了解学生在知识技能方面的原有认知水平并正确估计潜在认知水平,以便确定知识与技能目标;二是要充分考虑学生在情感态度价值观等方面的因素,了解学生的基本生活经验、学习态度、学习动机等,从促进学生全面发展的需求出发,来合理设计相应教学目标；三是要充分尊重学生的个体差异、个性特点，按照课程标准，为不同状态和不同水平的学生设计出适合他们最佳发展的教学目标；四是要积极发挥评价功能，不断激励学生，充分调动学生学习数学的积极性，好的教学目标应该包含激励成分。

三、遵循设计教学目标的原则

(一)全面性原则

一般来说，一堂数学课的教学内容包括数学知识、数学技能(问题解决策略、数学思想方法)、情感态度这几个方面。学生的发展并不是单一目标的发展，而是多个目标的整合性发展。因此，在制定教学目标时，必须全面考虑知识、技能与情感目标，当然也要有所侧重。

(二)可操作性原则

教学目标是学生通过教学活动后，在知识、能力、情感或行为各方面的变化。因此，教学目标的主体是学生，它指导着学生进行学习活动。为了利于指导学生学习、利于测量学习结果，教学目标的制定应力求避免含糊不清和不切实际的语言，做到具体、明确和可操作，避免教学目标流于形式，要发挥教学目标真正的作用。

(三)针对性原则

针对不同的学生，教学目标也是不同的。眼下，市场上各种类型的教学参考书和互联网上各种教学网站的建立，为教师提供了丰富的教学参考资源。但这些资源绝不能代替教师自己的思想，代替所有学生的预期结果。每个班的学情不一样，同一个教学目标，在这个班可能可以达到，而在另一个班就有可能达不到。因此，教师应设计对所教班级有一定针对性的教学目标。

第二节　合理设计数学教学过程

教学过程是指学生在教师有目的、有计划的指导下，积极主动地掌握系统的文化科学基础知识和基本技能，发展能力，增强体质，并形成一定的思想品德的过程。数学教学过程可以理解为是一种特殊的认识过程，它主要包含两个方面的意义：第一，教学过程本质是一种认识过程，是学生对所学数学知识的一种认识过程；第二，这种认识又不同于一般认识或其他形式的认识，有其特殊性。其特殊性在于它是在教师有目的、有组织、有计划的指导下，学生主动地接受知识的师生共同活动的过程。

教学过程是把教学目标具体化的一个过程,是让学生循序渐进地掌握知识的一个过程。教学过程中的每一环节,都能让学生有明确的学习方向。数学课绝不能只是照本宣科地讲几个定理、举两个例子就完事了。为了使学生能掌握课程标准规定的知识要求和能力要求,教师必须精心策划,既要有具体细致的总体设计,还要能设想到各个局部可能出现的情况和应对策略。在教学过程中,按照拟订的设计方案,随时结合现状修正方案并将之实施。一个教学过程的设计的优劣,在某种程度上极大地影响着教学效果的好坏。科学、有效地设计教学过程,有利于教师有序地开展课堂教学,有利于学生进行主动探究、合作交流,有利于学生系统掌握数学基础知识,有利于学生在良好的数学基础上谋求进一步发展。

本节所说的教学过程,通常是指一节数学课的既定过程。

一、准备阶段

(一)深刻解读教材内容、明确教学内容

合理设计数学教学过程的前提是理解数学,数学知识理解不到位,不可能产生有效的教学过程。理解数学知识最基本的方法是深刻解读教材内容。

教材是数学家、数学教育家和专职数学编辑共同努力的成果,其价值毋庸置疑。教师不仅要清楚教材内容,还要挖掘编写意图,这样才能真正地"用教材",而不是照本宣科。在分析教材时,我们要多问自己几个"什么"和"为什么",比如教材为什么要以这样的顺序编写,教材为什么要放进这道题,这个知识是和什么知识相关的等等。如何深刻解读教材呢?我们认为深刻解读教材内容,要做到从整体上把握教材脉络,理清知识体系,要做到区分核心知识、重点知识和一般知识,要做到了解每个概念、定理产生的背景知识和逻辑意义,要做到理解教材内容所反映的思维过程和思想方法,要做到理解每个问题与情境背后所蕴含的意图,还要做到分析各道例题、练习题的水平层次和要求目标。

【案例 1】 教材分析:奇偶性

奇偶性是人教 A 版必修 1 第一章第三节的内容。按认知主义心理学对知识的划分,本节内容主要以陈述性知识为主。从教材的编排来看,在这之前,教材安排了集合与函数、函数的单调性等内容,为本节课作好铺垫。函数是高中数学的一条主线,而奇偶性是函数的一个重要性质,学好奇偶性有助于后面函数相关内容的学习。从数学思想方法来看,本节内容反映了函数思想的内在联系和迁移,而其中蕴含着观察、归纳、数形结合、类比等丰富的数学方法。因此,无论从内容上还是方法上,本节课都是承上启下、值得重视的。

当然,教学内容不等同于教材内容,但教师只有做到读通教材、读透教材,才能在充分理解教材的基础上,对教材内容进行重组、创造,并在实践探索中明确教学内容,制定合理的教学过程。教学内容不同,教学功能会有所差异。教学中有以讲授概念、定理、法则为主的新知识课,有以巩固知识和技能技巧为主的复习课,有以了解学生掌握知识情况为主的检查课,也有包含以上几个要求的综合课。总之,必须按照教学内容和特点,灵活设计不同的教学过程。任何一段教学内容都能起到坚实基础和培养能力的目的,关键在于如何精心设计教学过程,使数学基础与数学能力的培养落到实处。

(二)深入了解学生水平、兴趣习惯

随着新课程改革的深化,教师所扮演的角色从知识的传授者向学习的组织者、合作者、开发者和引导者转变,在教学过程中"以学生为本"的理念日益受到各方重视,教师在教学中不仅要思考怎样教,更要考虑到学生怎样学。

教学过程是教师与学生之间互动的过程。因此,教学过程要立足于学生的学情,在落实学生主体学习地位上下功夫,在培养学生合作与探究学习上下功夫,在充分调动每位学生的学习积极性上下功夫,在防止学生的学习活动流于形式和切实提高课堂效率上下功夫。

了解学情是设计教学过程的前提,是上好课的必要条件。教师要把学情研究作为教师教学设计的重点,教师的角色必须从"教书"变为"教人",避免"心中有教材,目中无活人"。建议教师在研究学情时关注四个"了解":一是了解学生已有的学科知识基础和生活常识;二是了解学生的思维特点;三是了解学生的群体差异;四是了解学生的学习兴趣、学习习惯。其中,了解学生已有的学科知识基础是最重要的,即首先要了解学生已经知道了什么,哪些知识学生已熟练掌握,哪些知识还需要强化和拓展。了解学生的思维特点,即重视学生理解发展的层次性,知识的获得与理解层次的提高必须是同步的。了解学生的群体差异,即要求教师在教学过程中照顾到每一个学生,通过合理的坡度设计,使学优生"吃得饱",学困生"吃得了"。了解学生的学习兴趣和学习习惯,是选择教学方法的重要依据。

【案例2】 学情分析:空间中直线与直线之间的位置关系

这一阶段的学生拥有较为丰富的知识储备,在皮亚杰的认知发展理论看来,他们的智力已发展到形式运算阶段,具备了较强的抽象思维能力。但相较于国外,我们的学生归纳能力不强,自主意识较弱,合作交流不够。所以,在教学上要注重启发探讨和交流。

学生已经在初中学习了平面中两条直线的位置关系,并经常在生活中得到体验。但异面直线是学生以前所没有接触过的,也超出了一般情况下的经验,可能会使部分同学感到困难。

案例2的学情分析简短精悍，全面贯彻了四个"了解"，为教学过程的进一步设计提供了强有力的保障。

二、设计阶段

在深刻解读教材内容、深入了解学生水平之后，依据教学内容、课题特点来设计教学过程。下面，仅以常规课的设计为例，研究教学过程的设计。教学过程的设计包括教学环节的设计、教学方法和教学手段的选择。

(一)教学环节设计

目前，我们的课堂教学形式存在多种模式，每种教学模式都体现着一定的教学理论，具有它的优势和适用范围。一般已明确，无论采用何种结构模式，教学过程都大致经历五个基本环节：①诱导学习动机；②领会新知识；③巩固新知识；④应用新知识；⑤检查教学效果。当然，具体到某一节课，它就可能只是把构成上述教学过程中的某一环节，或这一环节的某一方面要求设为重点。但若从该节课的整体来看，也同样能具备上述过程的各个环节。当然这些环节也并不是总能截然分开，它们往往是相互交错、紧密联系的，有时也可能免除某一环节，教师绝不能无视矛盾的特殊性而机械地设计安排。

1. 诱导学习动机

诱导学生学习动机的方式很多，在数学教学过程中，常见的有生活实例导入、以旧换新法、实验操作法、悬念设疑法等。不是每一种诱导方式都适合所有的教学内容，必须根据具体的教学内容选择相对合适的诱导方式。这几种诱导方式也不完全是独立的，如有需要，也可交错使用几种诱导方式；有时候也可依据实际情况省略此环节，即开门见山式地展开教学。下面介绍一则采用生活实例导入法的教学引入设计。

【案例7-1】 曲线的参数方程

创设情境，引动思维

问题：锡城蠡湖公园新添了一道炫目的风景，亚洲最高的摩天轮在此盛装登场，2008年6月有望对游客开放。若该摩天轮半径为60米，按逆时针方向以$\frac{\pi}{600}$弧度／秒的角速度匀速旋转。某游客现在在P_0点（其中P_0和转轴O的连线与水平面平行）。问：经过t秒，这个游客的位置在何处？

2. 领会新知识

由于选择的教法、学法不同，因此这一环节的设计呈现出丰富多样的教学模式，有直截了当的"讲授式"、"启发引导式"、"自主探究"式、"合作学习式"等。新授知识的特点、难易程度决定了怎样传授，也就决定了这一教学环节的设计，也基本决定了整个教学过程的侧重点。若新知识简单直观,不妨采取直截了当的"讲授式",则整个教学过程的重点将在新知识的应用和拓展;若新知识抽象难懂,不妨把时间留给学生,让他们合作学习,自主探究,那么整个教学过程的重点显然在领会新知这一环节了,相对地,知识应用便会少些。下面,介绍一则通过问题组,引导学生循序渐进地思考,一步一步领会新知的教学设计。显然,这整个教学过程的重心在领会新知这一环节,是个重视公式产生的过程而非结果的设计。在设计中,该教师对学生反应进行预设,并提出相应的教学对策。相信这一教学环节进行下来,学生对点到直线的距离公式有了深刻的认识,并牢记于心。

【案例 7-2】 点到直线的距离

公式推导

(一)公式推导过程

问题 1:类比两点间距离公式,这个问题实际就是要用 x_0,y_0,A,B,C 这几个量来表示点 P_0 到直线 l 的距离。解决这个问题你有什么思路吗?

预案一:学生提出了多种解决问题的思路。

方案一:传统方法。先过点 P_0 作直线 l 的垂线,垂足为 Q,则 $|P_0Q|$ 就是点 P_0 到直线 l 的距离 d;然后用点斜式写出垂线方程,并与原直线方程联立方程组,此方程组的解就是点 Q 的坐标;最后利用两点间距离公式求出 $|P_0Q|$。

方案二:面积法。

方案三:三角法。

方案四:函数法。

……

教师指出:在这几种方法中,方案一最容易想到,它不需要构造任何几何图形,只需要利用点的坐标和直线方程就可求解,同时它也是代数化最彻底的方法,其他方法在运用解析法的同时都借助了其他方法。

预案二:学生只提方案一一种方法。

教师对学生的思路予以肯定,并引导学生用方案一计算求解。

根据定义,点 P_0 到直线 l 的距离是点 P_0 到直线 l 的垂线段的长,设点 P_0 到直线 l 的垂线为 l',垂足为 Q,由 $l'\perp l$ 可知 l' 的斜率为 $\dfrac{B}{A}$,所以 l' 的方程为 $y-y_0=\dfrac{B}{A}(x-x_0)(A\neq 0)$。

当 $A=0$ 时,直线方程为 $x=x_0$。

为了与 l 的方程联立求交点坐标,我们将这个方程写成一般式:

$$Bx-Ay-Bx_0+Ay_0=0(A=0 时也适用)$$

与 l 联立方程,解得交点 $Q\left(\dfrac{B^2 x_0 - ABy_0 - AC}{A^2 + B^2}, \dfrac{A^2 y_0 - ABx_0 - BC}{A^2 + B^2}\right)$,

$|P_0Q|^2 = \dfrac{(Ax_0 + By_0 + C)^2}{A^2 + B^2}$。由此,得 $d = \dfrac{|Ax_0 + By_0 + C|}{\sqrt{A^2 + B^2}}$。

问题 2:上述公式的推导过程计算量较大,能否化简上述运算?

问题 3:在上述计算过程中,是先解出交点坐标,再代入两点间距离公式求解,那是否一定要求出交点的坐标呢?能不能考虑构造一个关于 $x - x_0$ 和 $y - y_0$ 的方程组将它们整体求解呢?

$$\begin{cases} B(x - x_0) - A(y - y_0) = 0 & \quad(1) \\ A(x - x_0) + B(y - y_0) = -Ax_0 - By_0 - C & \quad(2) \end{cases}$$

由此得 $x - x_0 = -\dfrac{A(Ax_0 + By_0 + C)}{A^2 + B^2}$,$y - y_0 = -\dfrac{B(Ax_0 + By_0 + C)}{A^2 + B^2}$,两式分别平方后求和再开方得到结果。

问题 4:根据上面的求解,我们已经化简了求解过程,让我们再观察一下上面由(1)(2)两个式子构成的方程组,会发现式子具有一定的对称性,你还有更好的处理方法吗?

如果不看运算符号,实际上 $x - x_0$ 和 $y - y_0$ 两项的系数在两个式子中是可交换的,在两点间距离公式中,只需要得到 $(x - x_0)^2 + (y - y_0)^2$,这样只要将上述(1)、(2)两式分别平方后再相加即可。

问题 5:我们利用同学们提出的思路得到了点到直线的距离公式,可以看到适当构造整体求解可以简化运算,对于上述推导你有什么体会?

教师对学生的想法予以肯定,并强调两点:我们将交点的坐标设出来了,但没有求交点,而是根据式子的特点进行了整体求解、简化运算,这种设而不求的方法是解析几何里常用的方法;解析几何由于其特点,具有一定运算量是正常的,但如果运算量过大,这时候一方面可以想办法解决计算中的问题,如我们今天采取的设而不求整体求解法,另一方面要考虑其他思路解题,引导学生课后用面积法思路证明。

(二)公式结构分析

问题 6:公式有哪些结构特征?

公式的分子:保留直线方程一般式的结构,体现了公式与直线方程的关系。

公式的分母:直线方程中两个未知数的系数的平方和再开方。

$|Ax_0 + By_0 + C|$ 就是将已知点的坐标代入直线方程后取绝对值的结果。点到直线距离的公式实际上也体现了这个值与点到直线距离的关系。对任意点 $P_0(x_0, y_0)$,$|Ax_0 + By_0 + C|$ 与点 P_0 到直线的距离的比值是个定值,这个定值就是公式分母中的式子。

问题 7:公式在 $A = 0$ 或 $B = 0$ 时还成立吗?当点在直线上时是否适用?

3.巩固新知识

德国瓦根舍因的范例教学理论,即借助好的、特别清楚的、典型的事例进行教学,使学生从个别到一般地掌握知识,该理论至今对我国的数学教学还有很大的影响。数学课堂教学中往往有"例题示范"这一环节。而且,这一环节不是单纯地讲题,也就意味着数学过程设计中少不了例题的设计。首先,例题得精选,过于简单则起不到效果,过难则打击学生学习信心;其次,要思考例题的教学方式方法,形式有很多,主要因知识内容而定。

4.应用新知识

大部分的数学课堂是"讲练结合"的课堂,这里的"讲"可以理解为老师讲,也可以理解为学生讲,但少不了学生练的时间。在练习中进一步巩固新知,使学生达到能灵活运用知识的水平;在练习中拓展新知,使学生提升综合解决问题的能力。因此,这一环节的设计,要注意练习的梯度,达到因材施教的效果;要注意练习的拓展性,发展学生的综合能力;要注意练习背后思想方法的提炼,一题练习不仅仅是一道题。

5.检查教学效果

这一环节是对学生学习效果的检查,同时也是对教师课堂教学效果的测评。显然,在设计这一环节时,势必要联系课堂教学目标,思考是否完成了教学目标。其次,思考怎样设计才能有效地检查。一种常见的检查方式想必是:把知识点都写在黑板上,然后问学生"今天这堂课我们学到了什么",然后学生照着黑板念一遍。这样的课堂小结,显然起不到"检查"的作用。因此,教师应当根据教学目标、教学内容,寻找有效的检查方式。

(二)教学方法的选择

对于教学方法,各人的理解不尽一致。广义上说,教学方法是指完成教学目标和教学内容所采取的一切手段、途径和教学原则。若单纯地从方法上作出选择,我们通常所说的教学方法是指为了完成某一具体知识环节的教学任务所进行的师生相互作用的教学活动方式。从教学活动方式的本质看,教学方法主要有讲授法、启发法、自主探究法、小组讨论法、练习法等,它们有其各自的特点,教学中具体采用哪种教学方法,一般要依据学生(或班级)的学习情况、教师的专业水平、教学内容的进程等多方面进行考虑。

1.教学方法的选择要符合学情

都说"学情决定教法"。例如,如果学生已经进行了课前预习,已经掌握了部分新知,那教师再采取自主探究的方式来学习这部分知识就显得生搬硬套了。又如,如果一个班级属于启而不发的整体素质,当自主探究、小组讨论活动等较难开展时,采用讲授法仍不失为是一种有益的选择。

但反过来"教法也会影响学情"。教学应充分体现学生的主体地位,引导学生积极参与课堂教学,努力使教学过程成为一个开放的过程。在这个过程中,要尽量减少教师与学生的单向交流,要努力增加师生之间的多边交流,特别是要加强师生在数学思维上的深刻交流,使数学教学成为一个探索、发现、模仿、尝试的过程。在教学中要注意发挥学生非智力因素的作用,使学生主动、活泼地学习,力求使学生从"学会"到"会学"。只有多采用符合学生认知能力的教学方法,多采用鼓励学生学习活动的教学方法,才可以提高课堂教学效果。

2.教学方法的选择依赖教师自身的专业水平

教师要能灵活、综合地运用多种教学方法,立足整体,以学生为本,不断优化课堂教学过程。我们常说"教无定法,贵在得法",教学作为一门科学,应当有规律可循,但是教学作为一门艺术,不应该也不能依靠某一种教学方法来实现它的全部功能。教学方法的多样性要求教师要学习多种教学方法,博采众长,要根据具体情况,选择、设计最优教学方法。长期使用一种固定的教学方法,或原封不动地照搬一种课堂教学模式是不可取的。在各种各样的教学方法中,没有一种方法可以普遍适应一切教学活动,只有依附一定条件下的相对优势。作为一个教师来讲,为了发挥教学过程的整体功能,保持教学系统的最大活力,在教学过程中应提倡综合应用多种教学方法,形成良好的整体课堂教学结构,努力发挥各种教学方法的最大效益。

3.教学方法的选择要考虑教学内容的进程

选择适当的教学方法,要充分考虑知识传授的先后顺序,例题、习题的先后使用顺序,以及各个知识点和教学环节所占用的时间比例的设想等。针对教学内容的进程,可以考虑采用与之适应的教学方法。比如在发现新知时,训练有素的班级可考虑多采用启发讨论或小组、大组讨论形式。又如在学习向量等知识时,可考虑采用实物模型,或采用幻灯投影,或采用多媒体等教学手段,用现代化教学技术进行辅助教学,以此来优化教学过程,提高课堂教学效益。

(三)经典教学设计案例分析

【案例 7-3】　函数 $y = A\sin(\omega x + \varphi)$ 的图像教学过程

一、创设情境,由旧引新(预计 4~5 分钟)

【观察】①弹簧的外形发生了怎样的变化? 说说这些变化与什么有关?

②观察简谐运动中弹簧相对平衡位置的位移 y 与时间 x 的关系,观察图像的变化特点。

【回顾】回忆学过的正弦曲线、余弦曲线的图像与性质,对比思考上述问题,你发现了什么?

二、动手尝试，探究归纳(预计 25～28 分钟)

(一)提出问题，简单猜想

【设问】观察图像，试猜想：改变参数 φ、ω、A 的取值对 $y = A\sin(\omega x + \varphi)$ 的图像有什么影响?讲讲你的探究思路。

(二)分步探索，各个击破

让学生在电脑上利用设计好的几何画板，通过拖动鼠标绘制函数图像，对参数 φ、ω、A 对函数 $y = A\sin(\omega x + \varphi)$ 的影响进行自主探究和归纳。

1.探索 φ 对函数 $y = A\sin(\omega x + \varphi)$ 的图像的影响(预计 8 分钟)

探究内容	请同学在几何画板中将下列函数图像与 $y = \sin x$ 的图像作比较，探究它们之间的内在联系，归纳 φ 对函数 $y = A\sin(\omega x + \varphi)$ 的图像的影响。 (1) $y = \sin x$　　　(2) $y = \sin\left(x + \dfrac{\pi}{3}\right)$　　　(3) $y = \sin\left(x - \dfrac{\pi}{3}\right)$ (4) $y = \sin(x + \pi)$　(5) $y = \sin(x - \pi)$	
预设	1. $y = \sin x$ 	
	2. $y = \sin\left(x + \dfrac{\pi}{3}\right)$ 	3. $y = \sin\left(x - \dfrac{\pi}{3}\right)$
	4. $y = \sin(x + \pi)$ 	5. $y = \sin(x - \pi)$
结论	$y = \sin(x + \varphi)$ 的图像随着 φ 值的改变，图像向左、右平移。若 φ 为正，则函数图像向左平移 $\lvert\varphi\rvert$ 个单位；若 φ 为负，则函数图像向右平移 $\lvert\varphi\rvert$ 个单位	

【思考】三角函数也是一种函数，那么你能从函数的角度验证刚才的结论么?

【提示】回答此问需回顾必修一，教师可适当提示：把三角函数 $y = \sin x$ 抽象为一般的函数 $y = f(x)$。自然地，学生利用迁移思想，可以较轻松地把三角函数 $y = \sin(x + \varphi)$ 看作一般函数 $y = f(x + \varphi)$。

2. 探索 $\omega(\omega > 0)$ 对函数 $y = A\sin(\omega x + \varphi)$ 的图像的影响（预计 8 分钟）

探究内容	请同学在几何画板中将下列函数图像与 $y = \sin x$ 的图像作比较，探究它们之间的内在联系，归纳 ω 对函数 $y = A\sin(\omega x + \varphi)$ 的图像的影响。 1. $y = \sin 2x$　　　2. $y = \sin \dfrac{1}{2}x$　　　3. $y = \sin 3x$ 4. $y = \sin \dfrac{1}{3}x$　　　5. $y = \sin\left(2x + \dfrac{\pi}{3}\right)$　　6. $y = \sin\left(2x - \dfrac{\pi}{3}\right)$
预设	1. $y = \sin 2x$ 　　　2. $y = \sin \dfrac{1}{2}x$ 3. $y = \sin 3x$ 　　　4. $y = \sin \dfrac{1}{3}x$ 5. $y = \sin\left(2x + \dfrac{\pi}{3}\right)$ 　　6. $y = \sin\left(2x - \dfrac{\pi}{3}\right)$
结论	由函数 $y = \sin(x + \varphi)$ 的图像变换为函数 $y = \sin(\omega x + \varphi)$ 的图像，只需把图像上所有点的横坐标变为原来的 $\dfrac{1}{\omega}$ 倍，纵坐标不变

【思考】把三角函数 $y = \sin(x + \varphi)$ 抽象为一般函数 $y = f(x + \varphi)$，$y = \sin(\omega x + \varphi)$ 就可以看作一般函数 $y = f(\omega x + \varphi)$，那么可以类比"探究一"中的思路，请同学上台画一画"函转换化图"。

3.探索 $A(A > 0)$ 对函数 $y = A\sin(\omega x + \varphi)$ 的图像的影响(预计 8 分钟)

<table>
<tr>
<td>探究内容</td>
<td colspan="2">请同学在几何画板中将下列函数图像与 $y = \sin x$ 的图像作比较,探究它们之间的内在联系,归纳 A 对函数 $y = A\sin(\omega x + \varphi)$ 的图像的影响。

1. $y = 2\sin x$ 2. $y = \dfrac{1}{2}\sin x$ 3. $y = 3\sin x$

4. $y = \dfrac{1}{3}\sin x$ 5. $y = 3\sin\left(2x + \dfrac{\pi}{3}\right)$ 6. $y = 3\sin\left(2x - \dfrac{\pi}{3}\right)$</td>
</tr>
<tr>
<td rowspan="3">预设</td>
<td>1. $y = 2\sin x$
</td>
<td>2. $y = \dfrac{1}{2}\sin x$
</td>
</tr>
<tr>
<td>3. $y = 3\sin x$
</td>
<td>4. $y = \dfrac{1}{3}\sin x$
</td>
</tr>
<tr>
<td>5. $y = 3\sin\left(2x + \dfrac{\pi}{3}\right)$
</td>
<td>6. $y = 3\sin\left(2x - \dfrac{\pi}{3}\right)$
</td>
</tr>
<tr>
<td>结论</td>
<td colspan="2">函数 $y = \sin(\omega x + \varphi)$ 的横坐标不变,纵坐标伸长为原来的 A 倍即可得到函数 $y = A\sin(\omega x + \varphi)$ 的图像</td>
</tr>
</table>

三、归纳总结,练习验证(预计 10 分钟)

(一)函数 $y = \sin x$ 与函数 $y = A\sin(\omega x + \varphi)$ 的关系

【总结】教师通过 PPT 演示对整个探究过程的总结。

$$\sin x \xrightarrow{\text{平移变换}} \sin(x + \varphi) \xrightarrow{\text{周期变换}} \sin(\omega x + \varphi) \xrightarrow{\text{振幅变换}} A\sin(\omega x + \varphi)$$

【归纳】函数 $y = A\sin(\omega x + \varphi)$，$(A > 0, \omega > 0)$ 的图像可以看作先把 $y = \sin x$ 的图像上所有的点向左（右）平移 $|\varphi|$ 个单位，再把所得各点的横坐标伸长（缩短）到原来的 $\dfrac{1}{\omega}$ 倍（纵坐标不变），再把所得各点的纵坐标变为原来的 A 倍（横坐标不变）而得到的。

（二）画出函数 $y = 2\sin\left(\dfrac{1}{3}x - \dfrac{\pi}{6}\right)$ 的简图

学生用五点法完成，教师用几何画板验证。

四、课堂小结

1.总结一下参数 φ、ω、A 对函数 $y = A\sin(\omega x + \varphi)$ 的影响。

2.如何由 $y = \sin x$ 的图像变换为 $y = \sin(\omega x + \varphi)$ 的图像？不同的变换方式有何区别和联系？

五、布置作业

1.课本 P55 第 1 题的（1）、（4）小题，第 2 题。

2.课后思考题：

函数 $y = \sin x$ 可以通过哪些方法变换到函数 $y = 3\sin\left(2x + \dfrac{\pi}{3}\right)$？

此教学设计从学生好动、求新的年龄特征出发，激发学生自主探究的潜能，使数学课堂也能像物理、化学的实验课一样好玩、有趣。此设计再通过三组函数，让学生自己归纳 $y = A\sin(\omega x + \varphi)$ 的性质，符合新课标"归纳与演绎并用"的教学原则，重视学生独立思考和意义建构的过程，把知识的提出和生成放到更高的位置。

首先，教学方法有创新。学法上，此设计先通过归纳、类比猜想、自主探究，最后再归纳得出结论；教法上，此设计应用几何画板让学生自主探索、归纳，培养学生的动手操作能力，从而培养学生的创新精神。其次，教学手段有创新。此设计以几何画板作为教学手段，通过学生亲自动手，参与探索过程，使学生通过函数的图像、解析式等不同形式，多角度地理解和研究问题。同时，提高学生对图形和数据信息的处理能力。

整个教学过程的设计通过解剖问题层层推进，引导学生动手作图，总结图像间的关系，培养学生从具体到抽象的研究方法。通过小组讨论，实现生生互动、师生互助，丰富情感体验，活跃课堂气氛。它充分体现了"先做后教，师生合作"的理念，引导学生利用现代教育技术在自主探究方面进行尝试，改变"满堂灌"的传统教学方式。力求在完整的研究思路下突出直观和特例的研究，引导学生由直观感知逐步形成理性思考。

三、反思阶段

最后,对所设计的教学过程进行反思,反思教学过程是否符合以下原则:

(一)师生沟通和交流原则

"教学过程"最简单的理解就是"教"与"学"的过程。"教"与"学"双边相互依存、相互影响,是教学过程的主要矛盾,也构成了师生在教学过程中的复杂关系。教学双边中的教师和学生,都是教学过程中的能动性因素,二者交互影响、辩证统一。因此,二者缺一不可,教学过程必须符合师生沟通和互动的原则。

(二)理解和信任学生原则

反思教学内容是否符合维果斯基的"最近发展区理论",使其建立在学生的认知发展水平和已有经验上的,且能调动学生积极性,使学生达到下一发展阶段的水平。反思教学方法是否符合建构主义理论,让学生参与知识建构的过程,相信学生有探索和创造的潜能。由于对学生的理解度和信任度不够,教学过程中往往会出现重复讲解知识,殊不知这只是徒劳。

(三)揭示思维过程原则

如何在教学过程中有效地启发学生的思维,值得教师在设计时思考。首先,应该了解学生的思维特点,控制问题的难度,采用适当的手段启发学生;其次,要注意理论的研究和运用,思考设计中的理论依据是什么。教学过程设计从表面上看,是教学的活动设计,其实其背后蕴涵着活跃的师生思维活动。教师应反思其教学过程是否有效地启发了学生在课堂上的思维活动。

(四)教学系统的和谐优化原则

新课程下的数学教学过程是多种要素的有机结合体。教学过程的各种要素、各个环节能否共同组成优化结构,并作为一个和谐的系统发挥其整体最佳功能,从根本上制约着教学的最终效果。

第三节 合理创设问题情境

多个领域在使用"情境"一词,如心理学、社会学、教育学、传播学……因而"情境"被赋予不同的含义,其中有"多重刺激模式、事件、对象"、"传播事件或传播过程具体化的背景"、"人们正在进行某种行为时所处的社会环境"、"学生进行意义建构所需要的外部学习环境"等。建构主义学习观认为:任何知识都有其赖以产生意义的背景,知识是一种工具,要理解并灵活运用某一知识,就应当知道知识的运用范围,也就是应当理解知识赖以产生意义的背景,即情境。教育心理学将"情境"解释为"多重刺激模式、事件和对象等"。

问题情境,便是在问题解决中,用来刺激学生的好奇心和求知欲,产生认知冲突,诱发他们质疑、猜想、探索,从而唤起强烈的求知欲,并维持解决问题行为的条件和背景。简单地说,即问题需情境刺激,情境中必有待解问题。

数学问题情境对于学生解决问题的意义,何小亚教授将其比喻成"汤之于盐,盐可以单独吃,但谁也不会多吃,将盐溶入汤中,人们才愿意接受,而且不知不觉地将它吸收了"。数学问题解决需要溶入数学问题情境中,才能彰显出它的美味和活力,才能被学生自然地接受。

问题情境应满足以下特征:

①趣味性。"问题情境"的最大特点是趣味性,有时具有游戏的成分,但在问题中要有一定的思维价值,能体会和挖掘其中的数学知识和方法。

②过程性。设置"问题情境"的目的是让学生经历解决问题的过程,在探索和研究中感受和体验数学,并帮助学生发现问题、提出问题、思考问题。

③问题性。"问题情境"更多地要引出问题,激发学生学习本课内容的积极性和主动性,使学生产生"口欲言而勿能,心求通而勿达"的效果。

④挑战性。"问题情境"要能引起学生的认知冲突,更具本原性,数学知识还隐藏在解决问题的活动中,需要学生挖掘和研究。

⑤开放性。"问题情境"是一个开放的领域,在内容的选择上更多地面向学生的生活世界,并且尽可能使学生在活动过程中产生丰富多彩的学习体验和个性化的创造性的表现,解决问题的过程和结果不仅具有不确定性和开放性,也具有生成性的特点。

一、问题情境创设中的失误反思

失误1:情境设计看似新颖独特,实则暗藏硬伤

在教学中,一个新颖、恰当的问题情境可以极大地激发学生的兴趣和解决问题的欲望,但有时,我们在创设问题情境时只考虑其新颖独特性和如何吸引学生,却忽视了问题情境的科学性、合理性。

【案例 7-4】　指数函数

问题情境:将一张厚度为 0.1mm 的报纸对折一次,其厚度为 0.2mm,对折两次,厚度为 0.4 mm,以此类推,对折 30 次,厚度是多少?

其厚度为 0.1×2^{30} mm ≈ 107374m > 8848m(超过了珠穆朗玛峰的高度)

教师为了让学生体会指数函数的增长速度很快,即所谓的"指数爆炸"的特点,设计了上述问题情境。这样的问题情境的确能使学生感到惊讶,进而感受数

学的魅力,但是事实证明这种对折操作最多只能进行 10 次左右。像这种有科学性错误的问题情境对培养学生的科学精神极为不利,有时还会误导学生。

失误 2:问题情境生活化,却不合常理

《普通高中数学课程标准》指出:高中数学课程应提供一些基本内容的实际背景,反映数学的应用价值。因此,以实际生活为背景的问题情境被广泛运用到教学中,使学生体验到数学与生活的联系,感受到数学方法的魅力,从而提高学习数学的兴趣和信心。但是,我们常常看到有些生活型问题情境与生活实际严重不符,根本不合常理。

【案例 7-5】 数列

问题情境:某大楼共 20 层,有 19 人在第 1 层上了电梯,他们分别要去第 2 层至 20 层,每层 1 人,而电梯只允许停一次,只能使 1 人满意,其余 18 人都要步行上楼或下楼,假设乘客每向下走一层的不满意度为 1,每向上走 1 层的不满意度为 2,所有人的不满意度之和为 S,为使 S 最小,电梯应停在第几层?

其答案是电梯应停在 14 层。

该问题以乘电梯为背景,突出的是数学中的最优化设计问题。应该说,这是考查学生数列知识和函数最值综合应用的一个好题。可是,众所周知,电梯本来就是为了方便人们上下楼而设置的,生活中有这样只能在一层停靠的电梯吗?再者,有这样的人要到 2 楼去,却要先乘电梯到 14 楼再走到 2 楼吗?这种与生活严重不符的问题情境显然只是为了应用而捏造事实,何谈"数学源于生活又应用于生活"呢?这只会让学生认为数学跟我们生活还真没多大关系,不然老师怎么会找不出符合实际的生活情境,只能捏造呢?这样的"生活化"问题情境违背了我们创设问题情境的初衷,失去了其意义。我们在创设"生活化"情境时一方面必须立足于学生已有的生活经验,另一方面必须符合生活中的一般常识和规律。

失误 3:问题情境与教学内容貌合神离,冲淡主题

【案例 7-6】 随机事件的概率

问题情境:1943 年以前,在大西洋上,英美两国的运输船队常常受到德国潜艇的袭击,当时,英美两国限于实力,无力增派更多的护卫舰,一时间,德国的潜艇搞得盟军焦头烂额。为此,有位美国海军将领专门去请教了几位数学家,数学家们运用概率分析后认为:舰队与敌潜艇相遇是一个随机事件,从数学角度来看这一问题,它具有一定的规律性,建议美国海军将舰队的编队规模增大。美国海军接受了数学家的建议,命令舰队在指定海域集合,在集体通过危险海域后,再各自驶向预定港口。结果,奇迹出现了,盟军舰队遭到袭击的概率由原来的 25% 降为 1%,大大减少了损失,保证了物资的及时供应,你知道是什么原因使盟军舰队遭袭被击沉的概率减少吗?

这样的"问题情境"设计,起到了什么作用?太多的干扰信息已经冲淡了数学课的主题,这让学生迷惑是在上数学课还是历史课。老师花了太多的时间和精力仅仅是为了说明学习概率的重要性,除此之外,对学生理解随机事件概率毫无用处。

失误 4:问题情境成为变相灌输

【案例 7-7】 等差数列的前 100 项和

问题情境:教师板书"$1+2+3+\cdots\cdots+100=?$"。早在 200 多年前,德国的一个小学课堂里正在上着数学课,高鼻子老师也在黑板上写下了这个式子,让每位小学生计算,小学生计算得可认真了,绝大多数孩子都在努力地做加法。没过两分钟,一位清秀的小男生便把手举得高高的,他走到黑板前在老师的式子下面写了$(1+100)+(2+99)+(3+98)+\cdots+(50+51)=101\times50=5050$。他的表现赢得了老师和同学们的一致赞扬。这位可爱的小男生就是后来著名的数学家高斯。他在 8 岁的时候就懂得观察,积极动脑筋,知道找到正确的方法就能快速解决问题的道理。也就是从他的解法中提炼出了"倒序相加"的方法,成为解决等差数列求和最重要的方法。同学们,你愿意来学习今天的知识吗?

创设情境旨在激发学生的学习动机和学习热情,通过情境引发学生对数学问题进行思考,让他们经历新知识的发生过程。教师创设典故型问题情境,形式新颖,确实能激发学生学习的兴趣。但是,这节课的重点是等差数列前项求和公式的推导过程,而"倒序相加"是公式推导的关键,教师却把披着"问题情境"外衣的关键性知识直接告诉学生,与"经历新知识的发生过程"相悖。

一个好的数学问题情境,不仅具有丰富的内涵,而且还具有问题情境的真实性、开放性、可接受性以及其作用的全过程性。

二、创设问题情境的策略

数学问题情境的创设,其素材可以源于数学自身,源于现实生活,还可以源于其他相关的学科,但都必须依据学生的心理发展特点,顺应学生的认知发展规律和课堂教学内容。

(一)利用数学旧知,创设问题情境

建构主义学习观认为:学习不单单是知识由外向内的转移和传递,更是通过新经验与原有生活知识经验的相互作用,来充实、丰富和改造自己的知识经验。利用学生已有的知识经验引发学生的认知冲突,进而激发学生求知欲,这无疑是一种常用的创设情境的方式。

【案例 7-8】 复数的概念

已知 $a + \dfrac{1}{a} = 1$，求 $a^2 + \dfrac{1}{a^2}$ 的值。

学生能较快算出 $a^2 + \dfrac{1}{a^2} = \left(a + \dfrac{1}{a}\right)^2 - 2 = -1$，为什么两个整数之和为负数呢？

求方程 $x^2 + x + 1 = 0$ 的根。

学生发现此方程 $x = \dfrac{-1 \pm \sqrt{-3}}{2}$ 无实数根。那么此方程有根吗？

(二)利用其他学科知识,创设问题情境

当今学科间相互交叉、相互渗透的特点越来越明显,这就要求数学教学应重视与其他学科的联系。教师可以从其他学科中选取素材作为课程资源,对学科知识加以整合,使学生整体地把握知识,有利于学生的全面发展。

例如,讲向量时,可以与物理学中的力、速度作类比;讲乘方的概念时,可以采用生物学中细胞分裂的问题;讲空间直角坐标系时,可以借助于化学中学生熟悉的食盐晶胞立体模型建立坐标系,写出各原子所在位置的坐标,体会空间坐标系的特点。

(三)利用日常经验,创设问题情境

学生的学习是建立在自己的生活经验基础上的,在活动中主动地建构自己的知识。也就是说,学习者走进教室时并不是一无所知的白纸,而是在日常生活、学习和交往活动中,已经逐步形成了自己对各种现象的理解和看法。因此,教师须做一个有心人,经常收集一些相关生活的教学资料,创设生活情境,把学生的生活经验作为"已知通向未知"的桥梁。同时,也使问题情境反映了数学知识在真实生活中的应用方式。

【案例 7-9】 函数的单调性

(1)近六届世界杯进球数如下表所示。

年份	进球数
1990	115
1994	137
1998	171
2002	161
2006	147
2010	145

画成折线图,如下图所示。

问题:随着年份的不同,进球数有什么变化? 进球数的变化和图像的变化有什么联系?

(2)绵阳市某天的气温变化曲线图,如下图所示。

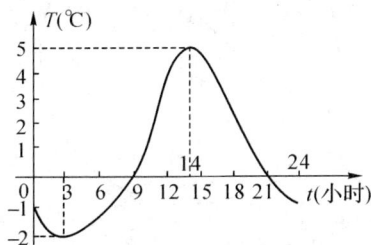

问题:随着时间的变化,温度的变化趋势是什么?(上升,下降)

事实上,在生活中有很多数据的变化是有规律的。了解这些数据的变化规律,对我们的生活很有帮助。观察满足函数关系的数据变化规律往往是看随着自变量的变化,函数值是如何变化的,这就是我们今天要研究的函数的单调性。

情境中,教师让学生通过观察世界杯进球折线图以及绵阳市某天的气温变化曲线图观察图像的变化趋势,完成学生对单调性直观上的一种认识,为概念的引入提供了必要性,并且让学生带着问题(什么是函数的单调性? 怎样判定函数的单调性?)进入新课。

(四)利用实验,创设问题情境

美国实用主义教育家杜威主张"做中学"。教学中的实验操作可以调动学生的主观能动性,调动学生的多种感官,使学生在"做数学"的过程中学数学。

例如,在"椭圆"的教学中,首先请三位同学做实验,两个同学按住绳子的两端,第三个同学用粉笔套住绳子在黑板上画图形,画好后请第三个同学说出他在画的过程中有什么感受。预设:当两个同学把绳子拉直按住两端时,画出的就是线段而不是椭圆,只有当粉笔端到两个同学按住的两点的距离和大于这两点间的距离时,才是椭圆。在实验中不但引出了椭圆的定义,而且还得到了特殊的情形,真正体现了实验探究发现问题的价值。

又如,同样在"椭圆"的教学中,可以请同学们取一圆纸片,圆心为 O,在圆内取定一点 A,将圆片的边缘向圆内折叠,使圆片的边缘通过定点 A,或者说使圆片边缘上的一点 P 与定点 A 重合(见图 7-2),每取一点折一次就得一折痕。当点在圆周上取得足够多且密时,所得的众多折痕就显现出一个椭圆的轮廓。(数学背景:人教版选修 2-1。如图 7-3 所示,圆 O 的半径 r 为定长,A 是圆 O 内一定点,P 是圆上任意一点,线段 AP 的垂直平分线 l 和半径 OP 相交于点 Q,当点 P 在圆上运动时,点 Q 的轨迹是什么?)

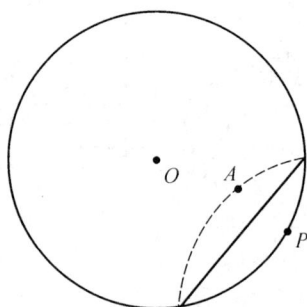

图 7-2

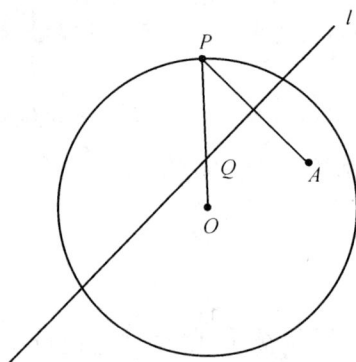

图 7-3

(五)利用现代信息技术,创设问题情境

信息技术对教学内容、教学方式以及学习方式都产生了重大的影响,成为教学的强有力工具,在教学中发挥着重要的作用。《标准》的数学课程基本理念中也提到:"高中数学课程要注重信息技术与数学课程的整合。现代信息技术的广泛应用正在对数学课程内容、数学教学、数学学习等产生深刻的影响。提倡实现信息技术与课程内容的有机整合,注意把算法融入数学课程的各个相关部分。提倡利用信息技术来呈现以往教学中难以呈现的课程内容,尽可能使用科学型计算器、各种数学教育技术平台,加强数学教学与信息技术的结合。鼓励学生运用计算机、计算器等进行探索和发现。"

因此,教师应该与时俱进地发展自身教学技能,运用网络、多媒体、计算机及其软件、计算器等各种信息技术平台开发课程资源,加强信息技术与学科教学的整合,充分发挥其优越性,提高教学效率和教学质量。教学中,运用几何画板、数学实验室、Flash 等软件以及 TI 图形计算器、Z+Z 智能教育平台等创设情境,会给数学教学提供极大的方便。

图 7-4 是应用现代手持技术 TI 图形计算器,对三角函数的定义这一知识内容进行情境创设的展示图。

(六)利用典故材料,创设问题情境

教师在课堂上介绍数学家的趣闻轶事、数学概念的起源、古今数学方法的简单对比等等,都能起到激发学生学习兴趣的作用。数学史料是新课引入时的绝佳材料。先前的【案例 7-7】提供的便是很好的数学史料,用来引入等差数列求和公式。若该教师在设计时再多些思考,便能把数学史料运用得恰到好处。

除上述几种策略外,还可以从另一个维度思考创设情境的策略,比如可创设争论性问题情境、动态问题情境、失误问题情境等等。

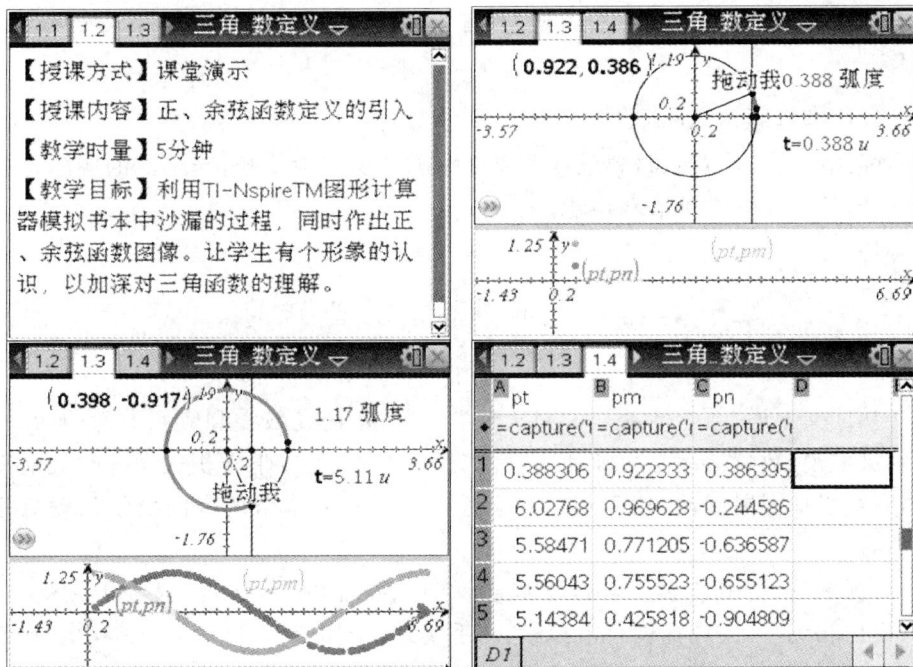

图 7-4 TI 图形计算器演示三角函数定义

三、创设问题情境的原则

(一)启发性原则

作为数学问题情境的材料或活动,要富有启发性和挑战性,对学生形成一种智力活动的刺激,引发他们广泛地联想和想象。

(二)探究性原则

强调问题的背景和材料能诱发学生产生学习的愿望,启迪思维,激发和调

动探求意识,展现思维过程,并探究问题解决的策略和方法。

(三)发展性原则

材料或活动要给学生一个能充分自由思考、充分展现自己思维的空间,强调着眼于他们智力因素和非智力因素的整合发展,在获取知识、技能的同时,能力得到全面发展。

(四)针对性原则

材料或活动要符合学生年龄特征以及数学思维的发展特点,同时要与他们已有的数学认知发展水平相适应,使学生的"现有水平"向"未来发展水平"迁移。

(五)理论联系实际原则

强调问题情境背景材料或活动要以数学知识点为依托,与生活的实际背景相结合,体现数学的价值和功能。

第四节　有效设计数学活动

从广义上说,数学活动是人们从事学习数学、研究数学和应用数学的活动。从狭义上说,数学活动是教师利用一些资源、手段,引导学生积极发挥主观能动性,有组织地开展活动,从而获得数学经验的过程。本节所说的数学活动界定为后者。

《标准》中指出:"学生对数学概念、结论、技能的学习不应只限于接受、记忆、模仿和练习,还应提倡自主探索、动手实践、合作交流、阅读自学等学习数学的方式。这些方式有助于发挥学生学习的主观能动性,使学生的学习过程成为在教师引导下的'再创造'过程。"因此,数学活动是新课程改革下的一种探究性学习方式。数学活动的过程作为教学内容,贯彻了新课程改革的教学理念。

心理学家皮亚杰认为:"活动是认知的基础,智慧是从动作开始的。"学生学习的过程是建立在经验基础上的主动建构的过程,通过各种活动将新旧知识有机地结合在一起。无疑,数学活动可以激发学生学习数学的兴趣和创造力,帮助学生建构数学知识,并使学生形成组织数学问题、分析问题和解决问题的能力。它呈现出以下特点:

第一,实践性和趣味性。

数学活动明显带有活动性和实践性,需要学生亲力亲为。有的数学活动需要全体学生动手操作,在活动中进行数学思考;有的数学活动需要学生小组合作,共同解决,在交流中密切与同学之间的关系。

由于数学活动的许多内容源自学生生活,面向学生的生活世界,富有趣味性,因此学生喜欢这类数学活动,有着较高的参与热情。

第二,探索性和开放性。

数学活动研究的课题基本上是一种与生活紧密结合的有现实背景的问题,在学生解决问题的过程中,需要学生独立思考、自主探索,并发展学生的创新思维。

数学活动研究的课题还常常带有一些开放性,这会使学生在活动过程中产生丰富多彩的学习体验和个性化的创造性的表现,活动过程和结果有时也具有开放性。不同的学生在活动过程中采用不同的方法,得到的结果也常常不同。

第三,差异性和层次性。

多元的智力结构、多元的思维形式、多元的认知方式决定了学生的数学学习过程应当是富有个性的。数学活动最大限度地实现了学生的主体性和学生的个性。其差异性和层次性体现在每一个学生都参与其中,但不同的学生或不同的小组可以得到不同的结果。这也体现了个性化的学习。

一、数学活动的类型

数学活动以其教学功能大致可分为两类:探究新知型数学活动和应用知识型数学活动。

(一)探究新知型数学活动

"探究"一词最早根植于20世纪60年代布鲁纳提倡的"发现学习",发展于施瓦布提出的"探究式学习"。探究新知型数学活动以探究某个数学概念、性质、定理或公式为目的,重在让学生经历其发生过程,以便更好地领悟新知识。在活动中,学生先由教师创设的情境发现要探究的问题,并提出猜想与假设,接着通过各种方法分析论证,从而得出数学结论,最后师生合作,对探究活动进行交流,并作评估。随着课程改革的进一步深入,数学的学习不仅是"知其然",更要"知其所以然"。

(二)应用知识型数学活动

应用知识型数学活动,是以"用数学"为目的。在当今这一知识经济时代,数学正在从幕后走向台前,尤其是数学和计算机技术的结合使得数学能够在许多方面直接为社会创造价值,同时,也为数学发展开拓了广阔的前景。我国的数学教育(包括大学数学教育)在很长一段时间里未能对这一数学与实际的联系给予充分的重视,因此,高中数学在数学应用和联系实际方面需要大力加强。近几年来,我国大学、中学数学建模的实践表明,开展数学应用的教学活动符合社会需要,有利于激发学生学习数学的兴趣,有利于增强学生的应用意识。应用知识型数学活动,力求使学生体验数学在解决实际问题中的作用、数学与日常生活及其他学科的联系,感受数学的实用价值,促进学生逐步形成和发展数学应用意识,提高实践能力。

【案例 7-10】 函数的应用

一、教学目标

进一步了解函数在解决实际问题中的应用,培养学生的应用意识;

掌握构造函数模型的基本方法;

能够对自己构造的函数模型作出评价与改进方法。

二、活动过程

知识背景:简要复习一次函数、二次函数、幂函数的解析表达式及其图像性质。

引入实际问题:某城市新建一个服装厂,投产前 4 个月产量分别为 1 万件和 1.2 万件、1.3 万件和 1.37 万件,并且产品销售良好。为了推销员在推销产品时接受的订单不至于过多或过少,需要估测以后几个月的产量。你将用什么样的方法估测产量?

数学抽象,确定函数模型,建立直角坐标系,描点并画曲线。根据所描曲线形状,可以给出 4 种模拟函数:

一次函数:$f(x) = kx + b(b \neq 0)$;

二次函数:$g(x) = ax^2 + bx + c(a \neq 0)$;

幂函数:$h(x) = ax^{\frac{1}{2}} + c$;

指数函数:$l(x) = ab^x + c$。

将前 4 个月的数对视为坐标得:$A(1,1)$,$B(2,1.2)$,$C(3,1.3)$,$D(4,1.37)$。确定这 4 个函数的表达式,同时分别求出与剩余点的误差(有多种结果)。

结果:误差最小的模型为指数函数。

三、应用拓展

某县 2002—2005 年四年分别有财政收入 2.59 亿元、3.06 亿元、3.80 亿元和 4.89 亿元。

(1)请建立一个数学模型,预测该县以后的财政收入情况,并用 2006 年(6.68 亿元)、2007 年(8.50 亿元)两年的财政收入检验一下;

(2)计算出该县收入的平均增长率;

按照(1)(2)分别预测 2008 年该县的财政收入,并讨论哪种预测结果更有可行性。

四、总结报告

(略)

数学活动以其教学内容和模式大致可分为三类：实践操作型活动、课题研究型活动和数学建模型活动。

1. 实践操作型活动

实践操作型活动是指为了形成或检验某个数学结论，解决某类数学问题，学生运用相关的工具，在数学思维活动参与的情况下动手操作的数学活动。这类课根据实践操作得出的数据、结果进行分析归纳、演算或推证，从而得出结论。

"实践操作"是学生喜爱的学习方式，有助于调动学生的非智力因素，给"再创造"提供了无限的可能；有助于培养学生动手操作的能力，真正实现"在做中学"和"在学中做"的统一。

2. 课题探究型活动

课题探究型活动，是指学生围绕某个数学问题，自主探究、学习的过程。这个过程包括：观察分析数学事实，提出有意义的数学问题，猜测、探求适当的数学结论或规律，给出解释或证明。

"课题探究"是数学学习的一种新的方式，有助于学生初步了解数学概念和结论产生的过程，初步理解直观和严谨的关系，初步尝试数学研究的过程，体验创造的激情，建立严谨的科学态度和不怕困难的科学精神；有助于培养学生勇于质疑和善于反思的习惯，培养学生发现、提出、解决数学问题的能力；有助于发展学生的创新意识和实践能力。

3. 数学建模型活动

简单地说，数学模型就是对实际问题的一种数学表述。具体一点说，数学模型是关于部分现实世界为某种目的的一个抽象的简化的数学结构。更确切地说，数学模型就是一个特定的对象为了一个特定目标，根据特有的内在规律，作出一些必要的简化假设，运用适当的数学工具，得到的一个数学结构。数学结构可以是数学公式、算法、表格、图示等。

数学建模就是建立数学模型，建立数学模型的过程就是数学建模的过程。数学建模是一种数学的思考方法，是运用数学的语言和方法，通过抽象、简化建立能近似刻画并"解决"实际问题的一种强有力的数学手段。它表现的是对问题的分析、假设、抽象的加工过程，是对数学工具、模型工具的选择过程，是模型的求解、再分析、修改假设、再求解的迭代过程。数学建模可以通过以下框图（见图 7-5）体现。

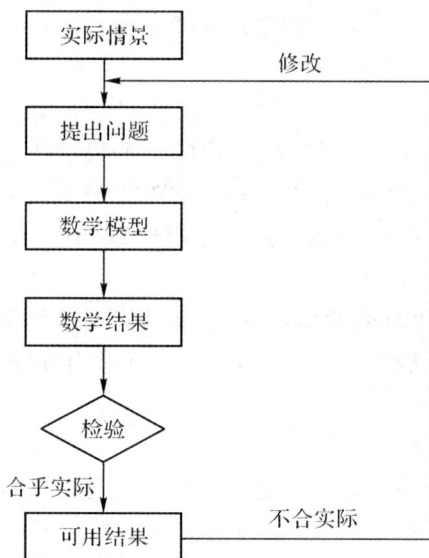

图 7-5　数学建模过程

"数学建模"是数学学习的一种新的方式,它为学生提供了自主学习的空间,有助于学生体验数学在解决实际问题中的价值和作用,体验数学与日常生活和其他学科的联系,体验综合运用知识和方法解决实际问题的过程,增强应用意识;有助于激发学生学习数学的兴趣,发展学生的创新精神和实践能力。

【案例 7-11】　椅子问题的数学建模

问题的提出:把四只脚的连线呈长方形的椅子往不平的地面上一放,通常只有三条腿着地,放不稳,然后稍微挪动几次,就可以使四条腿同时着地,放稳了。试作合理的假设并建立数学模型说明这个现象。

问题的分析:对于此题,如果不用任何假设很难证明。因此对这个问题我们假设:

(1)地面为连续曲面;

(2)长方形桌的四条腿长度相同;

(3)相对于地面的弯曲程度而言,方桌的腿是足够长的;

(4)方桌的腿只要有一点接触地面就算着地。

那么,总可以让桌子的三条腿同时接触到地面。

建立数学模型:如果上述假设条件成立,那么答案是肯定的。以长方桌的中心为坐标原点作直角坐标系,如右图所示,方桌的四条腿分别在 A、B、C、D

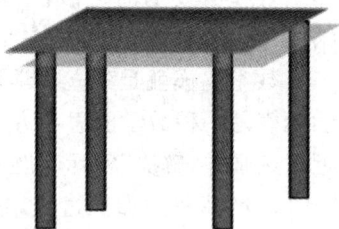

处，A、B、C、D 的初始位置与 x 轴平行，再假设有一条在 x 轴上的线 ab，则 ab 也与 A、B、C、D 平行。当方桌绕中心 O 旋转时，对角线 ab 与 x 轴的夹角记为 θ。

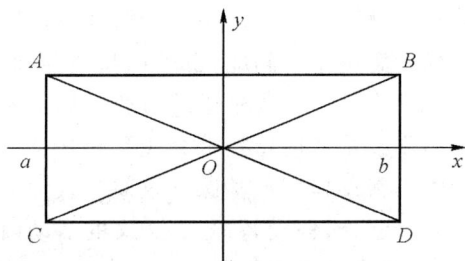

容易看出，当四条腿尚未全部着地时，腿到地面的距离是不确定的。为消除这一不确定性，令 $f(\theta)$ 为 A、B 离地距离之和，$g(\theta)$ 为 C、D 离地距离之和，它们的值由 θ 唯一确定。由假设（1），$f(\theta)$、$g(\theta)$ 均为 θ 的连续函数。又由假设（3），三条腿总能同时着地，故 $f(\theta)g(\theta)=0$ 必成立（$\forall\theta$）。不妨设 $f(0)=0$，$g(0)>0$（若 $g(0)$ 也为 0，则初始时刻已有四条腿着地，不必再旋转），于是问题归结为：

已知 $f(\theta)$、$g(\theta)$ 均为 θ 的连续函数，$f(0)=0$，$g(0)>0$，且对任意 θ 有 $f(\theta_0)g(\theta_0)=0$。求证：存在某一 θ_0，使 $f(\theta_0)g(\theta_0)=0$。

证明：当 $\theta=\pi$ 时，AB 与 CD 互换位置，故 $f(\pi)>0$，$g(\pi)=0$。作 $h(\theta)=f(\theta)-g(\theta)$，显然，$h(\theta)$ 也是 θ 的连续函数，$h(0)=f(0)-g(0)<0$，而 $h(\pi)=f(\pi)-g(\pi)>0$，由连续函数的取零值定理，存在 θ_0，$0<\theta_0<\pi$，使得 $h(\theta_0)=0$，即 $f(\theta_0)=g(\theta_0)$。又由于 $f(\theta_0)g(\theta_0)=0$，故必有 $f(\theta_0)=g(\theta_0)=0$，证毕。

二、设计数学活动的策略

一个数学活动的有效开展，必定以有效的活动设计为前提。无论哪种类型的数学活动，其设计都包括如图 7-6 所示的内容。

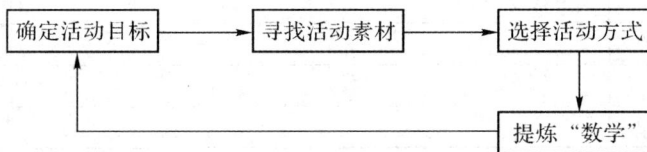

图 7-6　数学活动设计内容

(一)确定活动目标

数学活动是数学课程的一部分，它必须以获得数学经验或情感为目的，而不是学生的娱乐活动。因此，应制定符合课标要求、教学进度和学生需求的活动目标，切忌为了"活动"而活动。

(二)寻找活动素材

活动素材的来源大致有数学知识、日常生活、历史文化、信息技术等。可以直接地就某个数学问题进行探究；也可以设置实际背景，在生活中发现数学，在数学中解决生活问题；也可以搜寻某个数学知识的相关历史，帮助学生了解该知识产生的意义或生成的过程，从而形成数学知识框架体系，还可以利用当今的科学技术。信息技术突飞猛进的发展离不开数学，反之，这突飞猛进的信息技术可帮助提高数学课堂效率。教师应当学会活用身边的一切资源，将数学与其整合起来，创设新颖、有意义的活动内容。

【数学知识素材】

课题	探究不同的多面体中顶点数、棱数、面数之间的关系			
研究方法	实验观察、计数、归纳			
初步结论	多面体	顶点数	棱数	面数	
	正四面体				
	正方体				
	正八面体				
	正十二面体				
	正二十面体				
	四棱柱				
	五棱锥				
	六棱台				
	自选观察体 1				
	自选观察体 2				
	n 棱台				
	n 棱柱				
	n 棱锥				
猜想发现				
解决问题				
尚未解决的问题				

【信息技术素材】

问题：正方形边长为 a，以 a 为半径，正方形四个顶点为圆心作四个圆（见图 7-7），求四个圆重叠部分（梅花瓣）的面积。

解法 1：积分运算法

求曲边图形的面积常用积分运算方法，先建立如图 7-8 所示的平面直角坐标系，写出圆心在第四象限的圆

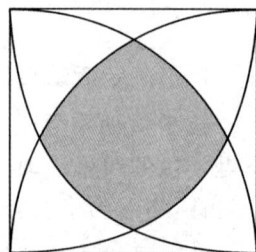

图 7-7

的标准方程,求出其在轴上方的曲线方程及与轴的交点的横坐标,再求第二象限内的面积,用 TI 技术的 CAS 运算过程如图 7-9 所示。

根据积分运算的结果,可知此例正方形中梅花瓣的面积为 $\left(\dfrac{\pi}{3}-\sqrt{3}+1\right)a^2$

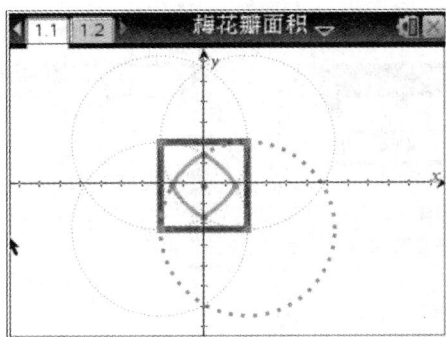

图 7-8

图 7-9

解法 2:模拟估值法

人教 A 版高中数学必修 3 第三章概率内容的学习中,提出了用蒙特卡罗(Monte Carlo)方法估计阴影部分或函数图形所围成区域的面积,它是一种随机抽样与统计试验方法。此例梅花瓣的面积也可采用蒙特卡罗方法,具体思路是:先建立如图 7-10 所示的平面直角坐标系,借助 TI 技术的电

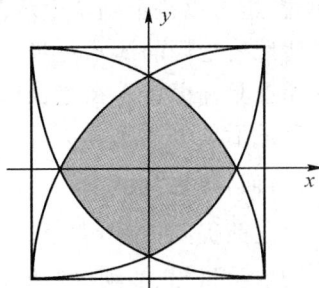

图 7-10

241

子表格或TI-Basic编程进行模拟实验,设正方形的边长为2,产生两组0~1的随机数,构成的坐标点落在正方形在第一象限的部分,并判断是否落在第一象限阴影部分,进行大量的重复实验后,统计出实验的结果,算出落在第一象限阴影部分的频率,再由此估算面积。

采用 TI 技术的电子表格进行模拟实验,如图 7-11、图 7-12 所示。

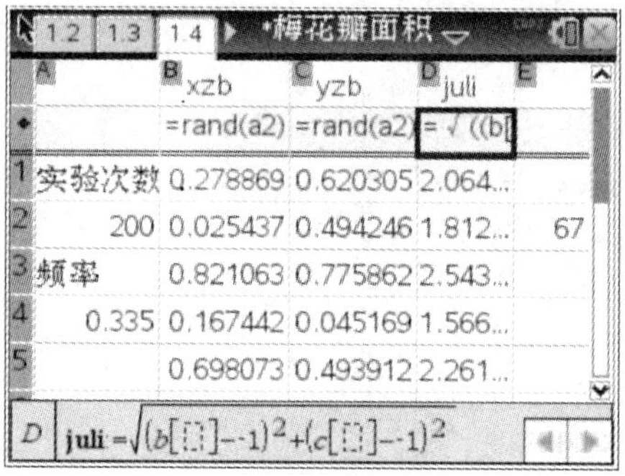

图 7-11

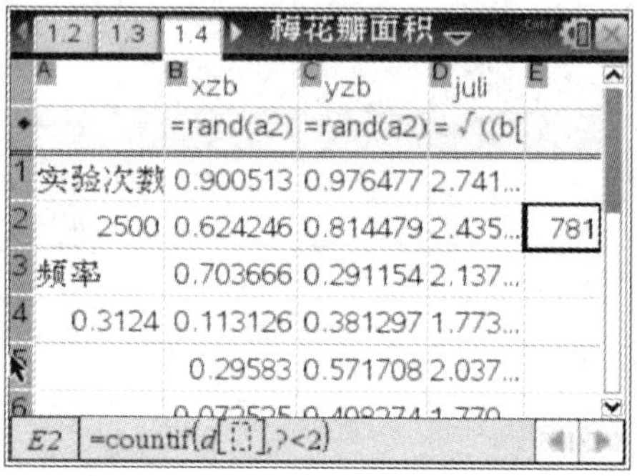

图 7-12

注意 D 列公式栏的计算公式及 E2 单元格的判断条件。

我们计算出 $\left(\frac{\pi}{3}-\sqrt{3}+1\right)a^2 \approx 0.315147a^2$,从上面模拟实验的结果来看,增大实验次数时,模拟估计值更接近于实际计算值,这就是用频率估计概率的思想。

当然还有许多其他解法,比如分割计算法、方程求解法等等,在此就不一一介绍了。

(三)选择活动方式

确定活动内容后,还要确定活动方式。数学活动的方式很多,当然,根据数学活动的不同类型,活动方式也有所差异。可以是全体学生参与,即每个学生都同时进行实践操作,得出操作结果,其中可以以个人为单位;也可以以小组为单位;也可以是个别学生示范演示,其余学生观察、研究;也可以只是老师演示,学生跟着老师的演示一步一步观察、发现;当然,还可以几种方式结合起来,具体情况具体分析。在综合活动重点、活动时间、学生水平等各个因素后,制定最有利的活动方式。

(四)提炼"数学"

之前提到,一个数学活动一定承载着数学知识、技能或情感。为了达成活动的数学目标,活动尾声的设计必须注意"数学"的提炼,让学生再次整理这个数学活动带给他们的东西。这个"数学"可以是概念性质、定理规律,也可以是解决问题的思想方法等等。如此设计,整个数学活动才算完整,甚至是升华;学生才能更清晰地提取活动经验,教师才能有效评价数学活动。

三、设计数学活动的原则

(一)主动性原则

数学活动的设计必须有效地使学生主动地参与到活动来,积极主动地开展发现问题和解决问题的学习,促进学生的数学学习活动和社会实践活动。多开发一些联系实际的数学活动,激发学生主动学习的动机。在学生可接受的前提下,适当加大数学探索的力度,使学生始终面对适度的困难,开展尝试和探究,发展学生主动探索的态度。多采用交流展示的方式,激励学生主动开拓的精神。

(二)发展性原则

发展性原则强调通过数学活动的教学,不断影响学生的认知、情感、态度和价值观,不仅要增长学生的数学知识,培养数学能力,而且要实现学生的认识和经验的不断成长。设计数学活动要确立不断发展学生知识、经验的观念,强调学生数学认识的不断深化和个性的不断完善,逐步加大数学思维的力度和操作分量,发展学生的逻辑思维能力以及分析问题和解决问题的能力,使学生习惯于主动探索发现的学习。

3.整体性原则

整体性原则要求教师在高中学段根据数学教学内容,整体设计数学活动和进行数学活动的教学,以保证数学活动整体性和教学功能的顺利实现。数学活动的内容选择应关注各科知识间的联系和转换,提供不同编制方面的知识,强调螺旋上升。

复习思考题

1.结合教学案例,谈谈如何设计教学目标。

2.结合教学案例,谈谈如何设计教学情境。

3.结合教学案例,谈谈如何设计教学过程。

4.结合教学案例,谈谈如何设计教学活动。

5.请自选一个内容,完成教学设计片段:(1)概念;(2)命题;(3)例题;(4)数学课堂引入环节。

第八章 数学教学设计案例分析

本章在学生学习教学设计基本步骤和方法的基础上,通过对数学概念教学、问题解决教学进行教学设计案例分析,使学生掌握数学教学设计基本技能,能熟练地针对某一具体内容进行数学教学设计及案例分析。

数学教学案例研究法是研究数学教学规律的一个科学的、有效的、实用的方法。正如一个高明的医生必定积累不少的病例及其医疗方案,一个好的律师必定收集一定数量的典型案例,一个优秀的教师也是在积累了大量典型案中"优秀"起来的,数学教学研究同样需要教学案例来支持。

什么是"案例"? 案例是对现实生活中某一具体现象的客观描述。数学教学案例是对数学教学活动中具有典型意义且能够反映数学教学某些数学思想、原理的具体数学事件的描述、总结和分析。数学教学设计案例研究是一种在一定理论指导下的实践反思,通过不断实践、不断反思,长期积累,从中找出规律,推动数学教学的发展。教学案例研究的出发点和归宿是学生的发展,使学生主动、积极、生动地得到发展。因此,教学案例不同于通常优秀教案,不是一般地叙述一个教学过程。它具有如下一些特点:客观性、典型性、有效性、解惑性、灵活性。

第一节 概念教学设计案例分析

本节内容包含两个案例,分别为指数函数(第一课时)教学设计以及一元一次方程教学设计。

案例1 指数函数(第一课时)教学设计[①]

一、教材地位和作用

"指数函数"是人教版高中数学必修1第二章第一节的内容。指数函数的教

学共分两个课时完成。第一课时为了解指数函数的定义、图像及性质,第二课时为掌握指数函数的应用。指数函数是学生在已掌握了函数的一般性质和简单的指数运算的基础上,研究的第一个基本初等函数。研究指数函数以及指数函数的图像与性质,为后面进一步学习对数函数的概念、图像及性质打下基础,也为进一步研究等比数列的性质打下坚实的基础。指数函数还在生活及生产实际中有着广泛的应用。因此本节课起到了承上启下的作用,在教材中占有重要地位。

二、学情分析

授课班级学生为杭州师范大学附属高中普通班学生。

(一)学生已有认知基础

学生已经学习了函数的概念与性质,对函数有了初步的认识,学生已经学习了实数指数幂,具备了指数运算的能力。学生已有研究二次函数、反比例函数等初等函数的经验。学生数学基础较好,对数学的学习有相当的兴趣和积极性。

(二)达成目标所需要的认知基础

学生需要对研究的目标、方法和途径有初步的认识,需要有较好的归纳、猜想和推理能力,需要有合作交流的意识。

三、设计思想

本节课以学生为本,重视思维发生的过程,注重提高学生的数学思维能力;重视数学概念的形成过程,把学习的主动权交给学生,为他们提供自主探究、合作交流的机会,培养学生积极主动、勇于探索的学习方式。

四、教学目标

(一)知识与能力

理解指数函数的概念,会求指数函数的解析式,能画出具体指数函数的图像;在理解指数函数概念、性质的基础上,能应用所学知识解决简单的数学问题。

(二)过程与方法

学生运用数形结合思想,经历从特殊到一般、从具体到抽象的研究过程,体验研究函数的一般方法。

(三)情感态度价值观

在学习过程中感受数学思想方法之美,形成合作交流、独立思考等良好的个性品质,养成良好的思维习惯,提升自主学习能力。

五、教学重难点

(一)教学重点

①指数函数概念的形成;

②探究指数函数的性质。

(二)教学难点

①自主选择底数不当导致归纳结论片面;

②对研究函数的一般方法的认识。

六、教学过程

(一)创设情景

1.问题1

据国务院发展研究中心 2000 年发表的《未来 20 年我国发展前景分析》判断,未来 20 年,我国 GDP(国内生产总值)年平均增长率可望达到 7.3%,设 x 年后我国 GDP 为 2000 年的 y 倍,那么 y 关于 x 的函数关系式是什么?

2.问题2

放射性碳法测定古生物年代:当生物死亡后,体内原有的碳 14 会按确定的规律衰变。每过一年,剩余的残留量约为原来的 99%。若碳 14 的原始含量为 1,设经过 x 年后碳 14 的含量为 y,那么 y 关于 x 的函数关系是什么?

【师生活动】学生分析问题,写出 y 与 x 的关系式,并思考具体问题中的范围。

【设计思路】通过生活实例充分调动学生的学习兴趣,激发学生的探究心理,顺利引入课题,也为引出指数函数的概念做准备,培养学生思维的主动性,为突破难点做好准备。

【学情预设】学生可能会漏掉 x 的取值范围,教师要引导学生思考具体问题中 x 的范围,为得出指数函数的定义做好铺垫。

【创设情景环节的设计意图】指数概念的引入,需要创设一组问题情境,并启发引导学生"从大量的同类事物的不同例证中独立发现同类事物的关键属性"。讨论关系式中的 x 的范围有助于对指数函数定义域的理解。教材中设"经过 x 年后",似乎 x 要取正整数,但理解为" x 可取一切正实数"可能更好:一是客观上说得通,衰变本身就是连续变化的;二是这样做对理解指数函数的定义域为 **R** 有好处。

(二)建构概念

1.问题3

类似这样的函数,你能再举几个例子吗?这些函数关系式有什么共同特征？能不能写出这些函数关系式的一般形式？

【师生活动】学生举例，通过观察发现函数关系式的共同特征是自变量在指数位置，并把关系式概括到 $y=a^x$ 的形式。

【设计思路】学生通过大量的实例形成概念，由具体数字抽象概括出指数函数 $y=a^x$ 的模型，感受从特殊到一般的数学思维方法，提升了抽象思维能力。

【学情预设】学生举出 $y=2^x$，$y=0.5^x$ 等例子，如果学生能举出类似 $y=(-3)^x$ 的例子就更好了，更便于引发对 a 的讨论。

2.讨论 a 取值范围

生：举例 $y=2^x$，$x\in \mathbf{N}^*$；$y=0.6^x$，$x\in \mathbf{N}^*$；$y=3^x$，$x\geq 0$；$y=(-\sqrt{2})^x$，$x\leq 0$；$y=1.5^x$，$x\in \mathbf{R}$。

师：这些函数关系式有什么共同特征？

生：自变量在指数位置。

师：能不能写出这些函数关系式的一般形式？

生：$y=a^x$。

师：在这些函数关系式中，有些 a 大于 1，有些 a 小于 0，有些 a 在 0 和 1 之间，还有哪些 a 的取值没考虑到呢？

生：$a=1$ 和 $a=0$。

师：当 $a>1$ 时，$y=a^x$ 的定义域是什么？当 $0<a<1$ 时，$y=a^x$ 的定义域是什么？当 $a=1$，$a=0$，$a<0$ 时，$y=a^x$ 的定义域又是什么？

生：①当 $a>1$ 和 $0<a<1$ 时，x 的取值范围为 $\mathbf{R}$。

②当 $a<0$ 时，如 $a=-2$，$x=\frac{1}{2}$，则在实数范围内相应的函数值不存在。

③当 $a=0$ 时，对于 $x\leq 0$，a^x 都无意义。

④当 $a=1$ 时，x 的取值范围为 $\mathbf{R}$，此时 $y=1^x=1$，没有研究的必要。

师：为了能够解决我们提出的实际问题，a 取哪些值比较恰当？

生：$a>0$ 和 $0<a<1$。

师：现在我们来定义这个新的函数。（打出指数函数的定义）

【设计思路】对指数函数中底数限制条件的讨论可以引导学生在研究一个函数时应注意它的实际意义和研究价值；讨论 $a>1$ 和 $0<a<1$，也为下面研究性质时对底数的分类埋下伏笔。

3.指数函数的定义

一般地，函数 $y=a^x(a>0$，且 $a\neq 1)$ 称为指数函数，它的定义域是 $\mathbf{R}$。其中 a 称为底数，自变量 x 是指数。

【师生活动】学生观察并归纳指数函数定义的形式特征，教师在黑板上写出一些简单的解析式,让学生判断是否为指数函数,如 $y=2\times3^x$,$y=3^{x+1}$,$y=-2^x$。

【设计思路】加深学生对指数函数定义和呈现形式的理解。

【学情预设】学生可能只是关注指数是否是变量,而不考虑其他的。

例1 已知指数函数的图像经过点(2,4),求该指数函数的解析式。

【师生活动】学生独立完成,通过自评互评,规范解题的严密性,并归纳出解题所使用的数学思想方法。

【设计思路】用待定系数法求一个指数函数的解析式,巩固了对指数函数定义的理解,加深了对数学思想方法的认识。

【学情预设】学生可能只关注答案是否正确,要通过设问对学生进行数学思想方法的渗透。

【建构概念环节的设计意图】创设情景之后在建构概念时需要"去情境化",即把具体的实际问题转化为具体的数学问题。在此基础上,再进行二次抽象:把具体的数学问题转化成形式更为一般的概括——建立严格的数学概念。教学中应当让学生感受形成过程,了解知识的来龙去脉,那种直接抛出定义后辅以"三项注意"的做法剥夺了学生参与概念形成的过程。此处不宜纠缠于 $y=22x$ 是否为指数函数等细枝末节。指数函数的基本特征是自变量出现在指数上,应促使学生理解概念本质。指数函数概念的形成,经历了一个由粗到细、由特殊到一般、由具体到抽象的渐进过程,这样更加符合人们的认知心理。例1对指数函数的概念加深理解,要重点突出解题的方法——待定系数法。至于 $a>0$,$a\neq1$ 的规定,通过学生所举的例子略作讨论即可,根据"分数指数幂"的定义不难理解,不必花太多时间和精力。

(三)探究性质

1.探究新知

师:我们得到了一个指数函数 $y=2^x$,接下来我们研究什么?

生:研究函数的性质。

师:一般我们研究函数的哪些性质?

生:定义域、值域、单调性、奇偶性。

师:怎样研究函数的性质?

生:画出图像,观察图像,归纳性质。(打出例2)

例2 用描点法来作出函数 $y=2^x$ 的图像并归纳性质。

【师生活动】学生在网格纸上作图,教师课堂巡视,个别辅导,展示交流学生的成果。学生通过互相对比,自评互评,总结作图的要点。学生通过观察 $y=2^x$ 的图像归纳出函数 $y=2^x$ 性质。

【设计思路】规范学生的作图,增强学生的识图能力,为接下来的自主探究环节做好准备。

【学情预设】部分学生可能不会用光滑的曲线连线,要通过成果展示,互相交流,帮助他们学会作图。

2. 自主探究

请大家自由选择底数 $a(a>0$ 且 $a\neq1)$,作出多个指数函数 $y=a^x$ 的图像,观察图像,说说各自有什么发现。

【师生活动】学生选取不同的 a 的值,在网格纸上作出图像,观察这些图像的共同点和不同点,通过小组讨论,归纳出指数函数的性质。教师先选择有代表性的小组展示研究成果,然后通过在几何画板中改变参数 a 的值来追踪图像的变化。在变化过程中,让全体学生进一步认识指数函数的变化规律,最后学生总结研究成果。

【设计思路】学生通过展示讨论,增强交流合作能力。学生观察图像得到性质,是将图像语言转化为符号语言或文字语言,训练了学生三种语言相互转化的能力,渗透了数形结合的思想。通过研究几个特殊的指数函数得到一般指数函数的性质,体现了从特殊到一般的思想方法的应用,培养了学生的抽象概括能力。学生上台汇报研究成果,不但有种成就感,同时还可加强对数学问题的分析和表达能力,提高数学素养。

【学情预设】指数函数有以下 8 种性质:

①定义域为 **R**。

②值域为 $(0,+\infty)$。

③$a>1$ 时,函数在 **R** 上单调递增;$0<a<1$ 时,函数在 **R** 上单调递减。

④非奇非偶函数。

⑤过定点 $(0,1)$,即 $x=0$ 时,$y=1$。

⑥函数 $y=a^x$ 的图像与函数 $y=\left(\dfrac{1}{a}\right)^2$ 的图像关于 y 轴对称。

⑦在第一象限内,$a>1$ 时,底数越大,增长越快;$0<a<1$ 时,底数越小,增长越快。

⑧$a>1$ 时,当 $x>0$ 时,$y>1$,当 $x<0$ 时,$y<1$;$0<a<1$ 时,当 $x>0$ 时,$y<1$,当 $x<0$ 时,$y>1$。

学生一般能够总结出前 5 种,后 3 种若没有学生发现,也不强求。

这些结论都是学生通过观察图像,猜想、归纳得到的。可以提示学生在课后继续思考怎么证明这些结论。

3. 阶段小结

师:回顾研究指数函数的过程,我们是怎么研究指数函数的?

生:定义→图像→图像特征→函数性质。

师:这是一种从特殊到一般的研究方法,研究指数函数的方法也是研究一般函数的方法。

【设计思路】让学生理解所用方法的普遍性,以便能将其迁移到其他函数的研究中去,为今后学习对数函数和幂函数以及三角函数打下坚实的基础。

【探究性质环节的设计意图】学习的过程就是一个不断地提出问题、解决问题的过程。提出问题比解决问题更重要,给学生提供由自己提出问题、确定研究方法的机会,使学生逐渐学会研究问题,促进能力发展。建立指数函数的概念后,接下来要干什么?——研究它的性质。怎样研究?——寻找研究的方法。研究什么?——明确研究的目标。这一切均应是学生的自主探究。教师所要做的,就是启发引导——用大量的元认知启发提示语去引导学生,并给学生充足的时间去交流、充分的空间去探索。在交流汇报过程中,一方面要剖析探究较深入的学生的具体研究过程,总结提升学习方法,优化学习策略;另一方面要关注部分探究意识与能力都薄弱的学生的表现,鼓励他们大胆发言,激励他们主动参与活动,让全体学生成为真正的学习主体,充分激发学生的相互学习能力。

(四)应用巩固

师:我们得到指数函数的性质有什么用处呢?

生:可以用来解决问题。

师:我们来看下面这个问题。能利用指数函数的性质解决吗?用哪条性质解决呢?

例3 比较下列各组数中两个值的大小。

(1)$1.5^{2.5}$,$1.5^{3.2}$;

(2)$0.5^{-1.2}$,$0.5^{-1.5}$。

【师生活动】学生观察(1)中两个指数幂具有的共同特征,构造指数函数模型,利用单调性比较两个指数幂的大小。学生板演(2),通过自评互评,规范表达,正确应用性质。学生归纳这类问题的一般方法,提炼数学思想方法。

【设计思路】学生利用指数函数的单调性,进行两个同底指数幂的大小比较,使函数的性质得到初步应用,加深对数学思想方法的认识。

【学情预设】学生可能出现多种方法,应该让学生充分展示。

例4 比较下面两个数的大小。

$1.5^{0.3}$,$0.8^{1.2}$

【师生活动】学生画出函数图像,从图形上得到提示,找到比大小的中间量1。然后学生板演,通过自评互评,规范表达,正确应用性质。

【设计思路】利用指数函数的单调性，比较两个不同底指数幂的大小，培养学生数形结合思想。

【应用巩固环节的设计意图】解题教学过程中要体现方法，例 3 的解决是利用指数函数的单调性来比较指数式的大小，教学的意义在于让学生寻找解决问题的方法——函数思想。在教学过程中给予学生充分的时间展示各种解题方法，通过学生互相之间的评价，归纳出解题方法和思想。

(五)回顾总结

师：通过这节课的学习，你有什么收获？

【师生活动】学生小结，再由其他人补充、完善，教师对他们的发言从知识、方法、思想三个方面做一个汇总。

【学情预设】学生可能只是把指数函数的定义、图像和性质总结一下，教师要引导学生回顾研究指数函数过程中使用的思想方法，以及解决三个例题时所使用的思想方法。

【回顾总结环节的设计意图】课堂总结不是对所学知识的简单回顾，应让学生在知识、方法和策略上多层次地整理，促进学生理解所用学习方法的合理性与普遍性，使学生获得知识与能力的共同进步，这是一个重组知识的过程，是一个多维整合的过程，是一个高层次的自我认识过程，可帮助学生自行构建知识体系，理清知识脉络，养成良好的学习习惯。

(六)作业布置

1. 必做：教材 P59：第 7、8 题。

2. 思考：运用研究函数的一般方法，你还能得到指数函数的其他性质吗？

【作业布置环节的设计意图】作业是学生信息的反馈，能在作业中发现和弥补教学中的不足，同时注重个体差异，因材施教。

七、教学反思

本节课根据教学内容、学生的认知规律和教学设计的情意原则、过程原则进行设计，突出学生自主探究、合作交流的学习理念，使学生对概念的产生、图像性质的发现过程有了较深入的理解。学生通过观察、分析、猜想、归纳，由具体数字抽象概括出指数函数 $y=a^x$ 的模型，感受从特殊到一般的数学思维过程。

在创设情景、建构概念这个环节，通过解决生活中的实际问题和学生举例来引出指数函数的定义，揭示了函数概念的形成来自于大量的实例，同时说明了为什么 $a>0$ 且 $a\neq1$。

在研究指数函数的图像性质这个环节，学生先对一个具体函数 $y=2^x$ 进行研究，规范了作图，确定了研究方向，这是一种合理的限制，保证研究的大方向是正确的。考虑到直接规定学生作出 $y=2^x$, $y=\left(\dfrac{1}{2}\right)^x$, $y=3^x$, $y=\left(\dfrac{1}{3}\right)^x$ 等多个图像很不自然,学生对于图像的认识是被动的,学生的思路会被教师禁锢,应该要对学生放手,所以设计了自主研究这个环节。虽然学生选取底数时有片面认识的可能,但通过小组讨论、汇报交流,学生仍然能够得到正确认识。学生通过研究指数函数,归纳出一般函数的研究方法,教师可以真正做到"授之以渔"而非"授之以鱼"。

本节课在建构概念时体现了从具体到抽象的数学思维,例1应用了待定系数法,体现了方程思想。例2及随后的自主探究运用了数形结合思想,分类讨论思想,突出了从特殊到一般的思维过程。例3采用了化归思想,使用了构造法。在教学过程中不断向学生渗透数学思想方法,让学生在活动中体会数学思想方法之重要,促使学生能自觉地运用这些数学思想方法去分析、思考问题。

案例2　一元一次方程教学设计[①]

一、教材分析

"一元一次方程"是浙教版数学七年级上册第五章第一节的内容,本单元继第四章"代数式"之后,隶属于《全日制义务教育数学课程标准(实验稿)》的"数与代数"的领域。

方程的历史十分悠久,它随着实践需要而产生,是应用最广泛的数学工具之一,在义务教育阶段的数学课程中占重要地位。从数学学科本身看,方程是代数学的核心内容,正是对于方程的深入研究才推动了整个代数学的发展。从代数中关于方程的分类看,一元一次方程是最简单的代数方程,也是所有代数方程的基础,是小学与初中知识的衔接点,学生在小学已经初步接触过方程,了解了什么是方程、什么是方程的解,并学会了用逆运算法解一些简单的方程。在前一章刚学过的整式的概念及其运算的基础上,本节课将带领学生继续学习方程、一元一次方程等内容。要求教师帮助学生在现实情境中,通过对多种实际问题的分析,感受方程作为刻画现实世界的模型的意义,建立方程,归纳得出一元一次方程的概念并用尝试检验法来求解,同时也为学生进一步学习一元一次方程的解法和应用起到铺垫作用,为学习二元一次方程、一元二次方程打下基础。

以方程为工具分析问题、解决问题,即建立方程模型是全章的重点,同时也是难点。

---

① 案例作者:杭州市文海实验学校刘春江老师。

二、学情分析

在小学阶段,已学习了用算术方法解应用题,还学习了最简单的方程。本小节先通过两个具体年龄问题,引导学生感受用算术方法解决问题和列方程解决问题各自使用的条件,然后再一步一步引导学生列出含未知数的式子表示有关的量,并进一步依据相等关系列出含未知数的等式——方程。这样安排的目的在于突出方程的根本特征,引出方程的定义,并使学生认识到方程是更方便、更有力的数学工具,从算术方法到代数方法是数学的进步。

三、目标分析

(一)知识与技能

①通过处理实际问题,让学生体验从算术方法到代数方法是一种进步。

②通过对多种实际问题的分析得出方程,并通过分类、观察,归纳一元一次方程的概念。

③理解一元一次方程、一元一次方程的解等概念。

④初步学会如何寻找问题的相等关系,列出方程。

⑤培养获取信息、分析问题、处理问题的能力。

(二)过程与方法

①通过实际问题,感受数学与生活的联系。

②通过师生间的合作探讨,逐步培养学生的思维能力。

(三)情感、态度与价值观

①创设情境,激发学生学习数学的热情,增强数学教科书的人文色彩。

②培养学生热爱数学、热爱生活的乐观人生态度。

③体验用尝试检验法寻求方程的解的过程,培养学生求实的态度。

四、教学重点和难点

重点:一元一次方程的概念和一元一次方程解的概念。

难点:用尝试检验法求方程的解。

五、教学准备

多媒体课件、学案。

六、教学过程

教学过程如表 8-1 所示。

表 8-1　一元一次方程教学过程

教学环节	内容呈现及教学方法	学生活动	教师活动	设计意图
引子	温故可以知新,触类争取旁通;解题促成思维,数学无处不在!	阅读、感悟	朗读、分析、介绍数学课的意图	希望在课堂上能体现数学本质属性
温故	【活动一】 1.小明今年 13 岁,老师的年龄比小明年龄的 2 倍还多 4 岁,你知道老师今年多大? 2.校长现在的年龄是他 36 年前年龄的 4 倍,你知道校长今年多大?	在列算式计算与列方程中选择、比较	启发、引导,在第 2 题中学生可能会尝试列算式,这样才能有比较地选择更好的方法	比较算式与方程的各自特征、感受算式解简单问题的逆向思维与列方程解复杂问题的顺向思维
	【活动二】 问题1:你能说出哪些关于方程的知识?	回顾方程的概念、方程的解的概念	启发、引导	温故而知新
	【活动三】 根据条件列出方程: 3.把黑板抽象成长方形: (1)若宽的倒数等于宽本身加 1,设宽为 t,请列出方程。 (2)若其周长为 10,设长为 x,宽为 y,请列出方程。 4.把微格教室抽象成棱长为整数的正方体,其体积和表面积之和为 81。设其棱长为 a,请列出方程。 5.微格教室内椅子数的七分之一比椅子数的八分之一多 1 把,设椅子数为 x,请列出方程	思考、动手列方程	巡视、个别指导	从生活中熟悉的事物中抽象出数学,进一步感知"数学无处不在"
	【活动四】 问题2:观察上述方程,请尝试进行分类,并说说你的分类依据	自主思考、小组合作、代表展示	巡视但尽量不干预,在学生小组交流后,将代表展示的分类标准一一记录,留作后用	还思考于学生,让学生感受数学的研究过程,通过对方程进行分类,抓住不同方程的特征

教学环节	内容呈现及教学方法	学生活动	教师活动	设计意图
知 新	一元一次方程：_____ 1.下列各式中,哪些是方程?哪些是一元一次方程? (1) $3x=4$;(2) $3x-2y=1$; (3) $1-x$;(4) $1-x^2=0$; (5) $5-3x=x$;(6) $\frac{3}{x}=4$。 2.若方程是关于 x 的一元一次方程,则 m 的值为_____ 你能仿照上题自己编一个用到已有知识,更有思维含量的题目吗? 使_____ _____叫作一元一次方程的解。 1.判断下列 t 的值是不是方程 $2t+1=7-t$ 的解: (1) $t=0$;(2) $t=3$;(3) $t=2$。 2.你能写出一个方程,使它的解也是 $x=2$ 吗? 3.你能猜出下列方程的解吗?你是如何猜的? (1) 校长的年龄：$x=4(x-36)$; (2) 教室椅子数：$\frac{x}{7}=\frac{x}{8}+1$; (3) 立方体棱长：$a^3+6a^2=81$	辨析,并说明理由 独立思考、尝试解答 类比方程的解的概念,猜想一元一次方程的解的概念 代入方程左右进行判断 思考、尝试 开动脑筋积极参与,在猜的过程中思考技巧 挑出两个一元一次方程,对照学生们自己的分类标准,进行概括	多问一个为什么,"为什么是"、"为什么不是" 鼓励、整理、展示 引导、板书格式 评价、鼓励 引导、评价、鼓励 (比如有学生说"年龄应该是正数",马上作出评价"厉害、一下子就砍掉了负数,缩小了范围")	学生学到的数学是自己加工整理出来的而非别人强加的 概念辨析,突出概念的作用。"数学就是玩概念的" 抛砖引玉只为让学生尝试自主编题、达到触类旁通 为尝试检验法做好铺垫 预埋种子"零点存在性" 初步体会同解原理 体会"尝试检验法"求方程的解

255

续表

教学环节	内容呈现及教学方法	学生活动	教师活动	设计意图
应用	1."幸运52"猜价格片段欣赏; 2.猜价格:一本书,价格在1元到99元之间	欣赏、参与	组织、协调对第一次竞猜50元作出提示、指导	体会数学的应用,从课本跳出来,拓展视野,预埋"二分法"
小结	1.学习的内容:两个概念一个方法(两粒知识种子); 2.研究的方法:温故可以知新,触类争取旁通; 3.应用的意识:解题促成思维,数学无处不在!	回顾、整理、反思	归纳、总结	对照"引子",感悟知识的获取、能力的提高、意识的提升
作业	1.(必做)课本P116作业题2、3、5、6,作业本§5.1 2.(选做)《同步练》§5.1(B组) 3.(拓展)周末观看电影《博士的爱情方程式》			最后由知识到能力升华为文化
反思				

七、教学反思

本节课作为数学概念课,基于美国学者杜宾斯基(E. Dubinsky)提出的APOS(分别自取 action、process、object、scheme 的首字母)理论而设计的。

APOS 理论是基于建构主义的学习理论,其基本假设是:数学知识是个体在解决所感知到的数学问题的过程中获得的。在此过程中,个体依序建构了心理活动(action)、过程(process)和对象(object),最终组织成用以理解问题情境的图式(scheme)结构。

活动阶段指个体通过一步一步的外显性指令去变换一个客观的数学对象。也就是说通过"活动"让学生亲身体验、感受概念的直观背景和概念间的相互关系。这里的"活动"是广义上的活动。既有具体的动作操作,例如学习二面角概念时,学生观看门的开合与墙位置的变化的活动;更普遍的应该是指头脑中的思维活动。

过程阶段指在"活动"阶段学生获得了感觉印象,经过多次的重复后,就进入了"程序"阶段。在此阶段,主要是指学生经历思维的内化、压缩过程。个体就可以想象这个"活动",而不需要通过外部的刺激;或者可以在头脑中实现这个"程序",而不需要具体操作。

对象阶段指当个体能够把"程序"当作一个整体并对其进行操作时,这就进入了"对象"阶段。也就是说,学习者不断丰富表象,最终通过综合、压缩,把概念当作一个整体对待,即将此概念当作整个认知结构中的一个节点。

图式阶段是指学生经历多次"活动"和"程序"后,抽象概括出"对象"。此时,"对象"虽已形成,对概念也有了完整的形式化表述,但是学生与其原有的认知结构可能还处于一种分离的状态,所以,认识需要上升到图式阶段。这种"图式"就是学习者对于所学概念的一种综合的心理图式。

第二节　问题解决教学案例分析

案例4　一元一次方程的应用①

一、教学分析

(一)教材分析

教材为浙教版七年级上册,本节课的内容是列方程解应用题,主要是小学解应用题和中学解应用题的衔接,让学生感受数学与现实生活息息相关,并且体验数学的趣味性,提高学习数学的积极性。结合"小班化教学",让学生真正成为课堂的主人,鼓励学生陈述自己的见解,做一个勤思考、敢质疑、会动脑的学生。

(二)教学目标

1.知识目标

①通过身边的事例,引导学生对生活中的问题进行探讨和研究,体验方程是刻画现实世界的有效数学模型,学会用方程的思维解决问题。

②掌握列方程解应用题的一般步骤,并能借助找关键句或关键词、画线段图或示意图等方法,正确找出题中的等量关系,列出方程。

③会独立利用一元一次方程解决简单的实际问题。

2.能力目标

①通过独立思考、小组合作交流,培养学生的合作意识和语言表达能力。

②培养学生的观察、分析能力以及用方程思维解决问题的能力。

3.情感目标

①使学生在讨论、交流过程中获得积极的情感体验,使其探索意识、创新意识得到有效发展。

---

① 案例作者:杭州师范大学东城中学吕蓉蓉。

②每个学生都处于同样突出的地位,经历从生活中发现数学和应用数学解决实际问题的过程,树立用多种方法解决问题的创新意识,品尝成功的喜悦,激发学生应用数学的热情。

(三)教学重难点

①本节教学重点是掌握列方程解应用题的一般步骤。

②本节课的难点是分析题意,正确找出题中的等量关系,列出方程解决问题。

(四)教学方法和教学手段

根据这节课的特点和七年级学生的思维发展特征,本节课采用问题引导法、总结法和交流讨论法相结合的教学方法。在引导学生分析、讨论和发表见解的过程中,与学生建立平等融洽的互动关系,让学生真正成为"小班化"课堂的主人,并激发学生的学习兴趣。

二、教学过程

具体如表 8-2 所示。

表 8-2　一元一次方程应用的教学过程

教学环节	设计意图
(一)创设情境,引出课题 信息一:姚明的体重是 140 千克,比吕老师体重的 3 倍少 1 千克。 1. 你能直接用算式求出吕老师的体重吗? 2. 如果用列方程的方法来解,设哪个未知数为 x? 3. 根据怎样的相等关系来列方程?方程的解为多少? 信息二:吕老师的体重比小陈体重的 2 倍少 11 千克,小陈体重比小刚轻 3 千克,三人总共体重 108 千克。问三人体重各多少千克? 引出本节课题:一元一次方程的应用	1. 情景信息引起学生兴趣,可以在开课时吸引全班学生的注意力。 2. 信息题可以用方程和算式解法。对比发现:算术解法是把未知量置于特殊地位,设法用已知量组成的混合运算式表示出来(在条件复杂时,列出这样的式子往往比较困难);方程解法是把未知量与已知量同等对待(使未知量在分析问题的过程中也能发挥作用),找出各量之间的等量关系,建立方程。然后引出本节课题。

教学环节	设计意图
（二）感悟新知,领会应用 **例1**　5位教师和一群学生一起去公园,教师门票价每人7元,学生只收半价。如果门票总价计206.5元,那么学生有多少人? 运用方程解决实际问题的一般过程: 1.审题:分析题意,找出题中的数量及其等量关系; 2.设元:选择一个恰当的未知数用字母表示; 3.列方程:用数学符号"翻译"数量关系的过程; 4.解方程:求出未知数的值; 5.检验:检查求得的值是否正确和符合实际情形; 6.答:写出答案。 　　即:审、设、列、解、检、答。 **例2**　甲、乙两人从 A、B 两地同时出发,甲骑自行车,乙骑摩托车,沿同一条路线相向匀速行驶。出发后经3小时两人相遇,已知在相遇时乙比甲多行了90千米,相遇后再经1小时乙到达 A 地,问:甲、乙行驶的速度分别是多少? （发散思维,一题多解） [分析] 线段图: 相遇时甲的路程　　　　相遇时乙的路程 经过3小时　　　　经过3小时 A　　　　　　　　　　　　　　B 经过1小时 相遇后乙的路程 题中隐含等量关系: ①相遇时甲路程＝相遇后乙的路程 ②相遇时甲路程＋相遇时乙路程＝相遇后乙路程＋相遇时乙路程＝乙总路程(总路程) ③相遇时乙的路程－相遇时甲的路程＝90(相遇时乙的路程－相遇后乙的路程＝90) ①根据"经3小时相遇,乙比甲多行90千米"可得"每1小时,乙比甲多行30千米",即 $v_甲＝v_乙＋30$。 ②根据"相遇时甲路程＝相遇后乙的路程"可得 $S_甲＝S_乙$ 时,$t_甲＝3t_乙$,即 $v_乙＝3v_甲$。	1.引导学生仔细审题,划出关键词;并找出题中已知量、未知量、所含等量关系。 2.根据题意设未知数,列方程并解方程。 3.板书过程,并归纳总结运用方程解决实际问题的一般过程——审、设、列、解、检、答。 1.本题是这节课的难点,也是对"列方程解决实际问题的一般过程"的应用。 2.师生交流,引导学生审题并划出关键词,借助"线段图",帮助分析有关于路程问题的应用题,找出等量关系。 3.学生根据"线段图"分析并设元,列出方程。教师鼓励学生大胆陈述自己的见解,在不断交流与讨论中得出解决本题的多种方法。让学生体会用方程解决实际问题的乐趣。

259

续表

教学环节	设计意图
(三)练习巩固,分层提升 1.在一列车上的乘客中,$\frac{4}{7}$是成年男性,$\frac{1}{3}$是成年女性,剩余的是儿童。若儿童的人数是42,请问乘客的总人数是多少?(只列方程不解) 2.从某个月的月历表中取一个2×2方块,已知这个方块所围成的4个方格的日期之和为44,求这4个方格中的日期。(只列方程不解) 3.今年父亲的年龄是儿子年龄的3倍,5年前父亲的年龄是儿子年龄的4倍。问今年父亲、儿子各几岁?(只列方程不解)	通过练习巩固本节课新学知识,激发学生学习数学的兴趣。 练习设计体现了层次性和趣味性,适合不同程度的学生,让学生在不同层次、不同类型的题目中得到锻炼,提高解题能力。同时让学生感受用方程解决问题的乐趣,拓展学生的思维。
★4.如图是由9个等边三角形拼成的六边形。若已知中间的小等边三角形的边长为1,求六边形的周长。	
(四)归纳小结,理清思路 1.方程思想。方程是刻画现实世界的数学模型,是用数学符号语言翻译成数量关系的有效模型。 指出等量关系是关键。 3.借助线段图列方程解应用题。	再次让学生理清本节课的重点,并深入了解"方程的思想"。以及用方程解决实际问题的一般过程。
(五)作业布置,课后拓展 ★1.请编写一个实际应用题,要求所列方程为$15x+45x=180$。 ★★2.小明和哥哥比赛100米短跑,哥哥领先小明10米到终点,可是小明不服气,哥哥就说:"这样吧!把我的起跑线向后移10米,我也一样能追上你,不信试试看。"哥哥为什么这么自信?你能用数学知识说明其中的原因吗? ★★★3.阅读课本第112页材料《丢番图》,你能用今天所学的知识算算丢番图活了多少岁吗?	课后第1题属于开放题,让每个学生都能解决,并且形式多样,方法众多;第2题从生活中来,让学生体会生活中的数学;第3题是阅读题,让数学充满乐趣,也让不同层次学生有所收获。

注:★表示难易程度。

三、设计说明

本课是在解一元一次方程学习的基础上，讲述一元一次方程的应用，让学生通过审题，根据应用题的实际意义，找出相等关系，列出有关一元一次方程。围绕教学目标，参照课表的要求和理念，本节课预设解决以下几个问题：

(一)如何让学生充分体会到列方程解决实际问题的必要性

在教学设计中，信息一和信息二的设置为了让学生体验通过算术和方程方法解决实际问题。信息一可以通过算术方法和方程方法很容易地解决，而信息二问题条件复杂，列出算式较困难；对比发现，此时可以较方便地列出方程，从而感受到列方程解决实际问题的必要性。

(二)如何让学生学会列方程解决实际问题

根据学生已有的知识基础，通过例1的引导，师生共同归纳出"列方程解决实际问题的一般过程"，为学生解题找到思考方向，让学生体验方程的思想。之后运用新知，通过一般过程的思考方法，借助线段图分析例2。

(三)如何更好地应用教材资源，并不断拓展学生思维

教材中提供的两个例题(门票、行程问题)都是通过列方程解决实际问题的典型例子。例1问题情境简单，目的是归纳出"列方程解决实际问题的一般过程"；例2是学生熟悉的行程问题，但情境较复杂，教师需要引导学生划出关键词，借助线段图分析题意，并找出已知量、未知量之间的等量关系，再通过"审、设、列、解、检、答"的过程来解题。例2一题多解，学生可以不断思索、启发、发表见解，从而不断拓展思维。

复习思考题

选择一个教学设计，分别从学情、教材、教学方法等角度剖析设计者的设计意图，并结合自身的研究谈谈你的看法。

第九章 中学数学教学评价

　　教学评价是指按照一定的教学目标,运用科学可行的评价方法,通过系统地收集有关教学信息,对教学过程和教学结果给予价值上的判断,从而为改进教学方法、提高教学质量提供可靠的信息和科学依据。它是科学指导教学工作不可缺少的一种手段,是为了解、诊断、评定、调整与促进教学服务的。掌握数学教学的有效评价方法,有利于营造良好的育人环境,有利于数学教与学活动过程的调控,有利于学生和教师的共同成长。

　　数学教学评价,既要重结果,更要重过程。评价的内容和标准要多元化,坚持评教与评学相结合,侧重评学;评价的主体也要多元化,将教师评价、自我评价、学生互评、家长和社会成员评价结合起来,以评价学生的学习为主;评价手段和形式要多样化,既可以用书面考试、口试、活动报告等方式,也可用课堂观察、课后访谈、开放性任务、调查和实验、数学日记、作业分析、建立成长记录袋等,逐步改变只用考试决定学生一个学期、一个学年、一个学段学习的现象。在实践中要针对不同的需要选择不同的评价方式,将各种形式有机结合起来。在教学过程中,教师也应大胆地尝试运用有利于学生发展的评价方式。

　　本章将逐一介绍对教师课堂教学的评价以及对学生学业成就的评价。

第一节 课堂教学评价的方法

　　课堂教学评价是指为促进学生学习、改善教师教学质量,根据教学目标和教学评价标准,对教师课堂教学过程的实施、学生学习过程与结果所进行的测量、分析和评定。其价值在于课堂教学评价直接影响着教学目标的达成、教学活动的导引、教学信息的反馈、教学过程的调控,同时也是改进教学、提高课堂教学质量、促进教师专业发展、促进学生发展的有效手段。因此,课堂教学评价是教学工作中基本的和主要的环节,掌握课堂教学评价的理论,可及时提供教学的反馈信息,以便及时地调整和改进教学,保证教学目标的实现。

一、高中数学课堂教学评价的原则

(一)整体性原则

整体性原则包含两方面的含义:一是说数学课堂教学是由教师、学生、教学环境三方面构成的。因此,在评价时必须同时评价这三个方面以及它们的互动关系,缺一不可。二是说数学知识逻辑性强、结构严谨,许多教学内容和思想方法是环环相扣、循序渐进的。因此,在进行数学课堂教学评价时,不仅要考虑本堂课的教学内容、所包含的思想方法等,还应把它纳入数学教学的整体体系中,综合考虑本节课的内容、方式、思想方法等在教学中的地位、作用,抓住问题的全貌和本质,细致地分析。

(二)以人为本原则

新的数学课程标准明确要求:"建立旨在促进人的健康发展的新数学课程体系……数学教育要从以获取知识为首要目标转变为首先关注人的发展,创造一个有利于学生生动活泼、主动发展的教育环境,提供给学生充分发展的时间与空间。"因此,在进行数学教学评价时应坚持以人为本的原则,避免用严格划一的"一把尺"来统一衡量。只要是教学中符合学生的实际状况,并且对他们的认知、能力及情感有恰当发展的原则,都应该予以肯定。其次,数学教学不应该只是传授数学知识,还应该注重数学的育人价值。教师的工作是使学生发展成为具有完满人格的人,在教学中要使学生的知、情、意、行都得到相应的发展。因此,在进行数学课堂教学评价时也应该抓住此原则。

(三)发展性原则

课堂教学评价的最终目标是就为了调整和改进教学,促进师生双方的发展。《基础教育课程改革纲要(试行)》中也明确指出:"改变课程评价过分强调甄别与选拔的功能,发挥评价促进学生发展、教师提高和改进教学实践的功能。"故在进行课堂教学评价时应该坚持这一原则,关注课堂教学的整个过程,而不是仅仅关注结果。要从多视角、多侧面进行评价,使被评价者获得发展性体验,获得更广阔的发展空间,有效促进高中数学课堂的可持续发展。

(四)指导性原则

高中数学课堂教学评价作为促进教学发展的有效手段,主要是以评价反馈来提升高中数学教育效果。通过教学评价来指导具体的教学工作,对评价结果进行认真科学的分析,从不同侧面探讨因果关系,来指导高中数学教学工作,有效设计相应的教学方案,将评价上升到理论高度,进而为课堂教学的实施指引方向。因此,应该遵循指导性原则,使高中数学课堂教学评价形成指导—评价—再指导—再评价的良性循环结构,实现教学、反思、改进的不断发展。

二、高中数学课堂教学评价维度

数学课堂教学是一个整体性和综合性的活动,在具体的课堂教学中,各个要素无法独立存在,每一个要素都必须以其他要素的存在为前提。因此,在进行数学课堂教学评价时,既要关注教师的教,又要注重学生的学。因此,一个有效的数学课堂教学评价应该包含以下几个维度。

(一)教师的教

1.目标的明确度

教学目标是教学活动的出发点和归宿,也是预先想要达到的结果。在课堂教学中,教学目标对教师与学生的行为具有规范和约束作用。因此,在课堂教学评价过程中,首先就要看这堂课的教学目标是否明确。《普通高中数学课程标准》中对教师的教与学生的学明确提出了六条具体目标,这六条目标又分三个层次:知识与技能,过程与方法,情感、态度与价值观。即一堂课不仅要让学生掌握相关的数学知识与技能,同时又要在教学过程中把握方法、形成能力、发展意识,还要促进人的全面发展和社会发展。因此,评价一堂课,看教学目标是否明确,就要看这堂课的教学目标是否是依据学生的思维发展水平和当前的教学任务而制定的,是否能让学生通过课堂学习在基础知识、基本能力、数学能力上有所提升,并且在理性思维层面获得相应的发展。

例如,讲授"正余弦定理",不仅要学生记住结论,还要引导学生去发现正余弦定理的结论,并尝试去证明结论,进而要学会运用定理去解决实际问题。

2.内容的契合度

很多时候,人们往往认为教学内容就是教材中规定的内容,在教师将教材视为圣经的年代,教师对教学内容的决定权往往很小,而专做"流水账"式的"教教科书"的"教书匠"。随着世界范围课程内容改革的进行,教师被赋予更大的参与课程决策的权力,不再是教材的被动执行者,而是课程资源开发的行动者、研究者。因此,在课堂教学评价过程中,要关注教师对教学内容的选择和安排是否合理。

首先,要看教师选择和安排的教学内容是否符合本节课目标所要求的内容和范围;其次,要注意教学内容的安排是否科学;再次,要看教学内容是否有系统性和逻辑性;最后要考虑数学思想方法是否合理渗透。

3.方法的有效度

教学方法作为教师与学生在课堂教学中相对固定的行为方式,是课堂教学评价中的重要因素。教学方法的选择要依据不同的教学学段的要求,灵活地选择不同的教学方法和教学手段,并重视各种教学方法的有机结合,讲求实际效果,坚持启发式教学,充分发挥学生的主体作用。一个有效的教学方法不仅能促使教师组织有效的课堂学习活动,而且能促进学生学习方式的转变。因此,在进行课堂教学评价时,要关注教师所选用的方法是否有效。

首先,要关注教师所选的教学方法是否能促进学生主动参与学习;其次,要看教师所选教学方法能否强化学生在学习中的体验;最后,要注意教师所选教学方法能否激发学生独立思考和自主交流。

4.效果达成度

由于课标既要求学生掌握知识,又要求促进学生的全面发展,因此,在课堂教学评价中对教学效果的评价,就要看学生在知识与技能,过程与方法,情感、态度和价值观三方面是否得到了一定的发展。

对于教学效果的评价既要关注学生学习的结果,又要关注学生学习的过程;既要关注学生知识与技能的掌握,更要关注学生在数学学习活动中表现出来的发现问题、解决问题的能力,以及对数学的情感态度、价值观等。

5.行为的规范度

作为一名数学教师,应当具备一定的数学教学素养,因此在进行课堂教学评价时,这也成为被关注的方面。即要看教师的语言是否通俗易懂、简练明快、富有感染力,教态是否自然,仪表是否大方,态度是否和蔼亲切,情绪是否富有激情与活力,板书设计是否合理、条理清晰,书写是否规范工整。

6.学生的参与度

在传统的课堂教学中,主要是教师讲、学生听,学生比较被动,学习方式单一,缺乏学生的主动参与。课标要求改变这种方式,提倡自主探索和合作的学习方式,使学生的成为学习的主人,使学生的主体意识和创造性不断得到发展,创新精神和实践能力得到一定的培养。因此,在课堂教学评价时要注意教师是否从学生的生活经验和已有的知识背景出发,向他们提供从事数学活动和交流的机会,引导学生积极参与课堂活动,以促进学生数学素养的提升。

(二)学生的学

在课堂教学中,学生是学习的主体,是整个课堂教学一切活动的出发点和归宿。对学生来说,课堂教学活动既是一种认知活动,也是一种情感活动,还是一种人际交流活动。学生在课堂中的行为表现主要在于学生在课堂的参与度以及学生的个性品质。

1.学生的参与度

学生在课堂教学中的参与度如何,在一定意义上决定了一堂课成功与否。

因此在课堂教学评价时要注意评价学生的参与度。学生的参与度可以从两方面来评价：一个是课堂中学生与教师的交流，一个是课堂过程中学生与学生的交流。要注意学生是否从"行为"和"思维"上都真正参与了教学活动，而不是动口不动脑式的"大合唱"。

2. 学生的个性品质

学生的个性品质主要观察学生在课堂教学过程中是否积极发展各种思考策略和学习策略，是否有情感的投入，是否积极进行自我监控并参与评价的过程。

表 9-1 即为某高中数学课堂教学评价表。

表 9-1 高中数学教学评价表

时间：____年____月____日____第____节____班级

教学内容：					施教者：
一级维度	二级维度	三级维度	评价细则	分值	得分
教师教学维度80分	形式15分	一、教师的行为规范度	1.语言 普通话准确，语言有特色，富有启发性和感染力	4	
			2.板书 板书设计布局合理、条理清晰、书写规范工整，多媒体的使用确有必要，辅助教学恰到好处	3	10
			3.教态 教态自然，仪表端庄大方，态度和蔼亲切、富有激情与活力，教师情绪饱满、富有热情	3	
		二、教学方法的有效度	根据教学内容选择适合的教学方法，有利于组织有效的课堂学习活动，有利于学生主动参与获取知识的实践活动，有利于教学过程中暴露数学思维过程	5	
	内容65分	一、目标明确	体现"知识与技能"、"过程与方法"、"情感态度与价值观"三个维度的目标。	5	
		二、内容适切度	1.知识讲授正确，突出重点、难点，抓住关键，课堂容量适中	6	
			2.创造性地使用教材，如适当地删减与充实等（如有必要）	3	13
			3.注重渗透数学思想方法，培养数学应用意识，培育理性价值观	4	

续表

一级维度	二级维度	三级维度	评价细则		分值	得分
教师教学维度80分	内容70分	三、教学过程	1.教学环节安排合理,知识衔接自然,结构完整		3	
			2.注重知识的发生过程,有合作、探究(如有必要),注重能力的培养		4	22
			3.精心设计练习,有针对性,有梯度,有变式		4	
			4.面向全体学生,注意捕捉合适的时机激励评价学生,尊重和信任学生,以热情和宽容的态度善待学生		5	
			5.教学过程的控制能力	(1)时间控制好,根据教学情况灵活调整教学策略,保证主要目标完成;恰当处理教学中的偶发事件,使教学程序不受影响	3	
				(2)教学节奏张弛有度,学生愉悦轻松,课堂气氛活跃	3	
		四、学生参与度	1.参与形式恰当	如师生谈话、合作交流、动手实践、自主学习、自主探究等,参与形式确有必要、恰当	3	10
			2.参与深度	师生、生生能进行深层次的思考和交流,整个过程是思维的参与,而不是形式化的参与	4	
			3.参与效果	教师精心策划,注重启发引导,使得学生的行为参与和思维参与真正起到实质性的作用	3	
		五、效果达成度	1.双基	大多数学生全面掌握本节课的基础知识和基本技能	5	15
			2.能力	学生各种能力的培养有所体现	5	
			3.理性精神	兴趣、信心、科学态度、钻研精神、数学的文化价值、数学美、辩证思维、良好的学习习惯等理性精神的培育能力有所体现	3	
			4.对后续学习的促进	通过对学生思维的锻炼,教学思想方法的渗透,学习习惯的培养,以及学生对成功学习的愉悦体验,促进学生后续的学习	2	

续表

一级维度	二级维度	三级维度	评价细则	分值	得分
学生学习维度 20分	个性品质 11分	一、学习习惯	准备充分,学习用品齐全,有良好的预习、复习习惯,有选择性的记录等	3	11
		二、意志品质	自信、兴趣、勤奋、刻苦、毅力等良好品质的表现	4	
		三、学习方法	具有独立思考、勇于探索、合作交流、虚心求教、动手实践、善于总结的良好的学习方法	4	
	参考情况 9分	一、主动回答	大多数学生能主动回答问题、回答问题的声音洪亮,表述清晰	2	9
		二、主动动手	全体学生能主动动手参与活动,动手实践,动手记录	3	
		三、主动动脑、主动探究	全体学生能积极主动思考,主动参与教学过程,主动参与问题的探究,而非被动地跟着走,动口不动脑式的"大合唱"	4	

综合评价		优点及特点	问题及建议	总分	等级
	自评				
	他评				

例 某教师《直线的倾斜角和斜率》习题教学过程片段(题目由投影仪显示)。

(说明:教师在讲解完概念之后,大量的时间花在下面的练习上)

练习1 下列图9-1中直线 l_1,l_2 的倾斜角是多少度? 请说明理由。

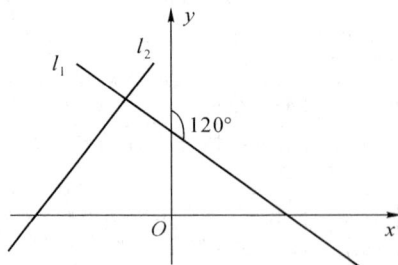

图 9-1 练习1

学生:因为 l_1 与 x 轴的负方向的夹角是 $30°$,所以 l_1 的倾斜角是 $150°$,l_2 的倾斜角是 $60°$。

教师：正确。

练习 2　（1）判断下列命题是否正确，并说明为什么。

①所有的直线都有倾斜角，所有的直线都有斜率。　　　　　　　　　　　　　　　　（　　）

②平行于 x 轴直线的倾斜角是 0°或 180°。
　　　　　　　　　　　　　　　　　　　（　　）

③直线的倾斜角越大，它的斜率也越大。（　　）

学生：①错，因为直线与 x 轴垂直时斜率不存在。

②错，按照规定，一条直线只有一个倾斜角。

③错，不一定。

教师：很好。

（2）如图 9-2 所示，直线 l_1，l_2，l_3 的斜率分别为 k_1，k_2，k_3，试比较它们斜率的大小。

学生：直线 l_2 的倾斜角大，所以 $k_2>k_3$。而 $k_1<0$，故 $k_2>k_3>k_1$

教师：应补上：直线 l_2 与 l_3 的倾斜角都是锐角，$k_2>k_3>0$，且直线 l_1 的倾斜角为钝角，$k_1<0$。

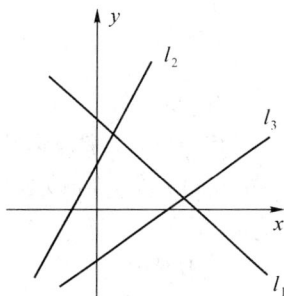
图 9-2　练习 2(2)

（3）如图 9-3 所示，菱形 $ABCD$ 的 $\angle BAD=60°$，求菱形 $ABCD$ 各边和对角线 AC 所在直线的倾斜角和斜率，填入表 9-2。

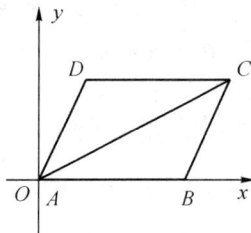
图 9-3　练习 2(3)

表 9-2

	直线 AB	直线 BC	直线 CD	直线 DO	直线 AC
倾斜角					
斜率					

学生：直线 AB 的倾斜角是 0°，斜率为 0；直线 BC 的倾斜角是 60°，斜率是 $\sqrt{3}$；直线 CD 的倾斜角是 0°，斜率是 0；直线 DO 的倾斜角是 60°，斜率是 $\sqrt{3}$；直线 AC 的倾斜角是 30°，斜率是 $\frac{\sqrt{3}}{3}$。

教师：很好。

练习 3　求过两点 $M(2,1)$，$N(m,2)(m\in R)$ 的直线 MN 的斜率。

学生：直线 MN 的斜率是 $\dfrac{1}{m-2}$。

教师：还有不同意见吗？

学生:应该分类讨论:当 $m=2$ 时,直线 MN 与 x 轴垂直,此时,直线 MN 的斜率不存在;当 $m \neq 2$ 时,直线 MN 的斜率 $\dfrac{y_N - y_M}{x_N - x_M} = \dfrac{2-1}{m-2} = \dfrac{1}{m-2}$。

教师:很好! 这里带有参数,特别要注意。

练习 4 (综合运用)如图 9-4,已知直线 l 经过点 $P(1,1)$,且与线段 MN 相交,又 $M(2,-3)$,$N(-3,-2)$,求直线 l 的斜率 k 的取值范围。

学生:$\left[-4, \dfrac{3}{4}\right]$。

教师:还有不同意见吗?

学生:(沉默不语)。

教师:直线 l 与线段 MN 相交,可以看作是直线 l 绕着 P 在直线 PM 与 PN 间旋转,如图 9-4,l_1 是过 P 点且垂直于 x 轴的直线。当 l 由 PN 位置旋转到 l_1 位置时,

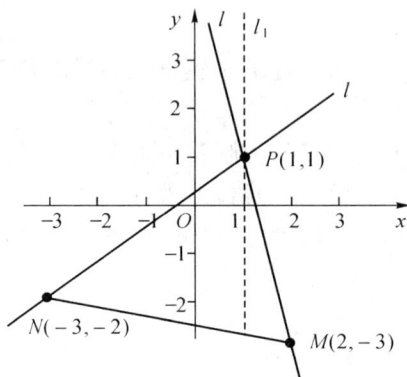

图 9-4

倾斜角增大到 $90°$,而 $k_{PN} = \dfrac{3}{4}$,$\therefore k \geqslant \dfrac{3}{4}$。又当 l 从直线 PM 旋转到 l_1 时,倾斜角减少到 $90°$,而 $k_{PM} = -4$,$\therefore k \leqslant -4$。综上所述,$k \in (-\infty, -4]$ $\cup \left[\dfrac{3}{4}, +\infty\right)$。

评价 "直线的倾斜角和斜率"是学生接触解析几何的第一课,从教材的安排来看,旨在让学生经历概念的形成过程。这一过程对学生来说,是有一定困难的,且从倾斜角到斜率概念的形成过程,较好地体现了解析几何的基本思想方法,应当让学生充分思考交流。但这位老师在匆匆讲解后,就把大量的时间用于解题教学,这是值得商榷的,且题目的选择值得推敲,这明显是受到应试教育的影响。其实,学生的认知发展是遵循一定规律的。当学生尚未对基本概念获得较好的理解时,就以题目的求解与求解过程中的反馈来获得对概念的认识,是否有点舍本求末、得不偿失? 加强由倾斜角到斜率概念的形成的教学,不仅能使学生获得知识,更能使其获得一种对后续学习长期起作用的思想,这不是更好吗? 看样子,不必追求一步到位,而应该按认知规律办事。

三、高中数学课堂教学评价的方法

高中数学课堂教学评价的方法很多,主要有以下几个方面。

（一）随堂听课

随堂听课评价法是评价者通过对被评价教师的课堂教学的直接观察，获取有关该教师的教学行为、过程、特点以及所展现出来的教学能力等第一手信息，从而能够有效地进行课堂教学的评价，并相应地提出建设性的意见，以此提高教师课堂教学能力和课堂教学效率的方法。这是获取课堂教学信息的重要途径。采用随堂听课这种方法，通常要做好以下几个方面的事情。

1.事先准备

事先准备，一方面是评价者与被评价者之间就时间、地点、方式、观察重点等事项进行事先约定；另一方面，评价者需要在听课之前了解所听课的教学内容和教学目标、教学设计等，合理确定听课的重点。此外，事先的沟通也有助于消除被评价者的焦虑，让其能够尽量保持教学的自然状态，减少人为表演的成分。

2.课堂观察

在课堂观察中可以进行全过程观察和有重点的观察。前者是指评价者全方位地观察课堂教学过程。在观察过程中，评价者应不放过任何一个细节，对一些特殊行为保持高度敏感，并对这些行为进行及时的记录和分析。通常这一类观察的难度较大，要求观察者有熟练的观察技能和丰富的观察经验。有重点的观察则是指根据事先确定的观察重点，有针对性地进行观察和记录。在观察过程中，观察者往往会借助一些事先准备的观察工具。有重点观察还包括评价者事先与教师拟定评价重点，如重点学生、重点事件等，在随堂听课中有意识地围绕这些重点内容进行观察。

3.课堂记录

课堂记录是伴随课堂观察进行的，通常有两种方式：一是利用事先选择或研制的观察工具进行记录，如弗兰德斯的相互作用分析系统等；二是描述记录法，它需要对课堂中的语言和非语言都进行记录。描述记录要求记录时应尽可能把看到的和听到的所有内容都完整地记录下来，即进行课堂教学实录。当然也可以有重点地进行记录。在记录过程中还要注意对一些非预期事件的记录，这些事件及其处理往往能够更清楚地反映评价者的行为动因。

4.课堂快速调查

常用的快速调查主要有两类：一是简单测试题，这样可以了解学生的学习接受情况；二是微型问卷调查，即向学生询问一些简单的问题，如"你今天上课举了几次手？""你愿意在课堂上进行小组学习吗？""老师讲的课都能听懂吗？""你对这堂课满意吗？"等。

5.评价结果的反馈

对教师评价结果的反馈往往以课后讨论的形式出现，其主要方法就是评价面谈。一般来说,评价面谈主要包括下面几个步骤:①明确评价面谈的目的,这有助于消除被评价者的顾虑,让其能够畅所欲言;②让被评价者阐述本节课的总体安排、设想及其实现的程度,并对照评价标准进行自我评价;③评价者根据听课记录指出这节课的优势和不足,依据评价标准进行初步的评价,提出改进的意见;④在被评价者对评价者所作的评价和建议基础上,二者就双方存在分歧的问题展开讨论;⑤双方达成共识后,提出对以后课堂教学的要求。

(二)量表评价法

量表评价法是传统课堂教学评价中最常采用的方法,是指事先确定好需要进行评价的指标,并给出评价的等级,编制好评价量表;在评价过程中,评价者对照课堂教学的实际状况,逐项给出相应的等级评定,来对课堂教学进行评价。在课堂教学评价中使用量表评价法时,量表中的指标或指标体系是评价的基础。指标是指具体的、行为化的、可测量或可观察的评价内容,即根据可测或可观察的要求而确定的评价内容。

1.评价指标体系设计的程序和技术

指标体系设计的基本程序通常包括三个阶段:①发散阶段。这一阶段的主要任务是分解教育目标,提出详尽的初拟指标。在这个阶段通常可以采用头脑风暴法和因素分解法。前者是指在专家会议中,各抒己见,即席发言,初拟评价指标。后者是指将评价指标按照评价对象本身的逻辑结构逐级进行分解,把分解出来的主要因素作为评价指标的方法,在分解的过程中需要使用统一的分解原则,而且分解出来的指标在上下层次之间应该相互照应,按照由高到低的层次逐级分解。②收敛阶段,即对初拟指标体系进行适当的归并和筛选。这个过程可以采用经验法、调查统计法和模糊聚类法,同时应该遵循以下一些基本原则:指标应具有重要性、独立性,指标应反映被评价对象的本质属性。③实验修订,即选择适当的评价对象进行小范围的实验,并根据实验的结果,对评价的指标体系及评定标准进行修订。

2.指标权重的确定

权重是指根据各组成指标在指标体系中的重要性和作用大小,而分别赋予的不同数值。权重代表了评价指标的重要性程度。

指标权重的确定可以采用关键特征调查法、两两比较法、专家评判平均法和倍数比较法。

关键特征调查法是先请被调查者从所提供的备选指标中找出最关键、最有特征的指标,对指标进行筛选并求出其权重的方法。两两比较法则是对指标进行逐对比较,并加以评分,然后分别计算各指标得分的总和。专家评判平均法则是对已经确定的指标,分别请专家评判其重要性,然后以专家评判结果的平均数为各指标的权重。倍数比较法则是对已确定的指标,以每一级指标中重要性程度最低的指标为基础,计为1,然后将其他指标与之相比,作出重要性程度是它多少倍的判断,再经归一化处理,即可获得该级指标的权重。

(三)课堂观察与调查

课堂观察是研究者带着明确的目的,凭借自身感官及有关辅助工具(观察表、录音录像设备),直接(或间接)从课堂上收集资料,并依据资料作相应研究。课堂观察是搜集资料、分析教学实施的有效性、了解教学与学习行为的基本途径。

课堂观察的内容包括:师生交往的方式,教师提问的次数和问题类型以及学生对问题的反应,教学过程的开放性和探索性,教室的空间布局、班级规模等因素对学生认知、情感、态度和行为的影响。课堂观察的技术方法和手段主要有:课堂教学录像、录音,以时间标识进行选择性课堂实录,座位表法,提问技巧水平检核表,弗兰德斯语言互动分类表,学习动机问卷调查和访谈,学习效果的后测分析等。

调查也是一种非常重要的获取课堂教学评价信息的手段。调查是一类方法的总称,根据不同的标准有不同的调查方法,而不同的调查方法所适于收集的评价资料也是不同的,即不同的评价内容需要用不同的调查方法。

四、课堂教学评价方法的建议

课堂教学评价的方法虽然很多,但不管采用何种方法,都要遵循高中数学课堂教学评价的原则,符合高中数学课堂教学评价的标准。评价的目的不应只停留在对教学过程现实状态的认识上,我们需要通过评价,发现教学过程的问题,总结教学过程中的经验,形成新的课堂教学过程结构的抽象,以促进教师的自我反思、提升。

首先,在课堂教学评价上问题化、具体化。课堂教学评价是一个应用性、实践性极强的领域,是为解决教学实践中的问题服务的,强调的是在实际中的运用。因此进行课堂教学评价时要选择具体的、针对性强的问题作为出发点。围绕问题选择课堂教学评价的各种维度、指标,着力于对各种行为的观察,分析问题产生的原因,寻找解决问题的方式、途径,并最终以问题的解决实现教师教学行为的改善和教学质量的提升。

其次,在课堂教学评价上细化、量化。课堂教学评价其实是给课堂教学的实际状况提供一种反馈信息。这种反馈信息既需要包括对课堂教学实际状况整体的、质性的描述,也应该包括对课堂教学过程中的师生各种行为细化的定量记录,以及通过对细节的量化分析深入揭示各种行为之间的潜在关系和规律。因此,围绕问题设置的评价指标必须要细化,并且可量化,这样才能为课堂教学评价提供科学的、客观的、完整的解释基础,从而指导教学实践。

再次,在课堂教学评价上进行实验、实践。在学校的课堂上进行教学观察和分析,要进行基于课堂观察数据的理论思考,而不能仅停留于思辨。只有进行实证研究,课堂教学评价研究才能有实质性进展,才能解决实际问题。

通过文献检索和分析我们可以发现,目前绝大多数的研究缺乏在真实课堂上进行的观察,而进行的实验实践就少之又少了。对课堂教学评价有效性的检验必须基于课堂观察数据的配合与支持,同时在教学实践中不断地进行实验、修正,这样才能真正地提高课堂教学质量。

第二节 评价学生数学学业成就的基本途径

学生的数学学业成就的评价也就是学生数学学习的评价,是依据数学教育目标对学生的学业成就进行价值判断,并把判断结果反馈于教育实践以改进数学教学行为,促进教育良性运行的活动。正如医生了解患者病情和检查患者身体,这不仅对医生诊治有着非常重要的作用,也有利于患者对自己身体状况有一个清晰的了解,它不同于学生学业成绩或者学生学习结果的评价。学生数学学业成就的评价有助于把握学生学习起点,正确地确定教学目标,选择教学策略;有助于评定学生学习结果,作出恰当的教学策略;有助于教师了解教学的得失,改进教学方法;有助于了解学生的学习困难,帮助学生找出存在的问题;也有助于激发学生的学习动机,促进学生的学习。因此,掌握对学生数学学业成就的基本途径显得尤为重要。

一、学生学业成就评价结果的表述

《国家中长期教育改革和发展规划纲要》(2010—2020年)指出:要改进教育教学评价。根据培养目标和人才理念,建立科学、多样的评价标准。开展由政府、学校、家长及社会各方面参与的教育质量评价活动。做好学生成长记录,完善综合素质评价。探索促进学生发展的多种评价方式,激励学生乐观向上、自主自立、努力成才。因此,学生的学业评价不能以单一的书面标准化试题为基础,还要通过学生在某项学习任务中的行为表现(或操作),通过观察、记录等方式对学生进行评价。

二、学生学业成就评价过程

对学生学业成就评价的核心工作是获取评价信息和根据信息作出判断,但在通常的教学过程中,典型的学生学业成就评价的过程还应包括评价前的准备和评价后的决定和措施。因此,我们可以用"四环节模式"来考虑学业成就评价的整个过程。

(一)评价准备

在开始评价之前,首先要对评价的对象、评价的内容,以及评价依据作认真的考虑。评价者应该明确这些问题:为什么要评价,评价满足什么需要,或解决什么问题,应该收集哪些人(整个班级或是某些学生)的哪方面的信息和数据,采用什么形式的测量和观察手段,什么时间进行评价,需要学生做哪些准备和配合等。

(二)信息获取

在设定的时间内,采取合适的测量工具和评价策略(如测试、观察等),收集、记录一切相关的信息,并对这些信息加以分类、整理。

(三)作出判断

根据评价的标准(教学目标、行为规范等)对获取的评价信息进行对照和分析,形成对评价对象的价值判断和结论。

(四)后续措施

根据评价结果作出相应的决策,采取后续的措施。这些决策和措施包括:反馈评价信息、激励学生进步、考虑调整方案、采取补救措施以及制定下一阶段的目标等。同时,应对评价过程、结果及决策作简要的总结,放入教学档案备用。

以上四个环节构成了学生学业成就的完整过程,也就是一个评价周期。一次评价结束也意味着下一次评价的开始,尤其是在教学过程中,评价总是伴随着整个教学过程。

三、学生学业成就评价的途径

传统的学生学业成就的评价,以衡量学生的学习结果为最终目的,从而忽视了对学生学习过程中的评价,以致评价的激励、调控和导向作用得不到充分发挥。在高中新课程背景下,高中生的数学学业成就评价实行学分互认与学科测试相结合的方法。不仅要关注学生的学习结果,还要关注学生的学习过程,不能采取单纯的标准化纸笔测验,而是采取多种途径的方法与技术,对学生的各方面进行评价。以下是几种常用的评价学生学业成就的途径。

(一)测验

测验是数学教育中应用最为广泛的评价方法,它是根据数学教育目标,通过编制试题、组成试卷对学生进行测试,引出学生的数学学习表现,然后按照一定的标准对测试结果加以衡量的一种评价方法。测验法是一种量化取向的评价方法,自诞生之日起就在不断地追求客观性。因而,测验逐渐走向标准化。测验的设计、施测环境与过程、评分的原则与方法以及分数转换与解释都必须走向科学、严密、标准化,以保证测验结果的客观性和可靠性。但是,任何一个测验都无法穷尽所有的行为测量项目,它所包含的只能是全部可能项目的一个样本。因此,测验题目的取样必须具有代表性,才能全面地反映学生学习目标的达成情况。

测验法作为一种量化的评价方法,主要特点是其评价信息的处理可以运用一定的数学统计工具,其评价结果是以一组数据的形式呈现,它可以通过纸笔、操作、口头、电脑等多种方式进行,而其测试项目往往都可以赋予一定的分数,并存在标准的答案。测验法自身的这种特点决定了其功能的有限性,主要适用于数学基础知识与基本技能的评价。也就是说,它只适用于可以转化为分数的数学学习表现的评价,而那些无法简单地以数字加以衡量的学习目标,比如学生的数学学习兴趣、数学学习特点、数学学习中的情感体验等,则难以用测验加以评价。

(二)学生表现

表现性评价方法是一种值得重视和探索的评价方法,表现性评价是指通过观察学生在完成实际任务时的表现来评价学生已经取得的发展成就的评价方式。它重视过程性评价,重视质性评价,重视非学业成就评价。这种基于实际任务的评价,是通过向学生提供一个具有一定任务性的、具体的问题情境,在学生完成这一任务的过程中,考查学生各方面的表现。对学生表现的考查可以是多方面的,包括相关的知识技能,对实际问题的理解水平,在完成任务时采取的策略,表现出来的态度与信心,以及广泛利用各种知识解决问题的能力等。表现性评价,可以反映学生学习的不同水平,也可以分析学生解决问题的过程与策略,展示学生独特的方法和能力。表现性评价与教师在数学实践活动中的关注点能较好吻合,正好可以弥补传统学业评价之不足。将其作为现有评价制度的一种补充,在数学实践活动中充分发挥其评价功能,能较好地评价学生在数学创新能力、数学实践能力、合作能力及情感、态度、价值观等方面的发展情况,从而促进学生的全面发展。

(三)课堂观察

观察法是一种描述性的收集资料的方法,是评价主体通过感官或借助一定的科学设备在自然或人为创设的条件下考察教育活动的方法。课堂观察,由于既不加重学生的负担,也便于教师及时了解学生,因此是一种很好的考评形式。

在进行课堂观察时,教师不仅应关注学生知识、技能的掌握情况,而且应关注学生的其他方面。我们建议可以从课堂观察检核表所提供的几个方面观察。

以下就是针对课堂教学过程中的学生学习设计的一种课堂观察检核表(见表 9-3)。

表 9-3　课堂观察检核表

项目	因素				说明
观察学生知识、技能掌握情况	数与计算				1＝参与有关的活动 2＝初步理解 3＝真正理解并掌握
	空间与图形				
	统计与概率				
	解决问题				
观察学生是否认真	听讲				1＝认真 2＝一般 3＝不认真
	作业				
观察学生是否积极	举手发言				1＝积极 2＝一般 3＝不积极
	提出问题并询问				
	讨论与交流				
	阅读课外读物				
观察学生是否善于思考	提出和别人不一样的问题				1＝经常 2＝一般 3＝很少
	大胆尝试并表达自己的想法				
观察学生是否善于与人合作	听别人的意见				1＝能 2＝一般 3＝很少
	积极表达自己的意见				
观察学生思维的条理性	能有条理地表达自己的意见				1＝强 2＝一般 3＝不足
	解决问题的过程清楚				
	做事有计划				
观察学生思维的创造性	善于用不同的方法解决问题				1＝能 2＝一般 3＝很少
	独立思考				
总　评					

说明:根据学生课堂学习时的表现行为选择适当的数字。

当学生在回答提问或联系时,通过课堂观察,教师便能及时地了解学生学习的情况,从而作出积极反馈,正确的给予鼓励和强化,错误的给予指导矫正。我们称之为"即时性评价"。所谓的即时性评价是指教育教学过程中,教师随时随地以语言或态度对学生学习情况进行评价,它贯穿于教育教学的始终,是加强形成性评价的一个重要表现。这正是课堂教学观察的意义所在,它的最终目的不是在于要记录学生日常的表现,更重要的是教师在教学中要学会关注学生日常的行为表现,及时地给予反馈。当然,能有计划地记录学生的数学学习状况则更可取,这些资料能使教师在期末综合性地评价学生的数学学习状况时更有据可依,从而保证评价的科学性。在记录中教师可以根据实际的需要,关注学生突出的一两个方面。比如,观察××学生,对突出表现的行为,在相应的观察项前打个"√",若无,则不作任何记号。

(四)访谈

有时面对全体的课堂观察还不够,针对学生的个别差异,为了更多地了解一些需要帮助的学生的学习状况,教师还需要精心设计一个个别访谈。访谈,也可称为面谈,就是评价者通过与被评价者面对面口头交谈的方式获取有效评价信息的方法。这种方法作为一种研究性交谈,与日常的谈话是有区别的。对学生学业成就的评价中的访谈有着明确的目的,具有较强的灵活性。因此,在访谈之前,教师要事先注意以下事项:

1. 学会等待,学会延迟评价。
2. 要注意变通。
3. 多采用启发式的问话。

(五)数学日记

数学日记不仅用于评价学生的数学知识,而且用于评价学生的数学思维。因为通过日记的方式,学生可以对所学的数学内容进行总结,可以像和自己谈心一样写出他们自己的情感、态度,以及困难之处或感兴趣之处。数学教育的目的之一是要发展学生数学交流能力,而写数学日记无疑提供了一个让学生用数学的语言或自己的语言表达数学思想、方法和情感的机会。而且,数学日记还可以发展成为一个自我报告,评价自己的能力或反思自己解决问题的策略是否适合。从这个意义上说,数学日记有助于我们教师培养和评价学生的反省认知能力。

一般来说,大多数学生会发现这种形式的写作十分困难。所以刚开始的时候可以要求学生写一写他们如何解决某一个问题的或记录某一天的问题解决活动,也可以给学生提供一些指导语,以促进学生产生记数学日记的愿望,还可以给学生提供一个数学日记的规格,规定他们写的内容,比如下面的一个形式,如表9-4所示。

表 9-4 数学日记

日期:

姓名:

今天数学课的课题:

所涉及的重要的数学概念:

你理解得最好的地方:

你不明白或还需要进一步理解的地方:

所学的内容能否应用在日常生活中,举例说明:

另外,在学期结束时,要求学生用数学日记的形式总结这一学期的学习,这也是教师了解学生情感、态度、价值观的一个有利时机。

(六)问卷调查

对于学生学业成就的评价,不仅可以让学生通过写数学日记来进行自我评价,还可以通过设计如下自我评价问卷,来引导学生进行自觉的数学学业成就自我评价。

《高中生数学自我评价能力》问卷

高二( )班　　　　姓名＿＿＿＿＿　学号＿＿＿＿＿＿

1. 选择题

(1)本学期数学课能否集中注意力听课　　　　　　　　　　　　　　( )

A. 能集中注意力　　　　　　　　B. 注意力比较集中

C. 比以前有进步　　　　　　　　D. 仍不够集中

(2)为上好数学课,是否有进行课前预习、课后复习的习惯　　　　　( )

A. 经常进行课前预习、课后复习

B. 偶尔进行课前预习、课后复习

C. 从来没有进行课前预习、课后复习

(3)本学期你的数学水平有提高吗?　　　　　　　　　　　　　　( )

A. 有明显提高　　B. 有一点提高　　C. 没有提高　　　D. 退步了

(4)本学期数学成绩进步的个人原因(多项选择)　　　　　　　　( )

A. 因为有成功的经历,信心更充足　　B. 学习方法在改变

C. 学习态度比以前端正了　　　　　　D. 没有什么特别的原因

(5)作业中的错误你会主动更正吗?　　　　　　　　　　　　　　( )

A. 会关注作业中的错误并主动去更正

B. 有时会主动去更正

C. 教师要求就去更正

D. 很少去更正

2.请你对本学期自己在数学学习方面的表现作出评价(见表9-5)。

表 9-5　数学学习情况评价表

评价项目	A(5 分)	B(3 分)	C(2 分)	D(1 分)
对学好数学的信心				
学习的主动性				
考试状态(心情)				
对个人学习数学的潜力发展趋势的自评				
就自己数学进步的满意程度				
讲出本学期学习数学最得意的一件事与老师分享				

(七)成长记录袋

成长记录袋也可以成为记录袋评价、档案袋评价,是新课程标准中提出的新的评价方式,就是根据课程与教学目标的要求,将能够反映学生成长与发展的各种作品收集起来,以全面、动态地反映学生的学习与发展状况,建立数学学习档案,促进学生成为学习的主人。他们在教师的指导下,按照师生共同制定的标准去搜集、准备作品,并可以根据自己的兴趣对自己的作品进行个性化设计。同时,伴随作品,学生要附上对自己作品以及某一阶段学习的自我反省与评价。其主要目的是通过成长记录袋这样一个制作过程,使学生能够充分认识到自己是学习的主人,从而以更强的责任感投入到自己的学习中;同时,它能充分尊重学生的个体差异,并充分发挥每个学生独有的优势和创造性,帮助学生树立学习数学的信心,并让学生看见自己的成长过程,从而获得学习数学的成功体验。

那么如何建立成长记录袋呢?首先建立"成长记录袋"之初你需要认识和思考如下工作:

1.开始时小一点、简单一点(尤其是班中学生过多时,成长记录袋的建立是一项巨大的工作)。

2.发展成长记录袋的合理性是很重要的。(为什么你让你的学生和学生家长保存一份这样的成长记录袋? 如何向你的学生和学生家长说明你的目的?)

3.成长记录袋必须让学生能够看到。

4.在课堂上要留出时间给学生维护成长记录袋的工作(指导学生对自己的作品进行分类和整理,在课堂上全班同学分享彼此的作品也很重要,教师要指导学生对作品进行反思)。

5.提供一个内容列表是必需的(教师用于判断学生成长记录袋的标准将反映教师的目的和期望)。

完成这些工作后,成长记录袋就可以开始发挥很好的诊断性和形成性评价的作用了。教师可以引导学生自己在成长记录袋中收录反映学习进步的重要资料。另外,成长记录袋的内容还可以设计成包含学期开始、学期中和学期结束三个阶段的学习资料,反映学生数学学习的进步历程,增强学生学习数学的信心。

四、学生学业成就评价遵循原则

学生学业成就评价的原则是教育价值观、人才观、质量观的反映。因此,学生学业成就评价既蕴含着对教师教的要求,也蕴含着对学生学的要求;不仅是对学习效果的检验标准,而且对教育学的方式方法具有指导意义。因此,在实施评价方案时,要遵循以下几个原则。

(一)全面性和发展性原则

评价是为了促进学生的全面发展,包括数学知识与技能的获得和发展、情感与态度的形成和发展、数学价值观的形成和发展等多方面的发展。也就是说,对学生学业成就的评价不能仅仅关注学生数学知识的理解和掌握程度、数学技能的形成和水平,还应关注学生的整体人格要素,即学生在数学能力、数学思维方法、数学情感、价值观等多方面的发展和进步。

(二)过程性原则

评价是为了促进学生的数学学习,因此,学业评价不仅要关注学生的学习效果,还应关注学生的学习过程——关注学生在学习过程中的表现。例如,要关注学生学习过程中合作交流的意识与参与程度,学习的积极性、主动性,学习自信心和兴趣等多方面的表现。即不仅关注学生获得教学目标确定的知识与技能的习得结果,还要关注学生在习得知识、形成技能时的表现,是一种表现性评价。这种评价不具有明显的预设性,也就是说,这种评价是由学生的学习过程和教师的教学过程、评价过程交互作用共同生成的。

第三节　国外中学数学教育评价简介

一、英国基础教育中数学评价特点简介

20世纪90年代前,英国的基础教育中学生评价主要以测量评价为主,以一种绝对的方式去测量学生已有的成绩和潜力。从评价性质看,终结性评价占主导,关注学生已经生成的能力、技能以及掌握的知识,通过评价来刻画学生的

"真实水平"与课程目标之间的差距。从评价目的上看,主要是区分,在学生之间划分等级,学校之间优胜劣汰,政府通过拨款控制教育各方面按其意图进行发展。因此可以说实行的是一种精英教育。

1997年布莱尔上台后,在教育领域中主张让每一所学校成功,让每一位儿童成功。因此学生评价不再只关注学生的学习成绩,对学习风格、学习动机、价值观等非智力因素更加关注。布莱尔认为,应该将学生的学习作为评价对象,即将学生与教师、其他学生、书本及其他教育资源的交互过程作为评价对象,要凸显评价对学生实际学习的促进作用,提倡形成性评价的应用。形成性评价注重过程,通过对学习过程中学生具体生动的活动的评价来改善活动,可以使学生的学习更具积极性。但绝大多数的家长还是信奉日趋完备的测量评价范式得出的结果。因此在英国,现在多种评价方式共存。

英国的基础教育中学生评价采用三级框架体系:最上一级是国家考试,采用国家统一的标准级别,它的作用是保证教育质量;中间一级是教师所实施的评价,在每个学习阶段结束时实行,以保证学生不偏离学习计划;最下一级是学生的自我评价和同学间的相互评价,这一级在教育任何情境中都可以发生,这种评价是"为了学习的评价",渗透于教学与学习的各个环节,师生一起分析细化学习目标及标准,及时反馈,使每个学生都可以得到发展。英国资格与课程局于2000年4月发表了《教师对形成性评价的报告》,强调了形成性评价在新课程评价中的应有的地位,告诫教师要重新确认自己在学生评价中的位置、角色,以推动新课程顺利实施。尽管如此,英国还是以终结性评价、测量范式为主。

英国以法定形式建立了"国家课程",逐步建立了"国家评价体系"。国家课程规定了十个水平,每个水平代表中等程度学生每两年的提高情况,水平1大致代表5岁学生的平均成绩,水平6为15岁学生的平均程度,水平10为16岁学生中最好的2%～3%的学生水平。所有学生都要在4个关键阶段(7岁、11岁、14岁、16岁)参加全国性考试,以这十个水平为目标参照水平。全国性评价的结果按各个学科公布,每个学生分学科根据各级学业目标,得出其所达到的某一水平。数学有五个学业目标:过程方面是数学应用,内容方面包括数、代数、图形与空间、数据处理。在这种国家评价中,形成性评价与全国标准化测试初步结合起来。教师要根据自己对学生的评价决定学生参加高一级或低一级的水平测试。

形成性评价主要是指在英格兰和威尔士进行的数学阶段评价活动。数学阶段评价有一系列标准,形成了学业的逐级水平,采用目标参照模式,以认知策略为基础,不再是技能、技巧的测评。学生参加常规的笔试,需要在运用算术、解释数据、应用空间技能、解释三维图像等每一方面答对至少80%的题,若达不到这个目标,那么要进一步学习后,再参加一次平行考试。除笔试外,还在每个阶段参加一对一的、书面的、口头的、实践的测验,以及心算的、估算的测验,学生们也可以做拓广的时间较长的专题作业。每一阶段结束时,学生们会获得一张证书,上面写明他们取得的进步。这种评价在技术方法上强调开放性的活动(包括问题解决、纯数学及应用数学方面的调查、研究课题等),并总结了应用的标准。这种评价方式还包括经教师审核的学生自我评价、观察、讨论,以及许多通常的课堂作业和测验。这种评价方式使教师的专业特征增强,越来越了解其所教的数学的本质和学生个人的成绩和弱点,形成了更适应学生需要的各项课程内容。不同学校的教师要定期开会交流,从而加速自身专业发展。学生也深入自己的评价和学习中,他们本人同样能参照标准,认清自己已有的基础及必须达到的下一级水平,学习动力迅速增强。学校则发现他们学生的"普通中等教育证书"的成绩得到提高。

Cockcroft[①] 报告将联系实际的数学和问题解决确定为数学教学的六项必修内容中的两项。该报告指出:"只有限定时间的书面考试,不能评价心算能力或讨论数学的能力,也不能评价韧性和创造性品质。"因此对"普通中等教育证书"考试进行了改革,规定设立口试题、联系实际的题目,以及由教师评价的附加的调查性的小课题。心算和口头测试已进入班级考试体系,有时还采用个别交谈形式,甚至鼓励采取小组活动的形式进行附加题测试,这为评价学生在讨论中的表现提供了机会。

英国的笔试评价有自己的一些特点:

第一,强调问题背景,将数学隐含在学生觉得具体而有意义的背景中,这在心理学中有重要意义,但要发现并使用那些适合考生同时又能很快被考生理解的背景不太容易。因此,在命题时发动了一批教师集思广益。

第二,使用区别对待的考卷。Cockcroft 报告中强调了根据学生成绩对他们分等级考试所带来的负面影响。因此采用了一组考纲一组考卷的形式,按深度和难度的增加排成系列,学生可自愿选择。

第三,使用理解性考卷,即考生阅读数学文章,然后回答问题。这些问题考察他们对数学的理解,有的还要求他们推广或提出更进一步的观点。这种形式不是要把学生圈在考纲内容上,而是旨在开放数学学习,增进学生动脑筋阅读数学的能力,开阔数学视野。

对于笔试中不适合评价的技能和过程,英国采用大型作业题形式测评。

———————

① 1978 年,英国政府组织了"学校数学教学调查委员会",主席由 Cockcroft 爵士担任,调查研究英国数学教育的现状,寻求改革数学教育的对策。该委员会于 1982 年向政府提供了一份长达 311 页的报告,题为 *Mathematics Counts*,该报告也被称为 Cockcroft 报告。

（1）开放题。

①实际的或应用的题,要求学生将数学应用于现实生活问题。

例:买东西。"你们家在哪里买食品？这个决定明智吗?"

②研究题,要求学生从本质上探究数学的问题。

例:增长的菱形。"在这个图形中有几个菱形？研究下图。"

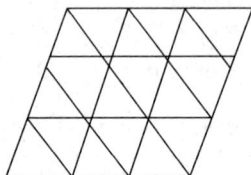

对于这些开放题的评价标准按其研究过程而制定。

①实际题。

辨识:分析、计划。

实施:建立模型、试验/发问、取样/收集、测量、处理数据、表达、检验/优化。

回顾:形成一种解答、交流、解释、修改。

②研究题。

辨识:发问/推广、计划、开始/化简。

实施:系统地工作、分类、符号化/记录、猜测/一般化、检验/证明。

回顾:小结、交流、推广。

（2）心算测验

英国"普遍中等教育证书"教学大纲中设有一些心算测验、测试估计、空间想象等。

例:估计 100°的正弦值;

半圆的周长公式是 $\pi r + 2r$,对其因式分解。

但对于是否允许学生动手在试题中做些记号,有很大争议。

（3）口头评价

英国中学数学界普遍认为,讨论是数学活动中必不可少的一部分,因此把"交流"定为评价标准之一。采取有书面材料的访谈方式受到广大师生的欢迎,但花费时间过长,大多学校行不通;而且口头评价不易于标准化,特别是与学生讨论时很难作出正确评价。

二、澳大利亚中学数学教育评价最新发展

在此,我们仅从澳大利亚昆士兰州中学评价系统中概览澳大利亚的教育评价情况。

昆士兰州中学有两套评价系统。

(一)校本评价系统

校本评价系统是一种内部的、单课程的、以校为本的评价系统,其目的是为了证实学生的成绩确实符合教学大纲所规定掌握的知识能力要求。它又包括以下两方面内容。

1.目标参照性评价

它强调是否达到已定标准,由终结性评价和形成性评价组成。

2.毕业评价

它是学校根据学生的知识水平和对课程原理及概念的理解程度以及学生在各种环境中的思维分析及操作能力而作出的对学生最终学习成就水平的评价。

(二)跨课程考试评价系统(QCS考试)

QCS考试是由昆士兰州管理的集中举行的全州性标准化考试(即反映中学课程的能力基本要素)。测试题是跨课程的综合性题目,其内容在极大部分学生的经验积累范围内。测试题较丰富,其水平适合于毕业年级学生应试者。考试由四套试卷、三种题型(多向选择、简答、扩写)组成。

(三)澳大利亚中学数学教育评价的一些新成果

1.数学教育评价中面谈法的运用

澳大利亚天主教大学(Austrian Catholic University)的克拉克(Clarke)博士近年来研究了用面谈的方式评价学生在数学学习上的表现。他研究的重点是通过与学生单独的面对面的访谈,了解学生面对具体问题时的表现,进而了解学生解决问题的思考过程,评价学生不同的思考方法,分析教师对学生的理解与认识,以期获得教师对学生以及学生对学习数学的理解。

下面通过一个例子展示面谈法的具体运用。

具体题目:餐馆的座位

餐馆的座位

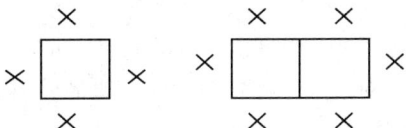

(1)在一家餐馆里,餐桌都是能坐4人的方桌。当客人多于4个人时,餐馆老板就把桌子摆成一条线拼在一起,2张桌子拼在一起能坐6人。3张桌子拼在一起能坐几个人?(若学生能回答出8,则问如何得出;若回答不出,则让学生独立画图得出。)

（2）完成下题（见表 9-6）。

表 9-6　桌子数与人数关系

拼成一排的桌子数	1	2	3	4	10			…	n
人　数	4	6				18	24	…	m

①已知桌子数，你能快速算出一共能坐多少人吗？

a.用语句和图表达你的方法，以便别人能理解。

b.用数学符号表达这个关系。

②已知要坐的人数时，你就必须算出需要多少张桌子（当有人向餐馆订餐时，这种情况经常发生）。

a.如果你被告知订餐的人要坐在一张桌子上（只考虑恰好坐满的情况），怎样算出需要多少张桌子？用语句和图解释你的方法。

b.用数学符号表达这个关系。

一个学生的高水平的反应是用符号形式将初始情境和相反情境表达出来，答案如表 9-7 所示。

表 9-7　桌子数与人数关系

桌子数	1	2	3	4	10	8	11	n	$(m-2)/2$	
人　数	4	6	8	10	22	18	24	$2n+2$	m	

用符号形式表达如下：

$M=n\times2+2$　　　　　$(m-2)/2=N$

若学生能得此答案，请其说出思考过程。

教师也发现，即使一些学生能在①题中得出一个一般规律，但他们在用符号表达第②题时可能会出现混淆现象。如下例：

（1）$n\times2+2$

（2）$m/2=8-2=N$

（若发生这种情况，教师首先问学生为什么得出此结果，然后让学生对照表格验证答案，进而修改。）

教师们一致认为，通过从面谈中获得的资源，可以展示学生对于数学的理解程度，如果没有这种一对一的范围较广的互动的特殊机会，则学生很难展示对数学的理解程度。教师有如下发现：

（1）一些学生的表现要好于教师对他们在正规教学计划中的第一印象，一对一的情境和等待的时间使他们有机会去展示他们所知道的事情。

（2）可以发现一些在常规教学中很难发现的学生的缺点。

（3）对于那些平时比较沉默的学生（尤其是女孩），一对一的交往和真正的交谈使教师能更深入地了解他们思考方式。

(4)学生在面谈中表现出愉悦与自信。无论他们在什么水平上进行数学运算,他们都会把握机会,享受与教师共有的时光,且表现出他们所能做的。

同时面谈法对教师教学也用促进作用:

(1)更注重数学概念之间的联系以及把课堂数学应用于实际生活。

(2)更多使用开放题,为学生提供更大的挑战。

(3)更少强调规范的记录和规则,允许各种记录方式。

(4)基于任务(task)的评价法。

这种评价方法的内涵是:通过让学生完成各种具体丰富的任务,在学生完成任务过程中,可考查学生多方面的表现。这种方法在问题的性质、评价方式以及对评价的具体操作等方面不同于传统的纸笔测验方式。

2.基于任务的评价法的运用

这一评价方法的核心就是:选择和运用可操作性更强、更有评价特征的数学任务。因此任务的选择至关重要。这些评价任务应该与教学内容联系紧密,一般一项任务可产生多种结果,可为学生提供一系列应答的机会,它需要有充足的时间来完成并利于教师管理,能使所有学生都可从头直接参与。其解决方法多样,并且这种评价任务要使教师和学生关注各种数学活动,允许学生将所学概念建立联系,以便于学生从教师那里获得必要的帮助。

基于任务的评价法更加关注学生学习数学过程中的特殊表现。学生在完成一项具体任务的过程中,能表现出其对数学的兴趣、数学知识与技能以及思维创造能力,因为这些活动与学生的生活或现实生活有密切的联系,使学生增加对数学学习的主动性,使学生更有效地学到有关内容和方法。与此同时,通过这种评价法,也可使教师从多角度了解学生数学学习的表现,对其表现作多方面的判断,包括其思维活动、对有关数学内容的理解掌握程度、数学创造能力、数学学习活动的参与程度以及对数学的情感和态度,从而更全面地评价学生的数学学习。

下面是评价任务的具体例子。

(1)电话本中的姓名

【评估活动说明】

目的:引导学生估计,并学会估计大集合中数字个数的方法。尽管关注点在于估计和描述,但在学生的活动中,也能明显反映出对其他评估活动的反应,如列式计算、数列及数的关系等。

将印有"格林"名字的卷子提供给学生。可以先进行以下初步的班级讨论,以确定进行估计活动时什么方法是可接受的,什么方法是不可接受的。

【评估指导】

尽管这项活动是关于估计的,也不要仅仅基于估计的准确性考察学生的反应,更重要的是学生用于估计和计算的策略,以及他们能从估计中得出什么结论。这一水平上的学生不能数出所有名字,但可以通过数一列或一列的一部分,而得出一个大约的数字。

一个高水平的反应将清晰、有效地展示每一步计算中的策略,并根据最初估计的准确性得出结论。例如,在看完一页电话簿后,一名学生可能估计出一列中所有名字的数目(假设是 100);假设每页有 4 列,则可估计每页总共有 400个名字;可估计一本总共有 16×400 个名字;

再按每个名字拨 8 个数字键计算,则可计算出拨打所有名字应按电话键的数目。

【深化活动】

作为一项附加活动,学生可以尝试估计有多少和他们同姓氏的电话号码,以班级为单位做一张示意图。

具体题目:电话本中的姓名

①估计

不要用任何铅笔和纸进行计算而估计下列各题的答案,一旦写下答案,不要改。

a.麦尔伯恩的电话本中有 16 页以"格林"为姓氏。请估计一下电话本中能有多少位姓格林的(商业名字也计算在内)。你为什么这样估计?

b.如果你打电话给这些格林,一共需要按多少个数字键? 假设你第一次就接通了每个人的电话。

②计算

计算下面各题答案:

a.在合理的精确度内计算在麦尔伯恩的电话本中有多少位姓格林的。弄清楚你是怎样得出答案的。

b.如果给这些格林打电话,在合理的精确度内计算出应按下多少个数字键。假设你第一次就接通了每个人的电话,弄清楚你是怎样得出答案的。

你对自己的估计有什么评论?

(2)分割三角形

【评估任务说明】

目的:展开先是整数然后是分数的面积的几何规则,并把这一规则表述为一般规律。这项数学活动的妙处在于把算术的一些方面(特别是表述一般规律和运算)与几何和面积相结合。

【评估指导】

完成这项数学活动将包括在极小错误率下得出答案并进行推理,对第 1～4 题的应答如下:

①

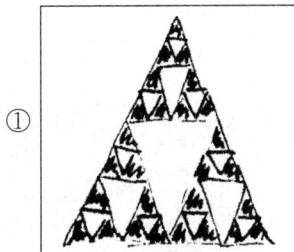

②有以下数目的三角形被移走了:

a.在第 3 步后:4 个三角形;

b.在第 4 步后:13 个三角形。

③阴影部分的面积如下:

a.第 2 步:3/4;

b.第 3 步:9/16;

c.第 4 步:27/64。

④规律从 27/64 持续到 81/256,然后到 243/1024,学生的推理可以有许多形式,如:

随着每前进一步,分子被 3 乘,而分母被 4 乘。这是因为每个三角形都被分成 4 个三角形(分母),并且每次 3/4 都是被划为阴影。

一个学生可计算出阴影部分面积的规则,如:

$3^{n-1}/4^{n-1}$ 或 $(3/4)^{n-1}$

这超越了本项评估活动的要求。

具体题目:<u>分割三角形</u>

第1步 第2步 第3步

在上面的模式中,你能看到每一步每个带阴影的三角形被分成四个面积相等的三角形,并且中间的那个被移走。

● 画出第 4 步的图形。
● 在第几步后有三角形被移走？移走了几个三角形？
a. 第 3 步　　b. 第 4 步
● 假设在第 1 步中阴影三角形的面积为单位 1，写出下列各步中阴影部分的面积：
a. 第 2 步　　　　b. 第 3 步　　　　c. 第 4 步
● 不要画图，预测第 6 步所有阴影部分的面积，简要说明你推导出答案的过程。
● 得出一个求任何一步中所有阴影部分面积的一般规则。

具体的评估标准件如表 9-10 所示。

表 9-10　评估标准

评分	表现（可用于以下领域内容的评价：几何、数、测量、概率与统计、代数）	等价的过程
优秀	此水平学生要全部完成任务，但要用几种方法对解答作出解释，或说明由此任务引出的深入的和普遍的意义	除完成要求的任务外，还表现出明确的解题策略、数学交流和推理能力
4 分	能完成任务，清晰地证明和理解核心的数学概念	提出合适的计划，应用适当的策略与数学方法进行清晰的交流
3 分	对完成任务有明显的进展，表现出对相关知识、概念和技能的理解，但一些关键概念可能混淆	有合理的计划，能运用解题策略和数学知识进行交流
2 分	试图使活动有进展，部分且有限地掌握有关的核心的数学概念，对知识的掌握、概念的理解和有关技能的运用不熟练	缺少有效的解题策略和进行交流和推理的能力
1 分	缺乏对问题的理解和解题过程	运用的策略无效，缺乏交流和推理的能力

　　通过以上对面谈法和基于任务的评价法的介绍，可看到当今澳大利亚中学数学教育评价运用了一些较新的方法形式，这些评价形式更加客观、公正、深入，密切联系学生现实生活，容易调动学生积极性，缓解学生解题的紧张感，让学生在充满兴趣的轻松状态下投入数学问题的解决过程，利用它们形成一种习惯，即利用所学知识解决实际问题。从另一方面来说，它也促进了学生从生活中发现数学问题。同时，这些评价形式需要学生直接参与。在学生完成任务的过程中，教师可以得到一种过程性的评价，以及对学生的表现性评价，而不仅局限在通过笔试结果片面地评价学生。教师可根据学生在此过程中的表现去理解学生的思维过程，发现他们的问题所在并给予特定的帮助。这种评价活动的设计对我们当前的数学教育评价工作是很有借鉴意义的。

三、丹麦中学数学评价

(一)两级式的中学高段教学

丹麦的学制分为两部分:义务教育(9～10 年)和中学高段教育(3 年),它们在管理和教师配备上都是独立的。中学高段的教学又分为数学和语文两个方向,主修语文的可以不学数学(以一门包括一部分数学内容的自然科学课程代替)。本部分主要讨论的是数学方向的教学评价。

丹麦中学高段的数学教学的一大特点是实行两级式的教学,由 A、B 两个水平组成,学完前两年数学课(每周 5 节,每节 45 分钟),即达到 B 水平。在 B 水平的基础上,再学完第三年,就达到了 A 水平。达到 A 水平的学生人数占达到 B 水平学生人数的 80%。

(二)教学内容

中学高段数学教学内容如表 9-11 所示。

表 9-11　中学高段数学教学内容

教学内容＼等级		B 水平	A 水平
纯数学专题	前两年	数论、函数、统计、几何、概率等	
	第三年	无	向量理论、与计算机有关数学等
其他三个专题		数学史	
		模型和建模	
		数学内部结构	

(三)评价

在丹麦的中学数学评价系统中,除了传统的笔试方式外,还有口试和大型书面报告两种方式;下面依次详细介绍。

1.笔试

A、B 水平的学生都需要参加由国家教育部组织的终结考试。笔试内容有纯数学题、应用题和简单的建模问题,分为必答和选答两部分。B 水平有 25% 的题目比较简单,其他部分则要难一些。较难的题目涉及数学原理及实际应用,但是并不要求学生自己将问题数学化(除较简单的线性或指数增长及求函数表达式等之外)。下面是 B 水平笔试中较难的题目:

例 1　一家工厂在排放的废水中有一种含磷的化合物。在两年中对废水进行检查,结果其磷化物的日排放量平均值为 0.53 千克,标准差为 0.20 千克。

问题1:求这期间磷化物日排放量超过 0.7 千克的概率。

问题2:估算出排放量最低的 10% 天数中磷化物的总排放量。

工厂加强了废水处理,于是在第二年年底,磷化物的日排放量平均值为 0.41 千克,而日排放量超过 0.70 千克的概率降到了 2%。

问题3:求第二年年底磷化物日排放量的标准差。

例 2 问题:函数 f 定义为:

$$f(x) = \frac{3x^2 + 2x + 5}{x + 2}$$

求 f 的定义域、零点、符号和单调性。

问题1:求函数图像的渐近线。

问题2:画出 f 的图像,求 f 的值的集合。

教师主要依据学生的计算方法的正确性和思考方式的清晰程度批阅试卷,考试分数为十分制。

2. 口试

对于 B 水平的终结考试,达到 B 水平而不准备达到 A 水平的学生,除参加笔试外,还要进行一次口试;而 A 水平的终结考试也包括一部分班级的口试。

口试目的:检查学生有关数学课题的基本知识和对数学专题关键部分的解释能力,让学生在数学概念和思考方法的理解方面比笔试有更多的表现机会。

口试范围:B 水平涉及大纲一半内容,至少包括上表列出的"其他三个专题"中的一个专题,A 水平涉及大纲三分之二的内容。

试题分为两个部分:第一部分说明考试课题的标题,第二部分要求学生独立完成该课题不同方面的详细说明。B 水平考试分为两部分,有一部分是检查学生基本知识的师生之间的谈话,而 A 水平则要求学生独立表述出其具有的基本知识。下面是几个例子:

例 1 (B 水平)增长模型

问题:详细表示指数增长的模型,包括它的表达式和图像(可以利用下列数据)。

1963—1970 年,丹麦女工每小时工资数(丹麦克朗)如表 9-12 所示。

表 9-12 丹麦女工每小时工资数 (单位:丹麦克朗)

年份	1963	1964	1965	⋯
每小时工资	5.97	6.61	7.43	⋯

在适宜的环境中,大肠杆菌细胞每 20 分钟分裂一次,如表 9-13 所示。

表 9-13　大肠杆菌分裂的时间与数量关系　　　　　　　　（单位:个）

时间（分）	0	20	40	60	80	…
细菌数	1000	2000	4000	8000	16000	…

在口试中,要求学生独立说明:

1.在现实生活中,哪些增长可能是指数增长? 为什么?

2.为什么说 $f(x)=ba^x$ 表示增长的百分比是不变的?

3.为什么 $f(x)=ba^x$ 的图像等价于半对数坐标系中的一条直线?

4.为什么倍值周期是一个很有意义的概念?

5.为什么 $T_2 = \lg 2 / \lg a$?

在随后的教师与学生的讨论中,将会谈到其他的增长模型。

3.大型书面报告

在第三年中,每个学生都要就自己所学的某一课程写一篇大型书面报告。写这种报告的目的是为了让学生表现出他们学习数学的能力和将所学的知识写成书面报告的能力。题目可在纯数学专题或其他三个专题方面选择,例如:数的历史、巴比伦人的数系、混沌与分形等。这种报告由教师和一名外来考试人员批阅,并按十分制评分。

这三种评价方式均由校内教师及外来考试人员(一般由外校教师担任)共同执行,其中校内教师执行校内评价,外来考试人员执行外来评价。评价学生能力的分数为十分制,不同评价形式与课程主要部分之间的关系如表 9-14 所示。

表 9-14　不同评价形式与课程主要部分之间的关系

内容 ＼ 过程		笔　试		口　试	
		校内评价	外来评价	校内评价	外来评价
主要专题		练习: 问题解决中的理解和技巧	应用方法: 问题解决中的技巧	说明: 结论 证明	理解: 思考方式 数学专题
其他专题	数学史	例如小论文（如:黄金分割问题）		外型演讲（如:巴比伦人的数系）	例如古希腊数学
	模型和建模	例如小型研究报告（如:放射性的衰变）	应用已知的模型 建立简单的模型	小型演讲（如:什么是数学模型）	建立模型的过程 数学模型的应用
	数学内部结构	例如小论文（如:勾股定理）	"说明……"	例如说明"证明的类型"	概念 数学思想 证明

丹麦的数学教育评价体现了一种注重表达——口头及书面的理念,给我们留下了十分深刻的印象,也值得我们在评价改革中借鉴参考。

复习思考题

1.什么是教学评价?结合实际,谈谈教学评价具有哪些功能。

2.怎样理解数学教学评价的意义与作用?

3.如何正确理解数学课堂教学评价的内容?

4.假如你拿到一个班级的学生数学成绩,你是如何评价班级学生的学生成绩的?谈谈你的想法。

5.有一个年轻教师,对第一次公开课的备课很认真,他征求了很多老教师的意见,却听到了不同的意见,他拿不定主意。对这个现象,请谈谈你的见解。

第十章　数学教育研究

本章主要介绍数学教育研究中科研论文写作的意义、数学课题研究的类型以及论文的格式、毕业论文答辩的过程和注意事项。通过学习,教育工作者能更好地理解论文写作的意义、过程和方法。

第一节　数学教育研究概述

一、数学教育科研论文的意义

数学教育论文是探索成果的记录,更是研究水平的体现,并且实实在在地反映出科学研究进程的深度和广度,还有助于将研究水平推向新的高度。总的来说,数学教育论文的主要意义有以下几个方面。

(一)数学教育论文有助于学术交流

目前数学教育研究成果的交流方式,主要有口头方式和书面方式。书面方式的交流涉及面广,保存时间长,是最普遍、最重要的一种交流方式。数学教育研究的成果如果不写成论文的形式,它的传播和交流就会受到时间和空间的限制;只有写成论文,才有可能在杂志上刊登或公开出版,甚至被翻译成不同文字,在世界各地传播,或者输入计算网络,供广大研究者随时检索。同时,从时间上看,一个人的寿命是有限的,只有凭借文字著作,其取得的成果才能长期流传下去。对作者来说,自己的成果只有写成论文,公开发表,才能得到实践的检验和公众的评鉴。也就是说,我们的论文正式发表后,便可以交流和检验研究成果的价值,进而提高研究工作的水平。

英国作家萧伯纳形象地说过:两个人交换手中的苹果,结果各得一个苹果,但如果是交流思想或方案,就可能有许多新思想、新方案得以萌发。这对论文的学术交流作用作了一个很好的注释。

(二)通过撰写数学教育论文可以提高数学教师的素质

中共中央在 1980 年 6 月全国师范工作会议上指出："教师要有高尚的情操,渊博的知识,懂得教育规律。"1993 年中共中央和国务院颁发的《中国教育改革和发展纲要》中指出："教师是人类灵魂的工程师。必须努力提高自己的思想政治素质和业务水平;热爱教育事业,教书育人,为人师表;精心组织教学,积极参加教育改革,不断提高教学质量。"1999 年颁发的《关于深化教育改革全面推进素质教育的决定》中又指出："建立高质量的教师队伍,是全面推进素质教育的基本保证。"对广大数学教育工作者来说,学习数学教育科学的有关基础知识,积极开展数学教育科学研究以适应这种变化,对胜任教学的任务具有特殊的意义,也是一件刻不容缓的事情。

俗话说:"名师出高徒。"只有高素质的教师,才能培育出高素质的人才。一个理想的数学教师应该具备以下条件:在多方位、多层次的含义上,具有较广、较深、较丰富的数学知识和观念;能不断充实自己(教育思想、观念、方法、手段、技能、新知识……);能采取灵活的教学方法,善于设置数学教学的情景,以自主的、爱思考的、积极的个人形象出现;能选择或编写丰富多变的数学材料,用以适应特殊的数学环境,满足教学和学生的需要;能组织、监督、指导、管理大量的适合数学教学的形式和活动(竞赛、兴趣爱好小组……);有科学研究的实践和经验,了解数学的发现过程,从理论和实践上理解学生是如何经历、察觉、思考和感觉数学的,同时也应具备有关学生如何获取及构建数学知识、数学领悟和数学技能的知识;能够用科学的方法观察、探究学生的学习过程及其成果,能开展数学教育研究,提出提高数学教学质量的实践方案;能够多方位地、综合地、平衡地评价学生的数学知识、观念、表现,并将这些结果和学生进行个别或集体的交流讨论;并善于在课堂教学中使用现代教育技术和手段,以提高教学效果。杉山吉茂在谈到日本数学教师时说:优秀的数学教师不仅提供数学知识和技能,而且培养学生探究的态度和数学学习习惯,还发展学生的数学思维和培养学生的创造性。更优秀的教师能够让学生自己研究数学,或者和学生一起做数学。数学教育科学研究是提高教师业务素质的最好途径之一。在进行教育科研的过程中,教师可以不断更新教育观念和教育思想,了解和掌握先进的教学方法和教学手段;通过教育科研,研究和分析教学过程中的现象和问题,找出解决问题的方法,提高教学质量;及时了解数学学科的新进展、新成果,接受新信息。没有科研能力或没有从事过科研工作的教师不可能引导学生去体验发现数学的过程,更无法指导学生进行创造性活动。科研是一个积极的思维过程,没有积极思维能力的老师难以培养出具有良好数学思维能力的学生。

科学研究的一个重要任务是提高教师的素质，培养学科带头人。钱伟长说得好："教师不仅要进行教学工作，而且还要全力进行科学研究和学术创新工作。那些只进行教学工作而不进行科学研究的教师，只能教死书，缺乏发展的观点，从而贻误青年。"写论文是发展智力的手段，它可以将一个人肤浅的、驳杂的、不系统的经验认识提高到系统的认识，从而提高他的理论水平和业务能力。日本有学者甚至说："写作是人类形成、社会形成、文化形成的基础。"

（三）数学教育论文有助于探索数学教育规律，推进数学教育改革

教育担负着提高劳动者素质和培养人才的任务，是一个民族发展和振兴的最根本事业。国民经济的发展，现代化的实现，乃至整个国家要在世界竞争中屹立都必须依靠科学技术。邓小平明确指出："科学技术人才的培养，基础在教育。"[①]由此可见，祖国赋予教育何等严肃的历史使命，人民赋予教师多么光荣的时代重任呀！数学教育改革的实质是使数学教育工作更加科学化。"教育要改革，教育科研需先行。"数学教育改革的决策必须有理论依据，才能提高决策的自觉性，减少盲目性。大到席卷大半个世界的新数运动，以及当前我国正在进行的数学课程改革，小到教师个人进行的数学教学方法改革实验，如顾泠沅小组进行的上海青浦县（现为上海市青浦区）"尝试指导，效果回授"的数学教改实验，都需要经过充分的理论准备，明确理论指导依据，在进行过程中还要不断地将实践经验上升为理论。顾泠沅小组经过十几年教改探索，不断总结、提炼，1991 年出版一本理论著作——《学会教学》。其中介绍了他们通过吸收现代国内外有关学习理论的研究成果，在批判地继承我国学习理论的基础上，揭示出数学教学的四条基本原理，即情意原理、循序渐进原理、活动原理和反馈原理，为进一步推广青浦经验指明了方向。

教育科研是不断认识教育规律、更新教育观念和思想的过程。没有先进的教育思想和观念、不懂得教学规律的教师是教不好数学的。教育科研是对改进教学方法、提高教学质量的研究过程。教育科研是学习、掌握和应用现代科学技术于数学教学的过程。

数学教师在面对提高数学教育质量、推进教育事业发展这个永恒的课题时，敢于通过数学教育研究拓展探索的深度，善于透过论文的写作提高认识的高度，才是正确的选择。

（四）对数学教育教学中实际问题的研究有助于提高数学教学质量

目前，我国数学教育正由应试教育向素质教育转化，中小学数学教学情况有了根本性的改变。但是由于多方面的原因，教育观念、教育思想、教学内容和

---

① 　中共中央文献编辑委员会.邓小平文选(第 2 卷)[M].北京:人民出版社,1983:95.

教学方法都不同程度地脱离了生活实际,为应付考试而进行的"题海战术"、"讲得多、练得多、考得多"的"三多"现象依然存在;讲授不得法,学生学习负担过重,高分低能等现象比比皆是。这说明应试教育的束缚依然存在,教学还没有真正按照教育规律办事。

教育要发展,就必须进行改革;教育要改革,又必须积极开展教育研究。把教育改革与教育科研结合起来,是现代教育改革与发展的一个显著特点。

对数学教育教学中存在问题的研究,可以以数学教育论文的形式反映出来。数学教育论文具有理论性和学术性,带有普遍性,正确的理论一旦被教师所接受,被教师吸收、内化,成为指导教师教学工作的认知定势,就会变成提高数学教学质量的物质力量。因此,广大数学教育工作者在数学教学改革的实践中,不仅要有改革的热情、品格和精神,而且要把数学教学与数学教学改革有机地结合起来。

(五)数学教育科学研究对作者的能力有很大的提升作用

毋庸置疑,数学教育研究论文对于提升教师能力有很大的作用。这是为什么呢?

其一,论文是作者对教育规律认识的深广度、驾驭的自由度的一种显性体现。众所周知,教育既是一门科学,又是一种艺术。教育的对象是活生生的人。因此,只有对教育规律进行深入的研究、着意的探究,才能尽快地从了解走向熟悉,从熟悉跨入驾驭。

其二,论文是作者教学能力大小、教学水平高低的一种具体标志。目前,在全面实施素质教育的今天,人们已经逐渐认识到,单凭学生的学习成绩去评判学生的学习水平,去评判教师的教学能力,明显带有片面性。因此,对数学教师教学能力的评价已经转变。事实上,数学教师要提高自身的教学水平,必须投入教育研究,必须开展科学研究。正如日本教育家向山洋一说的:"一个教师至少发表 100 篇教育研究文章,才可能成为一个成功的教师。"

其三,论文是作者提高教育质量、教育研究水平的一种重要举措。"提高教育质量"是教育事业一个永恒的主题。要在这个主题下做好文章、取得硕果,正确的方法是:在讲坛上、在实践中,着力展开探索,有机地结合研究。通过教育实践去发现问题,从而提出研究课题。又在教育实践中,去收集解决问题的素材,进而提高到理论高度予以分析,作出结论。最后,将得到的属于自己的新颖观点带回到教育实践中,指导自己更新一轮的实践。

我们在明确数学教育研究重要性的同时,必须清醒地意识到:数学教育作为一门科学,它在受到其他学科发展制约的同时,本身也在不断地发展与成熟。应该说,理想的数学教育科学应具有科学的概念、范畴和体系,以及科学的方法论和认识论。

同时,目前国际国内中小学数学教育正处于重大变革时期,我国数学教育科学还比较落后,教育理论贫乏,教材陈旧,教学手段简陋,很多重大问题都亟待人们去研究,完成填补空白的工作。大量的教育实践经验迫切需要正确理论的指导。另外,还有部分数学教育工作者的教育科学素养不强,需要继续学习,更需要不断探索、实践。

二、数学教育研究课题的特征

(一)问题必须有价值

选定的问题不仅对本学科研究领域具有较好的内部价值(即理论上有新突破,实践上也对教育改革有重要的指导作用),而且对其他相关领域,如心理学、哲学等也要有较高的外部价值。问题的意义是确立选题的重要依据,它制约着选题的根本方向。

衡量选定课题有无意义及意义的大小,主要看两个基本方面。一是所选择的研究课题是否符合社会发展、教育事业发展的需要,是否有利于提高教育质量,促进青少年全面发展。这方面强调的是课题要具有重要的应用价值,选题范围要广,要从当前教育发展的实际出发,针对性要强,应选取有代表性的、被普遍关注、争论较大的亟待解决的问题。二是所选择的研究课题是否符合教育科学本身发展的需要,是否符合检验、修正、创新和发展教育理论,建立科学的教育理论体系的需要。教育研究的实际课题,有的强调应用价值,有的强调学术价值,有的二者兼而有之。但无论哪一种,都要选择那些最有意义的教育问题作为研究对象。正如列宁所指出的"从全部总和"、"从联系中去掌握事实"。那种"胡乱抽出一些个别事实和玩弄事例"的做法,"是没有任何意义的","或是完全起相反的作用"。这就要求我们要"从大处着眼",用综合的普遍联系的全面观点去分析研究个别事物及其相互关系。

这里需要说明的一点是,我们对选定问题的价值不应作狭隘的理解,不能以一个课题在研究中的成败来判定它所提出的问题的意义。原因在于,人们正是从错误问题所导致的失败中长出许多重要知识,从正反对比中得到经验教训。

(二)问题必须有科学的现实性

选题的现实性,集中表现为选定的问题要有科学性,指导思想及目的要明确,立论根据要充实、合理。选题的科学性,首先表现在要有一定的事实依据,这就是选题的实践基础。研究课题是从实践中产生的,具有很强的针对性;实践经验同时又为课题的形成提供一定的、确定的依据。选题的科学性,还表现在以教育科学基本原理为依据,这就是选题的理论基础。教育科学理论将对选题起到定向、规范、选择和解释的作用。没有一定的科学理论依据,选定的课题必然起点低、盲目性大。应该看到,选题的实践基础和理论基础制约着选题的全过程,影响着选题的方向和水平。为了保证选题具有科学的现实性,还需要对选定的课题进行充分的论证。

(三)问题必须具体明确

选定的问题一定要具体化,界限要清晰,范围要小,不能太笼统。原因在于问题是否具体往往影响全局的成败。那种大而空、笼统模糊、针对性不强的课题往往科学性差。只有对问题有清晰透彻的了解,才能为建构指导研究方向的参照系提供最重要的依据。因此不宜把课题选得太宽、太大、太复杂。韩非子在《喻老》篇中指出:"天下之难事必作于易,天下之大事必作于细。"这就是说,要从小处着手。

(四)问题要新颖,有独创性

选定的问题应是前人未曾解决或尚未完全解决的问题,通过研究应有所创新,有新意和时代感。

要想选题新颖,就要把所研究课题的选择放在总结和发展过去有关学科领域的实践成果和理论思想的主要遗产的基础上。没有这个基础,任何新发展、新突破都是不可能的。因此,要通过广泛深入地查阅文献资料和调查,搞清所要研究课题当前在国内外已达到的水平和已取得的成果,要了解是否有人已经或者正在研究类似的问题。如果要选择同一问题作为研究课题,那就要多对已有工作进行认真审视,从理论本身的完备性及研究方法的科学性高度进行评判性分析,在此基础上,重新确定自己研究的着眼点。只有在原有研究成果基础上的突破和创新,才具有研究的意义。

(五)问题要有可行性

所谓可行性,指的是问题是能被研究的,存在现实可能性。具体分析,可行性包含以下三个方面的条件:

一是客观条件。主要指除必要的资料、设备、时间、经费、技术、人力、理论准备等条件外,还有科学上的可能性。这就是恩格斯指出的:"我们只能在我们时代的条件下进行认识,而且这些条件达到什么程度,我们便认识到什么程度。"有的选题看起来似乎是从教育发展的需要出发,但由于不符合现实生活实际,违背了基本的科学原理,也就没有实现的可能,如1958年有人提出的"关于中国十五年内普及高等教育的对策研究",这样的选题不仅徒劳,并且常常会导致实践的盲目性。

二是主观条件。主观条件是指研究者本人原有的知识、能力、基础、经验、专长,所掌握的有关这个课题的材料以及对此课题的兴趣。也就是说,要权衡自己的条件,寻找结合点,选择能发挥自己优势特长的课题。有的人擅长实践操作,就不一定非选理论研究课题;反过来,有的人擅长理论思维,就不一定非要选择实验研究课题。而在一个课题协作研究组当中,不同特长的人优势互补,才能真正发挥出整体研究的效益。对于刚起步的年轻人,最好选择那些本人考虑长久、兴趣最大的课题。而在教育第一线从事实践工作的教师,选题最好小而实。自己提出的研究问题,更容易激发信心和责任感,更容易发挥创造性。总之,知自己之短长,扬长避短,才能尽快出成果。

三是时机问题。选题必须抓住关键性时期,什么时候提出该研究课题要看有关理论、研究工具及条件的发展成熟程度。提出过早,问题会攻不下来。如前几年有人曾尝试从生理学角度,通过对脑电图的研究来考虑人的认识规律,由于各方面条件还不具备而搁浅。提出过晚,又会被认为是亦步亦趋,毫无新意。这里有一个胆识问题,善于抓住新课题,又要注意时机。正如贝弗里奇所说,如何辨别有希望的线索,是研究艺术的精华所在。具有独立思考能力,并能按照其自身价值而不是按照主宰当时的观点去判断论证的科学家,最有可能发现某种在潜在意识中存在的新东西。

在教育科学研究中经常出现以下选题不当的情况:一是范围太大、无从下手;二是主攻目标不清楚;三是问题太小,范围太窄,意义不大;四是在现有的条件下课题太难,资料缺乏;五是课题为经验感想之谈,不是科研题目。因此,正确选题并非一蹴而就,它要求研究者不仅要有科学的教育理论指导,还要坚持唯物主义观点,从实际出发,通过对事实材料的分析比较,善于发现和抓住重要问题;不仅要把握该领域理论研究的全局,而且要对教育实际有深入的了解;不仅要有问题意识,而且要了解和掌握选题的有关知识和方法,不断提高自己的选题能力和创新、判断、评价等综合能力。

第二节　数学教育研究课题的类型

要学会选择数学教育研究课题,应该对数学教育研究课题的分类有一个基本的认识。按照不同的标准可以对课题进行不同的分类,在这里我们重点介绍三种分类方法。

一、按照数学教育研究课题功能分类

（一）基础研究课题

基础研究课题是关于数学教育基本规律的理论性研究课题。研究的目的在于探索和创新知识，扩展和完善数学教育理论。例如"数学教育本质的研究"、"数学教育功能的研究"、"数学教育目的的研究"等属于数学教育研究的基础性课题。这类研究侧重探索数学教育现象的本质与规律，试图解决数学教育的根本性问题，强调研究的深刻性和系统性，对于数学教育的发展具有深远的意义和影响。这类研究有的实践意义比较清楚，有的则不能完全预见。

一般来说，基础课题研究要求研究者不仅具有较深厚的数学教育理论功底，而且还要求研究者具有良好的数学素养。在课题的研究过程中，研究者需要查阅大量的教育理论、数学教育理论、数学理论文献资料，需要具有相当的研究基础和成果积累，需要有较多的宏观背景资料和国内外研究信息。而这些对于中学一线数学教师来说往往是难以胜任的，因此，基础研究课题的研究者往往是高校的理论工作者以及教育科研部门的研究工作人员。

（二）应用研究课题

应用研究课题着重将已有的数学教育理论研究成果应用于数学教学实践，使数学教育理论与数学教育实践相结合，探索数学教学实践工作的规律，使数学教育理论在数学教学实践中得到检验。研究数学教学经验，探索数学教育经验中的普遍规律，使经验上升为数学教育科学理论，也属于应用研究课题。

这类研究不仅对当前数学教育中存在的问题以及提高数学教育质量有重要意义，而且能促进数学教育理论研究的深化和发展。例如，"数学教师对中学生数学学习自信心形成的实验研究"、"中学数学研究性学习的实践探索"等都属于应用性研究。总之，凡属于教育学、心理学的理论应用于数学教学实践的研究或数学教育实践经验上升为一般规律认识的研究都属于这类课题。

例如，青浦经验——"诱导—尝试—归纳—回授—调节"就是应用性研究课题。

为了大面积提高教学质量，顾泠沅先生自 1977 年开始在上海青浦县（现为青浦区）进行教学改革实验，经过 20 多年的实践，形成了青浦经验——"诱导—尝试—归纳—回授—调节"教学法。

"诱导—尝试—归纳—回授—调节"教学法立足于"抓起点、抓基础、抓关键"，以实现让所有学生都能有效学习的目的，将最初被当成教学负担的"差生"视作大面积提高教学质量的依据。其主要特点是：教师将教材组织成一定的尝试层次，学生在教师的指导下，通过尝试来进行学习，同时，教师十分注意回授

学习的效果,以强化所获得的知识和技能的教学策略。将教育改革的立足点和着眼点放在让所有学生都有效学习上。青浦经验还总结出"让学生在迫切要求下学习"、"开发自主学习活动,促进学习过程积极化"、"活动情感因素,建立新师生关系"等经验,在基本实现教学质量大面积提高之后,又在宏观与微观层面逐步确立"单科突破,各科迁移,诸誉并进,整体受益"和"加强基础,开发潜能,发展个性,提高素质"等改革思想。

这种教学法大致包括诱导、尝试、归纳、回授和调节等步骤。

1.创设问题情境,启发诱导

教师根据教材的重点和难点,选择尝试点,编成问题。教学过程中先与学生一起对问题进行考查和磋商,逐渐形成这种情况——这个问题学生急于解决,但仅利用已有知识和技能却又无法立即解决,形成"认知冲突",激发学生的学习动机。

2.探究知识的尝试

这种尝试最重要的是充分发挥学生的学习主动性,改变以往那种被动的、单纯听讲的学习方式。在尝试过程中,学生一般可进行这样几项活动:阅读教材或其他有关书籍,重温某些概念和技能,对数、式和图形细致地观察,做一些简单的数学实验,对数学问题进行类比、联想或归纳、推演。通过逐步试探和试验,在讨论和研究中发现新的知识和方法,解决提出的问题。教师应拟订适合学生水平的尝试层次,确定"高而可攀"的步子,防止难易失度。

3.概括结论,纳入知识系统

教师引导学生根据尝试所得,概括出有关知识和技能方面的一般结论,然后通过必要的讲解,揭示这些结论在整体中的相互关系和结构上的统一性,从而将其纳入学生的知识系统。

4.变式练习的尝试

对于一般的结论,教师运用概念变式、背景复杂化和配置实际应用环境等手段,编制好按顺序排列的训练题,让学生进行变式练习方面的尝试。编制练习必须注意:应使练习的思维过程具有合适的梯度,逐步增加创造性因素;有时可将一道题进行适当的变化,并使之与尝试学习过程有机地结合起来;题的组合应有利于学生概括各种解题技能或从不同的角度更换解题的技能和方法。此外,还可用多种形式给出问题条件,使学生受到训练。

5.回授尝试效果,组织质疑和讲解

教师收集与评定学生尝试学习效果的途径是多种多样的,如观察交谈、提问分析、课堂巡视、课内练习、作业考查等。教师通过及时回授评定的结果,有针对地组织答疑和讲解。答疑要答在疑处,解决疑难问题;讲解则是在学生尝试的基础上,使研究的问题进一步明确,并通过帮助学生克服思维障碍,对那些不易被学生发现的问题给予适当指点。

6.阶段教学结果的回授调节

在一个单元或一章一册教材教学完毕之后,要进行关于教学结果的回授调节,其中尤以"阶段过关"最为重要。教师应当给掌握阶段内容有困难的学生以第二次学习机会,针对存在的问题帮助"过关"。将教学细节的调节与阶段结果的调节两者结合起来,可以大大改善教学系统的控制性能。

中学数学教师是数学教育教学活动的实践者,有着丰富的数学教学经验。他们进行数学教育科研,重点是应用研究课题。

二、按照课题的内容分类

(一)综合性研究课题

综合性研究课题是指同时涉及数学教育若干领域或若干方面内容的课题。例如,"构建素质教育的数学新课程体系的研究"、"素质教育下的数学教学模式研究"、"中学数学教育课程改革的实证研究"等课题都属于综合性研究课题。综合性研究课题往往难以由一个人或在较短的时间内完成,需要分成几个子课题,组织较多的研究者团结协作,用较长的时间来完成。

(二)单一性研究课题

单一性研究课题主要是指对中学数学教育的某一方面或某一现象进行的研究。例如,"中学数学课堂教学过程中创新能力培养的实验研究"、"现代教育技术与中学数学开放式教学改革的实验研究"等都属于单一性研究课题。由于单一性研究课题的范围较小,所以研究需要的人力和时间也相对比较少,因此,比较适合中学数学教师选择研究。例如,"MM"教学法,即数学方法论(mathematical methodology)教育方式就是单一性的研究课题。自20世纪30年代起,波利亚运用方法论模式提高美国的教育水平,为美国成为世界数学强国作出了重要的贡献,同时这种探索法研究也为今天美国的"问题解决"等现代教学研究奠定了必要的基础。现今欧美国家正在不断发展波利亚的数学教育思想,大力提倡科学方法论,因而 MM 教学方式日益受到教育界人士的普遍关注。

1989 年上半年,江苏省无锡市开始在部分中学开展了"贯彻数学方法论的教育方式,全面提高学生素质"的教改实验,简称 MM 方案。以后在天津、山东等地进行了推广,取得了不少成果。该教育方式是:将宏观和微观数学教学方法论基本原理加以分解,形成"MM 因子",再转化为可控变量(即可操作的一些数学措施)的教育方式。这种教育方式在教学过程中遵循数学方法论的各项原则,遵循学生的身心发展规律与学习规律,力求教师的教学、学生的学习与数学本身的发展规律三者同步协调,并引导学生不断自我增进一般科学素养、社会文化修养,形成和发展数学品质,全面提高学生素质。

在运用 MM 教学法的教学过程中,教师遵循数学本身的发现、发明与创新等发展规律,遵循学生的身心发展和认知规律,力求使其同步协调,并引导学生不断地自我增进一般科学素养、社会文化修养,形成和发展数学品质,全面提高学生素养。

三、按照课题的研究方法分类

(一)实验性研究课题

实验性研究课题是指通过实验设计来实现研究目的的课题。也就是研究者根据一定的研究假设,在数学教育活动中创设能够验证假设的环境和条件,主动地控制对象,排除无关因素的干扰,从而探索事物的因果关系。

(二)实证性研究课题

实证性研究课题主要是通过调查研究、资料分析、逻辑推理等方法实现研究目的的课题。例如,"中学数学教师专业发展状况的分析研究",就要通过对大量的中学数学教师的专业发展状况,包括数学教育信念、知识和能力、自我发展的需要、专业发展的困难、专业发展的动力、专业发展的途径等,进行广泛的调查,并对调查进行分析,探索当今数学教师专业发展的现状以及专业发展的有效途径。

以上我们从不同的角度对中学数学教育研究课题进行了分类,但是这种分类是相对的。在实际的数学教育研究中,可以根据实际需要加以选择。

四、中小学数学研究论文分类

论文通常有多种分类方法。按写作要求可分为刊用论文和学位论文;按篇幅数量和规模可分为单篇论文和系列论文;按研究的特点、层次和水平又可分为经验性论文、研讨性论文、评述性论文、学术性论文等。

论文以阐述对某一事物、问题的理论性认识为主要内容,要求能提出新的观点或新的理论体系,并阐述新旧理论之间的关系。反之,如不能对研究的问题提出新观点或新的研究方法,或得出新的结论,或站在新的角度作出新的解释和论证,都不能称作有价值的数学教育科研论文。

中小学数学研究论文与数学教育科研论文不同,它在科学性和逻辑性方面的要求较高。科学性要求中小学数学研究论文表述的内容符合数学事实,其理论准确无误,严谨而富有逻辑性,还要求文章符合数学科学发展的最新水平,并经得起实践的检验,绝不能凭主观臆断或个人好恶随意取舍素材或得出结论。逻辑性要求数学文章脉络清晰,结构严谨,前提完备,演算正确,文字通顺,图表精致,且前后呼应,自成系统。

中小学数学研究论文的内容形式很多,较为常见的是中小学数学专题研究文章、解题方法研究文章和科普文章。

(一)中小学数学专题研究文章

中小学数学专题研究文章是对中小学数学中某个问题或某种方法进行专门论述与探讨的论文,一般分为两类:一类是对中小学数学定理中的结论的推广、引申、改进以及证明简化等工作;另一类是综合性专题,是在他人探讨的基础上,作综合的全面叙述,这种叙述比较全面精练、归类合理、例题典型,一般在教学上有广泛的参考价值。

(二)中小学数学解题方法研究文章

在数学教学活动中,解题是最基本的教学活动形式,是评价学生的知识和发展水平的主要手段,也是数学教师教学基本功的具体体现。

目前,中小学数学解题研究仍局限于具体论述解题方法技巧、解题思路分析与程序等。例如,可以围绕有关课题进行研究,包括解题类型与方法技巧、题目的剖析、问题的简捷解法与多种解法等。可以围绕解题程序进行研究,例如抓住审题程序,论述审题中应注意正确使用概念、图形,充分利用题设,挖掘隐含条件,利用图形助析,一题怎样多变,一题怎样多解;也可以对某一常用方法及其应用进行探讨。可以按数学思维方法去探索解题的思路与技巧,也可以对错题及错误解法进行辨析,等等。

中小学数学解题方法的研究文章要求短小精悍,能抓住应表达的主要内容,一事一议。标题就是主题和摘要,应醒目、清晰;材料要潜心构思、精心组织;内容要通俗易懂、针对性强。

(三)中小学数学科普文章

数学教育杂志和中小学生学习刊物中也常登载知识性的数学科普文章,一方面向中小学生传播数学科学知识,另一方面进行潜移默化的思想教育,提高学生学习数学的兴趣。

中小学数学科普文章一般以浅说、史话、趣题等形式呈现。或以浅显的语言、形象的比喻,将一些枯燥乏味的数学知识解释得具体而生动,以辅助读者建立正确的科学概念;或以史话文体,从数学发展史的角度去阐述数学的发展,通过连续的或相互联系的故事或典故,提出问题或得出错误结果,让学生独自进行解答或辨别是非等。

第三节　数学教育论文习作

一、数学教育论文基本要求

一份数学教育科研论文是否有意义，取决于它的质量。为了保证教育科研成果表述的质量，必须遵循以下基本要求。

(一)科学性

科学性是科学研究成果的生命所在。数学教育科研成果的表述必须观点正确、材料可靠，论证要以事实为依据，无论是阐述因果关系、问题的利弊和价值、结论的实用性和可行性，都必须从事实出发。推理要合乎逻辑，不可无根据地臆断。

(二)规范性

数学教育科研成果的表述虽无定法，但有常规可循。在撰写数学教育科研论文时，要按照一定的格式，遵循最基本的规范要求。写作之前要有明确的计划和提纲，要根据研究的结构特点和逻辑顺序、研究课题的任务和内容，来考虑表述的形式和表述的方式。

(三)创造性

创造性是衡量数学教育科研成果水平高低的重要依据。凡别人没有提出过的理论、概念，教学新方案，新的实验方法，别人没有观察到的现象，以及在实验和调查中第一次获得的新的数据等，都应视为创造性的研究成果。

(四)可读性

为了便于传播和交流，数学教育科研成果表述的语言必须精确、通俗，在不损害规范性的前提下，尽可能使用简洁的语言。不得故弄玄虚或滥用专门的名词术语。切忌带个人色彩，以个人的好恶、习惯进行表述。一般不采用比喻、拟人、夸张等修辞手法。不可把日常概念当作科学概念，不宜采用口头述语的文字。一篇高质量的论文，不仅要有创新，也要讲究辞章，达到科学与文学、科学与美学的最佳结合。

例 10-1　论文《整合数学教学内容》

论文在介绍作者的教学经验后说，作者经过整合教学内容，提高了数学教学的效率，原有高中三年的教学内容，现在一年半就完成了。作者应该反思，这种过早学完高中课程内容的做法，是否存在弊端呢？一年半学完教材之后，应该引导学生干什么？过早结束高中数学内容的教学，任意延长复习备考的时间，是片面强调应试教育的结果，这正是我们当前所反对的。

例10-2 论文《强化课堂训练，进行数学教学改革初探》

关键词：强化，训练，提高，大量练，重复练，局部练，重点练

论文提出所谓强化课堂训练的理论根据是：通过重复练，将书本的知识化为自己的知识，在练习中掌握每一节课的基础知识；通过大量练，将基础知识上升为自己的技能；通过局部练、重点练，使学生掌握上课内容的重点和难点，并上升为自己的能力。文章所主张的强化课堂训练，事实上就是题海战术，或者称为机械性练习。论文的题目与论点，都与当前数学教学改革的理念相对立。因此，在该论文的答辩中，专家们建议作者更新教学理念，做到与时俱进。

例10-3 论文《初中生数学理解障碍研究》

论文用以下六节阐述作者对数学理解障碍的研究成果：第一节，研究数学理解的意义和背景；第二节，对数学理解和理解障碍的基本认识；第三节，"数学理解"的过程要素及"理解障碍"的生成机制；第四节，初中生"数学理解情况"的现状调查；第五节，初中生的数学理解障碍的分析；第六节，克服学生的数学理解障碍的教学对策。以上各节的论点，围绕着论题展开，一环紧扣一环，共同构成紧密的说理体系。

例10-4 论文《山区初中数学教学成绩滞后的原因及对策》

论文在谈到山区初中数学教学成绩滞后的原因时指出：①师资缺乏、配置不当、流动性大；②教学观念与教学手段相对落后，教学方法与时代脱节；③教师缺乏小学教学经验，不了解小学生学习特点；④山区学生素质差。

论文指出了山区学生成绩较差的一般原因，并未指出学校数学教学有何不当。作者应该思考为什么在同样的客观条件下，有些学校的数学教学效果较好呢？本校本地的数学教学还有什么需要改进的呢？

例10-5 论文《帮助差生提高数学学习》

论文指出，提高差生数学水平的措施是：①通过调查与家访，弄清学习障碍产生的原因；②加强辅导，消除学习的困难；③多方鼓励，树立学习的信心；④动之以情，师生相互信任。以上只从教育的角度帮助差生提高，诚然，我们需要这方面的经验。但是，数学教师更有责任结合学科的特点，帮助学生改进数学学习，这是数学教育研究的重要课题。

二、论文的基本结构与写作要求

论文结构有首部、主体和尾部三部分。即：

①首部，包括题目、署名与单位、摘要与关键词；

②主体,包括前言、正文、结论或讨论;

③尾部,包括致谢、参考文献、附录或英文摘要。

由于每篇论文的内容、形式和长短的不同,因此上述三大部分九项内容,并不是每篇论文均要出现,可视具体情况适当地增减。

(一)论文的首部

论文的首部,一般包括论文的题目、著者姓名和工作单位、论文摘要和关键词这三项具体内容。

1.论文的题目

题目又称标题、总题目。论文的题目应该既能概括整篇论文的中心内容,把握论文的基本论点和立意,又能引人注目,使得读者可以由此初步判断有无阅读的价值。因此,题目用词要求确切、恰当、鲜明、简短,且一般不超过 20 个字。同时,还要考虑到所用的每一词语是否有助于选定关键词和编制目录、索引等二次文献,是否可以提供检索的特定适用信息。有时,为了便于更充分地表现主要内容,可以在题目后面加上副标题。

2.署名

论文完成后,一般须在论文上签署作者的真实姓名,这样既表示作者文责自负的认真态度,又反映研究成果的归属,也表示作者对论文所拥有的版权。署名以是否直接参加全部或主要工作,能否对研究工作负责,是否作出较大贡献为衡量标准。因此,通常以贡献大小作为署名顺序的标准。

3.摘要、关键词

摘要,是论文内容不加注释和评论的简短陈述。它是论文基本思想的缩影,可作为论文的简要介绍。它一般包括课题研究的意义、目的、方法、成果和结论的高度"浓缩"。摘要的写作要求是文字应完整、准确、简练,一般不超过300 字;必须对原文作客观介绍,一般不加评论;要独立成文,表达要完整,使其可独立使用。

关键词,一般是从文献的标题以及摘要、正文中抽取出来的,它是对表述文献主体内容具有实际意义的词汇,也是标引文献主体内容特征的语言。因为这些具有实际意义的词汇对能否检索到该篇文献起到关键性的作用,故称为关键词。它是适应目录索引编制过程自动化的需要而产生的,在计算机情报检索中有着广泛的应用。近年来,很多刊物要求提供 3～8 个关键词,且要求另起一行,排在摘要之后。

(二)论文的主体

论文的主体包括前言、正文和结论这三部分。在论文的主体中,作者指出自己的观点,运用充分的论据,采取恰当的方法,进行严密的论证。这是论文不可缺少的部分。

1. 前言

前言又称引言、序言,它是论文的开场白。一般包括课题研究的背景,研究这一课题的实际意义和价值。前言的内容一般包括:①选题提出的缘由和重要性;②对本课题已有研究情况的评述,即介绍前人研究的进展和存在问题情况以及有什么分歧等;③对本课题研究的目的,采用什么方法、手段,计划解决什么问题,在学术上有什么意义和价值。

2. 正文

论文的正文是整篇论文的主体和核心,它体现学术论文的质量和学术水平的高低。正文部分必须对研究内容进行全面的阐述和论证。包括整个研究过程中观察、测量、调查、分析的材料,以及由这些材料所形成的观点和理论,论文中的论点、论据和论证,都要在正文中得到充分的展示。为了使论述具有条理性,正文部分一般都划分为若干小节,每一小节都应有一个标题。正文部分撰写的基本要求是:有材料、有观点、有论述;概念清晰,论点明确,论据充分,论述严密,合乎逻辑,无科学性差错;叙述条理应清楚,文字通顺流畅,能用准确、鲜明、生动的词句和语言来表达。

3. 结论或讨论

论文的最后,需要对正文所论及的内容作归纳小结,以便读者在阅读该篇论文后,能加深对论文的概括了解,掌握其核心思想。论文结论可根据文章具体内容不同,分为如下三种常见写法:

(1)作出明确的结论

在全文的结尾,作者给出本文的明确结论。也即把论文中的观点或论点用肯定的、明确的、精练的语言,简洁地表达出来,包括用公式或定理的形式表达,这对全文起着画龙点睛的作用,是整篇论文的归结。

(2)以讨论的形式结尾

有一些作者采用讨论的形式作为论文的结束语,这是由于作者通过论文的叙述,感到有些问题需要与读者讨论交流,这是一种留有余地的做法。一般来说,用讨论式结论有四种:①提出待解决的问题;②提出对某一数学命题的猜想、推测;③对一些数学问题、教育问题提出不确定的看法;④提出本文研究结果与他人研究结果的比较性看法。

(3)以写结束语的形式结尾

有一些论文采用写结束语的形式进行结尾,写结束语就不能像下"结论"那样写得干脆、明确,也不能像"讨论"那样列出一些主要问题进行讨论,而是将两者"合二为一",兼而有之。即既有结论性的意见,又有讨论、推论、建议等。中学数学论文中采用写结束语的形式作为文章结尾较为普遍。

(三)论文的尾部

论文的尾部包括致谢、参考文献和附录或英文摘要三个部分。

1.致谢

作者为感谢那些对完成研究或撰写论文起重要作用的人员的帮助而在论文的后面书面致谢。

2.参考文献

参考文献是指作者在撰写论文的过程中引用了其他的图书资料,包括参阅或直接引用的材料、数据、论点或语句等,而必须在论文中注明其出处的内容,如中外书籍、期刊、学术报告、学位论文、科技报告、专刊和技术标准等。注明出处是论文科学性的要求,也是作者尊重前人或别人研究成果的具体体现,同时还可向读者或同行提供研究同类问题,便于读者在试图理解作者意图时参阅文献或资料。

3.附录或英文摘要

附录是指因内容太多、篇幅太长而不便于写入论文,但又必须向读者交代清楚的一些重要材料,主要是因为有些内容意犹未尽,列入正文中撰写又恐影响主题突出,为此在论文的最后部分用补充附录的方法进行弥补。主要包括:座谈会提纲、问卷表格、测试题与评分标准、各类图表等。

文章到了最后还可以提供英文的题目、姓名、单位、摘要和关键词,以便于论文的国际交流和检索。这项工作要根据具体要求而定,有些刊物不需要则可以省略。

三、撰写论文的一般过程

(一)一般过程

撰写数学教育论文一般来说都要经历选题与选材、立纲与执笔、修改与定稿的过程。

1.选题与选材

对自己所写的文章,是属于理论探讨方面、教材教法方面、解题方法技巧方面、教学经验总结方面,还是争鸣、综述方面,以及所阐述问题的深度和广度等,作者首先要心中有数,具有明确的目的性和主题。

如果经查阅资料后,发现这是一个别人没有搞过的课题,固然会得到鼓舞,就要在更大的范围内索取资料,并认真展开探讨与研究,再冷静地分析为何这是一个"空白点",进一步核查、分析自己已取得的成果,如果确有突破,就应鼓足勇气钻研下去。

如果经查阅资料后,发现这是一个老课题,已有很多人作过探讨与阐述,但也不要轻易否定,失去信心。深入钻研这些资料,通过思考确定能否得到进一步启示和有新的见解,有无必要写出综述,有无必要进一步展开讨论。事实上,目前多数中学数学论文的选题一再重复,屡见不鲜,问题是能否在类似的题材中从不同侧面,结合不同实例,根据不同对象的需要,写出一定的新意来,使观点更明确,使方法更有效,使其先进性、针对性、实用性更强。

2.立纲与执笔

选题选材确定后,如何进行执笔写作? 这有一定的方法技巧,也有一个文字功夫的问题。首先要将内容、结构布局好,这与写普通文章一样,先要拟定一个写作提纲,准备分几个部分。各个部分介绍什么问题,这些部分之间的关系如何,都需要进行一番精心设计,使其结构严谨、层次分明,具有科学性、逻辑性。

3.修改与定稿

论文写好后,往往需要一个修改过程。修改是写作的最后一道工序,是文章的完善阶段,是提高论文质量的重要环节。

修改论文,必须要有严肃认真的态度,一丝不苟,实事求是,做到引用资料翔实,推证无讹,有根有据,完全可靠,并虚心接受有关专家与同行的意见。如果一时没有合适的人员指导,也可将论文自行"冷处理",即先将论文初稿搁置起来,等过上几天,再拿出来修改,也许这时更容易发现其中的不足之处,便于进一步修改提高。

综观数学教育研究论文,存在的常见问题有:

①论文题目不当。有的论文题目过大,涉及面过宽、过深,所定题目的容量超过了论文应有的限度,超越了研究者的能力水平,于是论证时面面俱到,论述不深不透,内容残缺,结构失衡;有的论文题目过小,仅限于某一个别事物的分析,限于"就事论事",难以从理论上充分探讨、发挥;有的论文题目用语陈旧或重复别人用过的题目,老生常谈,缺少新意;有的论文题目用词粗糙、冗长,或空泛、模糊、不确切,使读者无法了解论文所论述的内容,抓不住中心和要领。

②观点不鲜明,重点不突出。有的论文对事物不加具体分析,一概而论,断章取义,主观武断,导致观点上的偏颇或错误;有的论文抽象笼统,叙事不具体,条理不清晰,观点空泛,缺乏针对性;有的论文对中心论点提炼不够,没有把问题的实质讲清楚,抽象概括也不准确,形成的观点含糊不清;有的论文过多地叙述工作过程,论据贪多务杂,众多的材料缺乏认真的整理、消化,而使中心论点不明显,淹没在冗长的阐述和繁杂的材料中,造成论文重点不突出、论点不鲜明。

③论述不力,逻辑混乱。有的论文只有理论分析,没有任何事实,论点无依

据或依据不足;有的论文讲的道理正确,可论证的表述却过于笼统,概括不具体,理直而据空;有的论文中的观点与资料之间缺乏有机的联系,或观点不能统率资料,或资料不足以证明观点的正确性,或缺乏严密的逻辑推理;有的论文中使用的观点与资料、论点与依据自相矛盾,"牛头不对马嘴";等等。

④词句不当,语言繁杂。有的论文词汇贫乏,文章枯燥无味,没有生气;有的用词不当,词序不妥,句子成分残缺,语句结构混乱,词不达意;有的半文半白,故弄玄虚,令人费解;有的堆砌形容词,生造词字,乱用术语,使人烦腻;有的句子冗长,语言啰唆,把一个简单的道理弄得朦胧、糊涂;有的过于简单,导致语言表达不明;等等。

(二)论文的誊清与图表的规范化

1. 论文的誊清

论文写成后,最好打印。如系手工誊清必须规范化,其要求是:

①誊写的字迹要工整,文字要规范,不可潦草马虎,滥用或误用简化字、异体字或生造汉字;文中的标点要准确;规范要统一(含文中的译文、阿拉伯数字及单位的使用),汉字数字的运用要统一,文字的规格前后要一致等。誊写完后要认真校对,以防误誊、错誊。

②文稿要完整。一般要用同样大小、有格、不渗水的稿纸誊写清楚。标点符号写在行内,每一个占一格,横写为好。

③论文的标题书写在稿子第三行或第四行的中间,上留天头,左右留出相等的空格。章节标题层次及同级标题序码,必须段落分明,前后一致。除篇、章、节以外的分层码,可参照下列文字等级规格:

第一级:一、二、三;

第二级:(一)、(二)、(三);

第三级:1、2、3;

第四级:(1)、(2)、(3);

第五级:①、②、③。

还可增加拉丁字母 A、B、C……和罗马字母Ⅰ、Ⅱ、Ⅲ……为序数。全书的章节、辅文、注文、参考文献的编排次序的数字必须统一,要防止序数与序数之间的混淆。

我国的 GB7713-87 国家标准,要求章节编号采用阿拉伯数字分级编写。即

章	条	款	项
1	1.1	1.1.1	1.1.1.1

以此类推。这一编号方法已在我国大部分重要杂志中使用。

2. 图表的规范化

图、表的附注必须规范化,其要求是:

(1)曲线图

绘制曲线图(包括结构图、示意图、方框图、流程图、记录谱图等),可参考以下的习惯做法:

①绘图必须科学,线条必须准确无误、主次分明。且选用图必须少而精,附图必须标号和正文保持一致。

②除统计图和变化过程不呈现函数关系情况外,凡是连续变化规律的数据,均应画成光滑曲线。

③附图必须有简明的图题。

④图必须给读者以美的感受,照片图要求主要显示部分和主题轮廓鲜明突出,清晰美观。

(2)表格

表达实验数据的表格应精心设计。制表时有以下习惯用法可供参考:

①实验结果已用图表示了的一般不再列表。表中内容不必在正文中再作说明,应尽量避免重复。

②每个表要有序号和表的名称,且与正文中一致。

③表头各项目一般要有名称、代号和量纲单位。表内数据后不再附注单位。

④如有需要说明的细节,可用脚注列于表下。脚注序号用"①、②⋯⋯"标于相关词的右上方。

其他有关表达实验结果的方法:如有照片和图版,均应经过精选,遇有数字式,应该注意转行的规定,不要赘述不必要的中间运算和变化过程。

(3)公式、算式或方程式

正文中的公式、算式或方程式等应编排序号,序号标注于该式同行(当有续行时,应标注于最后一行)的最右边。

较长的数式,另行居中横排。如式子必须转行时,只能在$+$、$-$、$\times$、$\div$、$<$、$>$处转行。上下式尽可能在"$=$"号处对齐。

(三)毕业论文写作的基本要求

毕业论文又称学位论文,是学生用以申请授予相应的学位作为考核提交的论文。它体现了作者本人从事创造性科学研究而取得的成果和独立从事专门技术工作具有的学识水平和科研能力。由于论文的写作目的是获得学位,因而它具有不同于一般学术论文的特点、要求和价值。

1.毕业论文的特点

毕业论文是高等院校毕业生在毕业前必须独立完成的一次作业和考核,是高等学校教学过程中的一个环节。它是一项比较复杂的学习、研究和写作相结合的综合训练,是学生在大学阶段全部学习成果的总结。对于高师院校数学教育专业学生而言,在教师指导下通过撰写数学教育论文,可以受到一次良好的教育科学研究的训练,获得初步的教育研究和论文写作能力,可为今后的研究工作打下良好的基础。

国家学位条件中规定,本科毕业生要取得学士学位,必须达到以下两点要求:

①能较好地掌握了本学科的基础理论、专业知识和基本技能。

②具有从事本学科科学研究工作和担负专门技术工作的初步能力。

因此,简单说来,所谓学士论文就是优秀本科毕业生的优秀毕业论文。学士论文一般都是在有经验的教师(讲师以上职称)指导下完成的。只有学士论文合格,方可取得学士学位。

2.毕业论文的结构与要求

毕业论文的结构比一般学术论文的要求更完备,格式更严密。各学校根据实际情况,对论文的格式设计略有不同,但大体上应主要有以下几个方面的内容组成。

(1)封面与扉页

封面是毕业论文的外表面,能提供有用的信息,同时起保护作用。其主要内容有:①分类号,在左上角注明,其作用是便于信息交流和处理。一般应按照《中国图书资料分类法》的类号进行标注;②本单位编号;③密级;④题名和副题名;⑤完成者姓名;⑥指导教师姓名、职务、职称、学位、单位名称及地址;⑦申请学位级别;⑧专业名称;⑨论文提交日期、答辩日期。

(2)题名页

题名页是论文进行著录的依据。除应有封面和扉页的内容并与其一致外,还应包括单位名称、地址,责任者的职务、职称、学位、单位名称及地址,以及部分工作的合作者信息。

(3)摘要

学士学位论文的摘要可以比较简短,其写法与学术论文摘要相同。

(4)目录

由论文的章、节、条款、附录等的序号、题名或页码组成。

(5)引言

引言的主要内容有:①选题理由,阐述论文的选题理由、意义和论文中心,要求能够反映作者对论文课题的研究方案的充分论证。②文献综述,其目的是为了考核学生检索、搜集文献资料后综述文献的能力,了解其研究工作范围和质量。它综合叙述关于本课题的产生、发展,既有历史回顾和关于学科概念、规律的理论分析,也有前景展望和前人工作的介绍,还要说明现在的知识空白。要能够反映作者具有坚实的理论基础和系统的专门知识,具有开阔的科学视野和对文献综合、分析、判断的能力,从而展开作者在本学科发展上的见解。③学术地位,阐述本课题解决的具体问题及其工作界限、规模和工作量,说明本课题工作在本学科领域内的学术地位,反映作者在论文所属领域的学术水平。

(6)正文、结论、致谢、参考文献、附录

这几部分的写作要求与一般学术论文基本一致。

3.毕业论文的答辩报告

毕业论文的答辩是审查论文的一种补充形式,是对论文的最后检验,是对学生学术水平和研究能力的综合考核,也是学生再学习、再提高的一个过程。通过论文答辩,学生能够明确存在的问题及今后的努力方向,答辩结果是授予学位的主要依据。

论文答辩须在有领导、有组织的答辩会中进行。答辩前须提交答辩报告。答辩报告应该既是内容的简述,更是论文的提炼、充实和评析。应做到突出重点,抓住关键,简要清晰,逻辑性强。只有事先拟好答辩报告,并能对应答情况有所准备,才能收到好的答辩效果。答辩报告的内容应包括以下七个方面:①选题方面,包括选题的动机、缘由、目的、依据和意义,以及课题研究的科学价值;②研究的起点和终点,前人就该课题作了哪些研究,其主要观点或成果是什么,自己作了哪些研究,解决了哪些问题,提出哪些新见解、新观点,以及主要研究途径和方法等;③主要观点和立论依据,论文立论的主要理论依据和事实依据,并列出可靠、典型的资料、数据及其出处;④研究成果,研究获得的主要创新成果及其学术价值和理论意义;⑤存在问题,有哪些问题需要进一步研究、探讨,并提出继续研究的打算和设想;⑥意外发现及其处理,设想和研究过程中有哪些意外发现还未写入论文中,对这些发现有何想法及其处理意见;⑦其他说明,论文中所涉及的重要引文、概念、定义、定理和典故是否清楚,还有哪些需要说明的问题等。

复习思考题

1. 结合实际,谈谈开展数学教育研究以及撰写论文的意义。

2. 结合当前中学数学教学实践,选择一个课题,并撰写课题申报书。

3. 结合当前中学数学教学热点话题,撰写一篇论文。

参考文献

[1]斯托利亚尔 А А.数学教育学[M].丁尔升,等译.北京:人民教育出版社,1984.

[2]奥加涅相 Б А,等.中小学数学教学法[M].刘远图,等译.北京:测绘出版社,1983.

[3]十三院校协编组.中学数学教材教法(总论)[M].北京:高等教育出版社,1987.

[4]钟善基,等.中学数学教材教学法[M].北京:北京师范大学出版社,1982.

[5]郑君文,等.数学教育学[M].南京:河海大学出版社,1989.

[6]曹才翰.中学数学教学概论[M].北京:北京师范大学出版社,1990.

[7]陈建华.数学教育学概论[M].徐州:中国矿业大学出版社,1991.

[8]张奠宙,等.数学教育学导论[M].北京:高等教育出版社,2003.

[9]数学教育学导论编写组.数学教育学导论[M].北京:高等教育出版社,1992.

[10]张奠宙,等.数学教育学[M].南昌:江西教育出版社,1991.

[11]陈侠.课程研究引论[J].课程·教材·教法,1983(3).

[12]钟启泉.课程与教学论[M].上海:上海教育出版社,2000.

[13]丁尔升,唐复苏.中学数学课程导论[M].上海:上海教育出版社,1994.

[14]谢益民.义务教育数学课程标准与初中数学教学大纲比较研究[J].数学教育学报,2003,12(1).

[15]国家高中数学课程标准制订组.高中数学课程标准的框架设想[J].数学教学,2002(2).

[16]樊恺,王兴宇,等.中学数学教学导论[M].武汉:华中理工大学出版社,1999.

[17]徐斌艳.数学教育展望[M].上海:华东师范大学出版社,2001.

[18]陈昌平.数学教育比较与研究[M].上海:华东师范大学出版社,2000.

[19]田万海.数学教育学[M].杭州:浙江教育出版社,1993.

[20]许维新,郭光友,魏吉庆.现代教育技术应用基础[M].北京:科学出版社,2000.

[21]吴之季,等.数学教学论与数学教学改革[M].合肥:安徽教育出版社,2000.

[22]葛军.数学教学论与数学教学改革[M].长春:东北师范大学出版社,1999.

[23]莫雷.教育心理学[M].广州:广东高等教育出版社,2002.

[24]王升.研究性学习的理论与实践[M].北京:教育科学出版社,2002.

[25]周学海.数学教育学概论[M].长春:东北师大出版社,1996.

[26]施良方.学习论·学习心理学的理论与原理[M].北京:人民教育出版社,1994.

[27]伊夫斯.H.数学史概论[M].欧阳绛,译.太原:山西经济出版社,1986.

[28]张景斌.中学数学教学教程[M].北京:科学出版社,2000.

[29]叶立军.数学教师课堂教学行为研究[M].杭州:浙江大学出版社,2014.

[30]张奠宙.数学教育学[M].南昌:江西教育出版社,1991.

[31]叶立军.中学数学教学设计[M].北京:高等教育出版社,2015.

[31]钟善基,等.中学数学教材教法[M].北京:北京师范大学出版社,1982.

[32]十三院校协编组.中学数学教材教法(总论)[M].北京:高等教育出版社,1987.

[33]程晓亮,刘影.数学教学实践·初中分册[M].北京:北京大学出版社,2010:57—61.

[34]王道俊,王汉澜.教育学[M].北京:人民教育出版社,1989:227—228.

[35]叶立军,方均斌,林永伟.现代数学教学论[M].杭州:浙江大学出版社,2006:7.

[36]叶立军.关于数学教学模式改革的几点思考[J].中学数学教学参考,2004(7).

[37]叶立军.加强高初结合,提高数学解题能力[J].杭州师范学院学报(自然科学版),2002(2).

[38]叶立军.数学方法论[M].杭州:浙江大学出版社,2008.

[39]叶立军.数学新课程标准理念与实施[M].杭州:浙江大学出版社,2005.

[40]叶立军.数学与科学进步[M].杭州:浙江大学出版社,2011.

[41]叶立军.新课程中学数学实用教学80法[M].广州:广东教育出版社,2004.